ジャック・ダニエルズ 著

篠原美穂 翻訳　前河洋一 翻訳監修

Fourth Edition

Daniels' RUNNING Formula
Jack Daniels, PhD

ダニエルズのランニング・フォーミュラ

第4版

ベースボール・マガジン社

この本を君に捧げる。生涯の友、世界の誰よりも大切な人、そして私の美しい娘、オードラとサラの母である、ナンシー。

　私と君は二人一緒に世界を旅した。王族に拝謁したときも、タイで走行中の列車から飛び降りたときも、そばにいたのは君だ。ともにエキサイティングな時間を過ごすなか、君はニューイングランド選手権で10回タイトルを獲得、オリンピック代表選考会には2回出場。しかし乳がんとの闘いも2回、そしてPTSDに苛まれた回数は、1回や2回では済まなかった。その体験を経て、君は准看護師へと転身した。知人から聞くのは、君に対する励ましの言葉ばかりだ。

　『ダニエルズのランニング・フォーミュラ』は、ランナーの成功の礎石として著した本だが、君の存在がなければ世に送り出すことは到底できなかった。私は『ランナーズワールド』誌で「世界最高のコーチ」に選ばれるなど、何度も実績を評価されているが、妻である君の貢献が認められたことはない。しかし、私が指導者として(ナイキファームチーム、ニューヨーク州立大学コートランド校、ウェルズ・カレッジのコーチとして)長年成功を収めることができたのは、まぎれもなく、ナンシー、君がそばにいてくれたからだ。君は、このチームにいた全選手の心の支えとなってくれた。エリートランナーであった経験から、選手の身になって考え、種目、コース、気象コンディションが違っても、常に正しい判断を下してくれた。私にとって(そしてチームにとって)かけがえのない存在。それが、才知溢れる最高の伴侶である君を表現するのにふさわしい言葉だろう。

DANIELS' RUNNING FORMULA 4th Edition by Jack Daniels
Copyright © 2022, 2014, 2005, 1998 by Jack Daniels

Japanese translation rights arranged with Human Kinetics, Inc., Illinois through Tuttle-Mori Agency, Inc., Tokyo

まえがき

*D*aniels' Running Formula (『ダニエルズのランニング・フォーミュラ』)の初版が世に出たのは、1998年のことである。そのあとも、ランニングについて、そしてランナーについて、私は実に多くのことを学んできた。すでに長い年月を研究と指導に費やしたのになぜ、と思う読者もいるかもしれない。しかし、トレーニングにしろレースにしろ、従来よりも新しい方法、実践的な方法はいまだに見つかる。そして得てしてそれらはシンプルなものだったりする。そんな発見が、本当にまだ続いているのだ。ありがたいことに、ダニエルズのトレーニング理論によって大きな目標を達成できた、と連絡をくれるランナーやコーチは引きも切らず、私の励みになっている。体力やパフォーマンスが向上するような、新しい考え方、シンプルな方法はないかと、探求を続けてこられたのは、こうした読者の声のおかげだ。第3版を出版したあとでも新しいアイデア、いくつもの改良点が見つかった。それを本書で示していきたいと思う。

　私は何年にもわたり、多くのエリート・ノンエリートの指導と調査を行っているが、これは非常に興味深い旅である。我々には悪い癖があり、結果につながるベストのアプローチと聞けば、すぐに飛びついてしまう。しかし、ベストなアプローチとはつまるところ、トレーニングの基本原則に従うこと、個人のニーズに合わせてトレーニングを調節すること、そして効果的かつケガのリスクの低いトレーニングを提供することである。私自身は、一貫したトレーニングの大切さを知ってもらおうと努めてきた。そしてもう1つ心がけてきたのは、最大のトレーニング効果を、最大の運動ストレスではなく、最小の運動ストレスから引き出すことである。

　世界には、生まれつき有利な人種がいる。そう考えるのもまた、我々の悪い癖だ。他の人種よりも、生理学的・バイオメカニクス的に優れた遺伝子を持っているランナーたちがいると、決めつけてしまうのだ。しかし、生理学的・バイオメカニクス的な違いと、心理的・社会的な違いとを切り離して考えるのは難しい。例えば、発展途上にある国々では、レースで勝利することは、国内はもとより世界からも注目を浴びることになる。それは同じ地域に暮らす若いランナーにとっては、大きなモチベーションだ。同じ道をたどり、自分も世界に己の名を知らしめたい、経済的な恩恵を受けたい、と思うようになるのだ。

　では、ベストのトレーニング法とは何なのか。それを知り尽くした人は誰一人としていない。そして、誰にでも合うベストな方法も、何一つとして存在しない。私がランニングについて本を書く目的はいつも決まっている。科学的な情報をコーチやランナーに提供すること、それも、意味と重要性を理解し、応用できるような形で提供することで

ある。そうすれば、ランナーであれコーチであれ、そのあとに紹介する理論やプログラムが自分たち自身にとってよい効果をもたらすかどうか、判断できるだろう。

第4版でも再び盛り込むべきだと思ったのは、私が独自に「ランニングの基本原則」と呼んでいるルールである。この「ランニングの基本原則」の多くは、ランナー自身もレースに向けて活用できるし、チームメートのパフォーマンスを高めることにもなる。私の指導の幅も最近は広がり、トラック種目、フィールド種目、クロスカントリーから、トライアスロン、ウルトラトレイルまで含まれるようになった。しかし、私にトレーニングを語る資格が最もあるのは、やはり中長距離種目だという気がする。中長距離のトレーニング、コーチングとして自分がベストだと思う方法を提示すべき、と考えるのだ。

本書は、各章から成る2つのPartに分かれている。PartⅠは、トレーニングの理論、考察、練習のサンプルを網羅している。種目に関係なく、すべてのランナーを成功へと導く内容だ。PartⅡは、レースに参加するランナーが対象である。種目、距離に特化したトレーニングのアドバイスとプログラムを実戦に役立ててほしい。PartⅡの各章はPartⅠを土台としている。本書の前半で学んだことをどう応用し、目標達成のための包括的なプログラムを作り上げるのか。その方法を各章で説明した。

第1章では、私が成功に必要だと考えている要素（先天的な能力、意欲、チャンス、指針）と、先述の「ランニングの基本原則」を紹介する。

第2章では、トレーニングの原理について説明する。現状として、トレーニングプログラムを組む際、ナショナルチャンピオンや世界記録保持者、あるいはオリンピック選手の練習を参考にする指導者や選手があまりにも多い。それでいて、なぜそのチャンピオンたちが成功を手にすることができたのか、ということについては理解できていない。トップ選手は、運動ストレスに対して身体がどのように反応するのか、あるいは、さまざまなタイプのトレーニングにはそれぞれどういう効果があるのか、といったトレーニングの重要な原理に忠実に従っているのだが、これをわかっていない人が多いのだ。

第3章では、「生理学的プロフィール」について、掘り下げたい。生理学的プロフィールとは私独自の呼び方で、具体的には有酸素性能力プロフィールと血中乳酸濃度プロフィールのことである。これらがわかれば、走る強度（速度）と身体システムに加わるストレスの変化がどういう関係にあるのか、理解しやすくなるだろう。

第4章で説明するのは、ランナーが行うトレーニングのタイプとそれぞれの目的である。ランナーは常に、「この練習の目的は何か」という問いに答えられなければならな

い。レペティション、インターバル、閾値トレーニング、長時間のイージーランニング
など、さまざまなタイプのトレーニングを多くのランナーが取り入れているが、各タイ
プのトレーニングに身体がどう反応するのか、理解している人は少ない。

第5章は、VDOTがテーマである。VDOT一覧表が各トレーニングのペース設定に大
変便利なことは実証済みだが、この章では細かい視点で解説する。VDOTを新たな面
で捉えることで、どの年齢（6歳から50歳、さらにはそれ以上）のランナーでも、最
高のパフォーマンスが期待できる年代ではどのレベルに相当するのかがわかる。

第6章では、高地や暑熱という、通常とは異なる環境下でトレーニングやレースを行
うときに考慮すべきこと、調整すべきことをすべて説明する。

第7章は、トレッドミルでトレーニングを行うランナーのための章である。トレッド
ミルのトレーニングから最大限の効果を引き出すには何が必要か、説明する。

第8章では体力向上トレーニングを具体的に紹介する。最初のホワイトプログラムは
初心者向け、レッドプログラムとブループログラムはそれよりも経験を積んだランナー
向け、ゴールドプログラムはエリートに属するランナー向けのプログラムである。もち
ろんどれも、健康増進・体力向上を目的として走る人に使ってもらえるプログラムであ
る。レースに出る出ないには関係ない。

第9章では、トレーニング復帰時に役立つ知恵を紹介する。一定期間、ケガや病気で
トレーニングから離脱したあと、あるいは計画的に休養をとったあと、トレーニングに
戻るための知恵である。また、効果的なエクササイズやショートランニングなど補助的
トレーニングについても説明する。

第10章からはPart Ⅱとなり、内容もレースに特化したものになる。第10章では、い
くつかの異なるフェーズから成る1シーズンの設定方法と、各フェーズに盛り込む内容
について説明する。

第11章は、800mのレースに専念するランナーのための章である。さまざまな練習
を紹介し、それぞれ詳細に解説した。800mという種目には無酸素性運動という側面も
あるので、トレーニングは無酸素性の練習にかなり重きを置いている。

第12章は、1,500mから2マイルまでのトレーニングにフォーカスした章である。こ
の距離のレースによく出るランナーは、800mのスペシャリストが行うタイプのトレー
ニングを部分的に取り入れなければならない。またそれと同時に、1,500mよりも長い
距離のランナーが強化やレースの準備として行うトレーニングも必要である。

第13章では、5kmと10kmを専門とするランナーのためのトレーニングを紹介する。

この距離は、強度と持久力の両立という意味では非常にきつい種目であり、トレーニングでもレースでも、特に高い集中力が求められる。

　第14章では、クロスカントリーのトレーニングを紹介する。クロスカントリーのランナーは、トラックシーズンでは比較的短い種目を専門とすることが多い。この章のトレーニングはそうしたランナーが対象だ。ただ実際のところ、次のトラックシーズンで専念する距離を決めるのは、クロスカントリーシーズンである。

　第15章は、ハーフマラソンと中程度の距離の種目を目指すランナーのためのトレーニングである。トラック種目と比べると距離はたいてい長いため、その分距離を重視し、レペティショントレーニング（スピードトレーニング）を減らして持久力養成トレーニングに重きを置くことが必要である。

　第16章では、マラソンのトレーニングについて、細かい点まで詳しく解説する。初心者向け・完走目標のランナー向けのプログラムも用意した。上級者用には、特に長い距離を走ることを重視したプログラム、質の高い練習を数多く盛り込んだプログラムなど、多数のプログラムを紹介する。第16章で解説するマラソントレーニングは、他のプログラムよりもはるかに詳しい。

　第17章では、ウルトラトレイルのトレーニングについて、特別にマグダレナ・レヴィ・ブーレからアドバイスをもらう。ブーレは私が指導していたころはマラソンでオリンピックに出場したが、その後はウルトラトレイルでの活躍が目覚ましいランナーだ。

　第18章ではトライアスロンを取り上げる。何年かランニングに専念したあと、トライアスロンに転向するランナーは多い。近代五種の選手だった私自身の経験を引きあいに出しつつ、トライアスリートに必要なことは何か、考察する。

＊＊＊

　私が指導するランナーのなかには初心者に近い人たちもいる。彼らを指導し、成長していくさまを見る嬉しさは、チームのエリート選手がオリンピック代表になる嬉しさと、何一つ変わらない。旅はその途上で経験することに意味がある。それは目的地にたどり着いたときに得る達成感よりもはるかに重要だ、と私は固く信じている。この新しい『ダニエルズのランニング・フォーミュラ』によって読者の旅が実り豊かなものとなり、トレーニング、レースの一つひとつが少しでもやりがいのあるもの、望みをかなえるものになれば、幸いである。

謝 辞

学ぶことに際限はない。私は今もなお、周囲から教えを受け続けている。他のランナーを指導するコーチ、そして種目の成功を手にした年代も異なるランナーたちから、常に学んでいるのだ。コーチとして教師として60年間を過ごしてきたが（コーチも教師だと私は思っている）、素晴らしい師、教え子、選手とともに時を過ごせたこと、そしてその時間が続いていることは、本当にありがたい。

　教師生活、コーチ生活を支えてくれたすべての人の名前をここに挙げることはできないが、学術上多大な影響を与えてくださったお二方の名を、感謝の意味をこめてこの第4版でも記しておきたい。その1人は、博士課程での指導教授であったブルーノ・バルケ博士である。バルケ博士とは、アメリカ連邦航空局での研究だけでなく、1968年のメキシコオリンピック前に行われた数々の高所研究でもご一緒した。もう1人は、ペル・オロフ・オストランド博士である。私は幸運にも1年間、ストックホルムの王立中央体操学校で学ぶ機会を得たが、そこで運動生理学の世界的権威であり世界中の人々の体力向上に比類なき貢献を果たしたオストランド博士の教えを受け、親交を結ぶことができた。

　私はエリート選手を対象に何年も研究を行ってきたが、その間、多くの選手が惜しげもなく時間を割いてくれた。数え切れないほどのテストを繰り返すことができたのは、そうした選手たちのおかげだ。助けが必要なときにいつでも一緒にいてくれた人々を紹介したい。ジム・ライアン、トム・フォン・ルーデン、クリス・マッカビンズ、アルベルト・サラザール、ジョーン・ベノイト・サミュエルソン、ジョン・メーソン、トム・ハイノネン、オスカー・ムーア、デーブ・チザム、コンラッド・ナイチンゲール。そしてアスレチック・ウエストとナイキ・ファームの多くの選手たち。

　選手のなかには、非常に長いあいだ研究に参加してくれた人もいる。上記の選手を含めた26名が、1968年、1993年、そして2013年と、3度のテストに参加し、45年にも及ぶ研究の被験者となってくれたのだ。45年という長さは、エリート中長距離選手を対象とした研究では史上最長ではないかと想像する。しかし、この研究が非常に興味深い結果をもたらし、科学雑誌に論文として発表できたことは、想像ではなく確かな事実である。

　トップ選手を長年指導する機会にも恵まれたのも、やはり私にとって光栄なことであった。指導者は、傑出した選手からは学ばせてもらうことばかりである。その選手たちの名前をここに記す。ペニー・ウェルスナー（モントリオールオリンピック1,500mカナダ代表）、ケン・マーチン、ジェリー・ローソン（2人ともマラソンでサブ10を達成している）、リサ・マーチン、マグダレナ・レヴィ・ブーレ（2人ともマラソンのオリンピック代表であり、それぞれ2時間24分、2時間26分の記録を持っている）、ピ

ーター・ギルモア、ジェフリー・エグルストン（2人ともマラソン2時間12分である）、ジャネット・シェボロン・ボウカム（ロンドンオリンピック10,000m代表）。

　私はニューヨーク州立大学コートランド校でも、17年間指導する機会をいただいたが、学生諸君にも深く感謝したい。若い学生が力をつけていくのを目の当たりにするとき、コーチは自分の指導が効果を上げているという感触を、確かなものとするのだ。なかでも特にお礼を言いたいのは、ヴィッキ・ミッチェルである。彼女は高校時代、800m 2分39秒のランナーにすぎなかったが、NCAAディビジョンIIIのトラック種目とクロスカントリーで合計7回、勝利を手にし、ペン・リレーの10,000mでは33分1秒を記録した。しかもこの時のラスト800mは2分31秒という、自身のベストタイムで走ったのである。

　研究生活においては、カール・フォスターに長年サポートしていただいた。また、ジミー・ギルバートの名も挙げなければならない。彼が多大な時間と労力を注ぎ、私の集めたデータを編集した結果が、VDOT一覧表なのである。この表のおかげで、あらゆるレベルのランナーが、トレーニングペースを簡単に設定できるようになった。ちなみに彼は大学卒業後、自分の走行距離を記録するようになったが、それから今までの50年間の週平均は62km、合計は160,000kmを超える。コーチでは、ボブ・セヴィーン、ヴィン・ラナナ、フランク・ガグリアーノに感謝を申し上げたい。3氏には、エリート選手のコーチングとはどういうものか、つぶさに観察させてもらった。また、練習の実施例が非常によいものになったのは、ブライアン・ロセッティほかRun SMARTプロジェクトのスタッフのおかげである。

　また、現在は医学博士となっているアンソニー・ギャロ、ブラックカクタスことアブディ・アブディラマン、ファムことアンソニー・ファミグリエッティの各氏にもお礼を申し上げる。彼らは私だけでなく、家族にとってもよき友人となってくれた。これまでに紹介したすべての人の支えがあってこそ、私は指導者として成果を上げ、そして今なお活動ができている。本当にありがたいことだ。

　最後に、妻ナンシーと愛娘2人に感謝の言葉を贈りたい。ナンシーは、華々しいキャリアを持つランナーである。ニューイングランド大学選手権では幾度となく優勝し、オリンピック代表選考会には1,500mとマラソンの2つの種目で出場した。娘のオードラとサラはいつも私に寄り添ってくれている。オードラはマラソン、トライアスロンのほか、100マイル自転車レースでも完走を果たした。サラも俊足ランナーだったが、音楽の道に進み、現在はニューヨークでオペラ歌手として活動している。これまでも、そして現在でも、私の人生を喜びに満ちたものにしてくれるのは、この素晴らしい女性たちだ。

Part **I**

Understanding
the Formula
for Training

フォーミュラを
理解する

1 ランニングの成功を決める要素

2 トレーニングの原理とテクニックのポイント

3 生理学的能力のプロフィールとトレーニングのプロフィール

4 トレーニングのタイプと強度

5 VDOT

6 環境に応じたトレーニング・高地トレーニング

7 トレッドミルトレーニング

8 体力向上のトレーニング

9 休養と補助的トレーニング

ランニングの成功を決める要素

自分が持っているものを最大限に活かそう。

　ランナーとしての成功を決めるのは、4つの要素である。折にふれて、私はそう話してきた。4つの要素を重要度の高いほうから挙げると、先天的な能力、意欲、チャンス、指針という順になる。なぜ、先天的な能力が最初に来るのか。それは生まれつき決まっているものだからだ。身長の伸び方や心血管系の機能性は、自分ではコントロールしようがない。そうかと思うと、世の中には走るために生まれてきたような人もいる。2番目の意欲とは、競技にかける情熱のことである。この意欲という要素がなければ、どんなに才能があっても本来の力を最大限に発揮することはないだろう。3番目のチャンスにはさまざまな要素が絡むが、住んでいる場所や周囲の人間の影響といった単純なものに左右されることもある。4番目の指針には、コーチや教師から直接受ける指導も考えられるが、本や雑誌で読んだことも入るだろう。ランニングで成功するには、どの種目であれ、この4つの要素の一つひとつが大切だ。指導者としての経験（現場の指導や、メール、電話、ソーシャルメディアを介した指導）を積めば積むほど、私にはその重要性がわかるようになった。

■ 先天的な能力

　チャンピオンになるのは誰か。その決定要因として、遺伝的な要素（先天的な能力）が大きく働くのは、何の競技であっても同じである。ここで少し、さまざまなアスリートの姿を思い浮かべてみてほしい。女子の体操選手、バスケットボールのセンタープレーヤー、砲丸投げの選手、ジョッキー、と言われてイメージするのは、小柄な女性、背の高い人、逞しい人、体重の軽い人だと思う。それぞれの競技でトップレベルになるには、こうした体格が求められるということだ。そして、その体格はトレーニングによって得られるものではなく、生まれついてのものである。

では、理想的な中長距離ランナーについて考えてみよう。思い浮かぶイメージは、今いちばん強い選手、記録を持っている選手によって、多少変わることもあるだろう。そして当然のことながら、優秀なランナーのなかには、背の高い人もいれば、低い人もいるし、がりがりの人もいれば筋肉隆々の人もいる。身体のつくりはたしかに千差万別だ。しかし、生理学的、バイオメカニクス的に見ると、心血管系の機能性（心臓の大きさや心拍出量によって左右される）や関節から筋・腱の付着部までの長さなど、優れたランナーには共通点がある。

優秀なランナーを優秀たらしめる要素の大部分は、外見からはわからない。そのため、生まれながらの長距離ランナーを見極めるのは、さほど簡単ではない。体操や砲丸投げといった競技で、将来のオリンピアンを見つけるのとは、わけが違うのである。実際、同じチームに属する、同じ身長、同じ体重の2人のランナーに、食事と睡眠を十分にとらせて同じメニューを課したとしても、1マイルのレースで30秒の差が出ることもある。なぜなら、目には見えない生理学的・バイオメカニクス的要素（さらには心理学的要素）が絡んでくるからだ。例えば1ℓの血液で運搬できる酸素量。これはパフォーマンスに大きく影響すると思われるファクターの1つだが、活動筋に酸素を運ぶ物質であるヘモグロビンの血中濃度は、ランナーによって大きく異なることもある。実際私は、ヘモグロビン濃度がわずかに違うだけで5kmのタイムに1分以上の差がついたケースを見てきた。

ある特定の競技で成功するチャンスは、あらゆる体格の人に等しく与えられているわけではない。それはオリンピックを見ればわかるし、ボクシングやレスリング、ウエイトリフティングなどの競技が、必ず体重別になっているという事実からも明らかだ。仮に自分が身長160cm、体重52kgのボクサーだったとしよう。対戦相手が身長200cm、体重120kgであれば、どうみてもまともには戦えないだろう。しかし、生まれ持ったものの違いを認めないとしたら、こんな状況もあり得るのだ。

■ 意欲

成功の必須要素の2つ目は、意欲、つまり成功したいという情熱である。しかし、トップランナーになりたいという本人の意欲と、なってもらいたいという周囲の熱意とを一緒にしないことが重要だ。こうした周囲の人間が抱く期待のこもった熱意は、ポジティブにもネガティブにもなり得る。その人が指導者であるならば、もちろんポジティブな熱意であってほしい。学校のコーチは、まさにランナー向きという生徒が転校して来ると、つい張り切ってしまうものだ。だが、その生徒の興味がクリエイターやピアニストのほうに向いていたら、ランナーとして期待したほどの成功を収めることはないだろう。

成功に必要なこの2つの要素（先天的な能力と意欲）の面からランナーを見ると、次の4タイプに分かれる。

1. **素晴らしい素質を持って生まれ、その優れた素質を活かそうという強い意欲のあるランナー**
2. **ランニングに適した優れた素質を持ちながら、ランニングを競技として追求する意欲があまりない、あるいはまったくないランナー**

3. ランニングの適性には欠けるが、ランナーとして成功しようという意欲のあるランナー

4. ランニングの素質がなく、興味もないランナー

4番目のグループは、真っ先に除外できる。ランニングに興味を示さないし、チームにも参加しようとしない。言ってみれば幽霊部員である。1番目のグループはチャンピオンになるタイプだ。バイオメカニクス的・生理学的な面でランニング向きだというだけではない。トップ選手に追いつきたい、同年代の誰にも負けたくないという思いが、意欲という必須要素につながっているからである。

2番目のグループは、まさに指導者のストレスの元と言える。指導者には選手の才能が見て取れる。しかし本人には意欲がない。「気合が足りない」、「さあやるんだ」と、とんでもない言葉で怒鳴りつけるコーチも少なくない。こうなると選手はランニングに夢中になるどころか、ますます遠ざかってしまうだろう。

2番目のグループのランナーに対しては、伸びてほしいから、あるいは本来のやる気を出さないからといって、叱るべきではない。選手全員の能力や可能性が開花するような場をつくる。それが私の信条だ。やる気をなくすのではなく、やる気が湧く環境を選手に提供する責任が、指導者にはある。私はランニングの基本的な原則に従うことで、そのような環境づくりを目指している。その基本原則については本章の最後に説明するが、経験上言えるのは、誠意のこもった指導を、チームの一部としてではなく個人として受ける選手は着実に進歩し、それぞれの目標を達成している、ということだ。どの選手に対しても、進歩があったら必ずそれを認めるべきである。常に他の選手と比較するよりも、その選手自身の成長に着目したほうがはるかによい、と私は思っている。

私は過去数年にわたり、キャンプで出会った高校生に、1つの質問を投げかけてきた。「なぜランニングという競技を選んだのか？」。答えは下の4つのなかから選ばせた。

1. 他の競技のための体力づくりをしたいから
2. 他の競技ではメンバーに入れなかったから
3. 周囲の人に強制された、あるいは勧められたから
4. ランナーになりたかったから

高校のいわゆる部活動でランニングを選んだ生徒のうち、4番と答えたのは約12%にすぎない。これは憂慮すべき状況だ。なぜなら、ランニングは若者の多くがやりたい競技ではない、ということだからだ。それだけではない。この国の教育システムでは体育の授業がまったく足りていない、つまり、素質を持っていても、走っているところを誰かに見てもらったり、自分でランニングの適性に気づいたりする機会がない、ということでもある。さらにまずいのは、ランニングがよく罰として扱われることだ。団体競技の指導者が、満足のいくプレーができなかった選手に「グラウンド1周して来い」と言い渡す光景は珍しくない。

親身になって指導をするコーチならば、ランニング以外のことに夢中な2番目のグループの選手にも、やる気を植え付けていくことはできる。それに、目指す将来の姿がどうであれ、そ

Part
I
フォーミュラを
理解する

1 第1章
ランニングの
成功を
決める要素

2 第2章
トレーニングの
原理と
テクニックの
ポイント

3 第3章
生理学的能力の
プロフィールと
トレーニングの
プロフィール

4 第4章
トレーニングの
タイプと強度

5 第5章
VDOT

6 第6章
環境に応じた
トレーニング・
高地トレーニング

7 第7章
トレッドミル
トレーニング

8 第8章
体力向上の
トレーニング

9 第9章
休養と補助的
トレーニング

の目標に向かって時間と努力をもっと注ぐように選手を導くことも、指導者の役目ではないだろうか。素質はあってもやる気を見せなかった選手が、丁寧な指導のおかげでランニングに対する関心を高めることだってある。その指導方法はいくつか考えられるが、私の場合、とにかく練習を身体で感じ取ってもらい、同じ練習が楽になったと本人が思うまでは、運動ストレスを増やさないようにしている。体力を高めようとハードにするだけでは、ランニングはあまりにもつらくなってしまう。

3番目のグループには、高校時代の成績はふるわなくても、その後オリンピック選手になった、という例がいくつもある。かつて私が行った研究の対象者のなかに、1マイルのベストが4分34秒という高校生がいたが、この生徒はのちに室内の中距離で世界記録を打ちたて、オリンピックの1,500mでは9位に入った。また、大学3年になるまでクロスカントリーのメンバーになれなかった選手が、その後全米学生競技会で7つのタイトルを勝ちとり、卒業の翌年にはペン・リレー※の10,000mで優勝したという例もある（※訳者注：ペン・リレーとはペンシルバニア大学で行われる全米最古の陸上競技大会のこと）。

競技生活のなかで結果を出すタイミングは人それぞれである。細やかな指導をしていれば、ランナーとして成長しているという、確たる事実を選手に示すことができる。選手のなかにはたしかに進歩の早い者もいるが、だからといって歩みの遅い選手が気を落とすことはない。選手は誰でも、短期の目標とともに長期の目標も持っているべきなのだ。

3番目のグループのランナー（素質には欠けるが意欲のあるランナー）は、いつでもウェルカムだ。このタイプは自分自身のパフォーマンスには不満があるかもしれないが、チームにいてくれると楽しいし、仲間にとっては頼りにもなる。しかも指導者の言うことはすべて行う。ただし欠点がある。言われたことだけにとどまらず、言われた以上のことをしたがるのだ。このような選手の場合、さらに練習を課すよりも、ケガをしないようにストップをかけるのが、指導者の仕事になる。トレーニングはいつも量と強度を4週間ほど一定にとどめ、運動ストレスの高いトレーニングへ移行するのは、そのあとにとっておく。こうすれば、オーバートレーニングはうまく回避することができる。運動ストレスを増やすには、あらかじめ身体をある一定の運動ストレスに適応させなければならないのだ。

指導者は、自分の選手がどのグループに該当しようと、さまざまな強みと弱みを持った1人の人間だと思って接するべきである。うまくいけば自分の成果、そうでなければ周りの問題。そうやって消化できるような、プラス思考の人間に一人ひとりを導く。これが目指すゴールである。

■ チャンス

チャンスと一口に言っても、居住地の気候や利用できるトレーニング施設、一緒に練習する仲間や競争相手、家庭の経済状況など、さまざまである。例えば、スキー競技への熱い情熱と素質があったとしても、雪の降らない温暖な地域に住んでいたら、成功する可能性は低い。水泳にしても、才能のある選手がチャンピオンへと成長できそうなプールが全国にあるとはかぎらない。それどころか川や湖さえないところもある。

その点、ランナーはラッキーだ。ランニングという競技は、どのような人間、どのような気候、どのような地形でも行うことができる。事実、私が長年メールで指導していたランナーの１人は、ある州の刑務所で7年間服役していたが、マラソンを目標に刑務所構内の庭で毎週65kmほど走り込むことができた。そして釈放されるやいなや、妹とともに目指すレースに参加したのだ。

　競技によっては、経済状況もチャンスの1つになる。馬術は馬がなければ始まらない。セーリングには競技艇と練習をする海が必要だ。ゴルフもコースを使うには高額な会員権が要るかもしれない。テニスも定期的にプレーしようとすれば懐と相談しなければならないだろう。しかし、ランニングには大金は必要ない。ランナーのなかには、効果的なトレーニングを自分1人で行い、無名とも言える存在でありながらレースに勝って、他のランナーを驚かせるような人もいる。

　とはいえ、他人よりもトレーニング環境に恵まれているランナーはいる。寒冷な地域に住んでいて屋外で走れないときがあっても、室内トラックやトレッドミルが使えるランナーがいるのだ。酷暑に見舞われる地域でも同じである。屋外よりも涼しい室内トラックで走ることができれば、身体を危険にさらさずに済む。

　スウェーデンに住んでいたころの私は、天気の荒れた冬の日でも、外でトレーニングをしていた。1人でランニングを楽しみながら頭によく浮かんだのは、他のランナーのことである。大方はもっと気候のいい場所に住んでいるだろうが、彼らは果たしてこの劣悪な気象条件のなかでも進んでトレーニングをするだろうか、またそれに耐えられるだろうか。チャンスに恵まれないがゆえに、競技に対する情熱がいっそう増すことも、おおいにあり得る。

　アメリカという国は、ありとあらゆる気候、地形に恵まれていて、どんなトレーニングもできる。そんな国が、どうして世界のランニング界に君臨できないのか、と思う人もいるだろう。私に言わせれば理由は簡単だ。この国の教育システムでは、素質のあるランナーが発掘されるような体育の授業ができていないからである。しかも他の競技のようなプロモーションもない。現在の体育教育では、ランニングの素質は、他の競技で走っているときに見出されることのほうが多い。さらに、若い人のほとんどはテレビでしかスポーツを見ない。そしてそのテレビ放送のほとんどを占めているのも、アメリカンフットボール、アイスホッケー、バスケットボール、サッカー、ベースボールである。こうした競技なら若い人たちも自分が一緒にプレーしているところをイメージできる。いっぽうランニングはどうだろう。一流のランナーを見たこともない子供たちが、どうやって自分もそうなりたいと思うのだろうか。

　アメリカでは若い選手のほとんどがクラブではなく学校に所属している（ただしこの傾向は、他の国のほうが強い）。学校の部活動に参加することには、メリットとデメリットとがある。デメリットの1つとして考えられるのは、何年も学校に通っているあいだに指導者がしばしば変わることである。まず中学のコーチから高校のコーチへと変わり（同じ年度内でも、クロスカントリーとトラックと、別々のコーチがつくことさえある）、大学でまた新たな（場合によっては複数の）コーチにつく。

　人によっては、何人ものコーチにつくことで成果が出ることもあるだろう。しかしたいていの場合、トレーニング法はもとよりレースの走り方までもが、コーチによって変わってしまう。

Part
I
フォーミュラを
理解する

1 2 3
4 5 6
7 8 9

1 第1章
ランニングの
成功を
決める要素

2 第2章
トレーニングの
原理と
テクニックの
ポイント

3 第3章
生理学的能力の
プロフィールと
トレーニングの
プロフィール

4 第4章
トレーニングの
タイプと強度

5 第5章
VDOT

6 第6章
環境に応じた
トレーニング、
高地トレーニング

7 第7章
トレッドミル
トレーニング

8 第8章
体力向上の
トレーニング

9 第9章
休養と補助的
トレーニング

例えば、非常に科学的なアプローチをとるコーチにつくこともあれば、そうでないコーチにつくこともある。選手とコミュニケーションを密にとり、よく理解しているから科学の出番はないと言って、その助けをほとんど借りないコーチもいるのだ。選手としてできることはただ1つ。トレーニングプログラムにできたギャップを新しいコーチが少しでも埋めてくれるように祈ることだけである。片やコーチとしては、さまざまなトレーニング理論の影響を受けてきた選手たちを指導しなければならない。ではどのような方法をとるべきなのか。コーチが自分のアプローチを考える際にまず必要なのは、選手たちが今まで受けてきた指導法を知ることである。何人ものコーチにつくと、しっかりとした一貫性のあるプログラムでトレーニングをすることは難しくなる。

■ 指針

　指針とは、コーチ、教師、トレーニングメニューのことである。成功を決める4要素のうちの最後の要素、最も重要性の低い要素、というのが私のなかでの位置付けである。なぜいちばん重要度が低いのか？　それはさまざまな状況が考えられるからだ。つまり、何も指針がない場合、部分的に指針をもらう場合、ないほうがましというような指針をもらう場合がある。例えば、誰かにマラソンの指導を頼まれたとする。私はまず「最近どれくらい走っている？」と聞く。答えが「全然走っていません」だったら、「ランニングの経験は？」と聞き返す。「一度もありません」と言われたら、「スポーツ経験は？」と質問を変える。そこで「今までスポーツをしたことは一切ありません」と答える相手に「では今日から週に250km走りなさい」という指示をしたとしたら、明らかに間違っている。答えや指針のないほうが、まだまし、というわけだ。自分が指導をしてきたマラソンランナーが週間250kmをこなしていたからといって、同じ練習量を初心者に課していいわけではない。

　指導の方法は、選手の側にしてみれば（指導する側にしてもそうだが）、当然ポジティブなほうが望ましい。実際には進歩したように見えなくても、前よりもよくなったと指導者が声をかけてやれば、選手のトレーニングに対する姿勢はよい方向へと変わっていく。私の場合は、長期的な進歩を重視するようにと口を酸っぱくして言う。そうすることで、たいていはうまくやってきた。例えば、1年ごと、シーズンごとの進歩にこだわらず、これから2、3年かけて確実に成長してもらいたい、と選手に伝えるのだ。選手には、進歩の早い人とそうでない人とがいる。選手にとって望ましい環境は、選手に対する理解とポジティブな思考で、実現することができるのだ。

　トップ選手のなかにも、指導者とのつらい関係に耐えてきた人たちはいる。何人か思い浮かべると、あれだけ高いレベルによくぞ到達できたものだと感心するほどだ。もちろん、適切な指針があったらもっと力を出せたのに、と思わせる選手もいる。

　指導者を正しく評価することは、時として難しい。なぜなら、指導者は普通、選手の成績によって評価されるからだ。もっと言えば、アメリカの大学では、チームにいるあいだに選手がどれだけ伸びたか、ではなく、選手を集める手腕がどれだけあるかで評価が決まりがちだ。「指導者」という言葉が、選手のパフォーマンスを向上させ、磨きをかける人を指すのならば、

よい指導者は、「この練習の目的は何ですか?」、「今日、なぜこの練習をするのですか?」という問いにいつも答えられるはずである。トレーニングから効果を引き出し、レースではプラスになる結果を出す。そして自分が集めた選手をよりよい選手、よりよい人間に育てる。それがよい指導者である。

しかし、よい指導者とは言いがたい人でも、選手が才能、やる気、チャンスを兼ね備えていれば、たいていパフォーマンスも高いため、指導の粗は目立たない。その逆もしかりだ。才能とやる気のある選手を指導するチャンスに恵まれなかったために、本当に優れた指導者が注目されないこともある。しかし、このような人もいずれは日の目を見るだろう。

指導者は、常に選手の近くにいることも大切だ。そして選手に対し、ランナーである前に人として接する必要がある。「君たちは選手である前に学生であり、学生である前に1人の人間である。大学にいるあいだ、この順番がけっして変わることのないように」。新しいシーズンが始まるたび、私は学生に向かってこのようなことを話している。

指導者が見落としがちなのは、チームの一人ひとりをポジティブに見ることの重要性である。コーチから贈られる励ましや気遣いの言葉は何ものにも代えがたい。エリートランナーを育てるには、その支えとなる組織が必要不可欠である。そしてその組織は、選手のことを第一に考えたものでなければならない。

ダニエルズのランニング基本原則

私が、ランニングの成功を決める4要素とともに提唱してきたのが、「ランニングの基本原則」である。レベルにかかわらず、ランナーがそれぞれトレーニングで得たものを最大限に活かせるように、との思いから、この基本原則をまとめた。同じ指導、同じトレーニングメニュー、同じ環境であっても、ランナーによってその反応はさまざまに異なる。よって、この基本原則の助けを借りて、個々のトレーニング状況を評価し向上させよう、というわけだ。

基本原則1 : ランナーはそれぞれ固有の能力を持っている:自分の強みを活かす

ランナーにはそれぞれ固有の強みと弱みとがある。なかには、筋線維のデザインが理想的、つまり持久性のある遅筋線維の割合の高い人がいて、その場合は有酸素性能力（$\dot{V}O_2max$）も高くなる。いっぽう、$\dot{V}O_2max$はさほど高くはないが、理想的な動きをしているため、ランニングエコノミーが非常に優れている人もいる。弱みがわかっていれば、その改善に多くの時間を費やすのが道理だが、重要なレースが近づいたら、こうした強みを活かすことに重点を置くべきである。例えば、持久力はあってもスピードのないのが弱みだと思うランナーは、シーズンの序盤はもちろん、中盤であってもスピード強化の練習を行うべきだ。しかし、シーズンが終盤を迎えれば、自分の強みを活かせるよう、持久力強化のほうに力を入れなければならない。

基本原則2 : 常にポジティブなことに目を向ける

どんな練習でも、悪いことばかりに捉われずに、よかったことを探してみよう。練習後、「いい感じで走れなかった」と嘆く者に対して、コーチやチームメート、練習パートナーが

Part
I
フォーミュラを
理解する

1 2 3
4 5 6
7 8 9

1 第1章
ランニングの
成功を
決める要素

2 第2章
トレーニングの
原理と
テクニックの
ポイント

3 第3章
生理学的能力の
プロフィールと
トレーニングの
プロフィール

4 第4章
トレーニングの
タイプと強度

5 第5章
VDOT

6 第6章
環境に応じた
トレーニング・
高地トレーニング

7 第7章
トレッドミル
トレーニング

8 第8章
体力向上の
トレーニング

9 第9章
休養と補助的
トレーニング

見識の豊かな指導者が親身になれば、若者の目を長距離走という競技に向かせ、やる気を引き出すことができる。そうしてランニングは彼らにとって楽しいものとなり、自分の夢をかなえるもの、情熱を傾ける対象となっていく。

「たしかに今日の走りはよくなかったね」と追い打ちをかけるのはまずい。それよりも、「今日は調子よくなさそうだったけど、腕の振りはよくなってきたよ」などと、よかったところを指摘してあげたほうがいい。

基本原則3：**好不調があることを見込んでおく:よい日もあれば、悪い日もある**

世界記録保持者やオリンピックチャンピオンであっても、力の出せないレースは往々にしてある。調子の悪いときは、レースの距離が長いほどダメージも大きくなるものだ。つまり、不調のときは、5kmよりもマラソンのほうが、回復に時間がかかる。調子が悪ければ、途中棄権をしたっていい。完全に復調するまで時間がかかるとわかっていながら、頑張って完走するのは、勧められない。

基本原則4：**予想外のことに備え、トレーニングには柔軟性をもたせる**

具体的に言えば、天気が悪くなったときに練習の日を入れ替える、といったことである。例えば、練習を予定していた月曜日の天気は冷たい雨と強風だが、火曜日には好転すると予想されるとき。そんなときは、火曜日まで練習を延期する。

基本原則5：**中期目標を設定する**

中期目標は長期目標への道筋となる。たしかに長期的な目標を持つことも大切だが、達成す

るには時間がかかる。よって、その途上に長期目標よりも小さい身近な目標を設定することが、どうしても必要になるのだ。私の場合、選手にはほぼ毎回、レースでの目標を設定させるようにしている。目標は達成しやすいものにしたほうが絶対にいい。「遅めのペースで走りだして途中で何人抜けるか確認する」、「いつもとは違うウォーミングアップを試す」。例えば、こういうことだ。失敗しても、成功しても、そこから学ぶことはある。

基本原則6：**目の前の課題に集中する**

ランナーに必要なのは、今自分がしていることに集中することだ。無駄に時間を使って他人を気にすることではない。もし、自分で立てたプランを精一杯実行したうえで誰かに負けたなら、その日は相手のほうがよかったという事実をただ受け入れるだけだ。今やるべきことは、レースを反芻し、もし同じレースをもう1回走れるとしたらどこをどう変えるのか、自分の頭でよく考えることだ。敗北から学ぶ機会は、勝利から学ぶのと同じくらい（もしかしたらそれ以上）ある。

基本原則7：**レースのミスはたいてい前半で起きる**

これは特に若いランナーのレースに顕著である。持ちタイムのいちばん速いランナーがスタートで飛ばし過ぎて、大幅にスローダウンして終わる。ありがちなのはこのパターンだ。ただ、こういうレースでは、同じ集団にいる他のランナーも、オーバーペースの先頭ランナーについて行ってしまう。彼らにとって、その入りのペースは、先頭ランナーよりもはるかにきついため、結局、全員が先頭ランナーよりもばてる。そしてばてても勝てたランナーは、これがレースの勝ち方だと思い込む。しかし、持ちタイムが3番目、4番目といったランナーがもっとイーブンに近いペースで走れば、最速ランナーも苦杯をなめることになるのだ。

基本原則8：**トレーニングはやりがいを感じるものであるべき**

トレーニングはいつも楽しいとはかぎらないが、常にやりがいのあるものであるべきだ。時には、いい練習になったと思えないこともあるかもしれない。それでも、練習の目的を毎回理解していれば、自分の進歩はきっと見えてくる。これこそがやりがいというものだ。レースでも練習でも、走れば何かしら有益なことを学べるはずである。

基本原則9：**質のよい食事と睡眠をとる**

休養と栄養をとることは、トレーニングの一部である。トレーニングと切り離せるものではない。私が聞いたランナーの話をしよう。ある日、妻が第一子を出産した。それは朝の5時だったため、彼は前の晩から1時間しか眠れなかった。しかしその日の午後、父親になったばかりの男は、世界記録を更新した。私が考えるに、そのランナーには正しい睡眠習慣が身についていたのだろう。要するにこういうことだ：日ごろからきちんと食べ、きちんと眠っていれば、1回だけよくない食事をしたり一晩だけよく眠れなかったとしても、悪い影響は出ない。逆もまた真なりで、普段食事や睡眠をおろそかにしていれば、1回だけよい食事を摂ったり一晩だけよく眠ったとしても、大した効果は望めない。

Part
I
フォーミュラを
理解する

■ 第1章
ランニングの
成功を
決める要素

2 第2章
トレーニングの
原理と
テクニックの
ポイント

3 第3章
生理学的能力の
プロフィールと
トレーニングの
プロフィール

4 第4章
トレーニングの
タイプと強度

5 第5章

VDOT

6 第6章
環境に応じた
トレーニング・
高地トレーニング

7 第7章
トレッドミル
トレーニング

8 第8章
体力向上の
トレーニング

9 第9章
休養と補助的
トレーニング

基本原則10：**病気にかかっているとき、ケガをしているときはトレーニングをしない**

この原則に従わないと、2、3日トレーニングを休めば回復するような病気やケガであっても、トレーニングの中断期間はもっと延びる。

基本原則11：**慢性的に身体の不調があったら医師の診察を受ける**

たまに調子がよくないときがあっても大した問題ではないが、不調がしつこく続く場合は、治療が必要な事態とたいてい関係がある。

基本原則12：**うまく走れた、いいレースができた、というとき、それはけっしてまぐれではない**

たまたまうまく走れなかった、ということは往々にしてあるものだが、素晴らしいレースができたときは、自分にその力があったからだ。

これらの基本原則は、トレーニングでもレースでも、いつも心に留めておいてほしい。常にバランスのとれたトレーニングを行い、プラス思考を捨てずに、妥当で現実的な目標を持てば、それは必ず成功につながる。

選手の視点に立てば、一貫してトレーニングを行うことこそが、成功につながる最も重要かつ唯一の道である。この一貫性とは、目の前の課題に集中することであり、過去にこだわることでもなければ、遠い先に思いを馳せることでもない。自分の思いどおりにできるのは、現在だけである。そしてこの現在に集中し、一貫したトレーニングを行えば、その先に大きな成功が見えてくる。

この基本原則を生きたものにするには、ランナーとしての日常生活の一部にしてしまうことだ。そうやって時が経つと、自分にどう対処すべきか、考えなくても済むようになるはずだ。ランニングの基本原則が生活の一部となれば、その効果はレースの結果に表れる。逆にこの基本原則に従わないと、ランニングのパフォーマンスはおろか、仲間との関係までもがうまくいかなくなる恐れがある。

選手はグループ別にきれいに分かれるものではない。成功のための4つの必須要素のうち、何をどれだけ、どういう組み合わせで持っているかは、人によって異なる。そしてこの違いが選手の個性である。選手であれ、指導者であれ、持っているものに満足し、その力を最大限に引き出そう。トレーニングの原理については第2章でも述べるが、そこに示した方法で結果が出ていても、恐れずにそれを時おり変えてみることだ。成功につながる道筋はランナーの数だけある。そして、各々に最も適したものを見つけることが、ランニングをエキサイティングで楽しいものにするのだ。折にふれてランニングの基本原則を見返せば、トレーニングやレースで何が大切なのか、思い出すことができる。また、トレーニングのし過ぎや身体のケアを怠ることで生じるトラブルを防ぐこともできる。

トレーニングの原理とテクニックのポイント

食事は適切に、休息は頻繁に、水分補給はいつも十分に。

ランナーの大半が行っているトレーニングとは、どのタイプだろうか？　あるいはこう言ったほうがいいかもしれない。皆どのようにトレーニングをしているのだろうか？　指導者というものはたいてい、自分が指導されたようにランナーを指導するものである。指導者自身の多くがかつてランナーだったことを考えれば、何ら不思議ではない。ランナーや指導者のなかには、心理学やバイオメカニクス、さらには生理学を学び、自分がランナーとして実際にやってきたことに対して科学的な裏打ちのできる人もいる。それでも、トップランナーを育てた指導法やトレーニング法をなぞることは珍しくない。つまりは、他人のコピーがごく当たり前になっている、ということだ。問題は、ランナー自身が、今行っているトレーニングの理由を常に理解しているかどうかである。

　もちろん、ランナーのなかには独力でトレーニングをする人と、指導者から与えられた練習を行う人とがいる。内容は人によってさまざま、大きく異なることもあるだろうが、それぞれに効果が見込めるものだ。誰にとっても効果的な決まったトレーニング法など、まずないだろう。しかし、身体能力に差があっても、それぞれを向上させる基本的な原理はたしかに存在する。チームに大勢のランナーを抱えていれば、どんなトレーニング法であろうと、いい結果は出る。それがほんの一部のランナーのものであったとしても、チームとしては問題ない。しかしこうしたケースで私が懸念するのは、チームのトレーニング法についていけなかったほうのランナーである。ケガをしたり、あるいは熱意がないとみなされてドロップアウトしたりしなければ、残ったランナーより優秀だったランナーがいたかもしれない。

　本章ではトレーニングと技術に関するトピックを取り上げる。これから説明するのは、8つの重要なトレーニングの原理、トレーニングプログラムの作成法、正しい足の運び、呼吸リズムの重要性である。それぞれの原理がどのように組み合わさって1つのトレーニングプログラムとなり、体力がつくりあげられるのか。これはぜひとも理解しておいてほしい重要事項である。

Part
I
フォーミュラを
理解する

1 **2** 3
4 5 6
7 8 9

1 第1章
ランニングの
成功を
決める要素

2 第2章
トレーニングの
原理と
テクニックの
ポイント

3 第3章
生理学的能力の
プロフィールと
トレーニングの
プロフィール

4 第4章
トレーニングの
タイプと強度

5 第5章
VDOT

6 第6章
環境に応じた
トレーニング・
高地トレーニング

7 第7章
トレッドミル
トレーニング

8 第8章
体力向上の
トレーニング

9 第9章
休養と補助的
トレーニング

■ 極端なトレーニング

　近代五種の選手だった私が初めてランニングの指導を受けたのは、フェンシングの専門家だ。フェンシングの指導者としては素晴らしかったが、ランニングに関しては、熟達しているとは言いがたい人だった。しかし、ランニング初心者だった私は彼の指示通りにトレーニングを行い、これがランナーのトレーニング法だ、と思い込んでいたのである。

　このコーチのもとで行った初めの6週間のトレーニングはこんな具合だ。まずウォーミングアップとして1,600m走る。そしてスパイクに履き替え、シンダートラックで400mのインターバルを10本走る。疾走の400mは（経験者に負けまいと）できるだけ速く。リカバリーは400mのジョグ。この練習を週に5日、6週間続けた。もし、この練習の目的が痛みやケガを引き起こすことであるならば、まさに正しい練習法だ。事実、私はひどいシンスプリントになり、立っていることもままならなくなった。

　毎日400mのインターバルをしていたせいで、ほかにもよくないことが起きた。こんな私に4,000mのレースの走り方を、わざわざ教えようとする人が現れなかったのである。こうして全力で走ることしか知らない私は、レースでもやはりスタートから同じ走り方で突っ込んだ。当然、800mあたりで事実上レースは終わり、残りは息も絶え絶えに脚を動かすだけ。お世辞にも賢いとは言えないアプローチだ。

　エリートランナーが行っている練習を耳にして、それがいいやり方だと思い込む人は多い。果たしてそうだろうか。ここで、あるランナーが高校2年生の春に行った、1週間のトレーニングを紹介しよう。まず日曜日には16kmを64分で走る。その日はそれで終わりだ。他の日は午前中に6.4km走り、午後はトラックで練習する。そのトラック練習の内容は次のとおりである。

月曜：3,200m（9分55秒）＋ 1,600m（5分15秒）×2 ＋ 800m（2分28秒）×3 ＋ 400m（65秒）×6 、 ウエイトトレーニング 、 クーリングダウン6,400m

火曜：400m（64秒）×6 ＋ 140m（18秒）×10 ＋ 200m（31秒）×5

水曜：400m（69秒）×50（3分サイクル）

木曜：800m（2分45秒）×18
　　　　（なぜこれを同じペース・同じ合計距離の持続走［1km3分25秒で14.4km］にしないのか疑問である）

金曜：1,600m ＋ 1,200m ＋ 800m ＋ 600m ＋ 400m ＋ クーリングダウン4,800m

土曜：レース

　たしかに中距離ランナーの指導であれば、こうあるべきかとも思う。なぜならこのランナーは世界記録を数回塗り替え、オリンピックにも3回出場したからだ。ある日私は彼のコーチにたずねてみた。他のチームメートも400m×50の練習をしたのか、と。すると、24人が同じ練習をしたが、1人だけ40本しか走れなかったランナーがいた、という答えが返ってきた。

そして、そのコーチはこう付け足したのだ。「彼がうまく走り終えるとは、もともと期待していなかったからね」。

　もう1人、米国記録保持者のトレーニングを紹介しよう。彼はかつて1週間に106kmのロング走を数回走り、週間走行距離が611kmに達したことがある。また、週間走行距離の6週間平均が515km、年間平均が386kmだったこともある。こんな練習を実際に行い、そしてそれに耐えられるランナーなど、そうはいないはずだ。ではどうすべきなのか。私は、従うべきトレーニングの原理がいくつかあると考えている。それをこれから紹介しよう。

■ トレーニングの原理

　ランナーとしては、トレーニングが身体にどう影響するか理解しておきたい。また、トレーニングのタイプが異なればストレスを受ける身体システムも異なる、という事実もわかっておいたほうがいい。身体はある特定のストレスを受けるたびに、さまざまな部位で直ちに反応する。そして、同じストレスを受けるたびに同じように反応するが、時が経つと、同じストレスの繰り返しに対して違う反応が起きるようになる。これが、身体が強くなった、ということである。

　人間の身体は、さまざまなストレスに対して非常にうまく適応するが、ストレスによっては、完全に適応するのに長い時間がかかることもある（例えば、筋線維が日常的に行うランニングのストレスに完全に適応するには、何ヵ月もかかる）。トレーニングの量・強度・頻度が身体にとって過剰なストレスとならないよう、トレーニングの各原理を理解し、活用できるようになることが重要である。

トレーニングの原理1：ストレスに対する身体の反応

　さまざまなストレスに対する身体の反応については、専門の種目に関係なく、多少は知っておくべきである。身体の反応は、誰にでも必ず起きる。近所を少し走ったり、トラックを1周してみたりするだけで、ストレスに対して何らかの反応が起きていることがわかるだろう。心臓の鼓動は速くなり、息は少々荒くなる。脚の筋肉が若干疲れることもあるかもしれない。血流がある部位よりも他の部位へと優先的に配分され、運動に対応しているのはもちろんのこと、血圧も測定してみれば、多少上がっているはずだ。人間の身体は受けたストレスに対してあまりにもうまく適応するため、多くの場合は適応していることに気づくことさえない。

トレーニングの原理2：特異性

　特異性の原理とは、ストレスに対して反応するのはストレスを受けた組織、という単純な原理である。心筋を刺激すれば、心筋が反応し、呼吸筋を刺激すれば呼吸筋が反応し、脚筋を刺激すれば脚筋が反応する。走っているとき、あるいは歩いているときでさえ、左右の足の一部は受けたストレスに対して必ず反応している。

　ストレスに対する反応は、このような比較的急性なものだけでなく、別のタイプのものもある。ストレスを受けた身体の部位は、健康な状態であれば強くなり、新たなストレスを受け入

れる準備が整う。心筋にストレスを与えれば心筋は強くなる。呼吸筋、脚筋も同じだ。この適応ともいうべき反応は、筋肉、腱、骨など、ストレスを受けるあらゆる組織において起きる。

トレーニングの原理3：**オーバーストレス**

　ストレスが増えればその分適応も増えるが、別の原理が働く可能性もある。それはオーバーストレスの原理だ。ある部位に過剰なストレスが加わると、その部位がそれ以上強くならなくなることもある。むしろ弱くなったり、完全に故障したりするかもしれない。ならば、身体はストレスに対して反応しているあいだの、どこで強くなるというのだろうか。それは、一連のストレスの合い間の回復期である。つまり休養している時間に身体の強化は起きるのである。

　休養と回復はトレーニングプログラムに欠かせない大切な要素である。トレーニングをサボることではない。時と場合によっては、走るよりも休みにしたほうがいいこともあるし、きつい練習よりもストレスの小さい練習をしたほうが身になることもある。練習の候補が2つあって迷うときは、ストレスの小さいほうを選ぶこと。この考え方はぜひ参考にしてほしい。どちらのほうが効果的なのかわからないくらいだったら、わざわざハードな練習を選ぶこともない。例えば、時おり強風が吹くなど気象条件のよくない日。1,000mのインターバルを頑張って走るか、それとも大してきつくないファルトレクにするか。1,000mのインターバルにすれば、風の影響でペースは目標よりも落ちるだろう。そうなれば満足のいく練習にはならないかもしれない。ファルトレクはインターバルとは逆で、距離を決めてタイムを設定することはしない。しかも、同じ時間だけ1,000mのインターバルトレーニングをしたときと、結果的に練習効果は変わらないかもしれないのだ。

　ランニングという競技の成功は、柔軟な対応力にかかっている。若いチームを指導するときは、なおさらだ。仮に、チームにボブというエースがいたとしよう。コーチはランナーを集め、ボブが以前に行っていたからといって、あるメニューを課す。「今日は全員に400mのインターバルを走ってもらう。75秒で8本。リカバリーは400mジョグ。ボブのように速くなりたければ、ボブと同じ練習をしろ」。そう言われたランナーたちは、1本目の400mを75秒で走る。しかし、しばらくすると、75秒をキープし続けるボブのかたわらで、設定ペースを保てなくなり、78秒、80秒、と遅れる者が出てくる。ついていけなくなった者は力をふりしぼって走るようになり、リカバリーの時間も短くなっていく。そうなれば、技術などお構いなしだ。

　この練習は、何のためにしているのか？　おそらく、スピードの養成とランニングエコノミーの向上が目的だろう。しかし、チームの大半がお粗末な走り方で必死についているようだと、ランニングエコノミーを向上させる練習にはならない。そのうえペースが落ち続ければ、スピード養成もできない。そうなると、誰がこの練習で効果を得るのか？　ボブだけだ。他のランナーはといえば、自分には力がついていないのでは？　という、嫌な感触を得るだけである。

　練習に参加する者全員が、それぞれ効果を得るためには、指導者にもランナーにも、柔軟に対応する能力が必要なのだ。チームの最後尾にいたランナーが先頭に立つ日はいつ来るのか。それは誰にもわからない。しかし、やる気をなくして自分の可能性に気づく前に競技をやめてしまったり、あるいは無理をしたあげくにケガで走れなくなったりすれば、そのような日は永遠にやって来ない。

Part
I
フォーミュラを
理解する

1　2　3
4　5　6
7　8　9

1 第1章
ランニングの
成功を
決める要素

2 第2章
トレーニングの
原理と
テクニックの
ポイント

3 第3章
生理学的能力の
プロフィールと
トレーニングの
プロフィール

4 第4章
トレーニングの
タイプと強度

5 第5章
VDOT

6 第6章
環境に応じた
トレーニング
高地トレーニング

7 第7章
トレッドミル
トレーニング

8 第8章
体力向上の
トレーニング

9 第9章
休養と補助的
トレーニング

トム・フォン・ルーデン(No.99)は、さして体格に恵まれてはいなかったが、世界中のトップランナーと対戦しては勝利を収め、トレーニングに対する真摯な姿勢と競技スピリットから、ライバルたちの尊敬を集めた。

　私が思うに、アメリカの陸上界は、あとにも先にも、オリンピックに最強の選手団を送り込むことはない。こう断言できるのは、代表選考会となるとトップ選手は誰かしらケガをしているからだ。私自身、クロスカントリーのチームを組むときは、少し調子を落としていてもケガのない7人を選手にしたい。そのほうが、絶好調の3人とケガでスタートすら危ぶまれる4人を選ぶよりは、いいと思っている。1人のトップランナーの育成に血道をあげても、いずれ大成したかもしれない他のランナーの芽をつぶしてしまうようでは意味がない。チーム内のランクに関係なく、メンバー一人ひとりがそれぞれのベストパフォーマンスを出せてこそ、最高の結果は得られるのだ。

　ストレスを減らすことは、心理的な面でも身体的な面でも、大きな勝負がかかっているときには必要だ。これまでに何度も書物や講演会で紹介してきたが、親友トム・フォン・ルーデンの話をしよう。1968年、オリンピック代表最終選考会に向けてカリフォルニア州のサウスタホレイクでトレーニングをしていた彼は、私にアドバイスを求めてきた。選考会を数週間後に控え、期待したほど調子が上がってこない、どうしたらよいか、というのだ。自分の提案がベストアンサーだったかどうかは知る由もないが、とにかく私は、タホの合宿所を出てさらに標高の高いコロラド州のリードビルに行くように言った。そうすれば選考会前の2～3週間を1人で過ごせる。この提案を聞き入れた彼は、予想を上回る結果を出してオリンピック代表の座

をつかんだ。そして、本番のオリンピックでは1,500mで9位に入ったのである。彼がしたことは、心理的なストレスを減らすことだけだったかもしれないが、たしかに効果はあったのだ。

トレーニングの原理4：**トレーニングに対する反応**

　身体は新たに与えられたストレスにどう反応するのか。それを示したのが**図2.1**である。こう仮定してみよう。これからあるトレーニングプログラムを始める。現在、身体は絶好調とはいえないが、いつでも30分程度は走ることができ、1,600mを繰り返すときも、無理なく毎回8分で走れる。トレーニングプログラム（それまでのトレーニング内容よりもストレスの多いプログラム）開始時点の体力レベルは、図2.1で示したとおりだ。この状態で1,600m 8分×3本、休息10分という練習を始めることにする。そして、これを週3日行う。この新しいトレーニングプログラムはそれまで行ってきたものよりもストレスがかかるため、体力は新たなレベルへと向上する。

　しかし、この新たなトレーニングストレスによる効果は、時間が経つと薄れていく。そして何週間も同じトレーニングを続けているだけでは、体力レベルの向上も頭打ちになる。トレーニングから効果を得て新たな体力レベルに到達するには6～8週間かかるが、それからさらに向上するには、再度トレーニングストレスを増やす必要があるのだ。たしかに、人によっては1年の後半になるまでトレーニングストレスを増やさず、体力を一定レベルのまま維持したほうがいいときもある。それはレースシーズンが目の前に迫った時期も同じだ。しかし、体力を新たなレベルに引き上げたいなら、トレーニングストレスは増やさなければならない。

　ランニングの場合、トレーニングストレスを増やすには、いくつかの方法がある。先ほどの例に戻ろう。1,600m 8分×3本、休息10分の練習を、週に3日行うというトレーニングプログラムだ。このなかには、変えられる要素が4つある。

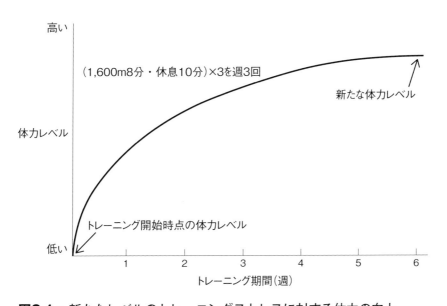

図2.1 ■ 新たなレベルのトレーニングストレスに対する体力の向上

Part
I
フォーミュラを
理解する

2 3
4 5 6
7 8

1 第1章
ランニングの
成功を
決める要素

2 第2章
トレーニングの
原理と
テクニックの
ポイント

3 第3章
生理学的能力の
プロフィールと
トレーニングの
プロフィール

4 第4章
トレーニングの
タイプと強度

5 第5章
VDOT

6 第6章
環境に応じた
トレーニング
高地トレーニング

7 第7章
トレッドミル
トレーニング

8 第8章
体力向上の
トレーニング

9 第9章
休養と補助的
トレーニング

- **量**：実施した運動の合計量。この例では4,800m
- **強度**：1,600m8分というスピード
- **リカバリー**：1,600m走のあいだに取る10分間の休息
- **頻度**：この例では週3回

　この4つの可変要素のうち、量、強度、頻度の3つは、どんな練習にも必ず存在する。リカバリーの要素は、持続的なランニング（低強度のロング走など）にはない。こうした練習は区切らずに1回で完結するからである。このトレーニング例のストレスレベルを増やそうというとき、4つの要素はすべて使える。

- **量を増やす**：疾走（1,600m走）を4本あるいは3本以上に増やす（他の要素は変えない）
- **強度を上げる**：ペースを8分から7分40秒に上げる（合計4,800mの量は変えない）
- **リカバリーを短くする**：休息を10分から5分に減らす（量と強度は変えない）
- **頻度を増やす**：週3回から週4、5回に増やす（量、強度、リカバリーは変えない）

　ただし、4つの要素のうち、同時に2つ以上の要素を変えるのはよくない。変える要素やその内容の多くは、現在の走行距離次第である。つまり、疾走の本数を増やすとしたら、週間走行距離で決める、ということだ。週間走行距離が一定なら、本数はたいてい変えない。変えることが多いのは、ペースである。そしてリカバリーは以前と同程度を維持する。通常は、この4つの要素のうちどれを増やしても、体力は新たなレベルへと向上する。そしてそれは最初と同じような軌跡をたどる。要するに、当初は比較的速く向上し、何週間か経つと先細りになる。**図2.2**は、新たな体力レベルに到達する（あるいは到達しない）軌跡を示したものである。

トレーニングの原理5：**個人の限界**

　体力は、トレーニングストレスを増やせば向上するとはかぎらない。図2.2では、3つ目の

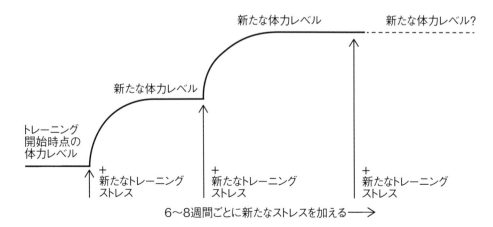

図2.2■一段階上の新たなトレーニングストレスレベルに対する体力の向上

「新たな体力レベル」のあとに疑問符をつけたが、これは3度目にストレスを増やしても体力が向上しない可能性を示している。ただし、体力が最大限まで到達したのではない。別のトレーニング原理が働くのだ。つまり、個人にはそれぞれ限界があるという原理が作用するのである。しかし誤解しないでほしい。誰でも超えられない絶対的な限界があるわけではなく、個人には、それぞれにシーズナル・リミットがある、という意味だ。シーズナル・リミットとは、ある一定期間のライフスタイルによってもたらされる限界のことである。

個人の限界の原理が最も顕著に働くのは、授業予定が変動する学生時代である。例えば、ある学期は毎日朝8時から午後2時まで講義があり、火曜日と木曜日の午後2時15分から5時15分までは実験、ということもあるだろう。最悪の場合、火曜日と木曜日は練習に出られずに、1人でトレーニングをしなければならないかもしれない。しかし、その次の学期になったら、今度は毎日午前10時まで講義も実験もなく、午後2時には講義が終わるかもしれない。もちろんこのほうが、午前中にしっかりと走っておくことができるし、午後にもたっぷりと時間がとれるから、トレーニングには好都合である。

毎日の予定は、学生でなくとも、シーズンによって変わるだろう。職場や家庭などで果たすべき務めは、人生のステージでさまざまに変わる。それによってトレーニングは難しくなったり、また楽になったりするものだ。

いずれにせよ、絶対に避けるべきはオーバートレーニングである。このやっかいな状況から逃れるには、とにかくランナーと指導者が常に意志の疎通を図ることだ。トレーニングの強度は、現時点での体力で決めるべきだが、その最良のものさしは、レースパフォーマンスである。こうした考えから、私はトレーニングのペースを上げようとするランナーに対し、「その力がついていることを、レースで証明してみせなさい」と言うことにしている。もちろん、一定強度でトレーニングを4～6週間続けるあいだに、ストレスの上昇をまったく感じないこともあるだろう。その場合は、レースを走らずにトレーニング強度を若干上げてもよい。

表2.1は、生活上の問題を見つけやすくするために作成した、簡単なストレス評価表である。日常生活をさまざまな角度から記録しておけば、ランナーのためにも指導者のためにもなる。普段の活動や生活上のストレスのうち、何がパフォーマンスの良し悪しにつながるのか、また何がトレーニングや生活全般に影響するのか、たいていは突き止めることができる。

各項目に点数をつける際は、以下の点について考えること。

・前の晩の睡眠の質はよかったか

・ケガがあるか、病気にかかっているか、いつもとは違う痛みがあるか

・前日のトレーニングからどのくらい回復しているか

・身体の柔軟性はどうか

・最近24時間の休養、活力、栄養状態をどう評価するか

・今日の練習の身体的ストレスをどう評価するか

・普段のメンタルの状態と比べて、今日はどれくらいストレスがあったか

・そのほかに追加したい評価項目はあるか

Part
I
フォーミュラを
理解する

1 2 3
4 5 6
7 8 9

1 第1章
ランニングの
成功を
決める要素

2 第2章
トレーニングの
原理と
テクニックの
ポイント

3 第3章
生理学的能力の
プロフィールと
トレーニングの
プロフィール

4 第4章
トレーニングの
タイプと強度

5 第5章
VDOT

6 第6章
環境に応じた
トレーニング・
高地トレーニング

7 第7章
トレッドミル
トレーニング

8 第8章
体力向上の
トレーニング

9 第9章
休養と補助的
トレーニング

表2.1 ■ 日常生活ストレス評価表

8つの評価項目について、毎日点数をつける。1点（非常によい）、2点（よい）、3点（まあまあ）、4点（あまりよくない）、5点（悪い）。項目1と2については、目覚めてから2時間以内、3から6については昼過ぎまで、7と8については1日の終わりに点数をつける。

第 1 週

	日曜	月曜	火曜	水曜	木曜	金曜	土曜
1.前の晩の睡眠の質							
2.痛み、病気の状態							
3.今日の練習と回復状況							
4.身体の柔軟性							
5.活力・栄養状態							
6.今日の身体的ストレス							
7.今日のメンタルストレス							
8.その他							
合計点							

第 2 週

	日曜	月曜	火曜	水曜	木曜	金曜	土曜
1.前の晩の睡眠の質							
2.痛み、病気の状態							
3.今日の練習と回復状況							
4.身体の柔軟性							
5.活力・栄養状態							
6.今日の身体的ストレス							
7.今日のメンタルストレス							
8.その他							
合計点							

第1週の開始日：_____　第1週の合計点：_____

第2週の開始日：_____　第2週の合計点：_____

第1週・第2週の合計点：_____　トレーニング全般に関して気づいたこと：

_____

_____

From J. Daniels, *Daniels' Running Formula*, 4th ed. (Champaign, IL: Human Kinetics, 2022).

トレーニングの原理6：**収穫逓減**

収穫逓減※の原理と加速度的なリスク上昇の原理は互いに関連しているので、**図2.3**には2つ一緒に示した（※訳者注：収穫逓減とはもとは経済用語であり、投資を続けていっても、ある点を過ぎると利益が上がらなくなることを意味する。ダニエルズはこの言葉を独自のトレーニング用語として多用している）。

まず収穫逓減の原理から説明しよう。図に示したように、体力は時間の経過とともに向上していく。時間といっても、この場合は数週間ではなく、数年というスパンだろう。トレーニングを始めたころは、努力に対する効果は非常に大きい。しかし、体力が向上するほど、トレーニングをきつくしても効果は小さくなる。考えてみれば、至極当然である。

例えば1マイル（約1,600m）のタイムである。初心者ならきついトレーニングなしで6分10秒から5分40秒まで縮めることができるかもしれない。しかし同じ30秒でも、5分40秒から5分10秒なら、少々難しくなるだろう。さらに4分30秒から4分までともなれば、6分10秒から30秒縮めたときよりも、はるかに多くの努力が必要になる。

仮に自分がマラソンランナーだったとしよう。現在の自己ベスト2時間8分をさらに1分縮めるには、どれだけハードなトレーニングが必要だろう。3時間から2時間56分という4分の更新とは、比較にならない。繰り返しになるが、体力が向上すればするほど、よりハードなトレーニングをしても、効果は小さくなっていく。逆に言えば（読者が喜ぶ言い方をすれば）、体力レベルが低いほど、大したトレーニングでなくても大きな効果が得られるということだ。病気やケガで体力が落ちたときでも、そう考えれば心強い。

トレーニングの原理7：**加速度的なリスクの上昇**

収穫逓減の次は、トレーニング中断のリスク の上昇について説明しよう。図2.3の破線で示した曲線である。さほどハードなトレーニングをしていないときは、ケガをしたり熱意を失っ

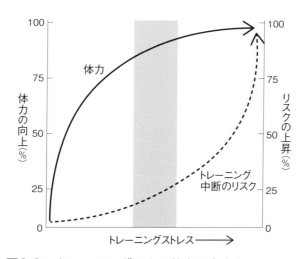

図2.3 ■ トレーニングによる体力の向上と
　　　　トレーニングストレス増加によるリスクの上昇

Part
I
フォーミュラを
理解する

1　2　3
4　5　6
7　8　9

1　第1章
ランニングの
成功を
決める要素

2　第2章
トレーニングの
原理と
テクニックの
ポイント

3　第3章
生理学的能力の
プロフィールと
トレーニングの
プロフィール

4　第4章
トレーニングの
タイプと強度

5　第5章
VDOT

6　第6章
環境に応じた
トレーニング、
高地トレーニング

7　第7章
トレッドミル
トレーニング

8　第8章
体力向上の
トレーニング

9　第9章
休養と補助的
トレーニング

たりすることでトレーニングが中断されるリスクは低いが、トレーニングのある過程でストレスが上昇すると、そのリスクが急に増すということである。

こうした2つのトレーニング原理を考えれば、トレーニングのほとんどは、図2.3のグレーのゾーン内で行うべきである。この理想的なストレスゾーンのなかにいれば、大きな効果が期待できると同時に、故障による戦線離脱のリスクも比較的低く抑えられる。

しかし、このグレーゾーンが示すストレスの量に具体的な数字をあてはめることはできない。それは各人のトレーニング経験によって異なるからだ。例えばあるランナーにとっては、週間走行距離50kmであるかもしれないし、別のランナーにとっては190kmかもしれない。適正なトレーニング量といっても、人によってその内容は違う。練習にかけられる時間や競技に対する熱意はもちろんのこと、競技歴や体格によっても大きく異なるのである。

トレーニングの原理8：**維持の原理**

最後は、維持の原理である。あるレベルの体力を新たに獲得するよりも、維持するほうがやさしいというトレーニング原理だ。ランナーにとっては、あるレベルのパフォーマンスに最初に到達するよりも、それを繰り返すほうがたいていは楽、ということだから、ある意味、心理的な問題ともいえる。

例を挙げて説明しよう。仮に、1マイルのレースを5分で走るためのトレーニングを続け、達成できたとする。そうすれば、再度5分で走ることは、最初ほど大変ではない。生理学的に見れば、これは体力レベルが一段階アップしたということでもある。心臓は強くなり、活動筋に酸素を運ぶ毛細血管が増える。そして、活動筋の細胞自体も、燃料をより効率的にエネルギーに変えられるように変化しているのだ。

体力の獲得よりも維持のほうがやさしいことは、レース前のテーパリングをみてもわかる。テーパリングを行い、トレーニングストレスをいくらか落とせば、レースではよりよい結果につながる。トレーニングストレスを減らしているあいだに、体力を維持できるだけでなく向上させることもできるわけだ。この事実は、維持の原理の確かな証である。

長期のトレーニングプログラムを作成するとき、この維持の原理は特に大きな意味を持つ。あるタイプのトレーニングから別のタイプへとトレーニングの主眼が変わっても、維持の原理が作用することで、前に得た効果が維持できるからである。例えば、何週間か集中的にインターバルトレーニングを行ったあと、閾値トレーニングを増やしインターバルトレーニングは減らしたとしよう。このときも維持の原理が働く。インターバルトレーニングで得た効果は、閾値トレーニングの効果が出始めたあとでも維持できるのである。このように、能力を維持するために、以前メインだったトレーニングを部分的に取り入れるのは、かまわない。ただし量は減らすこと。

能力維持の原理は学生の競技にもあてはまる。学生たちは、クロスカントリーのシーズンが終わるとトラックシーズンの前にオフの期間をとる。ランニングから離れているこの期間には、補助的トレーニングを行うこともあるが、バスケットボールなど他のスポーツをかじってみることもある。すると、ランニングとは異なる身体の部位に運動ストレスが加わり、ランニングで獲得した能力が維持できるのである。ケガや病気、あるいは単に休養のためにランニングか

ら離れたランナーにとって、能力が維持できるということは、特に重要な原理である。

Part
I
フォーミュラを
理解する

1 **2** 3
4 5 6
7 8 9

1 第1章
ランニングの
成功を
決める要素

2 第2章
トレーニングの
原理と
テクニックの
ポイント

3 第3章
生理学的能力の
プロフィールと
トレーニングの
プロフィール

4 第4章
トレーニングの
タイプと強度

5 第5章
VDOT

6 第6章
環境に応じた
トレーニング・
高地トレーニング

7 第7章
トレッドミル
トレーニング

8 第8章
体力向上の
トレーニング

9 第9章
休養と補助的
トレーニング

■ トレーニング原理を応用したプログラムの作成

　以上が重要なトレーニング原理だが、この説明のなかでは、ランナーとしての成功に定石はないという話もした。同じタイプのトレーニングでも、よく反応するランナーとそうでないランナー、反応の早いランナーと遅いランナーとがいるのだ。よって、トレーニングシーズン中は、すべてのランナーをさまざまなアプローチに触れさせたほうがいい。1つのトレーニングシーズンを通じて、異なるタイプのトレーニング、異なるプライオリティのプログラムを積極的に受け入れるべきなのである。ただ、どんなときであっても、「この練習の目的は何か」という問いには、答えられなければならない。

　数年前、高校で指導をしている人たちから、レースシーズン（毎週火曜日と土曜日にクロスカントリーのレースがある）のチームのスケジューリングについて、質問を受けたことがある。「毎週、火曜日と土曜日の両日、レースに出るとしたら、トレーニングはいつするのか」と言うのだ。私はこの質問に対し、2通りの答えを出した。

　1つ目は、レース＝追い込む練習と認識する、ということだ。レースでは身体的にも心理的にも確かな効果が得られる。しかも週に2回、レースで4,000〜5,000mを走るなら、そのあいだにインターバルトレーニングを行う必要はほとんどない。要するに、15〜20分かかるレースを走れば、インターバルトレーニングで使われる身体システムに、最適な生理学的ストレスが加わることになるのだ。

　2つ目は、練習を入れるなら水曜日、つまり火曜日のレースの翌日にするという方法だ。私は長年の成果から、大学生を指導する際はこの方法をとるようにしていた。とはいっても、火曜日に毎週レースを入れていたわけではない。火曜日にはたいていハードな練習をする。そして、翌日の水曜日に再び高強度の練習を行っていたのである。実は、ハードな練習による筋肉の疲労感は、練習の24時間後よりも、48時間後に出ることのほうが多い。したがって、水曜日に質の高い練習をしても、だいたいうまくいくものなのである。むしろ木曜日に練習を先延ばしするよりいいくらいだ。

　火曜日と水曜日にバックトゥバック（2日連続の高強度練習）を行うメリットは、ほかにもある。第1に、Eデー（楽な練習の日または休みの日）を2日間、土曜日と火曜日のレース（または高強度の練習）の前に入れることができる。第2に、指導者の指示より速く走りたがるランナーが出る、という問題も解決する。例えば、「今日は1,000mを3分20秒で6本、リカバリーは3分」と指示したあとに、「明日は1マイルを5分44秒で6本、リカバリーは1分にするからな」と釘を刺しておけば、1,000mを（指示よりも速い）3分15秒で走ってしまうことはないだろう。次の日もきつい練習が待っているとわかれば、初日のやり過ぎは抑えることができるのだ。第3のメリットは、トラックシーズンに入ったあとのことである。2日間にわたって開催される大会に出場すれば、連日走らなければならないこともあるだろう。しかし、バックトゥバックをしておけば、その準備はできているというわけだ。

　トレーニングの原理を十分に理解していれば、オーバートレーニングのリスクを最小限に抑

えながら、最大限の効果をトレーニングから引き出すことができる。最も大きな効果は、最も
きついトレーニングではなく、最も少ないトレーニングで狙う。これを忘れないでほしい。

　そして、トレーニングストレスを増やすというときは、まず6～8週間、トレーニングスト
レスを一定に保つこと。変更を加えるのはそのあとである。1週間ごと、あるいは1回ごとに
トレーニングの質を上げようとするのは間違いだ。指導する身としては、前回より少しでも速
く走ろうともがく姿を見せられるより、いつもの練習がだいぶ楽になってきたと言ってもらえ
るほうが、はるかに嬉しい。

　トレーニングは楽しいことばかりではないが、やりがいがなくてはならない。したがって、
やり過ぎは禁物である。指導者もランナーも、トレーニングストレスを増やすときは慎重にな
るべきなのだ。私は、パフォーマンス向上を期待してやたらとトレーニングストレスを増やす
ようなことはしない。トレーニングストレスを増やすべきタイミングは、レースパフォーマン
スが教えてくれる。

　次の項からは、ランニング中の足の運び方と呼吸の仕方について説明したい。この2つは必
ずしもトレーニングの原理とはいえないが、非常に重要なトピックであるため、トレーニング
の原理と併せて説明してもいいだろう。

ストライド頻度（ピッチ）

　ロサンゼルスオリンピックが開催されたのは1984年のことだ。この大会期間中、私と妻は
ランニングの種目がある日はすべて、ランナーのストライド頻度（ピッチ）を数えて過ごした。
だいたいの場合、カウントするのは1人のランナーにつき数回である。同じ人の予選レースと
決勝レースのそれぞれ序盤と終盤を観察したわけだ。結局、ピッチを数えたランナーの数は、
800mからマラソンまでの男女50人ほどにのぼった。

　計測した全ランナーのうち、ピッチが1分間180回に満たなかったのは1人だけだった。
800mの全員と1,500mの一部は200回をゆうに超えた。しかし、このストライドの頻度は
3,000mからマラソンでも（ロサンゼルスオリンピックでは女子の種目に3,000mがあった）
ほぼ変わらず、ストライドの長さだけがレースの距離が長くなるにつれて短くなっていった。

　私は、オリンピックのマラソンで金メダルを獲得したあるランナーについて、実際にテスト
をしたこともある。このランナーが1マイル7分（1km4分22秒）ペースで走ったとき、ピッ
チは1分間に184回であった。そこでペースを上げさせると、1マイル6分（1km3分45秒）で
は186回、1マイル5分（1km3分8秒）では190回となった。ペースの上昇率がピッチの上昇
率をはるかに上回ったのだ。ランナーにとって最も快適と思われる特定のリズムが存在するこ
と、そして、快適に感じるリズムは別の種目でストライド長を変え、ペースを上げたとしても
ほとんど変わらないことが、この結果からはっきりとわかる。

1分間180回のピッチ

　ピッチは1分間180回程度を目指そう、私は強く推奨しているが、その理由の1つは、接
地の衝撃をできるだけ小さくするためである。脚の回転が遅くなるほど滞空時間は長くなる。

そして滞空時間が長くなるほど身体は高く持ち上がり、身体が高く持ち上がるほど次の接地時の衝撃は大きくなる。これを忘れないことだ。実際、ちょっとしたケガの多くは接地の衝撃を受けたときに起きる。

では、どうしたら接地の衝撃を小さくすることができるのだろうか。簡単に言うと、一歩一歩バウンドせずに、まるで地面を転がるようなつもりで走る。足を自分の身体の前に置こうとしないこと。こうすると、たいていはブレーキをかける動きになり、次の一歩の衝撃が増す。接地はそれよりも後ろ寄り、重心をめがけて足を置くようにしよう。そうすれば、身体は両足の上方で浮く（転がる）ようになる。

接地

問題はもう1つある。それは、足のどの部分が最初に地面と接するか（つまり接地がどこか）ということだ。（重心の位置との関係からみて）どこで接地するか、そしてどのように接地するかが、ポイントである。

接地は人によっても、また専門とする種目によっても異なる。短

キャサリン・"ザ・グレート"・ヌデレバ。彼女ほど、史上最高・最強と呼ぶにふさわしい女性ランナーはいないだろう。この写真からは、踵で接地する直前に呼吸するようコントロールしていることがうかがえる。

Part
I
フォーミュラを
理解する

1 第1章
ランニングの
成功を
決める要素

2 第2章
トレーニングの
原理と
テクニックの
ポイント

3 第3章
生理学的能力の
プロフィールと
トレーニングの
プロフィール

4 第4章
トレーニングの
タイプと強度

5 第5章
VDOT

6 第6章
環境に応じた
トレーニング
高地トレーニング

7 第7章
トレッドミル
トレーニング

8 第8章
体力向上の
トレーニング

9 第9章
休養と補助的
トレーニング

い距離のランナー（スプリンターはもとより中距離のランナーの一部も）は、拇指球で接地するのが一般的だ。まるで爪先で走っているかのようである。反対に、長距離走者の多く（もちろんマラソンランナーを含む）は、踵（リアフット）から接地をする傾向がある。また、なかには中足部（ミッドフット）で接地するランナーもいる。

私は長年、あらゆるレベルのランナーを数多く調査してきた。その結果、人によっては、ある特定の接地にしたほうが、より快適に走れることがはっきりした。ランニングを始めてまだ日が浅い人は、異なる接地をいくつか試してから1つに絞ること。いちばん快適で疲れにくく、

1分間に180回程度のピッチで、脚が軽く素早く回転できる接地を選ぶといい。

　現在、腓腹筋痛やシンスプリントなど、ふくらはぎや脛に痛みのある人は特に注意が必要だ。何週間か、接地をミッドフットまたはリアフットのどちらかに限定して、様子を見よう。ただし、180回のピッチに集中するだけで、結果的に最適な接地になるケースも、非常に多くみられる。

　接地では、もう1つ注意点がある。それは、爪先が外側を向かないようにすることだ。誰かに走っているところを正面から見てもらい、接地時に爪先が横ではなく真っすぐ前を向いているか、確認してもらおう。接地するときに爪先が外側を向いていると、脛に痛みが生じやすくなる。

　接地は1分間180回を心がけ、なるべく力を使わずに地面を転がる感覚をつかむ。そうすればランニングは今よりもずっと楽しくなり、ケガも減るはずだ。私はよく、生卵を敷き詰めた上を1つも割ることなく走るイメージで、と指導している。要するに、接地は軽くスムーズに、ということである。そして最後に1つ。ピッチは、両足ではなく右足（または左足）だけでカウントする。そして片足につき90回を目指すこと（もちろん左と右が同じ回数接地するとしての話である）。

ランニング中の呼吸

　まず大事なのは、呼吸について、そしてランニング中の呼吸の感覚について理解することだ。ぜん息など呼吸関連の問題を抱えている人は、やっかいなトラブルを極力回避するために、かかりつけの医師に相談すべきである。

　通常の大気環境で激しい運動（特にランニング）を行い、呼吸がつらくなるとき、その原因は、肺のなかの酸素（O_2）不足ではない。激しく呼吸をしたくなるのは、肺のなかの二酸化炭素（CO_2）が増えるからである。CO_2の量は、通常の大気（建物のなか、あるいは屋外）であれば、きわめて少ない。実際、大気中に占める二酸化炭素の割合は、わずか0.04％程度である。

二酸化炭素（CO_2）の影響

　肺には、活動している全身の組織から、血液によってCO_2が絶え間なく運ばれている。そのため、肺のなかのCO_2の割合は、吸いこんだ空気に比べてはるかに高くなる。実際、どんなときでも（休んでいるときでさえも）、肺のなかの空気に占めるCO_2の割合は4.0％、あるいは5.0％にもなる。この程度なら実に快適だが、運動を始めると、活動筋が産生するCO_2量は休息時に比べていちだんと増える。こうして運動時の老廃物であるCO_2の割合が、高まるのである。

　CO_2の割合が通常（4〜5％）を超えたと身体が感知すると、過剰なCO_2を取り除くために呼吸が荒くなる。トリガーとなるのはO_2の減少ではなくCO_2の増加なのである。事実、通常の空気を吸っていれば、O_2の量は十分に足りている。

　極端な例だが、水中で息を我慢してどれだけ泳げるか試してみると、CO_2の増加によって

Part
I
フォーミュラを
理解する

1 2 3
4 5 6
7 8 9

1 第1章
ランニングの
成功を
決める要素

2 第2章
トレーニングの
原理と
テクニックの
ポイント

3 第3章
生理学的能力の
プロフィールと
トレーニングの
プロフィール

4 第4章
トレーニングの
タイプと強度

5 第5章
VDOT

6 第6章
環境に応じた
トレーニング・
高地トレーニング

7 第7章
トレッドミル
トレーニング

8 第8章
体力向上の
トレーニング

9 第9章
休養と補助的
トレーニング

呼吸の欲求が強くなることがわかる。新鮮な空気を思い切り吸いたくなるのは、息を止めた結果CO_2が増えたからであり、O_2が減ったからではない。もし本当にO_2が不足した状態になったとしたら、O_2が脳に行き渡らないため気を失ってしまう。しかし幸いなことに、その前にCO_2が増えて呼吸が促されるため、O_2不足で気絶せずに済むわけである。

しかし、この事実がランニング時の呼吸にどう関係するというのだろう？ 要するにこういうことだ。激しく走るほどCO_2が肺に運ばれる速度も速くなる。CO_2の運搬速度が高まればCO_2の量が増し、CO_2量が増えれば身体は肺のCO_2濃度を下げるため、呼吸を荒くする。もちろん、酸素濃度が運動に必要な値をゆうに上回っていられるのも、この働きのおかげである。

呼吸のリズム

1分間に呼吸する空気の合計量は、1回ごとの呼吸の量と毎分呼吸数で決まる。走り始めると1回呼吸量と毎分呼吸数（呼吸頻度）の両方が増えるが、呼吸頻度はたいていストライド頻度（ピッチ）とリズムが合っている。

さほどハードな走りをしていないときは、3歩で吸いこみ、3歩で吐き出している。呼吸を荒くする必要性を感じても、ただ呼吸量を増やすだけで、このリズムは変わらないだろう。しかし強度が少し上がると、呼吸頻度を増やさなければならないと感じ、速い呼吸リズムに切り替わる。そして、たいていの場合は2歩で吸って2歩で吐くリズムになる（これを2-2リズムと言うことにする）。

ベテランランナーは、ほとんどが2-2リズムで呼吸をしている。特にかなりハードなランニングではそうだ。というのも、2-2リズムだと快適なだけでなく、大量の空気が肺を出入りできるからである。私は練習でもレースでも2-2リズムで呼吸するよう強く勧めたい。本章の最後で説明するが、少なくとも中距離のレースの最初の3分の2は、この2-2リズムがいい。たしかにペースが遅くなれば遅いリズムで呼吸することも可能ではある。しかし、閾値ランニング、インターバル、レペティション、そしてイージーランニングでも、快適な2-2リズムで走ったほうがいい。そうすれば、それが当たり前になる。

自分の呼吸頻度について考えるとき、肺のなかを新鮮な空気と入れ換える（換気）という、呼吸の重要な一面を理解していなければならない。ここでいくつか異なる状況を考えてみよう。もし4-4リズムで呼吸をすれば、当然、1回の呼吸でかなりの量の空気を肺に送り込むことができる。しかし、4-4リズムで呼吸をするということは、毎分22回しか呼吸をしないことになる（毎分180歩を、4-4リズムの合計8歩で割ると、毎分呼吸数は22.5回になる）。また、1回の呼吸で4ℓの空気が出入りすると仮定すると、1分間の合計は90ℓになる。しかしこの量は実のところ、激しい運動をする場合はそれほど多いとはいえない。

では3-3リズムではどうか。1回の呼吸で送り込むことのできる空気の量は3.5ℓに減るかもしれないが、毎分30回（180歩÷6歩=30回）、3.5ℓずつ空気が出入りすることになるため、1分間の合計は105ℓ（3.5ℓ×30回=105ℓ）となり、4-4リズムよりも16%増える。では今度は2-2リズムで考えてみよう。毎分呼吸数は45回（180歩÷4歩=45回）となる。そして肺を出入りする空気の量を毎回約3ℓずつとすると、1分間の合計は135ℓ（3ℓ×45回=135ℓ）になる。つまり、他のリズムよりも肺の換気がうまくできて、肺のなかの空気に占

めるCO$_2$の蓄積量が減り、O$_2$の量が増えることになる。

　次にもう一歩進んで1-1リズム（きついレースのラストを走る初心者にありがちなリズム）も検討してみよう。この呼吸数（180歩÷2歩＝90回）だと、呼吸1回あたりの空気量は大幅に減少してしまう。そうなれば、肺を出入りする空気の合計量は、遅くても深い呼吸ができるリズムには遠く及ばないだろう。もう1つ知っておいてもらいたいことがある。それは、口や鼻から入った空気のなかには、肺に達してガス交換に使われることのない分（死腔量）がある、という事実だ。呼吸が速くなればなるほど、呼吸1回あたり、1分あたりの死腔量も増えるのである。

　当然のことながら、呼吸が速くなれば、それだけ呼吸筋のエネルギーコストも若干高くなる。しかし、換気量とエネルギーコストの両面から見ると、2-2リズム（あるいは2-1リズム）あたりがベストである。2-1リズムを採用し、3歩で1回の呼吸というサイクルにすると、1分間あたり60回（180歩÷3歩＝60回、つまり1秒間に1回）の呼吸になる。このリズムで走れば、1分間に取り込める空気の量はおそらく最大になる。しかし、5kmレースや10kmレースのフィニッシュ前のように激しく走る場面でもなければ、このリズムで走る必要はほとんどない。私がテストしたエリートランナーのうちの86％近くは、最大強度に達したときこそ2-1リズムや1-2リズムにはなったが、それまでは自動的に2-2リズムで走っていた。これがいちばん効率的なリズムだと何年もかけて悟ったのか、それとも誰かにそうしろと教わったのか。いずれにせよ、自然にできるようになるまで待つ必要はない。競技歴の浅いうちにこのリズムに慣れてしまうのが賢明だ。

　こうした呼吸リズムの違いがもたらす影響を、ランナーにどうやって教えるべきか。私が行っている方法を1つ紹介しよう。まずトラックを5周するように指示する（適度な強度で走らせ、競り合いにはさせない）。1周目は4-4リズム、2周目は3-3リズム、3周目は2-2リズム、4周目は1-1リズム、そして5周目は再び4-4リズムで走らせる。そのあとで、最もきつかった1周と、最も快適だった1周を、ランナーに答えさせるのだ。

　若いランナーならこういうやり方も有効だ。レースの最初の3分の2（5kmのクロスカントリーなら最初の3km強）を2-2リズムで、残りの3分の1を2-1あるいは1-2リズムで走らせるのである。2-2リズムで最初の3分の2がもたなければ、入りのペースが速すぎたと当人も気づく。そうすれば、次のレースでは序盤をもっと楽なペースに設定するだろう。

　1分間に肺を出入りする空気の量には、大きな個人差がある。私がかつてテストした2人のオリンピック選手は、身体のサイズも成績もほとんど変わらなかったが、最大負荷テストを行ったところ、160ℓと224ℓという差が出た。そして1回換気量も2.6ℓ強と3.6ℓ強という結果になった。1分あたりの換気量も呼吸1回あたりの換気量も、当然のことながら、人によってさまざまに異なるのだ。

　しかし、呼吸を速めることで若干楽になる状況もある。それは標高の高い場所を走っているときである。高地は空気の密度が低く、空気が出入りする気道の抵抗も低下する。高地をハードに走るときに1-1リズムを使ったエリートランナーは、私が知るだけでも2人はいた。

　呼吸リズムを知識として身につけていると、自分が今どのくらいの強度で走っているのか判断できる。例えば、ロング走の際、3-3リズムで楽に呼吸ができていれば、強度が高すぎると

いうことはない。逆に、空気をたくさん吸いたい、そのためには2-2リズムに変えざるを得ない、というのなら、さほど楽な走りではないという証拠だ。とはいっても、低強度のロング走ではずっと3-3リズムにしろ、という話ではない（むしろ2-2リズムのほうがいいのではないかと思う）。ロング走の途中、2、3分間だけ3-3リズムにしてみればどうか、そうすれば走りの強度がわかる、と勧めているだけだ。要するに、閾値ペースで走っているときに、強度が高すぎたことに気づく（つまり2-2リズムではなく2-1リズムか1-2リズムになってしまう）のと、同じようなことである。絶えず自分の呼吸リズムをモニタリングしろとは言わないが、呼吸リズムによってトレーニング中・レース中の強度を判断する方法がわかっていると、便利である。

Part I
フォーミュラを
理解する

1 2 3
4 5 6
7 8 9

1 第1章
ランニングの
成功を
決める要素

2 第2章
トレーニングの
原理と
テクニックの
ポイント

3 第3章
生理学的能力の
プロフィールと
トレーニングの
プロフィール

4 第4章
トレーニングの
タイプと強度

5 第5章
VDOT

6 第6章
環境に応じた
トレーニング・
高地トレーニング

7 第7章
トレッドミル
トレーニング

8 第8章
体力向上の
トレーニング

9 第9章
休養と補助的
トレーニング

Christian Petersen/Getty Images

呼吸のリズムは、自分が今どのくらいの強度で走っているのかを判断する材料にもなる。

Part
I
フォーミュラを
理解する

1 2 **3**
4 5 6
7 8 9

第3章

生理学的能力の
プロフィールと
トレーニングの
プロフィール

逆境から学ぼう。
満足のいかなかったレースが成長の糧となる。

体内のさまざまなシステムは、運動ストレスが増加すると、どのような反応を見せるのか。本章では、その特性（プロフィール）について説明する。具体的に言うと、よりハードな運動、つまりより速いランニングに対して、心拍数、酸素摂取量、血中乳酸濃度、主観的運動強度がどう変化するか、ということである。こうした生理学的反応のなかには、ランニング速度と同じように上昇するため、比較的予測しやすいものもあれば、直線的な反応にならないものもある。例えば、酸素摂取量の反応はかなり予測しやすいが（フラットな路面でコンディションがよい場合）、血中乳酸濃度の反応はさほど容易には予測できない。そして直線的な上昇にもならない。

■ 有酸素性能力のプロフィール

図3.1を見てほしい。この図は私が行った、あるエリートランナーのテスト結果である。ランニング速度を同じ割合で漸増させたときに有酸素系がどのような反応を示すかを表している。注意してもらいたいのは、ランニング速度を5分ごとに同じ割合で上昇させたことである。5分間ずつ、それぞれの強度で走らせたとき、その反応は5分間、終始安定していた。要するに、2分経った時点でも、3分経った時点でも、反応に変化はなかったのだ。言い方を換えると、この反応が各スピードでの酸素摂取量ということだ。

この図では、$\dot{V}O_2$（毎分酸素摂取量）は、ランニング速度の上昇に対して、きわめて直線的に反応している。この$\dot{V}O_2$の反応を示す直線のことを、エコノミーカーブと言う。なぜエコノミーという言葉を使うかといえば、運動強度の上昇と酸素摂取量との関わりを示しているからだ。ランナーのなかには、ランニングエコノミーが他人よりも優れていると言われる人もいるが、それは同じスピードでも消費する酸素量が少ない、という意味である。

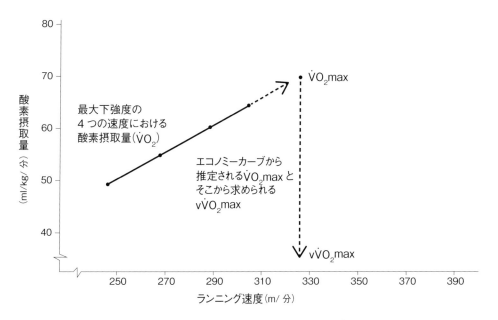

Part
I
フォーミュラを
理解する

1 2 3
4 5 6
7 8 9

1 第1章
ランニングの
成功を
決める要素

2 第2章
トレーニングの
原理と
テクニックの
ポイント

3 第3章
生理学的能力の
プロフィールと
トレーニングの
プロフィール

4 第4章
トレーニングの
タイプと強度

5 第5章
VDOT

6 第6章
環境に応じた
トレーニング・
高地トレーニング

7 第7章
トレッドミル
トレーニング

8 第8章
体力向上の
トレーニング

9 第9章
休養と補助的
トレーニング

図3.1 ■ 標準的なエコノミーカーブ

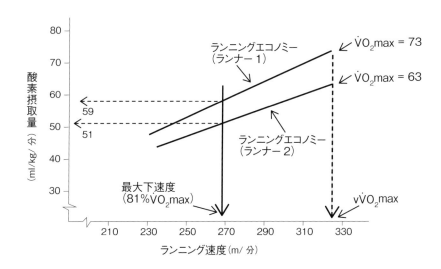

図3.2 ■ 2人のランナーのランニングエコノミー。
ランニングエコノミーにも $\dot{V}O_2$maxにも著しい違いがあるが、
v$\dot{V}O_2$maxとレースのタイムには差がない。

　図3.2は2人のランナーの$\dot{V}O_2$プロフィールを比較したものである。この図を見ると、十分にトレーニングを積んだランナー同士であっても、ランニングエコノミーには差が出ることが、はっきりとわかる。この2人はチームメートであり、レースではいつも近いタイムで走っている。$\dot{V}O_2$maxに関しては、ランナー1はランナー2よりもはるかに（15％以上）高い。こ

の事実だけを見れば、ランナー1のほうが優秀だと言ってしまうこともできる。しかし、それぞれのエコノミーカーブも含めて考えると、ランナー2がランナー1と伍していけた理由が、よくわかる。2人のランナーのエコノミーカーブを見てみよう。この線から単純にそれぞれの$\dot{V}O_2max$を推定し、それに相当するスピードを見ると、2人とも325m/分である。つまり、それぞれの$\dot{V}O_2max$におけるパフォーマンスという点では、能力は同じなのだ。$\dot{V}O_2max$とランニングエコノミーを合わせた能力に相当するランニング速度を、「$v\dot{V}O_2max$（最高有酸素的速度：最大酸素摂取量時の速度）」と呼ぶ。これはずいぶん前に私が命名・提唱して陸上界に広めた言葉である。潜在的なパフォーマンス能力を比較するものさしとしては、ランニングエコノミー単独や$\dot{V}O_2$単独よりも、$v\dot{V}O_2max$のほうが優れているのは、間違いない。

　次に図3.3と図3.4を見てほしい。ランニングエコノミーが個人によって、そして状況やコンディションによって、どれだけ違うかわかるだろう。図3.3は私が何年か前に測定した、女子エリート選手3人のテスト結果である。この図からわかるとおり、それぞれの$\dot{V}O_2max$とランニングエコノミーは大きく異なる。しかし、3人の$v\dot{V}O_2max$にはほとんど差がなく、3,000mもほぼ同じタイムだった。面白いことに、$\dot{V}O_2max$のいちばん低い選手は10,000mの米国学生チャンピオンだ。なお、いちばん高い選手も国際大会で優秀な成績を収めている。

　図3.4は、ある男子エリート選手の$\dot{V}O_2$・心拍数・血中乳酸濃度のプロフィールがどう変化するかを示したものである。この選手については、2回テストすることができた（トラックシーズンの前半と調子を上げてきた後半）。図が示すとおり、テスト中の最高心拍数（HR）は、2回とも同じ値（196拍）だったが、$\dot{V}O_2max$は約73ml/kg/分から78ml/kg/分近くまで上昇した。わずか2、3ヵ月のあいだに約7%向上したことになる。さらに、ランニングエコノ

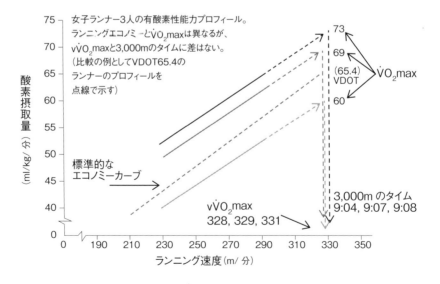

図3.3 ■ ランニングエコノミーと$\dot{V}O_2max$が異なる
女子エリートランナー3人の3,000m予測タイムと実測タイム

Adapted by permission from J. Daniels et al., "Elite and Sub-Elite Female Middle- and Long-Distance Runners," in D. Landers, ed., *Sport and Elite Performers: The 1984 Olympic Scientific Congress Proceedings*, vol. 3 (Champaign, IL: Human Kinetics, 1986). First published in J. Daniels, "A Case for Running Economy, an Important Determinant of Distance Running," in V. Gambetta (ed.), *Track Technique* 92 (Los Altos, CA: Track & Field News, 1985): 2937-2938.

Part
I
フォーミュラを
理解する

1 2 3
4 5 6
7 8 9

1 第1章
ランニングの
成功を
決める要素

2 第2章
トレーニングの
原理と
テクニックの
ポイント

3 第3章
生理学的能力の
プロフィールと
トレーニングの
プロフィール

4 第4章
トレーニングの
タイプと強度

5 第5章

VDOT

6 第6章
環境に応じた
トレーニング・
高地トレーニング

7 第7章
トレッドミル
トレーニング

8 第8章
体力向上の
トレーニング

9 第9章
休養と補助的
トレーニング

ミーも改善したため、$v\dot{V}O_2max$は358m/分から387m/分と、8%上昇した。

　この選手の場合、血中乳酸濃度プロフィールも大幅に改善した。血中乳酸濃度が5mmolに達したときのランニング速度は、1回目が330m/分、2回目が355m/分であった。これもやはり7.5%改善したことになる。そして、血中乳酸濃度が4mmolに達したときの強度は、2回のテストとも同じ、85〜87%$\dot{V}O_2max$であった。これは、十分にトレーニングを積んだ選手としては標準的な値である。

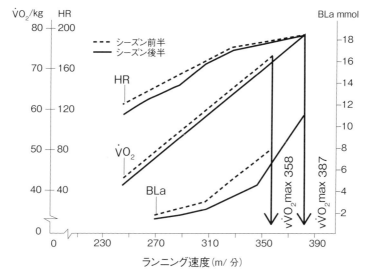

図3.4 ■ エリート選手のシーズン前半と後半における心拍数（HR）、
酸素摂取量（$\dot{V}O_2$）、血中乳酸濃度（BLa）の比較

ランニングエコノミーの変化

　ランニングエコノミーは走っている場所によって変わる。**図3.5**は十分にトレーニングを積んだランナーのグループを、4つの条件下でテストした結果である。4つの条件とは、低地（海抜0m）のトラックとトレッドミル、高地（海抜2,000m）のトラックとトレッドミルである。$\dot{V}O_2max$の比較（トラック対トレッドミル）を低地と高地で行うと、どちらの場合も、トラックとトレッドミルの値は等しくなった。$\dot{V}O_2max$の値は高地になると低くなる（トラックでもトレッドミルでも）ことははっきりしているが、高地になるとランニング時の酸素摂取量も明らかに低下する。つまり、高地では$\dot{V}O_2max$が低下するためにランニング能力はいくらか落ちるが、空気抵抗が小さくなってランニングエコノミーが上昇するため、落ちた分を補えるということである。

　図3.5をさらに詳しく見ると、高地に到着したときに$\dot{V}O_2max$は約13%低下するものの、高地の空気密度が低い分ランニングエコノミーが上がるため、$v\dot{V}O_2max$（とパフォーマンス）の低下はわずか6%程度にとどまることがわかる。

エミール・ザトペックを20世紀最高の長距離ランナーと評価する人は多い。彼が行った、高強度で運動量の多いインターバルトレーニングは、ランニング界に多大な影響を与えた。自身はこのトレーニングにより「スピードとスタミナが鍛えられた」と語っている。

$\dot{V}O_2max$とランニングエコノミーにおける性差

　男子選手は女子選手に比べて、より長い距離をより速く走ることができる。その理由の1つは、男子トップ選手の$\dot{V}O_2max$が女子トップ選手の$\dot{V}O_2max$よりも高いことにある。しかし、男子も女子も、トップ選手の$\dot{V}O_2max$にはばらつきがある。そこで私は、オリンピック代表レベルの男子選手（$\dot{V}O_2max$：68～86ml/kg/分）を対象にテストを行ってきた。すると、だいたいの場合、$\dot{V}O_2max$の低い選手ほど、800mや1,500mの能力が高い。なぜならこうした

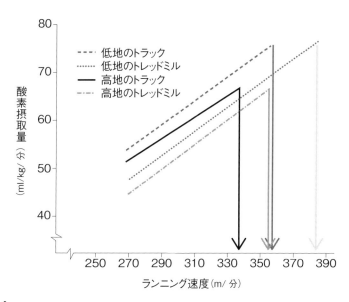

Part
I
フォーミュラを
理解する

■ 2 3

4 5 6

7 8 9

1 第1章
ランニングの
成功を
決める要素

2 第2章
トレーニングの
原理と
テクニックの
ポイント

3 第3章
生理学的能力の
プロフィールと
トレーニングの
プロフィール

4 第4章
トレーニングの
タイプと強度

5 第5章
VDOT

6 第6章
環境に応じた
トレーニング・
高地トレーニング

7 第7章
トレッドミル
トレーニング

8 第8章
走力向上の
トレーニング

9 第9章
休養と補助的
トレーニング

図3.5 ■ VO_2maxは低地・高地の両方において、トラックとトレッドミルで計測した値が等しくなるが、ランニングエコノミーはどちらの場合も、トレッドミルのほうがはるかに高い

種目では、いわゆる無酸素性エネルギーのほうが求められるからだ。速いペースでのランニングエコノミーに関しても、800m/1,500mタイプの選手のほうが長距離のスペシャリストよりも上だ。おそらく、速く走る技術を磨く時間が長いからだろう。

　ではランニングエコノミーには、性差はあるのだろうか。幸い、私は男女のエリート選手を多数テストする機会に恵まれてきたが、男子のランニングエコノミーは女子よりもわずかに高いものの、その差はけっして大きくはなかった。女子は男子ほどランニングエコノミーが高くないという研究者もなかにはいるが、それは最大下強度のまったく同じペースで比較するからである。たしかに男女同一のペースで比較したテストの結果を見れば、女子は男子をはるかに上回る量の酸素（体重1kgあたり・1分あたり）を消費している。しかし、これは女子選手にとって公平な比較ではない。なぜなら、（男子よりもVO_2maxが低い）女子が男子と同じペースで走れば、%VO_2max（相対的強度）は、男子よりも高くなるからだ。

　男女の比較は、同じ相対的強度、つまりそれぞれのVO_2maxに対する同じパーセンテージ（%VO_2max）で走っているときに行うほうが正確だ。よって、1km走ったときの体重1kgあたりのVO_2（毎分酸素摂取量）に換算して比較したほうがよい。具体的に例を挙げて説明しよう。男子選手と女子選手のVO_2を、同じペース（300m/分）で走っているときに測定したとする。体重1kgあたりのVO_2が、男子57ml、女子60ml程度だったとすれば、この数字が示すランニングエコノミーの差は5%である。しかし、それぞれの VO_2maxが女子67ml/kg、男子73ml/kgだったとしたら、女子選手は89.5%VO_2max、男子選手はわずか78%VO_2maxで走っていることになる。ランニングエコノミーはペースが速くなるほど落ちる。したがって、この女子選手の測定は、男子選手と同じ、78%VO_2maxになるペースで走っているときに、すべきなのである。

では、この女子選手が78%$\dot{V}O_2$maxで走っているときの速度が268m/分、このペースでの$\dot{V}O_2$（体重1kgあたり）が50mlだったとしよう。1kmあたりのペースは3.73分（1000÷268=3.73）なので、これと$\dot{V}O_2$との積である187ml（3.73×50=187）が、1km走ったときの体重1kgあたりの$\dot{V}O_2$になる。

　いっぽう、男子選手が78%$\dot{V}O_2$maxで走っているときの速度が300m/分だったとすれば、1kmあたりのペースは3.33分になる。$\dot{V}O_2$（体重1kgあたり）が56mlならば、1km走ったときの体重1kgあたりの$\dot{V}O_2$は、187ml（3.33×56=187）になる。つまり、この男女2人の選手が同じ相対的強度で走っているとき、ランニングエコノミーは等しいことになるのだ。

ランニング能力の各要素とその向上の相関

　変えることのできる能力をなるべく多く改善し、パフォーマンスを上げることは、誰にとっても必要だ。そしてパフォーマンスアップには、有酸素性能力（$\dot{V}O_2$max）とランニングエコノミーを向上させるトレーニングが欠かせない。それは図3.1と3.2を見れば明らかである。この能力の両方、あるいは一方だけでも高まれば、v$\dot{V}O_2$maxという重要な要素は向上する。

　人は誰でも、運動時間の長さに応じた%v$\dot{V}O_2$maxで走ることができる。つまり、どの種目であっても、運動時間が30分間だったとすれば、93%v$\dot{V}O_2$maxで走ることができるのだ。したがって、v$\dot{V}O_2$maxが向上すれば、どの種目もレースペースは速くなる。この原理を応用して作成したのが、VDOT一覧表だが、その作成プロセスについては、第5章で説明する。

　私がランニング速度と$\dot{V}O_2$を比較したように、ランニング速度と血中乳酸濃度との関連をグラフ化するランナーは少なくない。こうした血中乳酸濃度のプロフィールは、被験者が1人であっても、最大下強度の範囲内で速度を変えて走らせれば、作成可能である。

　図3.6は、平均的な血中乳酸濃度プロフィールである。レースシーズン中、1人のランナー

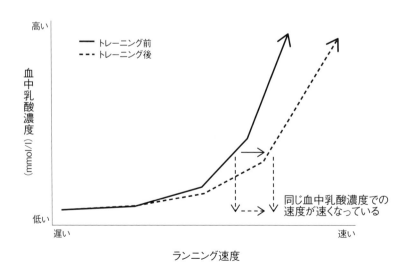

図3.6 ■ 数週間トレーニングを行う前と行った後の乳酸カーブ

を2回に分けてテストした結果、このようなプロフィールが得られた。このグラフの線は、持久力が向上するにつれて右側に移動していくことが望ましい。なぜなら、線が右にシフトするということは、前回のテストよりペースを上げても血中乳酸濃度は前回と同程度にとどまっている、ということだからだ。血中乳酸濃度プロフィールが右に移動するのは、産生された乳酸を血中から除去する能力が向上するからである。しかし理由はほかにもある。$\dot{V}O_2$maxやランニングエコノミーが向上すれば、ある血中乳酸濃度に達したときのランニング速度は、前よりも速くなるのだ。

　血中乳酸濃度プロフィールには、さまざまな要素の変化が影響を及ぼすわけだが、その仕組みを理解するには、例えば86％$\dot{V}O_2$maxのランニングが、いつも決まった血中乳酸濃度になる事実について考えてみればいい。特定のパーセンテージに相当する血中乳酸濃度が決まっているということは、$\dot{V}O_2$maxが向上して86％v$\dot{V}O_2$maxが以前よりも速くなれば、同じ血中乳酸濃度でもそれに相当するスピードは速くなる、ということなのだ。ランニングエコノミーも同じである。ランニングエコノミーが改善すれば、やはりv$\dot{V}O_2$maxは速くなる。よって同じ％v$\dot{V}O_2$maxの血中乳酸濃度に相当するスピードは、以前より速くなるというわけだ。

　心拍数を確認しながらトレーニングをしている人にとっては、心拍数にも同じ考え方をあてはめることができる。心拍数を酸素摂取量（$\dot{V}O_2$）もしくはランニング速度との相関でチェックすると、心拍数も、特定の値が決まった血中乳酸濃度に結びつくことがわかるからだ。

　例えば、血中乳酸濃度が4.0mmolのときの心拍数が164拍／分、88〜90％HRmaxだとする。ここで頭に入れておいてもらいたいのは、心拍数はその時点の運動量とともに、特定の速度における酸素摂取量にも密接に結びついている、ということだ。よって、ランニングエコノミーが改善して$\dot{V}O_2$maxに相当する速度つまりv$\dot{V}O_2$maxが速くなっても、同じ％v$\dot{V}O_2$maxであれば、それに相当する心拍数は以前の遅いスピードのときのものと同じまま、ということに

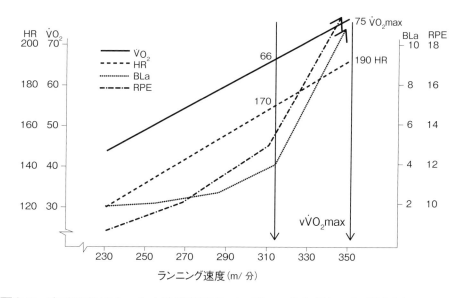

図3.7■ 有酸素性能力・血中乳酸濃度のプロフィールとランニング速度に
対する心拍数、主観的運動強度（RPE）の変化

なる。

　ここからもう一歩進んで、%HRmax・酸素摂取量・血中乳酸濃度の変化を、自分の感覚と結びつけることもできる。その方法の1つとして、「楽」、「きつい」の感覚（主観的運動強度 Rating of Perceived Exertion：RPE）を数字で表すというやり方がある。例えば、楽なランニングは1から3、快適なきつさは4から5、それよりもきついレベルは6から8、かなりきついときは9から10といった具合である。あるいはもっと簡単に、1を最も楽、5を最もきついとして、5段階で評価する方法もある（監修者注：RPEとしては、6〜20の指標が世界的に用いられ、図3.7に示されているRPEも一般的な指標と判断されるが、ダニエルズ自身は独自に簡素化していると思われる）。**図3.7**を見ると、心拍数、酸素摂取量、血中乳酸濃度、RPEのすべてにランニング速度が関係しているさまがわかる。

　また、図3.7からは、酸素摂取量66ml/分/kg、心拍数170拍/分が、血中乳酸濃度4.0mmolに相当することもわかる。そしてこの値がテストを受けたランナーの乳酸性作業閾値（LT）と思われる。

■ トレーニング中の心拍数

　では次に、心拍数を使ったトレーニング強度の設定について考えてみよう。今ではさまざまなデバイスがあり、トレーニング中に、心拍数、呼吸リズム、ストライド頻度（ピッチ）が確認できる。そのデータが理にかなった科学的なものであれば、便利なデバイスといえるだろう。

　しかし、理解しておかなければならないのは、強度は速度と必ずしも一致しない、ということだ。例えば気温が高くなれば、走る速度は同じであっても、心臓は気温が低いときよりも激しく動かなければならない。皮膚を冷やすために、より多くの血流を皮膚に配分しなければならないからである。皮膚に配分する血流量が増し、活動筋に必要な血流量が変わらなければ、全体的な血流量と心拍数は増える。つまり、一定の速度になっているかどうか、心拍数を基準にしてモニタリングしようとすると、思ったよりも速度が落ちることになる。

　向かい風、アップダウンのあるコース、悪路といった場合も同じである。このような条件で特定の心拍数を目標にすると、ランニング速度は自分の思惑よりも落ちる。しかし、悪条件のせいで速度が設定より遅くなっても、強度は設定どおりのままであることが多い。速度が変わっても強度は変わらない。そう言っても、間違いにはならないのだ。

　だからこそ、「この練習の目的は何か」という問いに答えられることが重要になる。練習の目的が、一定時間、特定の「速度」を維持することにあるなら、心拍数は基準にならないだろう。しかし、「強度」が優先事項なら、心拍数は非常に有用だ。たしかに、心拍数のモニタリングはランナーにとってプラスになる。ただしその前提として、心拍数がコンディションによっていかに変動するかを、知っていなければならない。

最高心拍数

　心拍数でトレーニングストレスをモニタリングする際、きわめて重要なことがある。それは、自分の最高心拍数を知っておく、ということだ。なぜなら、トレーニングは最高心拍数に対す

Part
I
フォーミュラを
理解する

1 2 **3**
4 5 6
7

1 第1章
ランニングの
成功を
決める要素

2 第2章
トレーニングの
原理と
テクニックの
ポイント

3 第3章
生理学的能力の
プロフィールと
トレーニングの
プロフィール

4 第4章
トレーニングの
タイプと強度

5 第5章
VDOT

6 第6章
環境に応じた
トレーニング・
高地トレーニング

7 第7章
トレッドミル
トレーニング

8 第8章
体力向上の
トレーニング

9 第9章
休養と補助的
トレーニング

るパーセンテージで考えるのが一般的だからである。最高心拍数を推定する方法はいくつかあり、なかでも年齢をベースにした方法が主に用いられているが、年齢から推定する計算式は正確でないこともある。その一例が、よく使われる220−年齢という式だ。この式で計算すれば、50歳の最高心拍数は170（220−50＝170）になる。

　こういった類の計算式は、大集団の最高心拍数を推定するにはいいかもしれないが、個人のケースでは誤解を招く恐れがある。その例として、私が今までに何回にもわたってテストをしてきた2人の男性を挙げよう。この2人の実際の最高心拍数は、上記の計算式から求められる値とは、大きく異なる値だったのだ。1人は30歳のときに148、55歳のときは146だった。もし、この彼が30歳のときに、最高心拍数の86％で走れと言われたらどうだろう。上の式だと心拍数163を維持しなければならないことになる。これは最高心拍数が148の人間にとっては不可能だ。いかに正確な数値とかけ離れているかが、わかるだろう。

　もう1人は、25歳のときの最高心拍数は186（220−年齢で求められる推定値よりも低い）だったが、50歳のときは192になっていた（220−年齢で求められる推定値よりもはるかに高い）。要するに、ランニングの相対的強度のものさしとして心拍数を使うならば、自分の最高心拍数を正確に知る必要がある、ということだ。

　ランナーが自分で最高心拍数を測定するとしたら、2分間のハードな坂道走を何本か繰り返すのが、いちばん簡単だろう。まず1本目、坂を上りきったところで心拍数を測る。2本目も同様に心拍数を測り、1本目よりも高ければ3本目を走り、さらに心拍数が上がるかどうか確認する。3本目が2本目を上回らなければ、その値を最高心拍数とみなしていい。反対に、3本目が2本目を上回ったら、4本目を走る。とにかく、前の1本よりも心拍数が上がらなくなるまで繰り返す。もし坂道がなければ、800m走を速いペースで何回か繰り返すだけでもいい。そして坂道走と同じように、前の1本と心拍数を比べる。

安静時心拍数

　もう1つ、心拍数のモニタリングとして役に立つのは、朝目覚めた直後に行う安静時心拍数のチェックだ。覚醒時の心拍数は、体力がいかに向上しているか教えてくれる。というのも、時が経ち、心臓が強くなって拍動1回で汲み出せる血液の量（1回拍出量）が増えると、たいてい安静時心拍数は低くなるからだ。心筋が強くなると1回の拍動で運搬できる血液量が増えるため、以前ほど高い頻度で拍動しなくても、同じ量の血液を身体のさまざま部位に運搬できるようになる、というわけである。覚醒時の心拍数はオーバートレーニングの兆候を知らせてくれることもある。もし朝目覚めたときの心拍数が普段より著しく高ければ、休むか検査を受けるかしたほうがいいかもしれない。

ヘモグロビン濃度

　心拍数に影響するファクターはほかにもある。血液の酸素運搬能力である。酸素は血中のヘモグロビン（Hgb）によって運搬されるため、十分なヘモグロビン濃度を保つことは、特に持久系競技者にとって重要である。

　ヘモグロビン濃度が正常範囲を下回ると、気分がすぐれないだけでなく、よいパフォーマン

スもまったく期待できない。しかし、ヘモグロビン濃度を極端に上げようとするのもよくない。血液の粘度が高まることで心臓の大きな負担となり、実際に血液の循環が悪くなることもあるからだ。

　ヘモグロビン濃度を正常に保つということは、良好な栄養状態を保つこと、そして鉄を含む食品を摂るということである。正常なヘモグロビン濃度とは、血液1dℓに対して12〜18gである（年齢や性別によって異なる）。このヘモグロビン濃度が13.5g/dℓ（男性の場合）あるいは12g/dℓ（女性の場合）を下回ると、たいてい貧血とみなされる。ランニングパフォーマンスの観点から言うと、ヘモグロビン濃度における12 g/dℓと13 g/dℓとの差は、5kmのタイムにして30〜40秒程度の差にもなる。しかし重ねて言うが、ヘモグロビンの濃度を無理に引き上げようとするのは、好ましくない行為だ。

■ ランナーごとのトレーニングプロフィールとレースプロフィール

　トレーニングプログラムを組むには、まず情報収集である。ランナー本人または指導者が、体力の状態（過去と現在）、トレーニングにかけられる時間などについて、基本データを集めることが必要なのである。私の場合、自分が指導する選手については1人残らず詳しい情報を集めた（**図3.8**）。こうすることで、各ランナーにぴったりと合ったトレーニングプログラムが格段に作りやすくなる。このような基本情報はメールでの指導には欠かせないが、高校や大学あるいはクラブの指導者にとっても、非常に重要である。

　例えば直近の走行距離や練習内容がわかれば、トレーニング量・トレーニング強度の設定がはるかに楽になり、次の大事なレースに向けて、ランナー一人ひとりがそれぞれベストのトレーニングをすることができる。もちろん、何週間あるいは何ヵ月か先に控えた、最重要レースのタイプも、知っておかなければならない要素である。

　施設に関しては、使えるものがわかっている学校の指導者であっても、あらかじめリストを作っておくといい。そうすれば、どんな気象条件でも、それに対応したトレーニングを組みやすくなる。1シーズンのトレーニングを計画するのは、思うほど簡単ではないが、選手の（あるいはチームの）プロフィールがあれば、ベストのトレーニング計画を立てることができる。私自身、本書の後半で紹介するようなシーズンごとのトレーニング計画を立てるときは、必ず選手のプロフィールに目を通すようにしている。

Part
I
フォーミュラを
理解する

1 2 **3**
4 5 6
7 8 9

1 第1章
ランニングの
成功を
決める要素

2 第2章
トレーニングの
原理と
テクニックの
ポイント

3 第3章
生理学的能力の
プロフィールと
トレーニングの
プロフィール

4 第4章
トレーニングの
タイプと強度

5 第5章
VDOT

6 第6章
環境に応じた
トレーニング・
高地トレーニング

7 第7章
トレッドミル
トレーニング

8 第8章
体力向上の
トレーニング

9 第9章
休養と補助的
トレーニング

名前_____ 日付_____ 電話番号_____

住所_____ Eメールアドレス_____

年齢_____ 身長_____ 体重_____ 性別_____

1. 最近6週間の平均の練習量(距離と時間)は?

　週_____km　週_____分

2. 最近6週間のうち最も長い練習(距離と時間)は?

　_____km　_____分

3. 最近の数ヵ月でレースに出たか?　　はい　　　いいえ

　はい　の場合、その距離とタイム(すべて書き出す)_____

　_____

4. 1日のうちランニングに充てられる平均時間は?

　_____時間　_____分

5. 1週間のうち練習ができる日数は?

　週_____日

6. トレーニングに使える施設は何か?　(例:トラック、草地、未舗装路、トレイル、トレッドミル、室内トラック　など)

　_____

7. 最近6週間で行った練習の具体的な内容_____

　_____

8. 4ヵ月以内に出場予定の(または出場希望の)レース_____

　_____

9. 6ヵ月〜1年以内に出場する予定のレースのうち、最も重要なレースは?

　開催日:_____　距離:_____　開催地:_____

　コメント(現在の健康状態やケガなど)_____

　_____

　_____

図3.8 ■ ランナーのプロフィール

From J. Daniels, *Daniels' Running Formula*, 4th ed. (Champaign, IL: Human Kinetics, 2022).

Part
I
フォーミュラを
理解する

1 2 3
4 5 6
7 8 9

第4章

トレーニングの
タイプと強度

目の前の課題に集中しよう。

何度も言うようだが、「今から行う練習の目的は何か？」と聞かれたら、いつでも答えられなければならない。この問いかけは何よりも重要だ。これに答えを出せないのなら、その時間は何も練習しないほうがましとさえ言える。ランニングのトレーニングにはさまざまな種類がある。本章では、各タイプのトレーニングを紹介し、それがランナーの力となるプロセスについて解説する。

　本書では、各タイプのトレーニングを、**E**、**M**、**T**、**I**、**R**という文字で表現する。それぞれの文字は、トレーニングの強度を示すと同時に、タイプを表す言葉の略でもある（**図4.1**）。トレーニングプログラムの大半は、この各タイプのトレーニングによって構成されている。**E**（Easy）はイージーランニング、**M**（Marathon）はマラソンペースランニング、**T**（Threshold）は閾値ランニング、**I**（Interval）はインターバルトレーニング、**R**（Repetition）はレペティショントレーニングの略である。

　図4.1に各トレーニングの概要をまとめた。強度（%$\dot{V}O_2max$）、一般的な継続時間（断続的なランニングの場合は各疾走区間の継続時間）のほか、目的と効果、週間走行距離に対する練習量の割合、疾走と休息の比（断続的なランニングの場合）を示したので参照してほしい。

■ **E ランニング**（イージーランニング）

　Eの文字はイージー（Easy）の略であり、強度はだいたい$\dot{V}O_2max$の59～74%、HRmaxの65～79%である。**E**ランニングの目的は何だろう？　**E**ランニングには複数の効果がある。まず、ケガの予防である。練習の大部分を楽なものにすることで、ケガに対するしっかりとした耐性ができる。また、**E**ランニングは基礎作りとしても特に効果的である。トレーニングプログラムのごく初期、あるいは数週間・数ヵ月間の休養からランニングに復帰したときには、

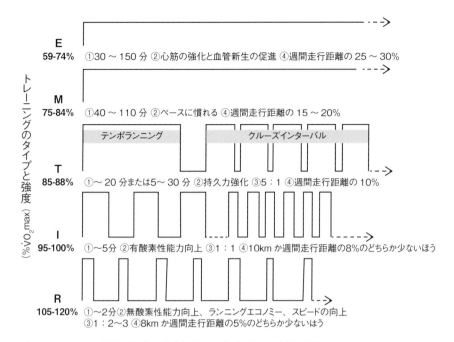

Part
I
フォーミュラを
理解する

1 2 3
4 5 6
7 8 9

1 第1章
ランニングの
成功を
決める要素

2 第2章
トレーニングの
原理と
テクニックの
ポイント

3 第3章
生理学的能力の
プロフィールと
トレーニングの
プロフィール

4 第4章
トレーニングの
タイプと強度

5 第5章
VDOT

6 第6章
環境に応じた
トレーニング・
高地トレーニング

7 第7章
トレッドミル
トレーニング

8 第8章
体力向上の
トレーニング

9 第9章
休養と補助的
トレーニング

トレーニングのタイプと強度（%V̇O₂max）

E
59-74%　①30～150分 ②心筋の強化と血管新生の促進 ④週間走行距離の25～30%

M
75-84%　①40～110分 ②ペースに慣れる ④週間走行距離の15～20%

テンポランニング　　クルーズインターバル

T
85-88%　①～20分または5～30分 ②持久力強化 ③5：1 ④週間走行距離の10%

I
95-100%　①～5分 ②有酸素性能力向上 ③1：1 ④10kmか週間走行距離の8%のどちらか少ないほう

R
105-120%　①～2分②無酸素性能力向上、ランニングエコノミー、スピードの向上
③1：2～3 ④8kmか週間走行距離の5%のどちらか少ないほう

図4.1 ■ 各トレーニングタイプの①練習1回あたりの継続時間
（断続的なランニングの場合は疾走区間の継続時間）
②目的と効果③疾走と休息の比④週間走行距離に対する練習量の割合

恰好のトレーニングだ。**E**ランニングは、気楽な運動と変わらない。つまり心身に無理のない
範囲で好きなスポーツを楽しんだときと、同じような効果があるのだ。

　Eランニングは心筋の強化にも効果を発揮する。なぜなら心臓の収縮する力は、約60%
HRmaxのとき最大に達するからである。これよりも走るペースが上がると、心拍数と拍動1回
で押し出される血液の量（1回拍出量）の両方が増えるが、1回拍出量は増えるといってもご
くわずかだ。したがって、心筋を発達させるには、かなり楽なペースでのランニングが効くの
である。イージーランニングなら、特にきつい運動をしているという感覚はなくても、心臓は
さかんに働いている。

　Eランニングの効果はほかにもある。それは血管新生（活動筋に栄養や酸素を供給する細い
血管が新たに作られること）が促進され、ランニングに関わる筋肉自体が、ランニングに適し
た特徴を強めていくことである。たとえ**E**ランニングであっても、心臓はランニング中に多量
の血液と酸素を活動筋に運搬している。そして活動筋はそれに対して筋線維の変化という形で
応答する。こうして筋肉はさらに多くの酸素を受け取れるようになり、一定時間により多くの
燃料をエネルギーに転換できるようになるのだ。このプロセスで得られる効果の多くは、筋線
維に運動ストレスを与える時間を長くすれば、その分大きくなる。そして、それを確実にでき
るのがイージーランニングである。なぜなら、きついペースよりも楽だと感じるペースのほう
が、長時間続けやすいからだ。

トレーニングアドバイス

　ランニングは30分間持続すると、費やした時間に対する効果はかなり大きくなる。よってEランニングをする場合は、少なくとも30分間は続けたほうがいい。私自身、「30分くらいは割かないと、結局シャワーや着替えの時間のほうが長くなってしまうよ」と選手たちによく言っている。とはいえ持続的なランニングの上限は（ウルトラマラソンの練習でないかぎり）150分にしたほうがいい。これはマラソンのトレーニングであっても同じだ。もちろん、ウオーキングを交えながらマラソントレーニングをするというなら、150分以上になっても気にすることはないが、L（Long）ランニングはどんな形でも徐々に増やしていくべきである。

　1週間の練習量に関しては、トレーニングの初期は毎週少しずつ（例えば10％ずつ）増やすのが原則、とよく言われている。つまり、最初の1週間で16km走ったら、（10％増だとすると）2週目は17.6km、4週目が終わったあとは23.4kmに増やすことになる。しかし私の考えは違う。最初の4週間は週16kmをキープしてその距離に慣れ、その後、1週間あたり8kmほど増やしたほうがいい（週16kmから始めているので、一度に8km増やしても、スタート時ほどのストレスはない）。ランニングに費やす時間（1週間あたりの時間）も、まず最低3、4週間、一定にキープしてから増やすことを勧めたい。もう1つ。天気や状況によって、トレーニングができる時間は増えたり減ったりする。一旦シーズンの上限（自分またはコーチが決めた上限）まで走る時間を増やしたら、臨機応変にトレーニング量の加減をすること。前にも言ったが、トレーニング量が少々減っても、維持の原理がうまく働いてくれる。

　ランナーの大半は、練習の大部分をイージーペース、つまりどんな時でも楽に走れて会話ができるペースで行っているはずだ。私は自分が作成したトレーニングプログラムのなかでは、レベルに関係なく、楽なランニングのことはすべてEランニングと表記している。しばしばEデーと言うこともあるが、それは楽に過ごす日という意味だから、ランニングをまったくしないこともある。EペースはLランニングを行うときのペースである。そのほか、ウォーミングアップやクーリングダウンの大半、そして強度の高い速いランニングを繰り返す際の、リカバリージョグもEペースである。

　Eデーは、目標走行距離に到達するために必要な距離を稼ぐ機会と考えてもよい。例えば、1週間の目標走行距離が64kmだとする。16kmのLランニングを1日、13km（ウォーミングアップ、速いペースのランニング、クーリングダウンを含めた合計）の日を2日設定すると、あと22kmを残りの4日間で走らなければならないことになる。この場合、残りの4日を毎日4〜8kmずつ走る方法もあるし、2日を8〜10kmずつ、1日を5km程度、そしてもう1日を完全な休養日にする方法もある。1週間単位でスケジュールを組むときは、休養日を1日設けておいたほうがたいていうまくいく（天気が悪かったり、予定外の用事ができたりするため）。それに、そもそも休んだ時間は練習ができなかった時間ではなく、トレーニングの一部と考えるべきなのだ。Eデーは、質の高い練習（Qトレーニング）から十分に回復するための日である。したがって、Eデーを設定せずにQトレーニングを増やすのは、賢明な策とはいえない。

Eランニングのペース

Eランニングは通常、59～74% $\dot{V}O_2max$、65～79% HRmax程度の強度で行うランニングだが、ときにはこれよりもやや速め（あるいは遅め）のほうが、気持ちよく感じられるかもしれない。重要なのは、とにかくよい動作を保つこと。ごく遅いペースでEランニングをするときは特にそうだ。動作が崩れれば、ケガを引き起こしかねない。今日はいつもより疲れている、あるいは足の運びがよくない、という日には、特に注意してほしい。おそらくそういう日は、無理に走ってケガのもとをつくるより、走らないほうが身のためである。

Eペースの速度の範囲については、第5章のVDOT一覧表（p.76）に掲載したが、1マイル（約1.6 km）のレースペースよりも1マイルあたり2分～3分ほど遅い（1kmあたり約1分15秒～1分52秒遅い）ペースだ。Eランニングが無理のないものであることが、これでよくわかるだろう（訳者注：本訳書では以降、基本的に原著のマイル表示をkmに換算して示す。したがって半端な数値になることがほとんどだが、0.4kmであっても有意な差になると考え、敢えて半端な数値のまま残すことにした。なお、換算にあたっては、1マイル=1.6kmとし、小数点第2位を四捨五入している）。

Lランニング（Long：ロング走）と走行距離の増やし方

Lランニングは通常、Eペースで行うが、練習1回あたりの距離は週間走行距離の30%以下にとどめるのが私のやり方だ。ただしこれは週間走行距離が64km未満の人の場合である。64km以上の人は、週間走行距離の25%か150分間走のどちらか少ないほうを上限にするといいだろう。

その週間走行距離についてだが、まず4週間、同じ距離をキープしてから増やすようにしよう。つまりLランニングの距離も数週間変えないということだ。むしろ状況によっては減らしてもよい。他の週と比べてあまり調子のよくない週、コンディションのせいでいつもと同じLランニングがはるかにきつく感じられるとき、レースに備えて練習を少し抑えたいとき。このようなときは、Lランニングの時間を短縮してもまったくかまわない。

マラソンをゆっくりと楽しむ人の場合はどうだろう。遅いランナー向けのLランニングについては活発な議論がなされており、私も幾度となく話し合いの場に参加している。マラソンは、今や大人気のチャリティーイベントだ。5時間、あるいはそれ以上の長い時間をかけてゆっくりとゴールを目指すランナーも多い。そのいっぽうで、完走するには何回か練習で32kmを走っておかなければならないと主張する指導者やランナーも、少なからずいる。

しかしマラソンに6時間も7時間もかける人が32kmを走ろうとすると、5時間も走ることになってしまう。これでは、初心者にとってあまりにも負担が大きい。エリートランナーだと64～80km走ってやっと5時間だ。そんな練習をするランナーはそうはいない。となると、初心者のほうがエリートランナーより長い時間練習することになる。それはナンセンスというものだ。

エリートランナーでも、実際は32km以上走るのでは、と思う人もいるかもしれない。だが、彼らがその距離を走り終えるのにかかる時間は、2時間から2時間半である。たとえ24kmし

か走れなかったとしても、2時間半は十分に長い。そう私が考える最大の根拠は、ここにある。トレーニングのタイプによっては、距離ではなく時間で練習量の上限を決めるようにしよう。

　以上をまとめると、**E**ランニングの効果は、ケガに対する耐性をつくる、心筋を強化する、血液の酸素運搬能力を改善する、筋線維をランニングに有利な性質に導く、ということになるが、それだけではない。**E**ランニングの持続時間を増やすと自信にもつながる（しかも走る距離や時間は、楽なランニングのほうがはるかに増やしやすい）。走ろうと思えば長時間走り続けられる、と思えるようになるのだ。トレーニングではメンタルの面も、無視してはならない。

ジャネット・シェロボン・ボーカムも私が指導したランナーだ（2011年から）。本書とRun SMARTプロジェクトのトレーニングによって能力を最大限引き出すことができたのは嬉しいかぎりだ。

■ Mペースランニング（マラソンペースランニング）

Part
I
フォーミュラを
理解する

1 2 3
4 5 6
7 8 9

1 第1章
ランニングの
成功を
決める要素

2 第2章
トレーニングの
原理と
テクニックの
ポイント

3 第3章
生理学的能力の
プロフィールと
トレーニングの
プロフィール

4 第4章
トレーニングの
タイプと強度

5 第5章
VDOT

6 第6章
環境に応じた
トレーニング・
高地トレーニング

7 第7章
トレッドミル
トレーニング

8 第8章
体力向上の
トレーニング

9 第9章
休養と補助的
トレーニング

マラソン（Marathon）ペースランニングとはその名のとおり、マラソンレースの設定ペースで走るトレーニングのことである。これを私は**M**ペースランニングと呼んでいる。とはいえ、マラソンを走ったことのないランナーには何が適正ペースかわからないだろう。こういうときにも役立つのが、VDOT一覧表だ。VDOT一覧表は、異なる距離のレースにおける同等のパフォーマンス、そしてそれに相当するマラソンのタイムを並べたものである。この表で適正な**M**ペースを予測するときは、最近走ったレースのなかでも比較的距離の長いレースの結果を使うといい（つまり1マイルレースよりもハーフマラソンのほうが、**M**ペースの予測には適している）。そのほか、10kmレースの結果を使うという手もある。最近、真剣に10kmレースを走ったことがあれば、そのレースタイムに3分ほど足したタイムが、**M**ペース10kmのタイムだと類推される。

Mペースランニングでは、図4.1に示したとおり、通常は75〜84% V̇O₂max、80〜89% HRmax程度の強度で走る。走る時間や距離に関しては、**L**ランニングと同様に上限を設ける

表4.1■マラソンペース（M）の練習例

練習内容	合計時間
セッションA　Eペース合計：25〜70分　　**M**ペース合計：50分	
A1：**E** 15分＋**M** 50分＋**E** 10分	75分
A2：**E** 35分＋**M** 50分＋**E** 10分	95分
A3：**E** 60分＋**M** 50分＋**E** 10分	120分
セッションB　Eペース合計：30〜70分　　**M**ペース合計：60分	
B1：**E** 15分＋**M** 60分＋**E** 15分	90分
B2：**E** 35分＋**M** 60分＋**E** 15分	110分
B3：**E** 55分＋**M** 60分＋**E** 15分	130分
セッションC　Eペース合計：30〜60分　　**M**ペース合計：75分	
C1：**E** 15分＋**M** 75分＋**E** 15分	105分
C2：**E** 35分＋**M** 75分＋**E** 15分	125分
C3：**E** 45分＋**M** 75分＋**E** 15分	135分
セッションD　Eペース合計：25〜45分　　**M**ペース合計：65〜70分　　**T**ペース合計10〜15分	
D1：**E** 15分＋**M** 30分＋**T** 5分＋**M** 30分＋**T** 5分＋**M** 5分＋**E** 10分	100分
D2：**E** 15分＋**T** 5分＋**M** 40分＋**T** 5分＋**M** 15分＋**T** 5分＋**M** 10分＋**E** 10分	105分
D3：**E** 15分＋**M** 50分＋**T** 5分＋**M** 20分＋**T** 5分＋**E** 30分	125分
セッションE　Eペース合計：40〜70分　　**M**ペース合計：30〜80分	
E1：**E** 60分＋**M** 30分＋**E** 10分	100分
E2：**E** 60分＋**M** 40分＋**E** 10分	110分
E3：**E** 60分＋**M** 50分＋**E** 10分	120分
E4：**E** 60分＋**M** 60分＋**E** 10分	130分
E5：**E** 30〜40分＋**M** 80分＋**E** 10分	120〜130分
E6：**E** 40〜60分＋**M** 70分＋**E** 10分	120〜140分

※ 合計時間とは、実際に走った時間の合計である。一部**T**ペースの時間もある。
Run SMART Project 設計のJack Daniels' Running Calculatorにより作成

ことを勧めたい。持続的なMペースランニングの場合は、110分間か29kmの、どちらか少ないほうを上限にするといいだろう。MペースにEペースとT（閾値）ペースの両方をミックスするのも、私はいい練習だと思っている。これならMペースで走る時間を最大限に積み重ねても、持続的なMペースランニング1回の時間より短くなるのではないだろうか。ミックスした練習にも上限は設ける。練習1回あたりのMペースランニングの合計は、週間走行距離の20%と29kmのどちらか少ないほうを上限にするといい。**表4.1**にMペースランニングの練習例を示した。

　ここで再び、例の重要な問いである。「この練習の目的は何か？」。マラソントレーニングをするランナーにとっての、Mペースランニングの目的とは、実際のレースペースに慣れること、そしてそのペースで給水をとる練習をすることである。したがって、Mペースランニングの主な効果はメンタル的なもの、つまり設定ペースで走る自信を高めるもの、ともいえる。生理学的な効果はEランニングと何ら変わらない。しかし、マラソントレーニングをしてこなかったランナーのなかには、Mペースランニングで自信をつける人もいるだろう。いつものEペースより若干速いペースでも、かなり長い時間走っていられる、と思えるようになるのだ。

　走る燃料については、糖という形での利用が多いと、蓄えられた筋グリコーゲンを温存し、脂肪代謝に頼る割合を若干増やすよう身体に教えることができる。よって、時にはエナジードリンクを飲まずに練習するのもいい。そうやってEペースで長く続けて走れば、身体は糖を節約することを覚える。とはいえ、水は適宜補給すること（実際のマラソンレースでは給水がエネルギー補給を促進するため、水を摂りながらのトレーニングは給水のいい練習になる）。

■ Tランニング（閾値ランニング）

　T（Threshold：閾値）強度は、いわば心地よいきつさである。比較的速く走ってはいるが、そこそこの時間（練習なら少なくとも20〜30分間）維持できるというペースだ。レースならば、休養をとってピーキングをすれば、60分間は維持できる。つまり、エリートランナーにとっては、20kmあるいはハーフマラソンを走るペースが、ちょうどT強度、ということだ（監修者注：運動強度を徐々に上げていくと、血中乳酸濃度が急に上昇するポイントがある。この変換点が「閾値」Thresholdであり、乳酸の閾値であることからLactate Threshold：LTと呼ばれている。しかし原著ではLTではなく「Threshold（T）」と表現しているので、本訳書でも「閾値」と訳している）。

　Tランニングで感じる強度は、MペースランニングやEランニングとは違う。トレーニングを重ねたランナーにとって、MやEは、すぐに終わってほしい強度ではないが、Tランニングはまさにその逆で、終わるのが待ち遠しい。しかし、1回のランニングで20〜30分は持ちこたえられる強度でもある。

　そして肝心な練習の目的だが、Tランニングを行うのは、血中の乳酸を除去し、十分に処理できる濃度よりも低く抑える能力を高めるためである。持久力の向上が目的だと考えておけば間違いない。つまり、若干きついペースで長時間持ちこたえる方法を身体に覚えさせる、ある特定のペースを保てる時間を延ばす、ということだ。EランニングやMペースランニングでは、

Part
I
フォーミュラを
理解する

2 3
4 5 6
7 8 9

1 第1章
ランニングの
成功を
決める要素

2 第2章
トレーニングの
原理と
テクニックの
ポイント

3 第3章
生理学的能力の
プロフィールと
トレーニングの
プロフィール

4 第4章
トレーニングの
タイプと強度

5 第5章
VDOT

6 第6章
環境に応じた
トレーニング・
高地トレーニング

7 第7章
トレッドミル
トレーニング

8 第8章
体力向上の
トレーニング

9 第9章
休養と補助的
トレーニング

気持ちを切らさずに楽なペースで走り続ける力がつく。それと同様に、Tランニングには、ある程度の時間、維持することのできるペースが速くなる、という効果がある。

　閾値ペースの強度を生理学的に表現すると、おおよそ85〜88%$\dot{V}O_2$max（88〜92%HRmax）である。これは十分にトレーニングを積んだランナーの場合であり、そうでないランナーだと80〜86%$\dot{V}O_2$maxくらいだ。もし、私の指導法に慣れていない、Tペースの練習は初めてだというランナーが来たとしたら、私はこうアドバイスする。「今のペースを30〜40分間維持しろと言われたらできるかどうか、自分に聞きながら走りなさい」。その答えが「ノー」なら、ペースを少し落とさなければならない。Tランニングの適正なペースは「心地よいきつさ」であって、「きつい」わけではない。きついペースはI（インターバル）ランニングまでお預けだ。

　図4.1に示したとおり、私が勧めるTトレーニングには2つのタイプがある。1つはテンポランニング、もう1つはクルーズインターバル（と私が名付けたもの）である。この2つの違いは、持続的か断続的かということにある。テンポランニングはTランニングを20分ほど間断なく続けるが、クルーズインターバルは短い休息をはさんで何本か繰り返す。2つのタイプには、それぞれにメリットがある。持続的なテンポランニングをすると、そこそこきついペースでも長時間維持できるという自信がつく。その点ではクルーズインターバルよりも上だ。だが適正な強度で運動する時間の合計は、クルーズインターバルのほうがテンポランニングよりも長くなる。

　クルーズインターバルは短い休息をはさむが、だからといってテンポランニングよりも速く走る必要はない。運動ストレスが足りないと思ったら、休息をほんの少し短くすればいいのである。テンポランニングもクルーズインターバルも、第5章のVDOT一覧表で設定されている同じペースで行うこと。

　Tランニングでも、LランニングやMペースランニングと同じように、1回の練習量に上限を設けたほうがいい。練習1回あたりのTランニングの合計は、週間走行距離の10%を超えないことが望ましい。しかし、20分間、持続的なTランニングができるランナーなら、クルーズインターバルの形に分割した場合は、合計30分まで増やして走るのもいい方法だ。続けて20分間走れるのなら、5分や10分など、短く分けて合計30分走るのはそう難しくないはずである。

　テンポランニングに関してよく問題になるのは、その持続時間である。「テンポ」という言葉の解釈がさまざまに異なるため、混乱を招くのだ。60分間テンポランニング、あるいは16kmテンポランニングについて語ろうとする指導者やランナーも、なかにはいるだろう。しかし、エリートランナーが（テーパリングを行い休養したうえで）60分間、レースでなんとか維持できるのがTペースである。それを知れば、普段の練習で1時間のテンポランニングをするとは想像しにくいはずだ。

　では、一部の指導者、ランナーがテンポランニングと呼んでいる練習とは、どのようなものなのか。実のところ、全体の距離が仮に16kmであったとしても、最初の8〜10kmはTペースよりも遅く走り、その後徐々にペースを上げて、残りの6〜8kmで本当のTペースに到達する、という内容の練習なのだ。したがって、この練習全体をテンポランニングと呼んだとしても、

表4.2 ■ 閾値ペース（Ｔ）の練習例

Ｔ強度で行う練習。まずウォーミングアップとして、Ｅランニングを10分間行う。練習後は30秒間のウィンドスプリントを何本か走り、その後にクーリングダウンを行う。

練習内容	合計時間
セッションＡ：週間走行距離64kmまでのランナー	
A1：Ｔ 20分（持続的ランニング）	20分
セッションＢ：週間走行距離65〜113kmのランナー	
B1：（Ｔ 6分・休1分）×5〜6	30〜36分
B2：（Ｔ 12分・休2分）×2+（Ｔ 5分・休1分）×2	34分
B3：（Ｔ 12分・休2分）×3	36分
B4：（Ｔ 15分・休3分）×2	30分
B5：Ｔ 15分+休3分+Ｔ 10分+休2分+Ｔ 5分	30分
B6：Ｔ 20分+休4分+Ｔ 10分または（Ｔ 5分・休1分）×2	30分
セッションＣ：週間走行距離114〜137kmのランナー	
C1：（Ｔ 5分・休1分）×8	40分
C2：（Ｔ 8分・休90秒）×5	40分
C3：（Ｔ 10分・休2分）×4	40分
C4：Ｔ 20分+休3分+（Ｔ 10分・休2分）×2+Ｔ 5分	45分
セッションＤ：週間走行距離138〜160kmのランナー	
D1：（Ｔ 6分・休1分）×8	48分
D2：（Ｔ 12分・休2分）×4	48分
D3：（Ｔ 12分・休3分）×2+（Ｔ 8分・休2分）×3	48分
D4：Ｔ 20分+休3分+（Ｔ 12分・休2分）×2+Ｔ 6分	50分
セッションＥ：週間走行距離161〜193kmのランナー	
E1：（Ｔ 12分・休2分）×5	60分
E2：（Ｔ 15分・休3分）×4	60分
E3：（Ｔ 15分・休3分）×2+（Ｔ 12分・休2分）×2+Ｔ 6分	60分
E4：（Ｔ 20分・休4分）×3	60分

※合計時間とは、休息（休と表示）を含まない、実際に走った時間の合計である。
Run SMART Project 設計のJack Daniels' Running Calculatorにより作成

本当の**Ｔ**ペースで走るのは、その一部にすぎないのである。

　繰り返しになるが、私の言うテンポランニングとは、1回のランニングのすべてを**Ｔ**ペースで行うことである。よって、比較的楽なペースから本当の**Ｔ**ペースに上げるのだとしたら、テンポランニングと言えるのは**Ｔ**ペースに上げた部分だけだ。私の考えでは、約20分間、間断なく**Ｔ**ペースで走るのが、本当のテンポランニングである。持続時間の短い**Ｔ**ランニングを、短い休息をはさんで何本か走る練習のことは、クルーズインターバルと呼んでいる。例えば、**Ｔ**ペースで1.6 km（1マイル）走るごとに1分間の休息を入れ、それを5回繰り返す、あるいは3.2 km（2マイル）走るごとに2分間の休息を入れ、それを3回繰り返す。このような練習が、クルーズインターバルの代表例である。

　私が指導していたランナーのなかでも、かなりの実力者になると、1回の練習で合計24kmもの距離を**Ｔ**ペースで走ることがあった。このような練習をするのは、たいていが週間240km程度走るランナーである。その典型的な練習は、**Ｔ**ランニング8km（5マイル）＋休息5分間、**Ｔ**ランニング6.4km（4マイル）＋休息4分間、**Ｔ**ランニング4.8km（3マイル）＋休

Part
I
フォーミュラを
理解する

1 2 3
4 5 6
7 8 9

1 第1章
ランニングの
成功を
決める要素

2 第2章
トレーニングの
原理と
テクニックの
ポイント

3 第3章
生理学的能力の
プロフィールと
トレーニングの
プロフィール

4 第4章
トレーニングの
タイプと強度

5 第5章
VDOT

6 第6章
環境に応じた
トレーニング・
高地トレーニング

7 第7章
トレッドミル
トレーニング

8 第8章
体力向上の
トレーニング

9 第9章
休養と補助的
トレーニング

息3分間、Tランニング3.2km（2マイル）＋休息2分間、Tランニング1.6km　といった形である。

　ほかにもいい方法はある。これはマラソントレーニングの一環として行う練習だが、MペースランニングのあいだにTランニング1.6kmを2、3回入れるのだ。例えば、M12.8km（8マイル）＋T1.6km（1マイル）＋M6.4km（4マイル）＋T1.6km（1マイル）＋M1.6km（1マイル）。これをノンストップで行う。こういったタイプの練習を行ったランナーからは、「MペースランニングからTランニングにペースアップするのは特にきつくないが、TランニングからMペースランニングに戻すのはそう楽ではない」という感想をよくもらう。しかし、これによって、マラソンレース中、風やアップダウンによるペースの上げ下げがあっても、対応できるようになるのだ。

　私は原則としてテンポランニングの上限は約20分としているが、力があれば、20分1回で終わらなくてもよい。つまり、十分にトレーニングを積んだランナーなら、1回の練習のなかで、20分間のTランニングを2回か3回走ってもかまわない、ということだ。ただし、ほとんどのランナーにとっては、通常1回だけで十分である。

　クルーズインターバルの場合、私は通常、1.6kmか3.2kmの繰り返しにしている。そして1.6km（1マイル）のときは、1本走るごとに1分間の休息をとる。一例として、Tランニング1.6kmを、合間に1分間の休息をはさんで5本走るという練習が考えられる（表では「（T1.6km・休1分）×5」と表記する）。Tランニングが3.2km（2マイル）のときは、休息は2分間にする。そして、これを3回繰り返す練習は、「（T3.2km・休2分）×3」と表記する。図4.1に書いたとおり、私が推奨するクルーズインターバルの疾走と休息の時間の比は、だいたい5対1である。

　表4.2にTペースの練習を何例か示した。これをそのまま行ってもいいし、あるいは必要に応じてアレンジしてもいいだろう。

■ Iトレーニング（インターバルトレーニング）

　トレーニング強度がさらに一段階上がると、I（Interval：インターバル）トレーニングになる。あらゆるトレーニングのなかで、これほど解釈に幅があるものはないだろう。かつて、ある科学雑誌からIトレーニングに関する記事の執筆依頼があったとき、私はまず3人のランナーにIトレーニングの定義について聞いてみた。

　1人目のランナーは、Iトレーニングのことを、断続的な休息を伴う「速い」ランニングで、疾走時間は長くて2分間と答えた。2人目は、きついランニングを繰り返すトレーニングで疾走時間は最低で2分間、休息は次の疾走の準備ができるまでと答えた。3人目からは、前の2人とはまた違う答えが返ってきた。そこで私はこの3人を指導しているコーチに聞いてみたところ、そのコーチの答えも、ランナーたちの答えとは違ったのである。とりあえず4人の答えで一致しているのは、インターバルトレーニングはきついランニングとリカバリーから成る断続的なトレーニングだ、という点だけのようだ。

　私は、自分なりの定義づけをすることにした。定義の基準としたのはトレーニングをする目

的である。スウェーデン留学中と大学院で行った研究の結果から考えると、Ⅰトレーニングの目的は、有酸素性能力（$\dot{V}O_2max$）を最大限に高めること、とするのがいちばん理にかなっている。また、ある1つの身体機能を向上させるには、その機能にストレスを与えるのがベストだという確信も私にはあった。そこで、Ⅰトレーニングの強度は$\dot{V}O_2max$（と$HRmax$）と同じか、きわめて近い値、そして運動と休息の比はトレーニングの目的を達成できるもの、と定義づけたのである。

$\dot{V}O_2max$で運動していられる時間は、VDOT一覧表作成のために行ったジミー・ギルバートとの研究で、つきとめることができた。その時間とは、約11分間である。もちろん、疾走区間をここまで長くするのは勧められない。しかし、完全に休息した状態から$\dot{V}O_2max$に到達

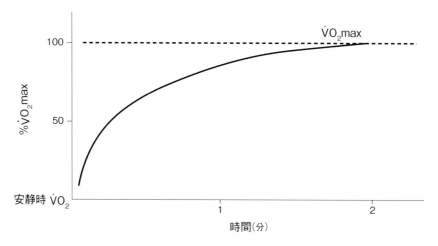

図4.2 ■ $\dot{V}O_2max$に到達するペースで走った場合の、$\dot{V}O_2max$に至るまでのプロセス

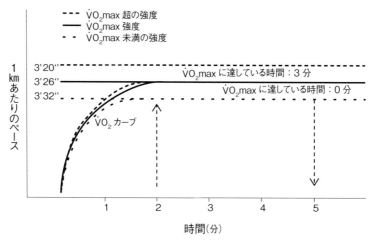

図4.3 ■ $\dot{V}O_2max$に到達するまでの時間・到達している時間の比較
（$\dot{V}O_2max$超の強度、$\dot{V}O_2max$強度、$\dot{V}O_2max$未満の強度）
$\dot{V}O_2max$未満の強度では$\dot{V}O_2max$に到達しない

するまでには90〜120秒かかるため、Iペースで走る時間には、3〜5分かけるのが適正である。ただし、以下に理由を説明するが、疾走時間は3分未満でもよい場合もある。

　まず、疾走時間が5分を上回ると、きつすぎる。5分を超える疾走を、3〜5kmのレースペースで何本も走るのは難しい。また、疾走後の休息をあまり長くとらなければ、次の疾走までに$\dot{V}O_2$が完全に回復した状態にはならないため、次の疾走では短時間で$\dot{V}O_2$maxに到達する。疾走時間を2分未満あるいは3分未満に設定する理由としては、これが大きい。

$\dot{V}O_2$maxへの到達

　図4.2は、$\dot{V}O_2$maxに到達するペースで走った場合の、$\dot{V}O_2$maxに至るまでのプロセスを示している。安静時$\dot{V}O_2$から運動を始めると、$\dot{V}O_2$maxに達するには約2分かかる。このプロセスを知ることで、練習の取り組み方も変わる。練習に必要なのは、目的を明確にすることだけではない。最大限の効果を、最大のストレスではなく、最小のストレスで引き出そうとする賢いアプローチも求められる。

　最小のストレスで最大の効果を引き出すという言葉の意味は、**図4.3**を見ればよくわかる。仮にIトレーニングの適正ペースが1km3分26秒（400m82.5秒）のランナーがいたとする。このランナーが、（例えば5分間走の入りを）400m82.5秒より速く走ったとしても、$\dot{V}O_2$maxに到達している時間は、適正ペースで走った場合より長くはならない。要するに、$\dot{V}O_2$maxペース（$v\dot{V}O_2$max）より速く走っても、目的以上の効果は得られないのである。

　しかも、5分間×5本という練習の1本目が速すぎると、2本目を82.5秒ちょうどで走れたとしても、あとの3本はどれも適正ペースより遅くなるかもしれない。1本目、2本目で頑張りすぎて疲れきってしまう可能性があるからである。つまり後半の3本は、どんなに苦しんで走ったとしても、適正ペースよりも遅くなれば（その理由は、1本目か2本目のオーバーワークのあいだ無酸素性の運動が増えているためである）、$\dot{V}O_2$maxで走っていることにはならないのだ。

　結局どうなるか。$\dot{V}O_2$maxで走れる時間は、1本目と2本目の合計で約3分確保できるが、3本目から5本目にかけてはゼロである。この練習の目的は何だっただろうか？　苦しむことであれば、目的は達成したといえる。しかし、15分間程度$\dot{V}O_2$maxのストレスを身体に与えることならば、それはまったく達成できなかったことになる。

　前にも言ったとおり、通常のIトレーニングでは3〜5分間走を繰り返すのがいい。そうすれば$\dot{V}O_2$maxに達するまでに1〜2分かかっても、$\dot{V}O_2$max強度で運動する時間をしっかりと確保できるからである。しかし、これよりずっと短い時間のランニングでも、$\dot{V}O_2$maxで運動する合計時間をかなり長くすることはできる。ただしこの場合、休息はごく短い時間に保つことが必要である。

　図4.4を見てほしい。この図は、$\dot{V}O_2$maxで走る時間の合計が長くなる仕組みを示したものである。1本目はわずかに$\dot{V}O_2$maxに届いていないが、休息が短いため、2本目は$\dot{V}O_2$がすでに上昇した状態でスタートする。そして、その後のIランニングもすべて短い休息のあとに走るため、いずれも短時間で$\dot{V}O_2$maxに達する。2本目から最後まではすぐに$\dot{V}O_2$maxに到達するため、その結果として、$\dot{V}O_2$maxで走る時間の合計はかなり長くなるのである。

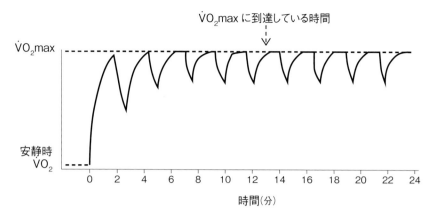

VO₂max に到達している時間

図4.4 ■ 休息の時間をかなり短くすればショートインターバルの効果は得られる

Adapted by permission from J. Karlsson et al., *Energikraven Vid Lopning* [*Energy Requirements When Running*] (Stockholm: Trygg, 1970), 39.

　以上の説明でよく理解できたと思うが、要するに、有酸素系にストレスを与えられる時間には幅があるものの、VO₂maxに達するには3〜5分間が望ましい。ただし、休息の時間を短く（Iペースで走った時間より短く）保てば、疾走時間は3〜5分間より短くしてもかまわない、ということである。

表4.3 ■ インターバルペース（I）ときついペース（H）の練習例

練習内容	合計時間
セッションA：週間走行距離48kmまでのランナー	
A1：（**H** 2分・jg 1分）×5〜6（ファルトレク）※	15〜18分
A2：（**H** 3分・jg 2分）×4（ファルトレク）	20分
A3：（**H** 4分・jg 3分）×3（ファルトレク）	21分
A4：（**I** 800m・jg 2分）×4〜5	20〜25分
セッションB：週間走行距離48〜64kmのランナー	
B1：（**H** 2分・jg 1分）×7〜8（ファルトレク）	21〜24分
B2：（**H** 3分・jg 2分）×5（ファルトレク）	25分
B3：（**H** 4分・jg 3分）×4（ファルトレク）	28分
B4：（**I** 800m・jg 2分）×5〜6	25〜30分
B5：（**I** 1km・jg 3分）×4〜5	26〜33分
セッションC：週間走行距離64〜72kmのランナー	
C1：（**I** 800m・jg 2分）×6	27分
C2：（**H** 3分・jg 2分）×6（ファルトレク）	30分
C3：（**I** 1km・jg 3分）×5	33分
C4：（**I** 1.2km・jg 3分）×4〜5	28〜35分
C5：（**H** 5分※・jg 4分）×3〜4　※I ペースの1.6kmが5分未満の場合は1.6kmでも可	27〜36分
セッションD：週間走行距離73〜88kmのランナー	
D1：（**I** 1km・jg 3分）×5〜6	33〜39分
D2：（**I** 1.2km・jg 3分）×4〜5または（**H** 4分・jg 3分）×4〜5（ファルトレク）	28〜35分
D3：（**I** 1.6km・jg 4分）×4または（**H** 5分・jg 4分）×4（ファルトレク）	36分
D4：（**H** 4分・jg 3分）×5（ファルトレク）	35分
D5：（**H** 3分・jg 2分）×7（ファルトレク）	35分
D6：（**H** 2分・jg 1分）×10（ファルトレク）	30分

Part
I
フォーミュラを
理解する

1 2 3
4 5 6
7 8 9

1 第1章
ランニングの
成功を
決める要素

2 第2章
トレーニングの
原理と
テクニックの
ポイント

3 第3章
生理学的能力の
プロフィールと
トレーニングの
プロフィール

4 第4章
トレーニングの
タイプと強度

5 第5章
VDOT

6 第6章
環境に応じた
トレーニング：
高地トレーニング

7 第7章
トレッドミル
トレーニング

8 第8章
体力向上の
トレーニング

9 第9章
体幹と補助的
トレーニング

ハードなランニング

Iトレーニングは、必ずしも決まった距離とタイムで行うとはかぎらない。ハード（Hard）なランニング（Hランニング）を繰り返すだけでも練習になる。例えば、3分間のHランニングを2分間のリカバリージョグ（jg）を合間にはさんで6本走るという練習が考えられる。トレーニング表の表記としては、「（H3分・jg2分）×6」だ。一定の距離とタイムを目標にせず、Hランニングを継続時間で区切って繰り返す場合、ペースは感覚で決める。タイムを狙って走ったとしたら、10〜12分間維持できる、と感じるペースである。

IペースやHペースのランニングにも、推奨する練習量の上限がある。練習1回につき、10kmか週間走行距離の8％の、どちらか少ないほうである。つまり、1週間に64km走っているなら5.1kmだ（64×8％＝5.1km）。Hランニングの場合は、Hペースでの5分間走がIランニングの1.6kmに相当すると考えて、走行距離を計算する。週間走行距離が120kmを超える人は、Iランニングの上限は上記のとおり、9.6km（おおよそ30分間）である。

ペースを厳密に決めたIランニングよりHランニングをさせるほうがいいと思うのは、高地のトレーニングである。高地だと、$\dot{V}O_2$maxに相当するランニング速度が低地に比べてぐっと遅くなるため、ランナーが落胆しかねない。実際のペースを気にせず、とにかくきついと感じ

（表4.3の続き）

練習内容	合計時間
セッションE：週間走行距離89〜113kmのランナー	
E1：（I 1km・jg 3分）×6〜8	39〜52分
E2：（I 1.2km・jg 3分）×5〜6	35〜42分
E3：（H 5分・jg 4分）×5（ファルトレク）	45分
E4：（H 3分・jg 2分）×4（ファルトレク）＋（H 2分・jg 1分）×4（ファルトレク）	32分
E5：（H 3分・jg 2分）×3（ファルトレク）＋（H 2分・jg 1分）×4＋（H 1分・jg 30秒）×5	35分
セッションF：週間走行距離113km以上のランナー	
F1：（I 1km・jg 3分）×7〜10	45〜65分
F2：（H 5分※・jg 4分）×3＋（I 1km・jg 3分）×4 ※速く走れる場合はI 1.6kmでも可	54分
F3：（H 4分※・jg 3分）×6〜8 ※速く走れる場合はI 1.2kmでも可	42〜56分
F4：（H 5分※・jg 4分）×5〜6 ※速く走れる場合はI 1.6kmでも可	45〜54分
F5：（H 5分・jg 4分）×2＋（H 3分・jg 3分）×3＋（H 2分・jg 1分）×4	48分
F6：（H 2分・jg 1分）×5＋（H 1分・jg 30秒）×8＋（H 30秒・jg 30秒）×12	39分
セッションG：トレッドミルによるヒルトレーニング	
G1：（8.0〜9.7km/hと勾配20％で30秒・休30秒）×20	20分
G2：（8.0〜9.7km/hと勾配20％で1分・休1分）×5＋（8.0〜9.7km/hと勾配20％で30秒・休30秒）×10	20分
G3：（9.7km/hと勾配20％で1分・休1分）×10	20分
G4：（11.3km/hと勾配20％で30秒・休30秒）×20	20分
G5：（11.3km/hと勾配20％で1分・休1分）×5＋（11.3km/hと勾配20％で30秒・休30秒）×10	20分
G6：（11.3km/hと勾配20％で1分・休1分）×10 ※G4〜G6は12.0〜12.9km/hでも可	20分

jg＝各ランニング後のリカバリージョグ
※訳者注：ファルトレクとは本来、地形を利用するなどして疾走やリカバリーを自由に設定して走る練習であり、本書にも同様の説明がある（p.106）。この練習例では、強度の判断を感覚に委ねるHランニングを用いるため、これをファルトレクと称していると思われる。
Run SMART Project 設計のJack Daniels' Running Calculatorにより作成

るランニングを行うほうが、有酸素系に対し、効果的にストレスを与えることができるのだ。しかも、ペースが適正かどうか気にせずに走れるというメリットもある。

　Iタイプの練習としては、ステップ・カウントという私独自の練習も、多くのランナーに好評だ。スタンダードなやり方は、まずHランニングで10歩走り（歩数は右足が着地するごとにカウントする）、そのあとに10歩ジョギングする。次に20歩Hランニングと20歩ジョギング、30歩Hランニングと30歩ジョギングと、Hランニングとジョギングがそれぞれ100歩になるまで、10歩ずつ増やして行く。100歩に達したあとは逆戻りだ。100歩Hランニングと100歩ジョギング、90歩Hランニングと90歩ジョギングと、それぞれが10歩になるまで、10歩ずつ減らして行く。

　このステップ・カウントの練習の長さは、時間でいうと約24〜25分間、距離でいうとざっと5〜6.5kmになる。もちろん、走破できる距離には差が出る。遅いランナーは短めの距離、能力の特に高いランナーは少々長めの距離になる。しかし、Hランニングとジョギングに費やした時間の長さは誰でも同じである。このように、能力の異なるランナーが同等の練習をするには、同じタイプの練習を時間ベースで行うのがベストである。

　Hランニングを使ったIトレーニングでは、Hペースで走る時間をさまざまに設定することができる。例えば合計で20分間Hランニングを行うとしたら、下記のどちらも練習としてあり得る。

- （H 4分・jg 3分）×2＋（H 3分・jg 2分）×4
- （H 4分・jg 3分）×1＋（H 3分・jg 2分）×2＋（H 2分・jg 1分）×3＋（H 1分・jg 30秒）×4

　私自身は、リカバリージョグの時間をHランニングよりも若干短くするようにしているが、同じにしてもかまわない。ただし、けっしてHランニングより長くはしないこと。

　効果的な練習方法をもう1つ紹介する。それは、風が強くて1,000mのインターバルを設定した分だけこなせない、といったときに使える、200m×20を1分サイクルで走る練習である。つまり、Iペースが200mあたり40秒の場合は、次の200mのスタートまでに20秒間しか休息できない。遅いランナーなら、休息の時間を一定（だいたいHランニングの半分の時間）に決めてしまってもよい。IペースとHペースの練習例を**表4.3**に示したので参考にしてほしい。

■ Rトレーニング（レペティショントレーニング）

　R（レペティション）トレーニングの主な目的は、無酸素性能力、スピード、ランニングエコノミーを高めることにある。Rトレーニングでは（他の練習でもそうだが）、自分の目的を常に意識しよう。スピードを磨きたいと思えば、速く走る練習が必要になるのは当然だが、特に重要なのは、十分に身体を回復させて正しい動きで走ることである。速く走りながらもがくのは避けたい。動作が崩れてしまうからだ。

　例えば、400m70秒・休息3分×10のレペティションがいい練習なら、休息を短くして

Part I フォーミュラを理解する

1 2 3
4 5 6
7 8 9

1 第1章
ランニングの成功を決める要素

2 第2章
トレーニングの原理とテクニックのポイント

3 第3章
生理学的能力のプロフィールとトレーニングのプロフィール

4 第4章
トレーニングのタイプと強度

5 第5章
VDOT

6 第6章
環境に応じたトレーニング・高地トレーニング

7 第7章
トレッドミルトレーニング

8 第8章
体力向上のトレーニング

9 第9章
休養と補助的トレーニング

400m70秒・休息2分×10にしたほうが、もっといい練習になると言う人がいる。ランナーにかぎらない。指導者のなかにさえ、そう考える人がいるのだ。しかし私に言わせれば、後者のほうがよくない練習だ。練習の目的をよく考えてみてほしい。スピードを磨き、よい動作を保ちながら速く走ることである。ところが、もし休息の時間を短くすれば、十分に回復してよい動作で400mを70秒で走ることはできないかもしれない。もがき苦しんでも、目的を達成したことにはならないのである。

Rランニングは、集団が一緒に走る練習にはあまり向いていない。速く走れるランナーは走り終わったあと、他のランナーよりも早いうちから次の準備ができる。いっぽう遅いランナーは、速いランナーと毎回一緒にスタートさせられるため、遅れを取るまいと必死について行こうとする。そして結局、ついて行けなくなる。さて、この練習の結果は？　速いランナーには収穫があるが、遅いランナーは苦しんだあげく、練習の目的を達成せずに終わるのである。

長距離ランナーには1つ注文がある。それは自分たちが1日に6マイル走ったからといって、その日2マイルしか走らなかった同じクラブのスプリンターをばかにしてはいけない、ということだ。彼らには速く走り、スピードに磨きをかけるために、回復に長い時間が必要なのである。そして寒い日ともなれば、次の疾走を待つあいだに凍えてしまわないよう、上着を重ねる必要もある。身体を冷やさない、ということに関しては、長距離ランナーも同じだ。気温の低い日には、疾走と疾走のあいだに上着を羽織ったほうがいいだろう。

Rトレーニングの休息は、Rランニングの2〜3倍（距離ではなくて時間）を勧めたい。このほか、イージージョグをRランニングと同じ距離だけ行う方法もある。例えば、Rランニングが400mなら、リカバリージョグも400mにする。ただしこの場合、ラスト10〜20mはRランニングのスタートに備えて歩くことになるだろう。

Rペースで走る量の上限（練習1回あたり）は、8kmか週間走行距離の5%のどちらか少ないほうに設定するといい。仮に週48km走っているとすれば、Rランニング2.4km（例：80m×30）がRトレーニング1回の上限となる。しかし、週間走行距離が160kmを超えるランナーであっても、Rペースの練習は合計8kmにとどめることを勧める。つまり、週間190kmの人でも9.5kmにはしないということだ。もう1つ、私がよく目安にしているのは、疾走（Rペースで走る部分）を毎回だいたい2分以内にするというルールである。このルールに従うと、厳密な意味でのRトレーニングは、200m、300m、400m、500m、600mのレペティションになることがほとんどだ。Rペースが400m60秒程度であれば、800mでも問題はない。しかしそれは、1マイルのレースで4分を切るか切らないか、というレベルの話である。

トレーニングは走った距離ではなく、さまざまな強度に費やした時間で考えたほうがいい。そうしないと、同じチームで練習していても、遅いランナーは速いランナーよりも、はるかに長い時間がかかってしまう。例えば、Rペースが400m90秒という、チームのなかでも遅い部類のランナーがRランニング400mを8本走ると、65秒で8本走る速い部類のランナーよりも3分以上、時間がかかってしまう（当然、接地回数と接地時の衝撃も増える）。そう考えると、遅いほうのランナーは、6本にとどめておいたほうがいいだろう。そうすれば、8本走れるランナーと、ストレスを身体に与えた時間の合計はかなり近くなる。

M、T、Iと同様、Rトレーニングも練習例を示した。**表4.4**を参照してほしい。

表4.4 ■レペティションペース（R）の練習例

練習内容	合計時間
セッションA：週間走行距離48kmまでのランナー	
A1：（**R** 200m・jg 200m）×8	16分
A2：（**R** 200m＋jg 200m＋**R** 200m＋jg 400m＋**R** 400m＋jg 200m）×2	16分
A3：（**R** 200m・jg 200m）×2＋（**R** 400m・jg 400m）×2＋（**R** 200m・jg 200m）×2	16分
A4：（**R** 300m・jg 300m）×4＋**R** 400m×1	13分
A5：（**R** 400m・jg 400m）×4	16分
セッションB：週間走行距離49〜64kmのランナー	
B1：[（**R** 200m・jg 200m）×6]×2（セット間：jg 400m）	27分
B2：（**R** 200m＋jg 200m＋**R** 200m＋jg 400m＋**R** 400m＋jg 200m）×3	24分
B3：（**R** 200m・jg 200m）×4＋（**R** 400m・jg 400m）×2＋（**R** 200m・jg 200m）×4	24分
B4：（**R** 400m・jg 400m）×6	24分
B5：（**R** 200m・jg 200m）×2＋（**R** 600m・jg 600m）×2＋（**R** 400m・jg 400m）×2	24分
セッションC：週間走行距離65〜80kmのランナー	
C1：[（**R** 200m・jg 200m）×8]×2（セット間：jg 800m）	37分
C2：（**R** 200m＋jg 200m＋**R** 200m＋jg 400m＋**R** 400m＋jg 200m）×4	32分
C3：（**R** 200m・jg 200m）×4＋（**R** 400m・jg 400m）×4＋（**R** 200m・jg 200m）×4	32分
C4：（**R** 400m・jg 400m）×4＋（**R** 200m・jg 200m）×8	32分
C5：（**R** 400m・jg 400m）×8	32分
C6：（**R** 200m・jg 200m）×2＋（**R** 600m・jg 600m）×2＋（**R** 400m・jg 400m）×4	32分
セッションD：週間走行距離81〜96kmのランナー	
C1：[（**R** 200m・jg 200m）×10]×2（セット間：jg 800m）	45分
D2：（**R** 200m＋jg 200m＋**R** 200m＋jg 400m＋**R** 400m＋jg 200m）×5	40分
D3：（**R** 200m・jg 200m）×6＋（**R** 400m・jg 400m）×6＋（**R** 200m・jg 200m）×2	40分
D4：（**R** 400m・jg 400m）×6＋（**R** 200m・jg 200m）×8	40分
D5：（**R** 200m・jg 200m）×2＋（**R** 400m・jg 400m）×8＋（**R** 200m・jg 200m）×2	40分
D6：（**R** 400m・jg 400m）×10	40分
D7：（**R** 200m・jg 200m）×2＋（**R** 600m・jg 600m）×4＋（**R** 400m・jg 400m）×3	40分
D8：（**R** 200m・jg 200m）×3＋（**R** 600m・jg 600m）×5＋（**R** 200m・jg 200m）×2	40分
D9：（**R** 200m・jg 400m）×2＋[（**R** 800m・jg 400m）×1＋（**R** 200m・jg 400m）×2]×3	40分
D10：（**R** 200m・jg 200m）×2＋（**R** 800m・jg 800m）×2＋（**R** 600m・jg 600m）×2＋（**R** 400m・jg 400m）×2	42分
D11：（**R** 200m・jg 400m）×2＋（**R** 800m・jg 800m）×3＋（**R** 400m・jg 400m）×3	43分
D12：（**R** 800m・jg 800m）×5	40分

■ トレーニングの強度を記録する

　長距離ランナーならたいてい、1週間に走った距離を几帳面に記録しているものだ。週間走行距離という情報は実に有用である。オーバートレーニングを防ぐこともできるし、トレーニングが結果にどうつながったのか、振り返ることもできる。しかし、記録しておくといいのは距離だけではない。前に、トレーニングのストレスを増やすのは数週間一定にキープしたあと、と書いたが、トレーニング全体におけるトレーニングタイプ別のストレス量を記録しておくのも、よいことである。

練習内容	合計時間
セッションE：週間走行距離97〜120kmのランナー	
E1：［(**R** 200m・jg 200m)×8］×3（セット間：jg 400〜800m）	49分
E2：(**R** 200m＋jg 200m＋**R** 200m＋jg 400m＋**R** 400m＋jg 200m)×6	48分
E3：(**R** 200m・jg 200m)×4＋(**R** 400m・jg 400m)×8＋(**R** 200m・jg 200m)×4	48分
E4：(**R** 400m・jg 400m)×8＋(**R** 200m・jg 200m)×8	48分
E5：(**R** 600m・jg 600m)×4＋(**R** 400m・jg 400m)×4＋(**R** 200m・jg 200m)×4	52分
E6：(**R** 600m・jg 600m)×3＋(**R** 800m・jg 800m)×3＋(**R** 200m・jg 200m)×3	51分
E7：(**R** 800m・jg 800m)×2＋(**R** 600m・jg 600m)×3＋(**R** 400m・jg 400m)×2＋(**R** 200m・jg 200m)×3	51分
E8：(**R** 200m・jg 200m)×4＋(**R** 800m・jg 800m)×5	48分
E9：(**R** 800m・jg 800m)×2＋(**R** 400m・jg 400m)×4＋(**R** 200m・jg 200m)×8	48分
セッションF：週間走行距離121〜129kmのランナー	
F1：(**R** 200m・jg 200m)×4＋(**R** 400m・jg 400m)×4＋(**R** 800m・jg 800m)×4＋(**R** 200m・jg 200m)×4	62分
F2：(**R** 200m・jg 200m)×2＋(**R** 800m・jg 800m)×2＋(**R** 200m・jg 200m)×2＋(**R** 400m・jg 400m)×4＋(**R** 200m・jg 200m)×2＋(**R** 800m・jg 800m)×2＋(**R** 200m・jg 200m)×2	64分
F3：(**R** 200m・jg 200m)×2＋(**R** 800m・jg 800m)×3＋(**R** 600m・jg 600m)×4＋(**R** 400m・jg 400m)×2	64分
F4：(**R** 800m・jg 800m)×2＋(**R** 600m・jg 600m)×3＋(**R** 400m・jg 400m)×4＋(**R** 200m・jg 200m)×5	63分
F5：［(**R** 400m・jg 400m)×4］×4（セット間：jg 800m）	79分
F6：［(**R** 200m・jg 200m)×8］×4（セット間：jg 400m）	74分
セッションG：週間走行距離129km以上のランナー	
G1：［(**R** 200m・jg 200m)×8］×5（セット間：jg 400m）	90分
G2：(**R** 400m・jg 400m)×20	80分
G3：(**R** 400m・jg 400m)×16＋(**R** 200m・jg 200m)×8	80分
G4：(**R** 200m・jg 200m)×4＋(**R** 800m・jg 800m)×4＋(**R** 400m・jg 400m)×6＋(**R** 800m・jg 800m)×1＋(**R** 200m・jg 200m)×4	80分
G5：［(R200m・jg 200m)×5＋(**R** 400m・jg 400m)×2＋(**R** 800m・jg 800m)×1］×3（セット間：jg 5分）	88分

Run SMART Project 設計のJack Daniels' Running Calculatorにより作成

Part I フォーミュラを理解する
1 2 3
4 5 6
7 8 9

1 第1章 ランニングの成功を決める要素

2 第2章 トレーニングの原理とテクニックのポイント

3 第3章 生理学的能力のプロフィールとトレーニングのプロフィール

4 第4章 トレーニングのタイプと強度

5 第5章 VDOT

6 第6章 環境に応じたトレーニング・高地トレーニング

7 第7章 トレッドミルトレーニング

8 第8章 体力向上のトレーニング

9 第9章 休養と補助的トレーニング

　ではトレーニングタイプ別のストレス量を、私はどう算出したのか。最初のステップとして行ったのは、自分以外の指導者やベテランランナーに、ある強度と別の強度との相関を考えてもらうことだった。例えば、**I**強度と**T**強度でそれぞれどのくらい走れば、トレーニングストレスの総量が同じになるか、ということである。その結果、私はいくつかの係数を導き出すことができた。この係数により、異なる強度（スピード）のトレーニング量を、ストレスの総量で比較することができる。**図4.5**は、その係数を記載したトレーニング量の記録用紙である。この図には、トレーニング中に心拍数をチェックしている人のための欄（「HR」の欄）も設けた。各強度における標準的な心拍数はここに記入する。心拍数のデータがあれば、より正確にトレーニング強度をモニタリングすることができる。

・**E**ゾーン（イージーランニング）：**E**ランニングと言えるペースの幅は広いが、その平均を走行時間1分あたり0.2ポイントとした。これは各ランナーのVDOTの66%に相当する

スピードである。**E**ゾーンは対VDOTでいうと59〜74%の範囲と考えている。

- **M**ゾーン（**マラソンペースランニング**）：**M**ペースランニングは通常75〜84%VDOTで行う。計算を簡単にするため、**M**ペースランニングは走行時間1分あたり0.4ポイントとした。

- **T**ゾーン（**閾値ランニング**）：**M**ゾーンの一段階上は**T**ランニングである。**T**ランニングの強度は、対VDOTでは80%台の半ばから後半である。**T**ランニングは乳酸除去能力の向上に非常に適したトレーニングである。簡単に言えば持久力アップに最適、ということだ。これも計算を簡単にするため、走行時間1分あたり0.6ポイントとした。

- **10K**ゾーン：この10Kゾーンで練習をすることの多いランナーもいるだろう。私の理論では、10Kゾーンの強度は**T**と**I**の中間に相当する。よって、走行時間1分あたり0.8ポイントとした。

- **I**ゾーン（**インターバル**）：**I**ゾーンのトレーニングは有酸素性能力の向上に適した強度であり、身体を$\dot{V}O_2max$程度の強度で機能できるようにするトレーニングだ。だいたいの場合は、走行時間1分間あたりざっと1.0ポイントとみてよい。**I**ゾーンに相当する主な種目は3kmから8kmである。

- **R**ゾーン（**レペティション**）、**FR**ゾーン（**ファストレペティション**）：これほどの速さで走れば、2分以上ペースを保ったときに、必ず最高心拍数に到達する。**R**・**FR**とはそういう強度である。スピード、無酸素性能力、ランニングエコノミーを高めるトレーニングを行うのは、**R**ゾーンだ。**R**強度は走行時間1分あたり1.5ポイント、**FR**強度は2ポイントに相当すると考えてよい。105〜110%VDOTの強度（**R**強度）で練習やレースをしているとき、その速度は、4分40秒〜7分かかる種目のレースペースに相当する。多くのランナーにとって、4分40秒〜7分は、1,500mか1マイルのレースタイムに近い数字だ。強度が115〜120%VDOT（**FR**強度）になると、速度は800mのレースペースに近づく。

　各ゾーンの走行時間に掛けるそれぞれの係数は、強度の相関から見て100%正確とはいえない。そうだとしても、やはりトレーニングの記録には便利である。例えば、今シーズンの**I**トレーニングの合計が100ポイントだったから次のシーズンは110ポイントを目指す、という取り組み方ができる。また、シーズンごとに週間走行距離を増やしていくのと同じように、1週間の合計ポイント（各ゾーンのポイントの合計）を計算し、次のシーズンではその週間合計ポイントを何パーセントかずつ増やす、というアプローチも可能である。

　トレーニング開始時点のポイント数は、例えば高校の新入生なら週間50ポイント程度だろうか。そして1年後か2年後に100ポイントを目指すといったところだろう。週間ポイント数は、大学時代は150ポイント程度、そして卒業後は200ポイント以上になるかもしれない。もちろんこれは人による。走行距離も同じだが、週間ポイントが他人より多くても、ケガをせずにいられる人がいるのである。

Part
I
フォーミュラを
理解する

1 2 3
4 5 6
7 8 9

1 第1章
ランニングの
成功を
決める要素

2 第2章
トレーニングの
原理と
テクニックの
ポイント

3 第3章
生理学的能力の
プロフィールと
トレーニングの
プロフィール

4 第4章
トレーニングの
タイプと強度

5 第5章
VDOT

6 第6章
環境に応じた
トレーニング・
高地トレーニング

7 第7章
トレッドミル
トレーニング

8 第8章
体力向上の
トレーニング

9 第9章
休養と補助的
トレーニング

Eゾーン
（ウォーミングアップ、クーリングダウン、リカバリージョグもこれに入る）

0.2ポイント／分×走行時間 _____（分）=

_____ ポイント(p)　　HR _____

Mゾーン

0.4ポイント／分×走行時間 _____（分）=

_____ ポイント(p)　　HR _____

Tゾーン

0.6ポイント／分×走行時間 _____（分）=

_____ ポイント(p)　　HR _____

10Kゾーン

0.8ポイント／分×走行時間 _____（分）=

_____ ポイント(p)　　HR _____

Iゾーン
（リカバリーは0.2ポイント／分）

1.0ポイント／分×走行時間 _____（分）=

_____ ポイント(p)　　HR _____

Rゾーン
（リカバリーは0.2ポイント／分）

1.5ポイント／分×走行時間 _____（分）=

_____ ポイント(p)　　HR _____

FRゾーン
（リカバリーは0.2ポイント／分）

2.0ポイント／分×走行時間 _____（分）=

_____ ポイント(p)　　HR _____

曜日別ストレス総量

月曜　E ___p + M ___p + T ___p + 10K ___p + I ___p + R ___p + FR ___p= 合計 ___ポイント

火曜　E ___p + M ___p + T ___p + 10K ___p + I ___p + R ___p + FR ___p= 合計 ___ポイント

水曜　E ___p + M ___p + T ___p + 10K ___p + I ___p + R ___p + FR ___p= 合計 ___ポイント

木曜　E ___p + M ___p + T ___p + 10K ___p + I ___p + R ___p + FR ___p= 合計 ___ポイント

金曜　E ___p + M ___p + T ___p + 10K ___p + I ___p + R ___p + FR ___p= 合計 ___ポイント

土曜　E ___p + M ___p + T ___p + 10K ___p + I ___p + R ___p + FR ___p= 合計 ___ポイント

日曜　E ___p + M ___p + T ___p + 10K ___p + I ___p + R ___p + FR ___p= 合計 ___ポイント

1週間ストレス総量

E ___p + M ___p + T ___p + 10K ___p + I ___p + R ___p + FR ___p= 合計 ___ポイント

図4.5 ■ トレーニングタイプ別のストレス量
※RとFRは最大強度だが、必要ならHRを記入する。
From J. Daniels, *Daniels' Running Formula*, 4th ed. (Champaign, IL: Human Kinetics, 2022).

VDOT

レースには毎回現実的な目標を立てて臨もう。

35 年前に私が作成した、シンプルで便利なVDOT一覧表は、今に至るまで多くのランナー・指導者に使われ支持を獲得してきた。このVDOTについて、1章を費やして詳しく説明したいと思う。

「VDOT」という言葉はもともと、$\dot{V}O_2$maxの略語として使われていた。$\dot{V}O_2$は（maxであろうとsubmaxであろうと）、正確に発音するなら「ヴイオーツー」ではなく「ヴイ・ドット・オーツー」である。なぜなら量（volume）を表すVの字の上に点（ドット）がついているからだ。この点は「1分あたりの」という意味である。

Vの上に点がないと、1分未満あるいは1分を超える時間に測定された量ということにもなりかねない。そこで異なる量を比較できるように、1分単位に換算するのである。例えば、ランナーAの呼気を、トレッドミルあるいはトラックの走行中に30秒間採取し、その結果、呼気量（V_E）が65ℓ、酸素摂取量（VO_2）が2,000mlだったとする。この場合、Aの30秒間のV_Eは65ℓ、VO_2は2,000mlという表現もできなくはない。ここでもう1人、ランナーBの呼気を40秒間採取したところ、V_Eが75ℓでVO_2が2,500mlだったとする。しかし採取時間が違うため、AよりもBのほうがV_EやVO_2が多いと言うことはできない。そのため、両者の数値を1分あたりの量（$VDOT_E$・VDOT O_2）に換算し、より正確な比較ができるようにするのである。この例でいうと、$VDOT_E$はAが130ℓでBが112.5ℓ、VDOT O_2はAが4,000mlでBが3,750mlである。

要するに、異なる数値を正確に比較するには、被験者が異なる場合も、（被験者が同じで）条件が異なる場合も、1分あたりの数値に換算しなければならないということである。そして、酸素摂取量の場合はVDOT O_2が、1分あたりの数値を表す適切な用語というわけだ。

VDOTは我々が当初から使っていた言葉でもある。VDOT一覧表は、私が自分で集めたデータを使い、ジミー・ギルバートとともに作成したものだが、初めて作ったとき、我々は計算

上の（見かけの）$\dot{V}O_2max$のことを、当時書いたプログラム上でいみじくもVDOTと呼んでいたのだ。そのプログラムを組んだジミー・ギルバートをこの際に紹介しておきたい。彼は私の教え子だった。大学卒業後はNASAのプログラマーとなり、退職後もヒューストンに住んでいる。最近は、生涯走行距離が100,000マイル（おおよそ160,000km）を超えたところだというが、50年間、週62km近く走ったことになる（もちろんそのすべては詳細に記録されている）。VDOT一覧表はこうした彼の緻密な仕事のおかげで完成したものなのだ。

VDOTを使ってトレーニング強度を決める

　VDOT一覧表の作成に使ったデータは、長年にわたりさまざまな能力のランナーをテストして得たものである。データの変数のうち、最も重要なものは3つ。$\dot{V}O_2max$（例のVDOT O_2max）、最大下強度の速度におけるランニングエコノミー（4段階以上の速度で測定）、そして、レースにおける距離別の（正確には継続時間別の）$\%\dot{V}O_2max$である。

　図5.1は標準的なランニングエコノミーカーブである。これは我々が最大下強度で実施したテストをすべて集計した結果、導き出されたものである。また、**図5.2**のカーブはレースの継続時間と$\%\dot{V}O_2max$との関係を示している。

　図5.1のエコノミーカーブを表す数式を用いると、例えば1km3分30秒ペース（285m/分）で走っているときの標準的な酸素摂取量は、約51.7ml/kg/分と求められる。そこで仮にあるランナーが5マイル（約8km）のレースを28分（同じ1km3分30秒ペース）で走ったとする

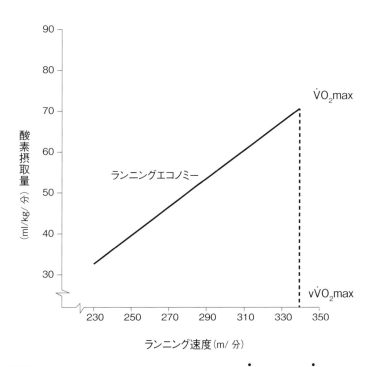

図5.1 ■ 標準的なランニングエコノミーカーブと$v\dot{V}O_2max$、$\dot{V}O_2max$

Adapted from J. Daniels, R. Fitts, and G. Sheehan, *Conditioning for Distance Running: The Scientific Aspects* (New York: John Wiley and Sons, 1978), 31, by permission of J. Daniels.

Part
I
フォーミュラを
理解する

1 2 3
4 5 ↻
7 8 9

1 第1章
ランニングの
成功を
決める要素

2 第2章
トレーニングの
原理と
テクニックの
ポイント

3 第3章
生理学的能力の
プロフィールと
トレーニングの
プロフィール

4 第4章
トレーニングの
タイプと強度

5 第5章

VDOT

6 第6章
環境に応じた
トレーニング・
高地トレーニング

7 第7章
トレッドミル
トレーニング

8 第8章
体力向上の
トレーニング

9 第9章
休養と補助的
トレーニング

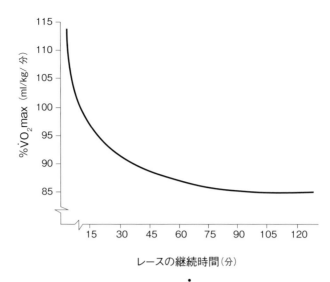

図5.2 ■ レースの継続時間と%$\dot{V}O_2$maxとの関係

Adapted from J. Daniels, R. Fitts, and G. Sheehan, *Conditioning for Distance Running: The Scientific Aspects* (New York: John Wiley and Sons, 1978), 31, by permission of J. Daniels.

と、図5.2のカーブを表す数式では、28分間のレース中の%VDOT O_2maxは93.7%と求められる。したがって、レースの酸素摂取量が51.7mlで強度が93.7%$\dot{V}O_2$maxならば、このランナーのVDOT（計算上の$\dot{V}O_2$max）は51.7÷93.7%=55.2ということになる。

　読者のなかには、自分のVDOTは一覧表では56.5だが、最近テストを受けたら$\dot{V}O_2$maxは61.6だった、などと言ってくる人もいるだろう。しかし何もおかしいことはない。前にも書いたが、我々が算出したVDOTは、ある特定の（標準的な）ランニングエコノミーを基にしている。よって、VDOTよりも実際に測定した$\dot{V}O_2$maxのほうが高いと言う人は、我々の数式による評価よりランニングエコノミーが低いだけなのだ。逆に、$\dot{V}O_2$maxの実測値がVDOTよりも低ければ、我々の数式がはじき出した評価よりもランニングエコノミーが高いことになる。それで問題はない。なぜなら、我々はこのVDOTデータとそれよりもはるかに複雑な数式を用い、さらには実際のパフォーマンスも加味して、適切なトレーニング強度を算出し、さまざまな距離のレースタイムを予想しているからである。

　トレーニング強度や他の種目のパフォーマンスを予想するには、研究室のテスト結果よりも実際のレースタイムを使ったほうが、はるかに正確である。レースには、$\dot{V}O_2$max、ランニングエコノミー、LTのほか、レースに対するメンタル的なアプローチも反映される。レースタイムは、これらすべてが1つに集約されたものさしなのである。

　当然のことながら、絶好のコンディションで走ったレースのタイムは、条件の厳しいレースのタイム予想として正確とはいえない。また、マラソンのタイムを予想するとき、1マイルのタイムでは、ハーフマラソンのタイムを使ったときほど正確な予想にはならない。VDOTは生理学的な能力を正確に見積もる材料と考えてほしい。そうすれば、今自分がトレーニングしている種目のタイム予想に十分役立つはずである。

　我々がVDOT一覧表を作成したとき、世界記録のなかにはVDOTの予測値ほど速くない種

74　**Part I** Understanding the Formula for Training　■ **Chapter 5** VDOT System of Training

目もあった。例えば当時の女子1,500m、3,000mの世界記録はVDOT 71以上だったが、女子マラソンの世界記録に相当するVDOTは、71よりもずっと低かった。そのため我々は、「VDOTに照らして考えれば、女子マラソンの世界記録は2時間20分を切ってもおかしくない」と話していたのである。それが現実のものとなったのは、周知のとおりだ。

我々の予測は、かなり当たっていたというわけである。現在、世界記録に相当するVDOTは、男子・女子とも、全種目でほぼ同じ値になっている。そして、男子のほうが女子よりも11%強、高い。しかし、VDOT 70の女子選手はVDOT 60台半ばの男子選手より速いのも事実である。VDOTは年齢や性別に関係なく、値が高いほどランナーとしての能力も高い。理由は簡単だ。VDOTはそもそもパフォーマンスを示すものさしだからである。

事実、パフォーマンスはものさしとしてすでに使われている。マラソンのレースでは、ランナーがタイム順にブロック分けされ、遅いランナーは、はるか後方のスターティングブロックにまわされる。このようなレースでのブロック分けは、VDOTを使って行ってもよいのではないだろうか。走ったことのない距離であっても、他の種目のパフォーマンスでスタート位置を決めることはできるだろう。

1979年に刊行したギルバートとの共著『Oxygen Power』では、VDOT一覧表に81ページを割いた。さまざまな単位（メーター、ヤード、キロ、マイル）で示した40以上の種目のタイムに相当するVDOTのほか、1時間走の距離に相当するVDOTも掲載した。しかし本書（**表5.1**）では、ポピュラーな種目に絞ってVDOTを掲載している。

VDOTは、1つのタイムで判断するとはかぎらない。いろいろなレースタイムに相当するVDOTを探すこともあるだろう。その場合、いちばん高いVDOTを各トレーニングのペース設定に使っても、特に問題はない。表5.1で最高のVDOT（最近のベストパフォーマンスに相当するVDOT）を特定したら、そのVDOTを**表5.2**で探す。そうすれば、当面行う各トレーニングの適正ペースを決めることができる。

例えば1マイルの現在のベストが5分44秒だとする。表5.1を見るとこのタイムはVDOT 51に相当することがわかる。次に表5.2でVDOT 51のトレーニングペースを確認すると、Eランニングと**L**ランニング（Eペース）は1km4分52秒から5分29秒のあいだで行うのが適正ということになる。このペースはVDOT 51のランナーにとっては、非常に楽で、会話しながら走れるペースのはずだ。

E（**L**）ペースの右には、マラソントレーニングの適正ペース（**M**ペース）が2列に分けて（1kmあたり、1マイルあたり）書かれている。VDOT 51なら、1kmあたり4分27秒ペース、1マイルあたり7分9秒である。その右の閾値トレーニング（Tペース）の欄は3列から成り、400m、1,000m、1マイルあたりのタイムが書かれている。VDOT 51の場合、**T**トレーニングのペースはそれぞれ、1分40秒（400m）、4分11秒（1,000m）、6分44秒（1マイル）である。

インターバル（**I**）トレーニングに関しては、疾走区間は5分を超えないほうがいいと前に書いた。そのため、5分を超える距離には、ペースの記載がない。VDOT 51の場合、92秒（400m）、3分4秒（800m）、3分51秒（1,000m）、4分36秒（1,200m）が適正ペースだが、1マイルは適正ペースで走ると5分以上かかってしまうため、**I**トレーニングには適して

Part
I
フォーミュラを理解する

1 2 3
4 5 6
7 8 9

1 第1章
ランニングの成功を決める要素

2 第2章
トレーニングの原理とテクニックのポイント

3 第3章
生理学的能力のプロフィールとトレーニングのプロフィール

4 第4章
トレーニングのタイプと強度

5 第5章
VDOT

6 第6章
環境に応じたトレーニング・高地トレーニング

7 第7章
トレッドミルトレーニング

8 第8章
体力向上のトレーニング

9 第9章
休養と補助的トレーニング

表5.1 ■ VDOT一覧表（種目別）

VDOT	1,500m	1マイル	3,000m	2マイル	5,000m	10km	15km	ハーフ マラソン	マラソン	VDOT
30	8:30	9:11	17:56	19:19	30:40	63:46	98:14	2:21:04	4:49:17	30
31	8:15	8:55	17:27	18:48	29:51	62:03	95:36	2:17:21	4:41:57	31
32	8:02	8:41	16:59	18:18	29:05	60:26	93:07	2:13:49	4:34:59	32
33	7:49	8:27	16:33	17:50	28:21	58:54	90:45	2:10:27	4:28:22	33
34	7:37	8:14	16:09	17:24	27:39	57:26	88:30	2:07:16	4:22:03	34
35	7:25	8:01	15:45	16:58	27:00	56:03	86:22	2:04:13	4:16:03	35
36	7:14	7:49	15:23	16:34	26:22	54:44	84:20	2:01:19	4:10:19	36
37	7:04	7:38	15:01	16:11	25:46	53:29	82:24	1:58:34	4:04:50	37
38	6:54	7:27	14:41	15:49	25:12	52:17	80:33	1:55:55	3:59:35	38
39	6:44	7:17	14:21	15:29	24:39	51:09	78:47	1:53:24	3:54:34	39
40	6:35	7:07	14:03	15:08	24:08	50:03	77:06	1:50:59	3:49:45	40
41	6:27	6:58	13:45	14:49	23:38	49:01	75:29	1:48:40	3:45:09	41
42	6:19	6:49	13:28	14:31	23:09	48:01	73:56	1:46:27	3:40:43	42
43	6:11	6:41	13:11	14:13	22:41	47:04	72:27	1:44:20	3:36:28	43
44	6:03	6:32	12:55	13:56	22:15	46:09	71:02	1:42:17	3:32:23	44
45	5:56	6:25	12:40	13:40	21:50	45:16	69:40	1:40:20	3:28:26	45
46	5:49	6:17	12:26	13:25	21:25	44:25	68:22	1:38:27	3:24:39	46
47	5:42	6:10	12:12	13:10	21:02	43:36	67:06	1:36:38	3:21:00	47
48	5:36	6:03	11:58	12:55	20:39	42:50	65:53	1:34:53	3:17:29	48
49	5:30	5:56	11:45	12:41	20:18	42:04	64:44	1:33:12	3:14:06	49
50	5:24	5:50	11:33	12:28	19:57	41:21	63:36	1:31:35	3:10:49	50
51	5:18	5:44	11:21	12:15	19:36	40:39	62:31	1:30:02	3:07:39	51
52	5:13	5:38	11:09	12:02	19:17	39:59	61:29	1:28:31	3:04:36	52
53	5:07	5:32	10:58	11:50	18:58	39:20	60:28	1:27:04	3:01:39	53
54	5:02	5:27	10:47	11:39	18:40	38:42	59:30	1:25:40	2:58:47	54
55	4:57	5:21	10:37	11:28	18:22	38:06	58:33	1:24:18	2:56:01	55
56	4:53	5:16	10:27	11:17	18:05	37:31	57:39	1:23:00	2:53:20	56
57	4:48	5:11	10:17	11:06	17:49	36:57	56:46	1:21:43	2:50:45	57
58	4:44	5:06	10:08	10:56	17:33	36:24	55:55	1:20:30	2:48:14	58
59	4:39	5:02	9:58	10:46	17:17	35:52	55:06	1:19:18	2:45:47	59
60	4:35	4:57	9:50	10:37	17:03	35:22	54:18	1:18:09	2:43:25	60
61	4:31	4:53	9:41	10:27	16:48	34:52	53:32	1:17:02	2:41:08	61
62	4:27	4:49	9:33	10:18	16:34	34:23	52:47	1:15:57	2:38:54	62
63	4:24	4:45	9:25	10:10	16:20	33.55	52:03	1:14:54	2:36:44	63
64	4:20	4:41	9:17	10:01	16:07	33:28	51:21	1:13:53	2:34:38	64
65	4:16	4:37	9:09	9:53	15:54	33:01	50:40	1:12:53	2:32:35	65
66	4:13	4:33	9:02	9:45	15:42	32:35	50:00	1:11:56	2:30:36	66
67	4:10	4:30	8:55	9:37	15:29	32:11	49:22	1:11:00	2:28:40	67
68	4:06	4:26	8:48	9:30	15:18	31:46	48:44	1:10:05	2:26:47	68
69	4:03	4:23	8:41	9:23	15:06	31:23	48:08	1:09:12	2:24:57	69
70	4:00	4:19	8:34	9:16	14:55	31:00	47:32	1:08:21	2:23:10	70
71	3:57	4:16	8:28	9:09	14:44	30:38	46:58	1:07:31	2:21:26	71
72	3:54	4:13	8:22	9:02	14:33	30:16	46:24	1:06:42	2:19:44	72
73	3:52	4:10	8:16	8:55	14:23	29:55	45:51	1:05:54	2:18:05	73
74	3:49	4:07	8:10	8:49	14:13	29:34	45:19	1:05:08	2:16:29	74
75	3:46	4:04	8:04	8:43	14:03	29:14	44:48	1:04:23	2:14:55	75
76	3:44	4:02	7:58	8:37	13:54	28:55	44:18	1:03:39	2:13:23	76
77	3:41+	3:58+	7:53	8:31	13:44	28:36	43:49	1:02:56	2:11:54	77
78	3:38.8	3:56.2	7:48	8:25	13:35	28:17	43:20	1:02:15	2:10:27	78
79	3:36.5	3:53.7	7:43	8:20	13:26	27:59	42:52	1:01:34	2:09:02	79
80	3:34.2	3:51.2	7:37.5	8:14.2	13:17.8	27:41	42:25	1:00:54	2:07:38	80
81	3:31.9	3:48.7	7:32.5	8:09.9	13:09.3	27:24	41:58	1:00:15	2:06:17	81
82	3:29.7	3:46.4	7:27.7	8:03.7	13:01.1	27:07	41:32	59:38	2:04:57	82
83	3:27.6	3:44.0	7:23.0	7:58.6	12:53.0	26:51	41:06	59:01	2:03:40	83
84	3:25.5	3:41.8	7:18.5	7:53.6	12:45.2	26:34	40:42	58:25	2:02:24	84
85	3:23.5	3:39.6	7:14.0	7:48.8	12:37.4	26:19	40:17	57:50	2:01:10	85

Run SMART Project 設計のJack Daniels' Running Calculatorにより作成

いない。表5.2を見ればわかるとおり、1マイルでIトレーニングができるのは、VDOT 66以上である。

レペティション（R）ペースのトレーニング（いちばん右の5列）も考え方は同じだ。VDOT 51の場合、Rトレーニングの適正ペースは43秒（200m）、64秒（300m）、86秒（400m）である。Rトレーニングで疾走が2分を超えるのは望ましくない。VDOT 51のランナーにとって、600mや800mのレペティションは少々やり過ぎである。VDOT 56ならば、600mのレペティションを取り入れてもいい。しかし800mとなると、最低でもVDOT 77程度は必要だ。

ただ正直なところ、たまに推奨範囲を超えてもまったくかまわない。VDOT 70のランナーがRトレーニングで800mを2分10秒で走ったとしても、2分以内という範囲を大幅に超えているわけではないから、大した問題にはならないだろう。

ダニエルズの6秒ルール

Rトレーニングのペースを決めるとき、特に気になることがある。それは、1,500mまたは1マイルのレースタイムとRペースがどれだけ近いか、そしてIペース、Tペース、Rペースがそれぞれどういう関係にあるか、ということである。VDOT 60のランナーを例に考えてみよう。おそらく直近の1マイルのレースは5分程度で走っただろう（表5.1では4分57秒）。そのペースは、400mにすると75秒。そして表5.2を見ると、400m75秒はVDOT 60の適正なRペースとして記載されている。

次に表5.2の左に目を転じ、VDOT 60のランナーのIトレーニングペース、Tトレーニングペースを探してみる。すると、Iペースは400mあたり81秒（Rペースより6秒遅い）、TペースはIペースよりさらに7秒遅い88秒だとわかる。今度は目を下にやりVDOT 60以上を眺めてみると、TペースはたいていIペースよりも6秒遅く、IペースはRペースより6秒遅いことがわかる。これを私は6秒ルールと呼んでいる。このルールが正確にあてはまるのはレベルの高いランナーだが、VDOTが40台や50台のランナーでも、7～8秒ルールとして適用できる。

このように各トレーニングペースの相関関係がわかっていると便利である。1,500mまたは1マイルのレースタイムさえわかっていれば、適正ペースを間違いなく設定できるからだ。Rペースには、1,500mまたは1マイルのレースペースの400mあたりのタイムを使う。そこからIペースやTペースは簡単に割り出せるので、VDOT一覧表が手元になくても問題ない。トレーニングタイプのなかには、800mを専門とするランナー用の、速いRペースもある（私はこれを「ファストレップ」と呼んでいる）が、これについては第11章で説明する。

初心者、VDOTが低いランナーのトレーニングペース

ハーフマラソンやフルマラソンの人気はとどまるところを知らず、トレーニングを行い大会に参加しようという人も増えるいっぽうだ。本書でも、ランニング経験がほとんどない人を含めた、幅広い能力・体力のランナーのために、マラソントレーニングプログラムを紹介している（第16章を参照）。ただし、VDOTが非常に低いためにトレーニングペースが見つけられない初心者も多いだろう。そこで、本章に初心者専用のトレーニングペース表を追加した（**表5.3**）。

Part
I
フォーミュラを
理解する

1 2 3
4 5 6
7 8 9

1 第1章
ランニングの
成功を
決める要素

2 第2章
トレーニングの
原理と
テクニックの
ポイント

3 第3章
生理学的能力の
プロフィールと
トレーニングの
プロフィール

4 第4章
トレーニングの
タイプと強度

5 第5章

VDOT

6 第6章
環境に応じた
トレーニング・
高地トレーニング

7 第7章
トレッドミル
トレーニング

8 第8章
体力向上の
トレーニング

9 第9章
休養と補助的
トレーニング

表5.2 ■ 現在のVDOTに相当するトレーニングペース

VDOT	Eペース		Mペース		Tペース			
	1km	1マイル	1km	1マイル	400m	1,000m	1マイル	
30	7:27-8:14	12:00-13:16	7:03	11:21	2:33	6:24	10:18	
31	7:16-8:02	11:41-12:57	6:52	11:02	2:30	6:14	10:02	
32	7:05-7:52	11:24-12:39	6:40	10:44	2:26	6:05	9:47	
33	6:55-7:41	11:07-12:21	6:30	10:27	2:23	5:56	9:33	
34	6:45-7:31	10:52-12:05	6:20	10:11	2:19	5:48	9:20	
35	6:36-7:21	10:37-11:49	6:10	9:56	2:16	5:40	9:07	
36	6:27-7:11	10:23-11:34	6:01	9:41	2:13	5:33	8:55	
37	6:19-7:02	10:09-11:20	5:53	9:28	2:10	5:26	8:44	
38	6:11-6:54	9:56-11:06	5:45	9:15	2:07	5:19	8:33	
39	6:03-6:46	9:44-10:53	5:37	9:02	2:05	5:12	8:22	
40	5:56-6:38	9:32-10:41	5:29	8:50	2:02	5:06	8:12	
41	5:49-6:31	9:21-10:28	5:22	8:39	2:00	5:00	8:02	
42	5:42-6:23	9:10-10:17	5:16	8:28	1:57	4:54	7:52	
43	5:35-6:16	9:00-10:05	5:09	8:17	1:55	4:49	7:42	
44	5:29-6:10	8:50-9:55	5:03	8:07	1:53	4:43	7:33	
45	5:23-6:03	8:40-9:44	4:57	7:58	1:51	4:38	7:25	
46	5:17-5:57	8:31-9:34	4:51	7:49	1:49	4:33	7:17	
47	5:12-5:51	8:22-9:25	4:46	7:40	1:47	4:29	7:09	
48	5:07-5:45	8:13-9:15	4:41	7:32	1:45	4:24	7:02	
49	5:01-5:40	8:05-9:06	4:36	7:24	1:43	4:20	6:56	
50	4:56-5:34	7:57-8:58	4:31	7:17	1:41	4:15	6:50	
51	4:52-5:29	7:49-8:49	4:27	7:09	1:40	4:11	6:44	
52	4:47-5:24	7:42-8:41	4:22	7:02	98	4:07	6:38	
53	4:43-5:19	7:35-8:33	4:18	6:56	97	4:04	6:32	
54	4:38-5:14	7:28-8:26	4:14	6:49	95	4:00	6:26	
55	4:34-5:10	7:21-8:18	4:10	6:43	94	3:56	6:20	
56	4:30-5:05	7:15-8:11	4:06	6:37	93	3:53	6:15	
57	4:26-5:01	7:08-8:04	4:03	6:31	91	3:50	6:09	
58	4:22-4:57	7:02-7:58	3:59	6:25	90	3:46	6:04	
59	4:19-4:53	6:56-7:51	3:56	6:19	89	3:43	5:59	
60	4:15-4:49	6:50-7:45	3:52	6:14	88	3:40	5:54	
61	4:11-4:45	6:45-7:39	3:49	6:09	86	3:37	5:50	
62	4:08-4:41	6:39-7:33	3:46	6:04	85	3:34	5:45	
63	4:05-4:38	6:34-7:27	3:43	5:59	84	3:32	5:41	
64	4:02-4:34	6:29-7:21	3:40	5:54	83	3:29	5:36	
65	3:59-4:31	6:24-7:16	3:37	5:49	82	3:26	5:32	
66	3:56-4:28	6:19-7:10	3:34	5:45	81	3:24	5:28	
67	3:53-4:24	6:15-7:05	3:31	5:40	80	3:21	5:24	
68	3:50-4:21	6:10-7:00	3:29	5:36	79	3:19	5:20	
69	3:47-4:18	6:06-6:55	3:26	5:32	78	3:16	5:16	
70	3:44-4:15	6:01-6:50	3:24	5:28	77	3:14	5:13	
71	3:42-4:12	5:57-6:46	3:21	5:24	76	3:12	5:09	
72	3:40-4:10	5:53-6:41	3:19	5:20	76	3:10	5:05	
73	3:37-4:07	5:49-6:37	3:16	5:16	75	3:08	5:02	
74	3:34-4:04	5:45-6:32	3:14	5:12	74	3:06	4:59	
75	3:32-4:01	5:41-6:28	3:12	5:09	74	3:04	4:56	
76	3:30-3:58	5:38-6:24	3:10	5:05	73	3:02	4:52	
77	3:28-3:56	5:34-6:20	3:08	5:02	72	3:00	4:49	
78	3:25-3:53	5:30-6:16	3:06	4:58	71	2:58	4:46	
79	3:23-3:51	5:27-6:12	3:03	4:55	70	2:56	4:43	
80	3:21-3:49	5:24-6:08	3:01	4:52	70	2:54	4:41	
81	3:19-3:46	5:20-6:04	3:00	4:49	69	2:53	4:38	
82	3:17-3:44	5:17-6:01	2:58	4:46	68	2:51	4:35	
83	3:15-3:42	5:14-5:57	2:56	4:43	68	2:49	4:32	
84	3:13-3:40	5:11-5:54	2:54	4:40	67	2:48	4:30	
85	3:11-3:38	5:08-5:50	2:52	4:37	66	2:46	4:27	

Run SMART Project 設計のJack Daniels' Running Calculatorにより作成

Iペース				Rペース					VDOT
400m	1,000m	1,200m	1マイル	200m	300m	400m	600m	800m	
2:22	—	—	—	67	1:41	—	—	—	30
2:18	—	—	—	65	98	—	—	—	31
2:14	—	—	—	63	95	—	—	—	32
2:11	—	—	—	61	92	—	—	—	33
2:08	—	—	—	60	90	2:00	—	—	34
2:05	—	—	—	58	87	1:57	—	—	35
2:02	—	—	—	57	85	1:54	—	—	36
1:59	5:00	—	—	55	83	1:51	—	—	37
1:56	4:54	—	—	54	81	1:48	—	—	38
1:54	4:48	—	—	53	80	1:46	—	—	39
1:52	4:42	—	—	52	78	1:44	—	—	40
1:50	4:36	—	—	51	77	1:42	—	—	41
1:48	4:31	—	—	50	75	1:40	—	—	42
1:46	4:26	—	—	49	74	98	—	—	43
1:44	4:21	—	—	48	72	96	—	—	44
1:42	4:16	—	—	47	71	94	—	—	45
1:40	4:12	5:00	—	46	69	92	—	—	46
98	4:07	4:54	—	45	68	90	—	—	47
96	4:03	4:49	—	44	67	89	—	—	48
95	3:59	4:45	—	44	66	88	—	—	49
93	3:55	4:40	—	43	65	87	—	—	50
92	3:51	4:36	—	43	64	86	—	—	51
91	3:48	4:32	—	42	64	85	—	—	52
90	3:44	4:29	—	42	63	84	—	—	53
88	3:41	4:25	—	41	62	82	—	—	54
87	3:37	4:21	—	40	61	81	—	—	55
86	3:34	4:18	—	40	60	80	2:00	—	56
85	3:31	4:14	—	39	59	79	1:57	—	57
83	3:28	4:10	—	38	58	77	1:55	—	58
82	3:25	4:07	—	38	57	76	1:54	—	59
81	3:23	4:03	—	37	56	75	1:52	—	60
80	3:20	4:00	—	37	55	74	1:51	—	61
79	3:17	3:57	—	36	54	73	1:49	—	62
78	3:15	3:54	—	36	53	72	1:48	—	63
77	3:12	3:51	—	35	52	71	1:46	—	64
76	3:10	3:48	—	35	52	70	1:45	—	65
75	3:08	3:45	5:00	34	51	69	1:43	—	66
74	3:05	3:42	4:57	34	51	68	1:42	—	67
73	3:03	3:39	4:53	33	50	67	1:40	—	68
72	3:01	3:36	4:50	33	49	66	99	—	69
71	2:59	3:34	4:46	32	48	65	97	—	70
70	2:57	3:31	4:43	32	48	64	96	—	71
69	2:55	3:29	4:40	31	47	63	94	—	72
69	2:53	3:27	4:37	31	47	63	93	—	73
68	2:51	3:25	4:34	31	46	62	92	—	74
67	2:49	3:22	4:31	30	46	61	91	—	75
66	2:48	3:20	4:28	30	45	60	90	—	76
65	2:46	3:18	4:25	29	45	59	89	2:00	77
65	2:44	3:16	4:23	29	44	59	88	1:59	78
64	2:42	3:14	4:20	29	44	58	87	1:58	79
64	2:41	3:12	4:17	29	43	58	87	1:56	80
63	2:39	3:10	4:15	28	43	57	86	1:55	81
62	2:38	3:08	4:12	28	42	56	85	1:54	82
62	2:36	3:07	4:10	28	42	56	84	1:53	83
61	2:35	3:05	4:08	27	41	55	83	1:52	84
61	2:33	3:03	4:05	27	41	55	82	1:51	85

Part I フォーミュラを理解する

1 2 3
4 5 6
7 8 9

1 第1章
ランニングの成功を決める要素

2 第2章
トレーニングの原理とテクニックのポイント

3 第3章
生理学的能力のプロフィールとトレーニングのプロフィール

4 第4章
トレーニングのタイプと強度

5 第5章
VDOT

6 第6章
環境に応したトレーニング・高地トレーニング

7 第7章
トレッドミルトレーニング

8 第8章
体力向上のトレーニング

9 第9章
休養と補助的トレーニング

表5.3 ■ 初心者・VDOTの低いランナーのトレーニングペース

レースタイム			R		I		T			M		
1マイル	5km	VDOT	200m	300m	200m	400m	400m	1km	1マイル	タイム時間:分	1km	1マイル
9:10	30:40	30	1:08	1:42	1:11	2:24	2:33	6:24	10:18	4:57	7:03	11:21
9:27	31:32	29	1:10	1:45	1:14	2:28	2:37	6:34	10:34	5:06	7:15	11:41
9:44	32:27	28	1:13	1:49	1:17	2:34	2:42	6:45	10:52	5:15	7:27	12:02
10:02	33:25	27	1:15	1:53	1:19	2:38	2:46	6:56	11:10	5:25	7:41	12:24
10:22	34:27	26	1:18	1:57	1:22	2:44	2:51	7:09	11:30	5:35	7:56	12:47
10:43	35:33	25	1:21	2:02	1:24	2:48	2:56	7:21	11:51	5:45	8:10	13:11
11:06	36:44	24	1:24	—	1:27	2:55	3:02	7:35	12:13	5:56	8:26	13:36
11:30	38:01	23	1:27	—	1:30	3:01	3:08	7:50	12:36	6:08	8:43	14:02
11:56	39:22	22	1:30	—	1:33	3:07	3:14	8:06	13:02	6:19	8:59	14:29
12:24	40:49	21	1:33	—	1:36	3:13	3:21	8:23	13:29	6:31	9:16	14:57
12:55	42:24	20	1:37	—	1:40	3:21	3:28	8:41	13:58	6:44	9:34	15:26

Run SMART Project 設計のJack Daniels' Running Calculatorにより作成

表5.4 ■ VDOTとレースタイムを基にした種目別男女パフォーマンスレベル

パフォーマンスレベル	1	2	3	4	5	6	7	8	9	10
VDOT（女子）	31.4	35.8	40.2	44.6	49.0	53.4	57.8	62.2	66.6	71.0
VDOT（男子）	35.0	40.0	45.0	50.0	55.0	60.0	65.0	70.0	75.0	80.0
800mレースタイム										
女子	3:59	3:33	3:12	2:55	2:41	2:29	2:19	2:10	2:02	1:56
男子	3:37	3:13	2:54	2:38	2:26	2:14	2:05	1:57	1:50	1:44.4
1,500mレースタイム										
女子	8:10	7:17	6:34	5:59	5:30	5:05	4:44	4:26	4:11	3:57.2
男子	7:25	6:35	5:56	5:24	4:57	4:35	4:16	4:00	3:46	3:34.0
1マイルレースタイム										
女子	8:49	7:52	7:05	6:28	5:56	5:30	5:07	4:48	4:31	4:16.2
男子	8:01	7:07	6:25	5:50	5:21	4:57	4:37	4:19	4:04	3:51.1
1.5マイルレースタイム										
女子	13:41	12:14	11:03	10:05	9:17	8:36	8:00	7:30	7:03	6:40.1
男子	12:28	11:06	10:01	9:07	8:22	7:45	7:13	6:45	6:21	6:00.4
3kmレースタイム										
女子	17:15	15:27	13:59	12:46	11:45	10:54	10:10	9:31	8:58	8:28.0
男子	15:45	14:02	12:40	11:33	10:37	9:50	9:09	8:34	8:04	7:37.6
2マイルと3,000m障害レースタイム										
女子	18:36	16:39	15:04	13:46	12:41	11:46	10:58	10:17	9:41	9:08.8
男子	16:58	15:08	13:40	12:28	11:28	10:37	9:53	9:16	8:43	8:14.4
4kmレースタイム										
女子	23:22	20:57	18:59	17:22	16:01	14:54	13:52	13:00	12:15	11:35
男子	21:21	19:04	17:14	15:44	14:29	13:25	12:31	11:44	11:03	10:27
5kmレースタイム										
女子	29:32	26:29	24:01	21:59	20:17	18:50	17:36	16:31	15:34	14:44
男子	26:59	24:07	21:49	19:56	18:22	17:02	15:54	14:55	14:03	13:18
6kmレースタイム										
女子	35:46	32:04	29:05	26:38	24:35	22:50	21:20	20:02	18:54	17:53
男子	32:41	29:13	26:26	24:10	22:16	20:40	19:18	18:06	17:04	16:09
4マイルレースタイム										
女子	38:31	34:32	31:19	28:41	26:28	24:35	22:59	21:35	20:21	19:16
男子	35:11	31:27	28:28	26:01	23:59	22:15	20:47	19:30	18:23	17:25

Run SMART Project 設計のJack Daniels' Running Calculatorにより作成

Part
I
フォーミュラを
理解する

1 2 3
4 5 6
7 8 9

1 第1章
ランニングの
成功を
決める要素

2 第2章
トレーニングの
原理と
テクニックの
ポイント

3 第3章
生理学的能力の
プロフィールと
トレーニングの
プロフィール

4 第4章
トレーニングの
タイプと強度

5 第5章

VDOT

6 第6章
環境に応じた
トレーニング・
高地トレーニング

7 第7章
トレッドミル
トレーニング

8 第8章
体力向上の
トレーニング

9 第9章
休養と補助的
トレーニング

　表5.3には1マイル、5kmのレースタイムとそれに相当するVDOTを記載し、その並びの欄には各トレーニングタイプの推奨ペースを載せた。いちばん右の欄はマラソントレーニングの推奨ペース（Mペース）だが、この欄の左のタイムは推奨トレーニングペースを合計したタイムである。例えば、VDOT 28のランナーがマラソントレーニングをしようというとき、Mペースは、1km7分27秒（1マイル12分2秒）である。そして、このペースを平均ペースとして走ったときのマラソンの合計タイムが、5時間15分になる。

■ VDOTと年齢を基にしたパフォーマンスレベル

　私はこれまで、「VDOTがどんどん上がっていくのが楽しい」という言葉を、多くの指導者、そして若いランナーから（さほど若くないランナーからも）もらってきた。「我々のクロスカントリーチームのトップ5は全員VDOT 50を超えた（つまり、全員5kmレースで20分を切っている）」という話を聞くことは、私にとってかなり当たり前になった。「うちのトップ5は皆VDOT 60以上だ（5km17分3秒を切っている）」。こういう言い方をする人もいる。

（表5.4の続き）

パフォーマンスレベル	1	2	3	4	5	6	7	8	9	10
VDOT（女子）	31.4	35.8	40.2	44.6	49.0	53.4	57.8	62.2	66.6	71.0
VDOT（男子）	35.0	40.0	45.0	50.0	55.0	60.0	65.0	70.0	75.0	80.0
8kmレースタイム										
女子	48:27	43:25	39:22	36:02	33:15	30:54	28:52	27:07	25:35	24:14
男子	44:15	39:32	35:46	32:41	30:07	27:58	26:07	24:31	23:08	21:54
10kmレースタイム										
女子	1:01:24	55:00	49:51	45:37	42:04	39:05	36:31	34:17	32:20	30:37
男子	56:03	50:03	45:16	41:21	38:06	35:21	33:01	31:00	29:14	27:41
15kmレースタイム										
女子	1:34:35	1:24:44	1:16:46	1:10:13	1:04:44	1:00:05	56:06	52:38	49:37	46:58
男子	1:26:22	1:17:06	1:09:41	1:03:36	58:34	54:18	50:40	47:32	44:48	42:25
10マイルレースタイム										
女子	1:41:57	1:31:21	1:22:46	1:15:42	1:09:47	1:04:46	1:00:28	56:44	53:28	50:36
男子	1:33:07	1:23:07	1:15:07	1:08:34	1:03:07	58:32	54:36	51:13	48:17	45:41
20kmレースタイム										
女子	2:08:26	1:55:10	1:44:24	1:35:30	1:28:02	1:21:42	1:16:15	1:11:32	1:07:25	1:03:46
男子	1:57:22	1:44:50	1:34:46	1:26:30	1:19:38	1:13:49	1:08:51	1:04:34	1:00:49	57:33
ハーフマラソンレースタイム										
女子	2:15:55	2:01:54	1:50:31	1:41:06	1:33:13	1:26:30	1:20:45	1:15:45	1:11:22	1:07:31
男子	2:04:13	1:50:59	1:40:19	1:31:36	1:24:19	1:18:09	1:12:54	1:08:21	1:04:23	1:00:55
25kmレースタイム										
女子	2:42:30	2:25:53	2:12:21	2:01:09	1:51:44	1:43:43	1:36:49	1:30:49	1:25:35	1:20:57
男子	2:28:39	2:12:55	2:00:14	1:49:48	1:41:05	1:33:43	1:27:24	1:21:57	1:17:11	1:13:00
30kmレースタイム										
女子	3:16:33	2:56:40	2:40:27	2:26:59	2:15:38	2:05:57	1:57:37	1:50:22	1:44:00	1:38:22
男子	2:59:59	2:41:07	2:25:52	2:13:18	2:02:47	1:53:52	1:46:13	1:39:36	1:33:48	1:28:43
マラソンレースタイム										
女子	4:39:07	4:11:26	3:48:49	3:30:00	3:14:05	3:00:29	2:48:43	2:38:27	2:29:26	2:21:25
男子	4:16:02	3:49:45	3:28:26	3:10:49	2:56:01	2:43:25	2:32:35	2:23:10	2:14:55	2:07:39

私は、若いランナーにもっと興味を持ってもらおうと、男子選手と女子選手のVDOTの比較を行った。互いに同等レベルのパフォーマンスと思われるVDOTを計算し、だいたいVDOT 5ポイントごとに分けたのである。**表5.4**は、各パフォーマンスレベル（10段階）における男女のタイムを、種目別に示したものである。この表を使えば、「うちにはレベル6の女子が7人いる」「うちにはレベル7の男子が8人いる」という言い方ができる。もちろんレベ

表5.5■VDOT（上段）と1,600mのレースタイム（下段）を基にした
　　　　年齢別パフォーマンスレベル（6～18歳）

パフォーマンスレベル	初心者				中級						
	1		2		3		4		5		
年齢	男子	女子	男子	女子	男子	女子	男子	女子	男子	女子	
18	35.0	31.4	40.3	35.8	45.0	40.2	50.0	44.7	55.0	49.1	
	7:58	8:46	7:03	7:49	6:22	7:03	5:47	6:24	5:19	5:53	
17	33.5	30.2	38.4	34.6	43.3	38.9	48.2	43.2	53.1	47.5	
	8:17	9:04	7:20	8:03	6:35	7:15	5:59	6:36	5:29	6:04	
16	32.0	29.0	36.8	33.3	41.5	37.5	46.2	41.7	50.9	45.9	
	8:37	9:23	7:37	8:19	6:51	7:30	6:13	6:49	5:42	6:15	
15	30.5	27.8	35.1	31.9	39.7	36.0	44.3	40.1	48.9	44.2	
	8:59	9:44	7:57	8:39	7:07	7:46	6:27	7:04	5:55	6:28	
14	28.9	26.5	33.3	30.5	37.7	34.5	42.1	38.5	46.5	42.5	
	9:25	10:08	8:19	8:59	7:28	8:04	6:46	7:19	6:11	6:42	
13	27.3	25.2	31.5	29.1	35.7	33.0	39.9	36.9	44.1	40.8	
	9:53	10:35	8:44	9:22	7:50	8:23	7:05	7:36	6:29	6:57	
12	25.7	23.9	29.8	27.7	33.8	31.5	37.8	35.3	41.8	39.0	
	10:24	11:03	9:10	9:46	8:13	8:44	7:26	7:54	6:48	7:14	
11	24.1	22.6	28.0	26.2	31.8	29.8	35.6	33.4	39.4	37.0	
	10:59	11:34	9:40	10:14	8:40	9:10	7:51	8:18	7:10	7:35	
10	22.5	21.3	26.2	24.8	29.8	28.3	33.4	31.8	37.0	35.2	
	11:37	12:09	10:14	10:43	9:10	9:35	8:18	8:40	7:35	7:56	
9	20.9	20.0	24.3	23.3	27.7	26.6	31.1	29.9	34.5	33.2	
	12:20	12:46	10:54	11:17	9:46	10:06	8:50	9:09	8:04	8:21	
8	19.3	18.7	22.5	21.8	25.7	24.9	28.9	28.0	—	—	
	13:08	13:28	11:36	11:55	10:24	10:41	9:25	9:40	—	—	
7	17.7	17.4	20.7	20.3	23.6	23.2	—	—	—	—	
	14:03	14:14	12:26	12:37	11:10	11:20	—	—	—	—	
6	16.1	16.1	18.8	18.8	—	—	—	—	—	—	
	15:06	15:06	13:25	13:25	—	—	—	—	—	—	

— ＝きつすぎるため、タイムの記載を控える
Run SMART Project 設計のJack Daniels' Running Calculatorにより作成

ル7やレベル8の選手を大勢抱えていれば、大したものだ。レベル9の選手はチームに何人もいるものではないし、レベル10ともなると、ほとんどお目にかかれない。

次に紹介するのは、パフォーマンスを幅広い年齢で比較した、最新の計算表である（**表5.5**、**5.6**）。低年齢のランナーから70代のランナーまでをリサーチして作成した。表には、実際に測定していない70代以上の数値も掲載しているが、この数値は、パフォーマンスの低下率が

| 上級 | | | | | | エリート | | | | パフォーマンスレベル |
| 6 | | 7 | | 8 | | 9 | | 10 | | |
男子	女子	男子	女子	男子	女子	男子	女子	男子	女子	年齢
60.0	53.6	65.0	58.1	70.0	62.5	75.0	67.0	80.0	71.4	18
4:55	5:26	4:35	5:04	4:17	4:44	4:02	4:28	3:49	4:13	
58.0	51.8	62.9	56.1	67.7	60.4	72.5	64.7	77.3	69.0	17
5:04	5:37	4:43	5:13	4:25	4:53	4:10	4:36	3:56	4:21	
55.6	50.1	60.3	54.3	65.0	58.5	69.7	62.7	74.4	66.9	16
5:16	5:47	4:54	5:23	4:35	5:01	4:18	4:44	4:04	4:28	
53.4	48.3	57.9	52.4	62.4	56.5	66.9	60.6	71.4	64.7	15
5:28	5:58	5:05	5:33	4:45	5:11	4:28	4:53	4:13	4:36	
50.9	46.5	55.3	50.5	59.7	54.5	64.0	58.5	68.3	62.4	14
5:42	6:11	5:17	5:44	4:56	5:22	4:39	5:02	4:23	4:45	
48.3	44.7	52.5	48.6	56.7	52.4	60.9	56.2	—	—	13
5:58	6:24	5:33	5:56	5:10	5:33	4:51	5:13	—	—	
45.8	42.7	49.8	46.4	53.8	50.1	—	—	—	—	12
6:16	6:40	5:49	6:12	5:25	5:47	—	—	—	—	
43.2	40.6	47.0	44.2	—	—	—	—	—	—	11
6:36	6:59	6:07	6:28	—	—	—	—	—	—	
40.6	38.6	—	—	—	—	—	—	—	—	10
6:59	7:18	—	—	—	—	—	—	—	—	
—	—	—	—	—	—	—	—	—	—	9
—	—	—	—	—	—	—	—	—	—	
—	—	—	—	—	—	—	—	—	—	8
—	—	—	—	—	—	—	—	—	—	
—	—	—	—	—	—	—	—	—	—	7
—	—	—	—	—	—	—	—	—	—	
—	—	—	—	—	—	—	—	—	—	6
—	—	—	—	—	—	—	—	—	—	

すべての年齢を通じて一定であると仮定して、データが存在する年代から推定したものである。この表を見ると、年代が上（あるいは下）の部類のランナーでも、他の年代とパフォーマンスを比較することができる。現在の年齢でのパフォーマンスが、18歳から38歳というピークの年代ではどのくらいに相当するのか、わかるのだ。

　表5.5を見ると、低年齢層の男子と女子とでは、VDOTも1,600mのタイムも、各パフォーマンスレベルにおいて、比較的拮抗していることがわかる。もちろん1,600m以外の距離のVDOTについては表5.1で確認できるので、参照してほしい。また、VDOTは整数でないものもあるので、それについては自分でレースタイムを推測してほしい。低年齢層のランナーに関しては、VDOTを載せていないレベルも多い。13歳から6歳までは、低年齢になるほどVDOTの記載も少なくなる。低年齢のランナーにきつすぎるトレーニングを勧めるのを控

表5.6 ■ VDOT（上段）と1,600mのレースタイム（下段）を基にした年齢別パフォーマンスレベル（18～80歳）

| パフォーマンスレベル | 初心者 | | | | 中級 | | | | | | |
| | 1 | | 2 | | 3 | | 4 | | 5 | | |
年齢	男子	女子	男子	女子	男子	女子	男子	女子	男子	女子	
18-38*	35.0	31.4	40.3	35.8	45.0	40.2	50.0	44.7	55.0	49.1	
	7:58	8:46	7:03	7:49	6:22	7:03	5:47	6:24	5:19	5:53	
39	34.1	30.4	39.1	34.8	44.1	39.3	49.1	43.8	54.1	48.2	
	8:09	9:01	7:13	8:01	6:29	7:11	5:53	6:32	5:24	5:59	
40	33.2	29.5	38.2	33.9	43.2	38.4	48.2	42.9	53.2	47.3	
	8:21	9:15	7:22	8:12	6:36	7:20	5:59	6:39	5:29	6:05	
41	32.4	28.7	37.4	33.1	42.4	37.6	47.4	42.1	52.4	46.5	
	8:32	9:28	7:31	8:22	6:43	7:29	6:05	6:46	5:33	6:11	
42	31.5	27.8	36.5	32.2	41.5	36.7	46.5	41.2	51.5	45.6	
	8:44	9:44	7:41	8:34	6:51	7:38	6:11	6:54	5:39	6:18	
43	30.6	26.9	35.6	31.3	40.6	35.8	45.6	40.3	50.6	44.7	
	8:58	10:01	7:51	8:47	6:59	7:49	6:18	7:02	5:44	6:24	
44	29.7	26.0	34.7	30.4	39.7	34.9	44.7	39.4	49.7	43.8	
	9:12	10:18	8:02	9:01	7:08	7:59	6:24	7:10	5:50	6:32	
45	28.8	25.1	33.8	29.5	38.8	34.0	43.8	38.5	48.8	42.9	
	9:27	10:37	8:13	9:15	7:16	8:10	6:32	7:19	5:55	6:39	
46	28.0	24.3	33.0	28.7	38.0	33.2	43.0	37.7	48.0	42.1	
	9:40	10:54	8:24	9:28	7:25	8:21	6:38	7:28	6:01	6:46	
47	27.1	23.4	32.1	27.8	37.1	32.3	42.1	36.8	47.1	41.2	
	9:57	11:15	8:36	9:44	7:34	8:33	6:46	7:37	6:07	6:54	
48	26.2	22.5	31.2	26.9	36.2	31.4	41.2	35.9	46.2	40.3	
	10:14	11:37	8:48	10:01	7:44	8:46	6:54	7:48	6:13	7:02	

えたいためだ。表5.5によれば、1マイルのタイムが7分18秒の10歳女子はレベル6に相当し、5分26秒の18歳女子あるいは4分55秒の18歳男子と同じパフォーマンスレベルに属することになる。

表5.6は、18歳から80歳までのパフォーマンスレベル別VDOT（と1,600mレースタイム）である。18歳から38歳のランナーについては1つのエイジカテゴリーにまとめたが、39歳以上は1歳ずつに分けてそれぞれ調整を加えた。おおまかに言って、VDOT 3.5はただ横たわっているだけ、VDOT 10は楽なウオーキング程度に相当すると思われる。表5.6によると、1,600mを7分で走る58歳女子は、5分4秒で走る年下（18〜38歳）の女子と同じレベルということになる。私自身は現在レベル7であるが、15年前も40年前もちょうど同じレベル7だった。どうもレベル8の器ではないようだ。

上級						エリート				パフォーマンスレベル
6		7		8		9		10		
男子	女子	男子	女子	男子	女子	男子	女子	男子	女子	年齢
60.0	53.6	65.0	58.1	70.0	62.5	75.0	67.0	80.0	71.4	18-38*
4:55	5:26	4:35	5:04	4:17	4:44	4:02	4:28	3:49	4:13	
59.1	52.7	64.1	57.2	69.1	61.6	74.1	66.1	79.1	70.5	39
4:59	5:32	4:39	5:08	4:21	4:49	4:05	4:31	3:52	4:16	
58.2	51.8	63.2	56.3	68.2	60.7	73.2	65.2	78.2	69.6	40
5:03	5:37	4:42	5:13	4:24	4:52	4:08	4:34	3:54	4:19	
57.4	51.0	62.4	55.5	67.4	59.9	72.4	64.4	77.4	68.8	41
5:07	5:42	4:45	5:17	4:26	4:56	4:10	4:37	3:56	4:22	
56.5	50.1	61.5	54.6	66.5	59.0	71.5	63.5	76.5	67.9	42
5:12	5:47	4:49	5:21	4:30	5:00	4:13	4:41	3:59	4:25	
55.6	49.2	60.6	53.7	65.6	58.1	70.6	62.6	75.6	67.0	43
5:16	5:53	4:53	5:26	4:33	5:04	4:16	4:44	4:01	4:28	
54.7	48.3	59.7	52.8	64.7	57.2	69.7	61.7	74.7	66.1	44
5:21	5:59	4:57	5:31	4:36	5:08	4:19	4:48	4:04	4:31	
53.8	47.4	58.8	51.9	63.8	56.3	68.8	60.8	73.8	65.2	45
5:26	6:05	5:01	5:36	4:40	5:13	4:22	4:52	4:06	4:34	
53.0	46.6	58.0	51.1	63.0	55.5	68.0	60.0	73.0	64.4	46
5:30	6:10	5:04	5:41	4:43	5:17	4:24	4:55	4:08	4:37	
52.1	45.7	57.1	50.2	62.1	54.6	67.1	59.1	72.1	63.5	47
5:35	6:17	5:09	5:46	4:46	5:21	4:27	4:59	4:11	4:41	
51.2	44.8	56.2	49.3	61.2	53.7	66.2	58.2	71.2	62.6	48
5:40	6:24	5:13	5:52	4:50	5:26	4:31	5:03	4:14	4:44	

パフォーマンスレベル	初心者				中級					
	1		2		3		4		5	
年齢	男子	女子	男子	女子	男子	女子	男子	女子	男子	女子
49	25.3	21.6	30.3	26.0	35.3	30.5	40.3	35.0	45.3	39.4
	10:33	12:01	9:02	10:18	7:55	8:59	7:02	7:58	6:20	7:10
50	24.4	20.7	29.4	25.1	34.4	29.6	39.4	34.1	44.4	38.5
	10:52	12:26	9:17	10:37	8:05	9:13	7:10	8:09	6:27	7:19
51	23.6	19.9	28.6	24.3	33.6	28.8	38.6	33.3	43.6	37.7
	11:10	12:49	9:30	10:54	8:16	9:27	7:18	8:20	6:33	7:28
52	22.7	19.0	27.7	23.4	32.7	27.9	37.7	32.4	42.7	36.8
	11:32	13:18	9:46	11:15	8:28	9:42	7:28	8:32	6:41	7:37
53	21.8	18.1	26.8	22.5	31.8	27.0	36.8	31.5	41.8	35.9
	11:55	13:49	10:03	11:37	8:40	9:59	7:37	8:44	6:48	7:48
54	20.9	17.2	25.9	21.6	30.9	26.1	35.9	30.6	40.9	35.0
	12:20	14:22	10:20	12:01	8:53	10:16	7:48	8:58	6:56	7:58
55	20.0	16.3	25.0	20.7	30.0	25.2	35.0	29.7	40.0	34.1
	12:46	14:57	10:39	12:26	9:07	10:35	7:58	9:12	7:05	8:09
56	19.2	15.5	24.2	19.9	29.2	24.4	34.2	28.8	39.2	33.3
	13:11	15:31	10:56	12:49	9:20	10:52	8:08	9:27	7:12	8:20
57	18.3	14.6	23.3	19.0	28.3	23.5	33.3	27.9	38.3	32.4
	13:42	16:13	11:17	13:18	9:35	11:13	8:20	9:42	7:21	8:32
58	17.4	13.7	22.4	18.1	27.4	22.6	32.4	27.0	37.4	31.5
	14:14	16:58	11:40	13:49	9:51	11:34	8:32	9:59	7:31	8:44
59	16.5	12.8	21.5	17.2	26.5	21.7	31.5	26.6	36.5	30.6
	14:49	17:48	12:03	14:22	10:08	11:58	8:44	10:06	7:41	8:58
60	15.6	11.9	20.6	16.3	25.6	20.8	30.6	25.7	35.6	29.7
	15:20	18:42	12:29	14:57	10:26	12:23	8:58	10:24	7:51	9:12
61	14.7	11.0	19.7	15.4	24.8	20.0	29.8	24.8	34.8	28.9
	16:08	19:42	12:56	13:36	10:43	12:46	9:10	10:43	8:01	9:25
62	13.8	10.1	18.9	14.6	23.9	19.1	28.9	23.9	33.9	28.0
	16:53	—	13:21	16:13	11:03	13:15	9:25	11:03	8:12	9:41
63	13.0	9.3	18.0	13.7	23.0	18.2	28.0	23.0	33.0	27.1
	17:36	—	13.52	16:58	11:25	13:45	9:41	11:25	8:24	9:57
64	12.1	8.4	17.1	12.8	22.1	17.3	27.1	22.2	32.1	26.2
	18:30	—	14:26	17:48	11:47	14:18	9:57	11:45	8:36	10:14
65	11.2	7.5	16.2	11.9	21.2	16.4	26.2	21.3	31.2	25.3
	19:28	—	15:01	18:42	12:12	14:53	10:14	12:09	8:49	10:33

上級						エリート				パフォーマンスレベル
6		7		8		9		10		年齢
男子	女子	男子	女子	男子	女子	男子	女子	男子	女子	
50.3	43.9	55.3	48.4	60.3	52.8	65.3	57.3	70.3	61.7	49
5:46	6:31	5:18	5:58	4:54	5:31	4:34	5:08	4:17	4:48	
49.4	43.0	54.4	47.5	59.4	51.9	64.4	56.4	69.4	60.8	50
5:51	6:38	5:22	6:04	4:58	5:36	4:37	5:12	4:20	4:52	
48.6	42.2	53.6	46.6	58.6	51.0	63.6	55.5	68.6	59.9	51
5:57	6:45	5:27	6:10	5:02	5:40	4:40	5:17	4:22	4:56	
47.7	41.3	52.7	45.8	57.7	50.2	62.7	54.7	67.7	59.1	52
6:03	6:53	5:32	6:16	5:06	5:46	4:44	5:21	4:25	4:59	
46.8	40.4	51.8	44.9	56.8	49.3	61.8	53.8	66.8	58.2	53
6:09	7:01	5:37	6:23	5:10	5:52	4:48	5:26	4:29	5:03	
45.9	39.5	50.9	44.0	55.9	48.4	60.9	52.9	65.9	57.3	54
6:15	7:09	5:42	6:30	5:15	5:58	4:51	5:30	4:32	5:08	
45.0	38.6	50.0	43.1	55.0	47.5	60.0	52.0	65.0	56.4	55
6:22	7:18	5:48	6:37	5:19	6:04	4:55	5:36	4:35	5:12	
44.2	37.8	49.2	42.2	54.2	46.6	59.2	51.1	64.2	55.5	56
6:28	7:27	5:53	6:45	5:23	6:10	4:59	5:41	4:38	5:17	
43.3	36.9	48.3	41.4	53.3	45.8	58.3	50.3	63.3	54.7	57
6:36	7:36	5:59	6:52	5:28	6:16	5:03	5:46	4:42	5:21	
42.4	36.0	47.4	40.5	52.4	44.9	57.4	49.4	62.4	53.8	58
6:43	7:46	6:05	7:00	5:33	6:23	5:07	5:51	4:45	5:26	
41.5	35.1	46.5	39.6	51.4	44.0	56.5	48.5	61.5	52.9	59
6:51	7:57	6:11	7:08	5:39	6:30	5:12	5:57	4:49	5:30	
40.6	34.2	45.6	38.7	50.7	43.1	55.6	47.6	60.6	52.0	60
6:59	8:08	6:18	7:17	5:43	6:37	5:16	6:03	4:53	5:36	
39.8	33.4	44.8	37.9	49.8	42.2	54.8	46.7	59.8	51.1	61
7:07	8:18	6:24	7:26	5:49	6:45	5:20	6:10	4:56	5:41	
38.9	32.5	43.9	37.0	48.9	41.4	53.9	45.9	58.9	50.3	62
7:15	8:30	6:31	7:35	5:55	6:52	5:25	6:15	5:00	5:46	
38.0	31.6	43.0	36.1	48.0	40.5	53.0	45.0	58.0	49.4	63
7:25	8:43	6:38	7:45	6:01	7:00	5:30	6:22	5:04	5:51	
37.1	30.7	42.1	35.2	47.1	39.6	52.1	44.1	57.1	48.5	64
7:34	8:56	6:46	7:56	6:07	7:09	5:35	6:29	5:09	5:57	
36.2	29.8	41.2	34.3	46.3	38.7	51.2	43.2	56.2	47.6	65
7:44	9:10	6:54	8:07	6:13	7:17	5:40	6:36	5:13	6:03	

(表5.6の続き)

パフォーマンスレベル	初心者				中級					
	1		2		3		4		5	
年齢	男子	女子	男子	女子	男子	女子	男子	女子	男子	女子
66	10.3	6.6	15.3	11.0	20.4	15.6	25.4	20.4	30.4	24.5
	—	—	15:40	19:42	12:34	15:27	10:30	12:34	9:01	10:50
67	9.4	5.7	14.5	10.2	19.5	14.7	24.5	19.5	29.5	23.6
	—	—	16:18	—	13:02	16:08	10:50	13:02	9:15	11:10
68	8.6	4.9	13.6	9.3	18.6	13.8	23.6	18.6	28.6	22.7
	—	—	17:04	—	13:31	16:53	11:10	13:31	9:30	11:32
69	7.7	4.0	12.7	8.4	17.7	12.9	22.7	17.8	27.7	21.8
	—	—	17:54	—	14:03	17:42	11:32	13:59	9:46	11:55
70	6.8	3.5	11.8	7.5	16.8	12.0	21.8	16.9	26.8	20.9
	—	—	18:49	—	14:37	18:36	11:55	14:33	10:03	12:20
71	5.9	3.5	10.9	6.6	16.0	11.2	21.0	16.0	26.0	20.1
	—	—	19:49	—	15:10	19:28	12:17	15:10	10:18	12:43
72	5.0	3.5	10.1	5.8	15.1	10.3	20.1	15.1	25.1	19.2
	—	—	—	—	15:50	—	12:43	15:50	10:37	13:11
73	4.2	3.5	9.2	4.9	14.2	9.4	19.2	14.2	24.2	18.3
	—	—	—	—	16:33	—	13:11	16:33	10:56	13:42
74	3.5	3.5	8.3	4.0	13.3	8.5	18.3	13.4	23.3	17.4
	—	—	—	—	17:20	—	13:42	17:14	11:17	14:14
75	3.5	3.5	7.4	3.5	12.4	7.6	17.4	12.5	22.4	16.5
	—	—	—	—	18:11	—	14:14	18:05	11:40	14:49
76	3.5	3.5	6.5	3.5	11.6	6.8	16.6	11.6	21.6	15.7
	—	—	—	—	19:02	—	14:45	19:02	12:01	15:23
77	3.5	3.5	5.7	3.5	10.7	5.9	15.7	10.7	20.7	14.8
	—	—	—	—	—	—	15:23	—	12:26	16:04
78	3.5	3.5	4.8	3.5	9.8	5.0	14.8	9.8	19.8	13.9
	—	—	—	—	—	—	16:04	—	12:53	16:48
79	3.5	3.5	3.9	3.5	8.9	4.1	13.9	9.0	18.9	13.0
	—	—	—	—	—	—	16:48	—	13:21	17:36
80	3.5	3.5	3.5	3.5	8.0	3.5	13.0	8.1	18.0	12.1
	—	—	—	—	—	—	17:36	—	13:53	18:30

＊18〜38歳は走力上同じエイジカテゴリーとする
― ＝きつすぎるため、タイムの記載を控える
Run SMART Project 設計のJack Daniels' Running Calculatorにより作成

上級						エリート				パフォーマンスレベル
6		7		8		9		10		
男子	女子	男子	女子	男子	女子	男子	女子	男子	女子	年齢
35.4	29.0	40.4	33.5	45.4	37.8	50.4	42.3	55.4	46.7	66
7:53	9:23	7:01	8:17	6:19	7:27	5:45	6:44	5:17	6:10	
34.5	28.1	39.5	32.6	44.5	37.0	49.5	41.5	54.5	45.9	67
8:04	9:39	7:09	8:29	6:26	7:35	5:51	6:51	5:22	6:15	
33.9	27.2	38.6	31.7	43.6	36.1	48.6	40.6	53.6	45.0	68
8:12	9:55	7:18	8:42	6:33	7:45	5:57	6:59	5:27	6:22	
33.1	26.3	37.7	30.8	42.7	35.2	47.7	39.7	52.7	44.1	69
8:22	10:12	7:28	8:55	6:41	7:56	6:03	7:08	5:32	6:29	
32.2	25.4	36.8	29.9	41.9	34.3	46.8	38.8	51.8	43.2	70
8:34	10:30	7:37	9:09	6:47	8:07	6:09	7:16	5:37	6:36	
31.3	24.6	36.0	29.1	41.0	33.4	46.0	37.9	51.0	42.3	71
8:47	10:48	7:46	9:22	6:55	8:18	6:15	7:26	5:40	6:44	
30.4	23.7	35.1	28.2	40.1	32.6	45.1	37.1	50.1	41.5	72
9:01	11:08	7:57	9:37	7:04	8:29	6:21	7:34	5:47	6:51	
29.5	22.8	34.2	27.3	39.2	31.7	44.2	36.2	49.2	40.6	73
9:15	11:30	8:08	9:53	7:12	8:42	6:28	7:44	5:53	6:59	
28.7	21.9	33.3	26.4	38.3	30.8	43.3	35.3	48.3	39.7	74
9:28	11:53	8:20	10:10	7:21	8:55	6:36	7:55	5:59	7:08	
27.8	21.0	32.4	25.5	37.5	29.9	42.4	34.4	47.4	38.8	75
9:44	12:17	8:32	10:28	7:30	9:09	6:43	8:06	6:07	7:16	
26.9	20.2	31.6	24.7	36.6	29.0	41.6	33.5	46.6	37.9	76
10:01	12:40	8:43	10:45	7:40	9:23	6:50	8:17	6:10	7:26	
26.0	19.3	30.7	23.8	35.7	28.2	40.7	32.7	45.7	37.1	77
10:18	13:08	8:56	11:06	7:50	9:37	6:58	8:28	6:17	7:34	
25.1	18.4	29.8	22.9	34.8	27.3	39.8	31.8	44.8	36.2	78
10:37	13:38	9:10	11:27	8:01	9:53	7:07	8:40	6:24	7:44	
24.3	17.5	28.9	22.0	33.9	26.4	38.9	30.9	43.9	35.3	79
10:54	14:10	9:25	11:50	8:12	10:10	7:15	8:53	6:31	7:55	
23.5	16.6	28.0	21.1	33.1	25.5	38.0	30.0	43.0	34.4	80
11:13	14:45	9:41	12:14	8:22	10:28	7:25	9:07	6:38	8:06	

Part
I
フォーミュラを
理解する
1 2 3
4 5 6
7 8 9
6 第6章

環境に応じた
トレーニング・
高地トレーニング

どんなレースでも笑顔を見せよう。

カリフォルニア、モンタナ、コロラド、ウィスコンシン、ニューハンプシャー、ニューヨーク、ミシガン、ジョージア、ノースカロライナ、ハワイ、テキサス、オクラホマ、アリゾナ（酷暑で有名なフェニックスと高地のフラッグスタッフ）。私が国内で住んだことがあるのは、ざっとこんなところだ。それにプラスして、海外ではスウェーデン、カナダ、そしてペルーにも居住経験がある。気候の違いや標高の差がランニングにどう影響するのか、よくわかっているつもりだ。環境の違いは走る人の数だけある。そこで本章では、さまざまな環境のなかで最大限のパフォーマンスを（レースでもトレーニングでも）発揮できるよう、寒さや暑さのなかのランニングと高地でのランニングについて解説する。

■ 異なる気温への対応

　初めに、レースのコンディションについて考えてみよう。まず頭に浮かぶのは、悪コンディションへの対応だ。重要なレースが厳しい条件下で行われるのなら、それと同じコンディションでトレーニングをしたほうがいい。そう真っ先に思うはずである。居住地もトレーニング場所も、雪が降るほど寒くもならないし、1時間走っただけで滝のような汗をかくほど暑くもならない。そういうランナーなら、トレーニングやレースの結果は、たいていの場合かなり正確に予測できる。しかし、トレーニング場所と重要なレースの開催地で気候が異なるのなら、それに備えることが必要である。そして、そのベストの方法が、トレーニングの一部をレースと同じような気候条件で行うことなのだ。

　居住地域がかなり涼しく、レースのほうが暑いという場合は、時おり気温が高めの時間にトレーニングをするといいだろう。また、身体が熱くなるように長袖のウェアを着てもいいかもしれない。ただし、悪コンディションでたくさんトレーニングを積もうとするのは禁物だ。な

ぜなら、普段と同じくらいハードにトレーニングをすることができないからである。要するに、常に悪コンディションでトレーニングをしようと頑張っているのに体力が落ちる、という事態を避けなければならないのだ。それよりも、室内トレーニングをするときに何回かトレッドミルで走ってみよう。そうすれば、身体を冷やす風がないため、いつもより暑いコンディションに身体を慣らすことができる。

　長時間のランニングをするときは、毎回その前後に裸体重を量り、記録をつけておこう。そして、走った時間、走っていたときの気温、一定時間あたりの体重の減少量、気象条件（曇天、風あり、など）、ランニング中の感覚も記録して表にする。私がかつて行った研究では、32人のランナーに25kmのレースを走ってもらい、レース前後の体重と、レース中に摂取した水分量を記録した。気温は27℃前後、湿度はかなり低いというコンディション。32人のうち、目を引いたのは2人のランナーの結果である。この2人は1分以内の差でフィニッシュし、レース中は2人とも1リットルちょうどの水分を摂った。レース前の体重差は0.45kg以内。それでも、1人は1.6kg減、もう1人は3.6kg減と、レース後の体重には顕著な差が出たのである。私が、レース前後の体重を毎回記録するよう勧める理由は、ここにある。自分で記録をとり続けていれば、コンディションの違いによって水分喪失量や走りの感覚にどう影響が出るのか、正確な予測ができるようになるのだ。ランニング中の感覚はコンディションの影響を如実に映し出す。パフォーマンスのベースとなる自分自身のデータがあれば、コンディションによってどれだけペースダウンすべきか、一般的な法則に照らす必要はない。

　暑さが尋常でない場合は、レース前のウォーミングアップはそこそこにして、濡れタオルで肩まわりを冷やそう。そして日陰でリラックスし、日光に当たる時間を少なくする。ハードに運動しているときは、身体の発する声に耳を澄ますこと。ウォーミングアップをするということは、ランニングに使う筋肉を温めるということである。しかし皮膚を冷やすということは、走る筋肉を冷やすことではない。したがって、皮膚表面を冷やしてもウォーミングアップ効果はなくならない。また別の方法として、サングラスをつけるという手もある。サングラスには顔面の筋肉を緩める効果があるのだ。弛緩できるところをすべて弛緩させれば、パフォーマンスの支えになる。

　以上とは逆の場合、つまり居住地域が寒くなく、レースが寒冷地で行われる場合は、シーズンベストのパフォーマンスも期待できる。長袖のウェアと手袋が必要なほど寒かったとしてもだ。実際、レースでは手袋をはめ、上半身は重ね着をしてスタートする。そして、身体が温まってきたら、途中で捨てていく。私自身、マラソンのパーソナルベストが出たのは気温4℃の日である。その日、手袋は8km地点あたりで脱いだ。雲ひとつない好天で無風だったため、気温のわりにかなり暖かく感じたからだ。レース中は水分を摂らなかったから、体重は2.3kg減った。全体重の3%を失ったわけだが、42.195kmの距離にしては、大幅な減り方ではない。しかし、居住地域自体が酷寒で雪も多いというランナーは、重ね着をしたうえに、さらに上着を着てトレーニングをすること。そうすれば、寒冷なコンディションに合わせるには何をどう着るべきかがわかる。雪に関しては、私の経験上、2.5〜5cm程度の積雪なら雪の上を走ったほうが、足元は安全だ。雪かきをしてある道のほうが、得てして滑りやすいものである。

　気温がかなり高くなる地域、あるいは低くなる地域に住んでいるランナーは、屋外のランニ

Part
I
フォーミュラを
理解する

1　2　3
4　5　6
7　8　9

1　第1章
ランニングの
成功を
決める要素

2　第2章
トレーニングの
原理と
テクニックの
ポイント

3　第3章
生理学的能力の
プロフィールと
トレーニングの
プロフィール

4　第4章
トレーニングの
タイプと強度

5　第5章
VDOT

6　第6章
環境に応じた
トレーニング・
高地トレーニング

7　第7章
トレッドミル
トレーニング

8　第8章
体力向上の
トレーニング

9　第9章
休養と補助的な
トレーニング

3,000m障害でオリンピックにも出場したエマ・コバーン。多くの長距離ランナーの例に漏れず、彼女も理想的な高地トレーニングの地としてコロラド州ボウルダーを選んでいる。(※監修者注：2017年ロンドン世界陸上の金メダリスト)

ングができないときのために、屋内トラックかトレッドミルを探しておくこと。私が指導した
エリートランナーのなかには、屋内のトレーニングで成果を上げた者もいる。週1回自宅のト
レッドミルでの32km（20マイル）走。これを12週間続け、ニューヨークシティマラソンで
2時間9分をマークして2位に入ったのである。トレッドミルで2時間走をしていれば、地上の
2時間は、理想的な環境に思えただろう。

■ 高地：それは最高のトレーニング場所なのか？

　どこでトレーニングをしようと、たいていのランナーが必要とするもの。それは何だろう
か？　一般的にいって重要なのは、天候、トレーニング施設、寝泊りする場所、食事、医療サ
ポート、そして理解ある周囲の環境である。もしこのすべてが高地で手に入るとしたら、同じ
条件で低地にいるよりもよいのだろうか？　また、すべてが手に入った状態で低地にいるのと、
ほとんど何もない状態で高地にいるのとでは、どちらがよいのだろう？　高地は、たとえそれ
がトレーニングに適さない場所であっても、滞在する価値があるものなのだろうか？
　高地トレーニングは、長距離ランナーや指導者同士の会話に、当たり前に出てくるトピック
となった。高地トレーニングができないなら、長距離ランナーとしての成功を目指すことさえ
無理なのでは、という声も聞く。私は指導者やランナーからこういう言葉を耳にするたびに、

がっかりする。若いランナーにはとても聞かせられない、お粗末な意見だとさえ感じる。何より、事実に裏打ちされた正しい発言ではないと思うからだ。

考えてみよう。もし、世界のトップランナーを生んでいるのが高地だとしたら、高地がほぼ当たり前という南米諸国からトップランナーが多数輩出されないのはなぜなのか？　また、ロッキー山脈出身の若い選手は、ランニングで頭角を現さないと、責められなければならないのだろうか？　どちらも高地で育ち、幼いころから高地で鍛えているはずである。

優れたランナーに共通しているものは何か。我々は、成功したランナーをもっとじっくりと観察し、学ぶべきなのだろう。社会的な側面、遺伝的特性について考察するのもいいだろう。我々に必要なのは、特別な場所に生まれなければトップになるチャンスとは無縁だ、という思い込みを捨てることではないだろうか。

高地トレーニングのパフォーマンスに対する効果

トレーニングのタイプの違いはパフォーマンスにどのような影響をもたらすのか。その解明に必要なのは、求められる体力要素を理解することである。目標とする種目にとっていちばん重要なのは、スピードか、それとも筋力やパワー、あるいは持久力なのか？　高地にいれば、身体はさまざまな影響を受けることは間違いない。では次に挙げた事実について、よく考えてみよう。

1. スピードの遅い持久系種目（例えば2分以上かかる種目）の高地でのパフォーマンスは、低地よりも落ちる。相対的に言って、中長距離のランニングでは空気抵抗に対する動きが遅いので、空気密度の低い高地を走るメリットは小さい。そのため、活動筋に運搬される酸素量が減り有酸素性能力が低下するという、高地のデメリットを補うことはできない。

2. スプリントのようなランニング速度の速い種目では、持続時間にかかわらず、高地での空気密度の低下がプラスに働く。別の表現をすれば、空気抵抗の低下が、酸素分圧低下のデメリットを補ってあまりある、ということである。

3. 高地順化（2週間以上）をすると、持久系種目の高地でのパフォーマンスは改善する。私が指導したランナーのなかには、3週間以上順化期間をおいた結果、1マイルレースの記録が高地到着直後より10秒速くなったという者もいた。ただし、記録向上の要因としては、高地環境でのレーステクニックを覚えたことも考慮しなければならない。

4. スピードの遅い持久系種目のパフォーマンスは、低地のレベルにはけっして到達しない。これは高地順化の期間に関係ない。

5. もう1つ。高地トレーニングにより低地のパフォーマンスは必ず向上する（あるいはその可能性がある）と報告する研究者も、なかにはいる。では次に紹介する状況ではどうだろうか。大学の春学期が終わったばかりの選手たちを高地トレーニングに連れて行くという状況だ。これは、私だけでなく他の研究者も必ず経験していることだと思う。高地トレーニングに行くまで、気温32.2℃・湿度80%という環境のなか、学年末テストに向けて勉強漬けの生活を送っていた彼らを、テスト終了後、高地に連れて行く。そ

Part
I
フォーミュラを
理解する

1 2 3
4 5 6
7 8 9

1 第1章
ランニングの
成功を
決める要素

2 第2章
トレーニングの
原理と
テクニックの
ポイント

3 第3章
生理学的能力の
プロフィールと
トレーニングの
プロフィール

4 第4章
トレーニングの
タイプと強度

5 第5章
VDOT

6 第6章
環境に応じた
トレーニング・
高地トレーニング

7 第7章
トレッドミル
トレーニング

8 第8章
体力向上の
トレーニング

9 第9章
休養と補助的
トレーニング

して今度は気温26.7℃・湿度10%の場所で、食事、睡眠、トレーニングに集中させる。その後、彼らは低地に帰るやいなや、5kmレースで自己ベストを記録する。さて、これは本当に高地のおかげなのだろうか？　この期間で変わったのは、標高か、それとも別のことなのだろうか？

　高地でのレースに関して言えば、2つのタイプの適応が高地トレーニングによって起きる。（上記の3番でも述べたが）1つ目は生理学的な適応（順化）であり、もう1つはレーステクニックの適応である。この2つの適応には大きな違いがある。生理学的な適応（換気量の増加といった順化）は低地に帰ってしばらくすると消えてしまうのに対し、レーステクニックの適応は低地に帰ってから何週間、何ヵ月間と経っても失われないのだ。

　つまり、一旦高地でのレースの仕方を身につけてしまえば、半永久的にそれは失われないということである。高地ではどうしたらうまく走れるか、たいていは思い出せる。これは、未知の距離をレースで走るときと似ている。1マイルの選手にとって5kmはほとんど別世界だが、何回かレースに出れば、5kmという距離のレースに対応できるようになる。

　ここで確認しておくが、私が高地と言うとき、それは適度な高さのことである。普通に考えれば、標高1,200mから2,500m程度だ。私の場合、研究やトレーニングのほとんどは、標高2,130mから2,255mで行っている。2,130m（7,000フィート）という高さが身体に与えるストレスは、1,524m（5,000フィート）のほぼ2倍になる。なぜなら、標高914m（3,000フィート）までは、高地による問題は起きないからだ。よって、標高0mから1,524m（0フィートから5,000フィート）までの上昇と、標高1,524mから2,130m（5,000フィートから7,000フィート）の上昇は同等、というわけである。

　高地に行くと、その到着直後に有酸素性能力（$\dot{V}O_2max$）は12〜16%低下する。しかしパフォーマンスが受ける影響は6〜8%にすぎない。なぜなら高地では空気密度が低いため、ランニングの「コスト」（酸素摂取量）が低地に比べて低くなるからである。要するに有酸素性

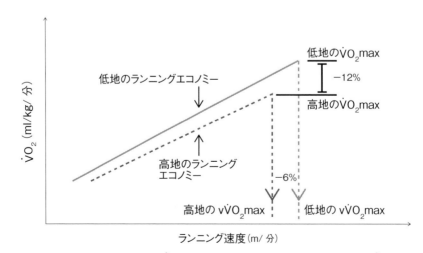

図6.1■高地と低地との差（$\dot{V}O_2max$、ランニングエコノミー、$v\dot{V}O_2max$）

能力がいくらか低下しても、ランニングエコノミーが上昇する分、パフォーマンスの何割かは取り戻せるということだ。

図6.1は、ある平均的な長距離ランナーの低地と高地におけるデータであり、それぞれのランニングエコノミー、$\dot{V}O_2max$、$v\dot{V}O_2max$を示している。この図を見ると、高地に行ってもパフォーマンスや$v\dot{V}O_2max$の低下が$\dot{V}O_2max$の低下の半分にとどまる理由がわかる。

高地におけるトレーニングとレースの注意事項

高地トレーニングをしようとするとき、いつもランナーの悩みの種となるのは、トレーニングのルーティンである。普段のトレーニングを変えるべきか否か、もし変えるとしたら、どう変えるべきか、という問題だ。まずトレーニングの量に関しては、低地で行っている普段の量を変える必要はない。これは確信を持って言える。例えば低地で1週間に129km（80マイル）走っていたら、高地に到着した直後から同じ量をこなせるはずである。さらに言えば、**T**ランニング、**I**ランニング、**R**ランニングにかける時間も通常と同じでよい。

なぜ、どれも時間を減らす必要がないのか。それは、各タイプのランニング速度が、有酸素性能力の低下に伴い、それぞれ若干遅くなるからである。有酸素性能力が低下すると、どのタイプのトレーニングも、低下したあとの$\dot{V}O_2max$に応じたスピードになるわけだ。

ただし、スピードを調整すべきでないトレーニングが、1つある。レペティションだ。**R**トレーニングは、高地でも低地と同じスピードで行ってよい。リカバリーの時間を長くする必要があるかもしれないが、それでも練習効果が損なわれることはない。なぜなら、レペティショントレーニングを行う目的が、スピードとランニングエコノミーの向上にあるからだ。よって、その練習がいつもどおりにできるように、リカバリーを調整しよう。

高地トレーニングを取り入れる

私はこれまで、さまざまな立場で高地を（低地も）経験してきた。選手としてトレーニングや競技を行い、研究者としてテストを実施し、コーチとして長距離ランナーを指導してきたのである。以下は、その経験を通じて学んだ、高地トレーニングのポイントである。

1. 高地から低地に一旦帰って何日間か過ごし、その後、さらに標高の高いところに時々行く。これが私がよくとる方法である。高地の空気は、きれいで、からっとしていて、涼しいものだ。理想的な気候だから、ただ**E**ランニングをするだけで、たいていは低地よりも心地よい。いつも暑くてジメジメしているところに寒冷前線が通過した感じ、と言ってもいいかもしれない。夏場に高地へ行くということは、一般的な低地に住むランナーにしてみれば、高温・高湿度の環境から逃れて、涼しく、からっとしたなかでトレーニングができるということだ。高地に行って**E**ランニングをするとき、ランニング強度は呼吸のリズムで決める。低地と同じくらいの主観的強度で呼吸ができているだろうか？と考えながら走るといい。
2. 低地に住んでいる普通のランナーならば、高地に到着した直後から距離を抑える必要はない。しかし、時間があるというだけで急激に距離を増やしてはならない。要するに、

Part
I
フォーミュラを
理解する

1 2 3
4 5 6
7 8 9

1 第1章
ランニングの
成功を
決める要素

2 第2章
トレーニングの
原理と
テクニックの
ポイント

3 第3章
生理学的能力の
プロフィールと
トレーニングの
プロフィール

4 第4章
トレーニングの
タイプと強度

5 第5章
VDOT

6 第6章
環境に応じた
トレーニング・
高地トレーニング

7 第7章
トレッドミル
トレーニング

8 第8章
体力向上の
トレーニング

9 第9章
休養と補助的
トレーニング

普段と同じ量のトレーニングを行い、低地と同じ要領で距離を増やすのである。

3. **R**トレーニングでは、低地と同じペースで走る。ただし、リカバリーに関しては、低地よりも若干長くしたほうがいいかもしれない。**I**トレーニングでは、低地と同等のトレーニングを行うには、400mあたり3〜4秒遅くし（疾走区間が長めの場合）、リカバリーの時間は普段どおりにする。**T**トレーニングも、1kmあたり8〜10秒、ペースを遅くする。**E**ランニングと**L**ランニングでは、主観的強度に従い、通常どおりの呼吸リズムで走る。

4. 高地のレースでよい結果を出すには、テクニックを適応させるために、事前に高地で練習レースを走っておく。本命のレースまで何ヵ月かあいだが空いてもそれは同じである。

5. トレーニングのストレスにはいくつかタイプがあるが、高地トレーニングも、その1つと考えること。実際、高地のトレーニングでは、多くのランナーが低地よりも苦しく感じるが、それを経験することで追い込むことを知り、苦しさにうまく対処できるようになる。

6. 高地トレーニングのあとは、低地のコンディションに身体を慣らすため、低地順化の期間を置くとよい。選手たちからは、レースでベストパフォーマンスを出すには低地に帰った直後に走らなければならない、という声をよく聞くが、そういうことはない。特に、高地トレーニングのあいだに低地に帰っていた回数が少ない場合は違う。

7. パフォーマンスに表れる高地トレーニングの効果を一時的なものと考えるのは、筋違いだ。実際、多くの選手が高地トレーニングによって体力レベルを一段階アップさせ、低地に帰って何ヵ月か経っても、パフォーマンスをそのまま維持している。その鍵は新たなレベルのストレスにある。つまり、トレーニングプログラム全体のストレスをレベルアップさせ、獲得した能力を維持するのである。高地トレーニングによってパフォーマンスがよくなったということは、体力が向上したということだ。その体力に、（各トレーニングのペースを上げることで）新たなトレーニングストレスが加わるかぎり、向上した能力が失われることはない、というわけである。週間走行距離を増やして体力が向上するのも、同じことだ。ただし、体力がどんな方法で向上しようと、向上したレベルに応じた運動ストレスを与え続けることが必要である。

8. 高地トレーニングをすると決めたら、信じて行うことだ。しかし、効果がないと判断したら、躊躇せずに、方針を変えよう。

9. 長距離ランナーが高地にトレーニングに行くと、得てして初日のほうが、2、3日後よりも調子がいい。高地に移動した最初の数日間にかなりの脱水が生じることは珍しくない。水分をたくさん摂り、血液量の維持に努めることが重要だ。また、定期的に休養をとることも大切である。

10. 高地というストレスに対する適応は、継続的に高地環境に曝露されているあいだに生じるようである。そしてその適応は、断続的な低地への曝露によって加速すると思われる。24時間蓄尿検査により尿中のアドレナリン値とノルアドレナリン値を測定した研究では、数日間低地に帰ってから高地に戻ると、その直後の1日あたりのストレスレベルが低下する、と示されている。

Part
I
フォーミュラを
理解する

1 2 3
4 5 6
7 8 9

1 第1章
ランニングの
成功を
決める要素

2 第2章
トレーニングの
原理と
テクニックの
ポイント

3 第3章
生理学的能力の
プロフィールと
トレーニングの
プロフィール

4 第4章
トレーニングの
タイプと強度

5 第5章
VDOT

6 第6章
環境に応じた
トレーニング・
高地トレーニング

7 第7章
トレッドミル
トレーニング

8 第8章
体力向上の
トレーニング

9 第9章
休養と補助的
トレーニング

800mからハーフマラソンの幅広い種目で数々の記録を打ち立てたバーナード・ラガトも、高地トレーニングを取り入れた選手だ。「キープ・フレッシュ」を旨に、20年間とてつもないハイパフォーマンスを維持した。

11. 普段住んでいる低地から高地に移動してトレーニングを行い、そのまま高地のレースに出る場合は、移動直後にタイムトライアルを行うか練習レースに出るといい。これは一般的なアドバイスとは逆だが、トライアルでいち早く現実を知れば、高地でいいレースをするために変えるべき点を、積極的に受け入れるようになる。さらに2週間後、2回目のトライアルを行えば、パフォーマンスはきっと向上しているだろう。これは進歩したという証だから、心理的にも強い後押しとなる。

12. 高地トレーニングは低地と同じトレーニング量、同じ相対的強度で行ってもかまわない。ただし、最初は低地のトレーニングよりきつくならないようにする。低地と変わらないスピードでRトレーニングをしようとする場合は、リカバリーの時間を延ばさなくてはならないこともある。練習の目的がスピードとランニングエコノミーの向上にあるなら、その目的を達成する走りでなければならないのだ。

13. 持久系アスリートが高地トレーニングを行うと、高地への適応だけでなく、体力のレベルアップも期待できる。そうだとすれば、高地だけでなく低地のパフォーマンスが向上しても何ら不思議ではない。

高地でスピードを維持する

何度でも言う。「この練習の目的は何か?」という問いには、いつでも答えられなければならない。トレーニングはどこで行おうと、強度は5種類だ。つまり、E（イージー）、M（マラソンペース。マラソンを専門とする選手が主として用いる）、T（閾値ペース）、I（インターバルペース）、R（レペティションペース）である。各タイプのトレーニングに高地環境がどう影響するのか、見ていこう。

一般的には、楽なペースで長時間続けて走ると目覚ましい効果があると考えられている。しかし、トレーニングはそれだけではない。もっと速いランニングも行う。異なるトレーニングを行うのは、人間の身体を成す生理学的要素、バイオメカニクス的要素のそれぞれに運動ストレスを与えるためだ。レジスタンストレーニングもトレーニングの一部である。これはバウンディングドリルや坂道走といった形で行うが、その目的は脚のパワーの向上にある。また、比較的短い時間で行う速いランニングは、スピードとパワーを向上させ、速いレースで経済的に走る技術を習得するために行う。そして、TランニングとIランニングは、持久力を向上させること、有酸素系に最大限のストレスを与えることが、それぞれの目的である。

問題は、パワーやスピードという意味で、手加減が必要なのはどのタイプのトレーニングか? ということである。週間走行距離の約85%を占める「楽なペースで長時間」のランニングでないのは確かだ。Eランニングには、59%$\dot{V}O_2max$から74%$\dot{V}O_2max$までという強度の幅がある。そして、高地で$\dot{V}O_2max$が低下しても、通常60%$\dot{V}O_2max$のところを68%で行えば、速度は変わらない。さらに、70%$\dot{V}O_2max$のランニングが脚のパワーやスピードに密接にかかわるとは、とても思えない。したがって、Eランニングのスピードは高地でも変えないのだ。

では次に、速いRトレーニングについて考えてみよう。高地では、短時間であれば低地よりも速く走れることは、よく知られている。Rトレーニングでは通常30〜90秒程度のランニングを繰り返す。この程度の時間なら、十分にリカバリーの時間をとるかぎり、高地であることはマイナスにならない。速いランニングを繰り返す目的の1つは、動作の改善とスピードの向上にある。十分なリカバリーがあれば、この目的は達成できる。

そうなると、残るはRトレーニングよりも長いIトレーニングとTトレーニングだけである。通常、この2つのトレーニングでは、低地よりスピードを遅くする。しかし、その練習量には注意が必要だ。たとえIトレーニングとTトレーニングに重点を置くフェーズであっても、こ

のような質の高い練習が週間走行距離の10%を超えることは滅多にない。もう1つ忘れてならないのは、Tトレーニングのいちばん大きな目的である。Tトレーニングの主目的は、乳酸を素早く除去するよう身体に覚え込ませることだ。これが高地の若干遅くなったペースでも可能なら、練習の目的は達成できることになる。

　もう一方のIトレーニングだが、有酸素系に最大の運動ストレスを与えるのが目的であり、実際、関連する主な器官（肺、心臓、活動筋に血液を運搬する血管）は、高地でも低地と同じように激しく働いている。有酸素性代謝のために細胞が受け取る酸素量は低地ほど多くはないが、その少ない量で、可能なかぎり激しく機能しているのだ。

　このように、$\dot{V}O_2max$を向上させるIトレーニングのペースは遅くなるが、そのことでスピードや脚のパワーが落ちる不安があるなら、低地と同じスピードで走れるような緩い下り坂を探して走ればいい。あるいは、Iトレーニングのフェーズを高地トレーニング以外のシーズンに設定するという手もある。しかし私自身は、高地で行うIトレーニングには自分を追い込む側面があるため、多少ペースが遅くなってもそれを補って余りある効果がある、と考えている。

　高地での強度低下については、もう1つ指摘しておきたいポイントがある。それは、オーバートレーニングやケガに関わることだ。高地ではTトレーニングやIトレーニングの強度を落とさざるを得ないが、逆にそれがいい結果を生んだ長距離ランナーの例を、私はいくつも目にしてきた。その理由は2つある：

・ランナーの多くは、効果を得るのに必要な速度よりも速いペースでトレーニングをしている。そのため、高地で落としたペースが、実はちょうどよいペースである。
・軽いケガをいくつか抱えていても、高地では部分的にスピードを落とさざるを得ないため、2週間ほど高地トレーニングをすると、たいていケガはすっかり治っている。

　自分のトレーニングに悪影響があるように思えても、プラスになることもあるのだ。

高地でのレース

　高地滞在中にレースがある場合は、レース運びを調整しなければならない。何よりも重要なのは、序盤が速すぎないようにすることだ。この「速すぎる」とは、低地で行われる同じ距離のレースのスタートよりも速く走ろうとする、という意味である。

　表6.1は、調整する時間を、レースの継続時間別、標高別に示したものである。これを見れば、高地のレースが初めてであっても、ペースをどれだけ調整するべきかわかる。ただし、それぞれの調整時間は、ある程度の期間を高地で過ごしたランナーを想定したものだ。したがって、レース前に高地順化する時間がない場合は、この表よりもかなり遅くしなければならない。高地でのレース中、若干ペースを上げていくタイミングは（ペースがきつすぎると感じていないことが条件だが）、少なくとも中盤以降である。

　しかし、高地でも全力で走らなければならないことはある。選手権大会のような大きなレースになるとそんな機会は滅多にないが、そこそこ重要なレースでは珍しくない。そこでいちばん気になるのは、次のようなことだろう：

Part
I
フォーミュラを
理解する

1　2　3
4　5　6
7　8　9

1　第1章
ランニングの
成功を
決める要素

2　第2章
トレーニングの
原理と
テクニックの
ポイント

3　第3章
生理学的能力の
プロフィールと
トレーニングの
プロフィール

4　第4章
トレーニングの
タイプと強度

5　第5章
VDOT

6　第6章
環境に応じた
トレーニング・
高地トレーニング

7　第7章
トレッドミル
トレーニング

8　第8章
体力向上の
トレーニング

9　第9章
休養と補助的
トレーニング

表6.1■高地で行われるレースのタイム調整

標 高	1,000 m	1,500 m	2,000 m	2,250 m
レースの継続時間（分）	加算する時間（秒）			
5	1.5	3.75	6.0	7.75
10	4.25	12.5	21.0	25.5
20	9.75	30.0	51.0	61.0
30	15.25	47.5	81.0	96.5

Run SMART Project 設計のJack Daniels' Running Calculatorにより作成

1. 高地のレースではどのくらいタイムが遅くなるものなのか？
2. 高地のレースではどのようなレース運びがベストか？

　1番目に関しては表6.1を参照してほしい。標高とレースの継続時間によって、それぞれどれくらい遅くなるのかがわかる。

　2番目に関しては、重要なファクターが2つある。それはレースの継続時間と、レースへのアプローチの仕方だ。短いレースが標高の影響を受けないということはよく知られている。短いとは、800m以下のレースのことである。通常よりも若干苦しいかもしれないが、レースという真剣勝負の場であれば、800mを低地と同じくらいのタイムで走ることはできるはずだ。実際、1968年、メキシコオリンピックの800mで優勝した選手（低地の居住者）は、決勝レースをオリンピックタイ記録で走っている。

　レースへのアプローチはどうだろう。もちろん、高地のレースでは駆け引きも大きくものをいう。しかし、それを別にすれば、最初の何分間かを少し慎重すぎるくらいに走るのがベストである。低地と同じペースで走り始めると、無酸素性エネルギーの必要量は間違いなく増える。そうなれば、レース後半で必ずペースは落ちる。

高地トレーニングと低地トレーニングを交互に行う

　長距離ランナーの高地でのパフォーマンスは、2、3週間高地でトレーニングをすると大幅に向上するものだが、定期的に低地に帰って練習やレースを行えば、力はもっとつく。高地滞在中に時おり低地に帰れば、高地に長期滞在していても低地での本来の能力は落ちていない、と実感できるのだ。

　ある程度の期間、高地に滞在することができるなら、高地と低地を何回か行ったり来たりするといいだろう。毎日往復する必要はない。2、3週間高地に滞在したあとに1週間ほど低地に帰り、再び高地に戻ると大きな効果がある。体力が低下していないことは、高地の練習でも想像がつくかもしれないが、2、3日低地に帰り、体力がまったく落ちていないことがはっきりすれば、心理的に弾みがつく。これが最大のメリットである。事実、何日か低地に帰っているあいだに前回の低地滞在時よりもパフォーマンスが上がることは、珍しくない。

　このメリットのことを、私は「高地で追い込めるようになった」という言葉で表現している。

Part
I
フォーミュラを
理解する

1 2 3
4 5 6
7 8 9

1 第1章
ランニングの
成功を
決める要素

2 第2章
トレーニングの
原理と
テクニックの
ポイント

3 第3章
生理学的能力の
プロフィールと
トレーニングの
プロフィール

4 第4章
トレーニングの
タイプと強度

5 第5章

VDOT

6 第6章
環境に応じた
トレーニング・
高地トレーニング

7 第7章
トレッドミル
トレーニング

8 第8章
体力向上の
トレーニング

9 第9章
休養と補助的
トレーニング

実際、「追い込む」レベルに相当するペースは、前回の低地滞在時に比べて、若干速くなっているのだ。もう一歩自分を追い込めるようになる。これが高地トレーニングのもたらす大きな効果の1つと言ってもいいくらいだ。

しかし、一定期間低地に帰って練習する、と言うと、低地に帰ればすぐに体力が落ちるのではないか、という反論に必ず遭う。低地に帰って2、3日もすれば高地で何かを得たとしても失われてしまう、という話もよく聞くだろう。私はこうした声を聞くたびに、そんなことは絶対にない、と思うのだ。

このように考えてはどうだろう。高地にいるあいだに体力が向上したということは、文字どおり、以前に比べて体力がついたということであり、一時的な改善ではない。これは走行距離を増やすのと同じである。何週間か長い距離を踏むと（何らかの体力要素が改善した結果）、レースパフォーマンスが向上する。その後もランニングに関わる身体システムにストレスを与え続けるかぎり、走行距離が多少減っても、体力低下を心配する必要はない。

低地に帰って2、3週間もすれば高地で得たパフォーマンス能力もなくなる、と言われるのは、そういうケースが多いからである。でもそれはなぜだろう？　大きな大会の前になると高地で練習するランナーは大勢いる。彼らは高地トレーニングのあと低地に下りてレースを走り、大多数はそこでシーズンを終える。この場合、体力が落ちたのは低地に帰ったからなのだろうか、それともトレーニングをそこでやめてしまったからなのだろうか？

私はかつて、選手たちに1ヵ月間の高地トレーニングをさせたあと、ヨーロッパ遠征に連れて行ったことがある。選手たちはその後高地に戻ってレースに参加したが、遠征前よりも速く走ることができた。また、あるランナーは高地に6週間滞在したあと地元に帰り、5kmで自己ベストを出した。そして、10ヵ月間の低地滞在中に次々と自己ベストを塗り替え、米国選手権、パンアメリカン競技大会をも制した。つまり彼は一度も高地に戻ることなく、低地滞在のほうが長かったにもかかわらず、記録を伸ばしたのである。持久系アスリートが低地の厳しい環境（暑さ、湿気、勉強や仕事、個人的なストレス）を逃れて高地で一定期間トレーニングを行い、低地に帰ってパフォーマンスを大幅に伸ばす。こんなことは何も珍しくない。私は長年そう主張してきた。

高地トレーニング後に走る低地のレースについて

高地でのパフォーマンス向上を実感するには、通常、2週間ほど高地にいる必要がある。しかし、低地のレースに出るタイミングに関しては、人によってかなり差があるようだ。低地に帰ってからどのくらい経てば、ベストパフォーマンスは出せるのか。その決め手の1つは気候である。高地はたいてい涼しく、湿度も低い。低地に帰ったあとに待っているのが高温・高湿度のレースの場合、レースに似た環境に1週間以上身体を慣らしたほうがいいかもしれない。逆に、低温・低湿度の場合は、高地から帰った直後でもいいレースをする準備ができているといえるだろう。

低地に帰るタイミングは、レースの種目によっても異なる。基本的には、レースの距離が長いほど低地のコンディションに慣れる時間も長くとる。これがベストパフォーマンスを狙うには必要だと、私は考えている。

私の高所研究に協力してくれた被験者のなかに、ジム・ライアンがいる。類まれなランナーであり、私の親友でもある。その彼が1マイルを世界記録（3分51秒1）で走ったのは、3週間の高地トレーニングから帰った日の夜のことだ（1967年6月23日）。この2週間後、彼は1,500mでも世界記録（3分33秒1）を樹立した。これは低地に帰った日の翌日である。ただし、両方とも短い距離のレースであることに注意してほしい。そして高地に滞在したあと、低地に帰ったときによく起きる現象、──過換気──についても、知っておいてもらいたい。過換気とは、必要以上に呼吸をすることである。高地では呼吸量が増えるが、低地に帰ったあと、それほど呼吸する必要がないとわかるまでには、何日かかかる。そのため、こうした現象が生じるのである。しかし、1,500mや1マイルなどの比較的短いレースでは、自分がどれだけ荒い呼吸をしているか気づくころには、レースはほとんど終わっている。

　こうしたレースと、距離のうえで対極にあるのがマラソンだ。マラソンの場合、コンディションは高地よりも低地のほうが厳しくなる可能性がある。気温と湿度の面では特にそうだ。高

マーティ・リクオリと競っているジム・ライアン（左）。3週間の高地トレーニングから帰った日の夜、1マイルの世界記録を樹立した。（※監修者注：高地開催のメキシコオリンピックで金メダル）

表6.2 ■ 気温がマラソンのタイムに及ぼす影響

Part
I
フォーミュラを
理解する

1 2 3
4 5 6
7 8 9

タイム：2時間25分の場合

気温	加算する時間		水分喪失量（概算：ml）	
℃	合計	5kmごと	毎分	2時間25分合計
12.8	0:00	0秒	13.0	1,885
15.6	1:07	8秒	14.5	2,105
18.3	2:14	16秒	15.7	2,275
21.1	3:21	24秒	16.9	2,450
23.9	4:28	32秒	18.1	2,625
26.7	5:35	40秒	19.4	2,815
29.4	6:42	48秒	20.7	3,000
32.2	7:49	56秒	22.1	3,200

タイム：2時間7分の場合

気温	加算する時間		水分喪失量（概算：ml）	
℃	合計	5kmごと	毎分	2時間7分合計
12.8	0:00	0秒	16.5	2,145
15.6	0:59	7秒	18.1	2,350
18.3	1:58	14秒	19.6	2,550
21.1	2:57	21秒	21.2	2,755
23.9	3:56	28秒	22.8	2,965
26.7	4:55	35秒	24.4	3,170
29.4	5:54	42秒	25.9	3,370
32.2	6:53	49秒	27.5	3,575

Run SMART Project 設計のJack Daniels' Running Calculatorにより作成

1 第1章
ランニングの
成功を
決める要素

2 第2章
トレーニングの
原理と
テクニックの
ポイント

3 第3章
生理学的能力の
プロフィールと
トレーニングの
プロフィール

4 第4章
トレーニングの
タイプと強度

5 第5章
VDOT

6 第6章
環境に応じた
トレーニング・
高地トレーニング

7 第7章
トレッドミル
トレーニング

8 第8章
体力向上の
トレーニング

9 第9章
休養と補助的
トレーニング

地は低地に比べ、からっとしていて涼しいことがほとんどである。マラソンのために低地に帰っても、気温も湿度も高いとなれば、10〜14日間は身体がうまく反応しないだろう。さらに、呼吸が落ち着いて全般的に調子がよくなるのは、何日も先のことだ。

　そのほかの距離ではどうか。レースの距離が1マイルを超えたら、低地に帰ってすぐに走るよりも、1週間かそれ以上の期間をおいたほうがいいだろう。気象条件が高地と異なる場合はなおさらである。高地トレーニング中に何回も低地に帰っていた選手は、長いあいだほとんど帰らなかった選手よりも、低地のレースへの備え方がよくわかっているものだ。

　このように、低地には何回か（1回につき1週間程度）帰るといいと思う。低地に何日間かいれば、精神的にも身体的にもプラスになることがあるからだ。**表6.2**に、気温がマラソンのタイムに及ぼす影響を2例（2時間7分のランナーの場合と2時間25分のランナーの場合）示した。

Part
I
フォーミュラを
理解する

1 2 3
4 5 6
7 8 9

第7章

トレッドミル
トレーニング

きつければ効く、とはかぎらない。

自分たちには他の競技の選手よりも大きなアドバンテージが1つある、と我々ランナーの大多数は思うものだ。平たく言うと、ランニングはシンプルで制約がないから他の持久系競技よりもいい、というわけである。たしかにランニングはどこでもできて、お金もかからない。ではどうしてトレッドミルで練習するのだろう?

湾岸戦争のころの話だが、私はある海兵隊員の指導をしていた。身長193cm、体重84kg。私の指導を受けていた1年間、彼はほぼずっと週128kmの練習をキープした。マラソンを目指すランナーとしては妥当な練習量といえる。しかし、航空母艦の甲板だけでその練習量をこなしていたことを考えると、トレッドミルの練習も、そこまで窮屈なものとは思えなくなる。

私は、ある州の刑務所で服役していた受刑者たちの指導をしたこともある。その刑務所では、毎年マラソンレースが行われていた。塀の内側に沿った1.6kmのコースを周回するわけだが、1周するあいだに、草地、アスファルト、土、コンクリートとさまざまな路面が現れる。それでも、毎週64kmを走る受刑者がいたのだ。また、毎日往復の通勤ランをしている人も、私は知っている。数年前、メールで指導していたランナーだ(ちなみにニューヨーク在住である)。強風が吹く寒さの厳しい日は車で帰宅することもあったそうだが、そんな日でも距離は稼いでおきたいと、リビングのなかを1時間半ほど走っていたらしい。

そしてもう1人。それは私がかつて毎日見かけていたランナーだ。大学院にいたころ、研究室脇のトラックに走りに来ていた、法学部の学生である。来る日も来る日も姿を現す彼は、いつも永遠に走り続けるかのように見えた。ある日、私はとうとう外に出て行って、数km併走しながら彼に言葉をかけた。そうしてわかったのは、週に6日、400mトラックを80周しているということだった。髪は丸く剃り、身につけているのはハイカットのバスケットシューズ(それに分厚いウールのソックス)と赤い木綿の短パンのみ。噂によると、寒い日は半袖のTシャツを着ていたようだが、私自身はその姿を目にしたことがない。これは3月のミシガンの

Part
I
フォーミュラを
理解する

1 2 3
4 5 6
7 8 9

1 第1章
ランニングの
成功を
決める要素

2 第2章
トレーニングの
原理と
テクニックの
ポイント

3 第3章
生理学的能力の
プロフィールと
トレーニングの
プロフィール

4 第4章
トレーニングの
タイプと強度

5 第5章
VDOT

6 第6章
環境に応じた
トレーニング・
高地トレーニング

7 第7章
トレッドミル
トレーニング

8 第8章
体力向上の
トレーニング

9 第9章
休養と補助的
トレーニング

話である。アリゾナのような暖かい南部の話ではない。ある時、私はこのトラック野郎に「たまには周回数を減らしてペースを上げてみては」と言ってみた。すると「僕は身体を鍛えているんじゃない、勉強を忘れてしばらく1人になりたいんだ」という言葉が返ってきたのである。これを聞いてもなお、トレッドミルがいちばん退屈だと思う人はいるだろうか。

トレッドミルで走るのも悪くないと思わせるシチュエーションはまだある。想像してみてほしい。7月のフェニックス、2月のミネソタ（またはコートランドやニューヨーク）、8月のマイアミ。屋外で走る気になるだろうか？

さらに、世界のトップランナーを集めたトレッドミルの大会でも想像してみればいい。どのようなイベントになるだろう。広い体育館で一堂に会したランナーたちは、お互いの顔を見ながら各々持参したトレッドミルに乗って走る。室内は常に気温15℃、湿度30%に設定。優勝者は最も早く走行距離が42.195mに達したランナーだ。トレッドミルの速度はいつでも好きなだけ変えられる。飲み食いも自由。トイレも近くにある。体重計に飛び乗って脱水になっていないか、チェックもできる。そんな感じだろうか。

結局、何が言いたいのかといえば、トレッドミルはどんなランナーにとっても便利な存在、ということだ。悪天候の日だけではない。天気のいい日でも、走りをコントロールしなければならない場合や、故障明けでリハビリを行う場合は、トレッドミルが重宝する。トレッドミルでできることはいくらでもあるし、飽きないようにすることも可能だ。

トレッドミルの最大の利点は、運動強度を正確にコントロールできることにある。気象条件がいい場合、地上のランニングで強度をコントロールするには、ランニング速度を変えるしかない。しかしトレッドミルでは速度と勾配の組み合わせがほぼ無限に考えられるため、好きな強度で運動できる。ランニングの速度をかなり遅くしても勾配をそれなりに設定すれば、エネルギー需要はどんなランニング速度とも同等になるのだ。

いっぽう最大の欠点は、練習パートナーや集団と一緒に走れないことだろう。しかし、1台のトレッドミルを2人で交互に使えばいい練習になる。例えば、勾配をきつく設定し、1分間のランニングと1分間の休息（トレッドミルから降りて休む）を繰り返すというメニューにすれば、交代でトレッドミルに乗り降りするだけで練習ができる。私は何年もこの方法で大学生に練習をさせ、大きな成果を上げてきた。

逆に、人によっては（私もそうだが）、1人で走りたいときもある。その環境をくれるのがトレッドミルである。昔のことになるが、研究室に勤務しトレッドミルを使った実験ばかりしていたころ、私は早めに出勤して、同僚がやって来る前に1時間走っていた。トレッドミルでは、息遣い、腕の振り、脚の運びがどうであろうと、自分の走っている速度は決まっているし、走行距離もちゃんとわかる。これほどシンプルでリラックスできることが、ほかにあるだろうか？

とはいえ、眠くなるほど強度の低い持続走にする必要はまったくない。ちなみに、私はトレッドミルで走るときに腕時計はつけず、秒針の長い大きな壁掛け時計をずっと使っていた。しかもそれを掛けていたのはトレッドミルの正面ではなく、脇の壁だ。正面にあればどうしても1分ごとに見つめてしまうが、側面なら首を横に振らないかぎり時間は確認できない。こうした時計でも、運動時間と休息時間は計測できるし、心拍数が気になるなら秒針で確認すること

アメリカを代表するトライアスリート、ハンター・ケンパー。彼もトレッドミルはトレーニングに重宝すると言う。エリート、ノンエリートを問わず、世界中の持久系アスリートが同じように感じている。

もできる。外を走る自由を諦めてトレッドミルで我慢するのなら、せめて余計な物は身につけないでおきたいものだ。自宅のトレッドミルなら、Tシャツを着る必要さえない（ついでに言えばランニングパンツも要らない）。

■ 持続的ランニングと断続的ランニング

　ランナーが行うトレーニングには2種類しかない。1つは持続的なランニング、もう1つは断続的なランニングである。持続的ランニングとは、一定の強度で走り続けるノンストップのランニングのことである。強度は、低いとき（ウォーミングアップの初めやクーリングダウン、回復走など）もあれば、中程度のとき（MペースやTペース）もある。

　強度がTペースを超えると、たいていはIトレーニングやRトレーニングのような断続的なランニングになる。Iトレーニング・Rトレーニングの目的は、有酸素系に最大のストレスを与えること、または、動作、スピード、ランニングエコノミーを向上させることにある。断続的トレーニングとは簡単に言うと、ハードなランニングとリカバリーをミックスした練習のことだ。リカバリーには軽い運動をする場合としない場合とがあり、通常、ハードなランニングがハードであるほど、リカバリーの時間は長くとる。その点、トレッドミルならばコントロールが簡単だ。また、1回の練習のなかで、強度や時間、リカバリーをさまざまに変化させることもある。これは、ファルトレクトレーニングと呼ばれている。

傾斜を使ったトレーニング

Part
I
フォーミュラを
理解する

1 2 3
4 5 6
7 8 9

1 第1章
ランニングの
成功を
決める要素

2 第2章
トレーニングの
原理と
テクニックの
ポイント

3 第3章
生理学的能力の
プロフィールと
トレーニングの
プロフィール

4 第4章
トレーニングの
タイプと強度

5 第5章
VDOT

6 第6章
環境に応じた
トレーニング・
高地トレーニング

7 第7章
トレッドミル
トレーニング

8 第8章
体力向上の
トレーニング

9 第9章
休養と補助的
トレーニング

トレッドミルが地上のランニングよりもはるかに大きなアドバンテージを発揮するのは、傾斜を使ったトレーニングである。屋外のランニングには、どうしても上りと下りの両方がついてくる。それが望みならば問題はないが、普通は上りの練習効果は欲しくても、上りの前に走る下りのデメリットは避けたいところだ。トレッドミルではそれが簡単にできる。しばらく上りを走ったあと、トレッドミルから降りて休息し、再度上りを走ればいいだけである。この上りだけの練習が適しているのは、ケガの治りかけだ。下りを走れば着地の衝撃で悪化するが、衝撃の少ない上りならその心配はない。そういうケガをしているときに最適なのが、トレッドミルトレーニングなのである。かなり遅いペースでも十分な勾配があれば、きつい練習になる。

しかし、ボストンマラソンのような、上りだけでなく下りも多いレースに向けて対策をしたい人もいるだろう。トレッドミルでは上りと下りの両方の練習をすることも可能だ。一般的なトレッドミルで下りの状況を再現するには、後部を頑丈な木材ブロックで持ち上げればいい（私は枕木を使っている）。例えば、勾配20％まで上げられるトレッドミルを持っている場合、後部を持ち上げて目盛が5％になったときに、ベルトが水平になれば（水準器で測定する）、目盛が0％のときは勾配−5％になっているわけである。つまり−5％から+15％まで勾配が設定できることになる。この際に重要なのは、揺れても、また不意に誰かに蹴られてもブロックが外れないよう、トレッドミルをしっかりと固定することである。

下りでひとつ注意しなければならないのは、接地するときの衝撃だ。接地の衝撃は、上りでは減少する分、下りでは増幅する。よって、下る回数は徐々に増やしていくのが賢明である。勾配や速度を上げてきつい設定にするのは、4週間ほど同じ設定でトレーニングをしたあとだ。ペースが速すぎたり、あるいは勾配が2％、3％を超えたりすると、大腿四頭筋の筋肉痛悪化に直結することもある。したがって、レースの2〜3週間前は、下りのトレーニングストレスを増やさないこと。また、重要なレースまで4〜6週間という段階になったら、新たに下りのトレーニングは始めないようにする。

新しいことを試すのは、どんなタイプのトレーニングであっても、オフシーズンか長期プログラムの初期にすること。大方の人にとって、トレッドミルは水平か勾配を緩やかに上げた状態でトレーニングすることがほとんどである。下りのトレーニングは、ダウンヒルのあるレースを走る予定がないかぎり、一般ランナーにとっても、エリートランナーにとっても、考える必要はない。

トレッドミルトレーニングの強度

トレッドミルトレーニングをできるだけ飽きないものにしたい、もっとバリエーションを持たせたい。そういう思いから、私はトレッドミルトレーニングの強度表を作成した。この表で速度と勾配の組み合わせを確認すれば、身体に最適なストレスをかけられる。常に速いペースで走らなくても、目標のトレーニングストレスに到達できるのが、この強度表の大きなメリッ

トの1つである。マシンによっては十分な速度に届かず、理想のIトレーニングができないこともある。しかしそこに勾配を加えれば、望んだトレーニング効果が得られるというわけだ。

　表7.1がその表である。それぞれの勾配と上段に示した速度を組み合わせると、左から2番目、3番目の列に示したランニング速度（1kmペース・1マイルペース）と同じ強度になる。例えば、1km3分52秒という速度のランニングと同じ強度は、勾配10.2％・9.7km/時（6mph）、7％・11.3km/時（7mph）、2.3％・15.3km/時（9.5mph）の組み合わせで実現できる（訳者注：mphはマイル毎時）。また、1km2分38秒（400m63秒）の強度は、21.2％・9.7km/時（6mph）の組み合わせのほか、同じ段（右端が4.3％の段）のどの組み合わせでも実現可能である。なお、ランニング速度（1kmペース・1マイルペース）は、左端の列の$\dot{V}O_2$（5mlごとに表示）に相当すると思われる、標準的な例として示した。

　同じことはもっと遅い速度ときつい勾配で行うこともできるが、**R**トレーニングに近い練習をしようとするなら、速めの速度で行ったほうがいい。トレッドミルが最も適しているのは、Iタイプのトレーニング、**T**トレーニング、持続的なランニングである。Iトレーニングの場合はきつい勾配と遅めの速度にすると非常にいい練習になると思う。30秒のランニングを、合間に30秒の休息を入れて20回繰り返してみるといい。それでさほどきつくなければ、1分のランニングと1分の休息で10回繰り返す。この練習には、同じ強度で練習したいランナーが2人いれば、1つのトレッドミルをシェアできるというメリットがある。つまり1人が走っているとき、もう1人は休息する。そして例えば30秒ごと、あるいは1分ごとなど、メニューに応じて定期的に入れ替わるのだ。また、勾配を1％上げれば、ランニング速度を1kmあたり約6～9秒（1マイルあたり10～15秒）上げたのと同等になる。

　強度表は自分独自のものを作ることもできる。トレッドミルで練習するたびに異なる速度と勾配の組み合わせを試し、それぞれどれくらいきつく感じたか、記録しておこう。私としては、2.5％・9.7km/時（6mph）から始めることを勧めたい。その次に5％・9.7km/時（6mph）、そして7.5％・9.7km/時（6mph）のように、勾配を10％、12.5％、15％、17.5％と、20％まで上げていく。また別の練習では、11.3km/時（7mph）をさまざまな勾配と組み合わせて試したあと、速度を12.9km/時（8mph）、14.5km/時（9mph）、16.1km/時（10mph）と変えながら、それぞれ走行可能な勾配と組み合わせる。どの組み合わせでも、5～6分続けて走り、最後の1分間できつさを評価する。評価は次の5段階で行う：

1＝かなり楽、2＝若干きつい、3＝心地よくきつい、4＝きつい、5＝かなりきつい・最大強度

　1は**L**ランニングが難なくできる強度、2は**M**ペース、3は**T**ペース、4は5kmレースの強度、5は5～6分維持できるペースと考えよう。しかし、あまり多くの組み合わせを1回の練習で試そうとしないこと。そして、こなせる範囲で試したあとは、他の練習をするときに最適な組み合わせが選べるよう、表を作成しておく。自分のオリジナルの表を埋めていくには、何週間かかかるが、完成したら、週に2、3回、練習するようにしよう。最初にきついと感じたとしても、時が経つにつれて楽になることもある。違う強度で練習をするときは、意識的にいろいろな組み合わせを使ってみよう。

Part
I
フォーミュラを
理解する

1 2 3
4 5 6
7 8 9

■ 第1章
ランニングの
成功を
決める要素

■ 第2章
トレーニングの
原理と
テクニックの
ポイント

■ 第3章
生理学的能力の
プロフィールと
トレーニングの
プロフィール

■ 第4章
トレーニングの
タイプと強度

■ 第5章
VDOT

■ 第6章
環境に応じた
トレーニング・
高地トレーニング

7 第7章
トレッドミル
トレーニング

■ 第8章
体力向上の
トレーニング

■ 第9章
休養と補助的
トレーニング

こうした「ミニ実験」をしながらだと、トレッドミルトレーニングにもやりがいが生まれ、時間も短く感じられる。気持ちはどうしても、こなしたトレーニングの量より強度の評価に向くからだ。心拍数を毎回測定して記録しておくのもいいだろう。そうすれば、練習を選ぶ際の材料の1つになる。心拍数を5段階に分けると以下のようになる：

1=〜80%HRmax、2=81〜85%HRmax、3=86〜90%HRmax、4=91〜99%HRmax、5=HRmaxまたは現在の1マイルレースペースと同じ強度

表7.1■トレッドミルの勾配と速度の組み合わせによって生じる
強度とそれに相当するランニング速度(9.7〜19.3km/時)

$\dot{V}O_2$	1km ペース	1マイル ペース	トレッドミル速度※												
			9.7 (6.0)	10.5 (6.5)	11.3 (7.0)	12.1 (7.5)	12.9 (8.0)	13.7 (8.5)	14.5 (9.0)	15.3 (9.5)	16.1 (10.0)	16.9 (10.5)	17.7 (11.0)	18.5 (11.5)	19.3 (12.0)
			勾配(%)												
30	5:49	9:19	2.9	1.9	—	—	—	—	—	—	—	—	—	—	—
35	5:09	8:15	4.8	3.5	2.5	—	—	—	—	—	—	—	—	—	—
40	4:38	7:24	6.6	5.2	4.0	3.0	—	—	—	—	—	—	—	—	—
45	4:13	6:44	8.4	6.8	5.5	4.4	3.5	2.6	—	—	—	—	—	—	—
50	3:52	6:11	10.2	8.5	7.0	5.8	4.7	3.8	3.0	2.3	—	—	—	—	—
55	3:34	5:43	12.1	10.1	8.5	7.2	6.0	5.0	4.1	3.3	2.6	2.0	—	—	—
60	3:19	5:19	13.9	11.8	10.0	8.5	7.3	6.2	5.2	4.3	3.6	2.9	2.3	—	—
65	3:07	4:59	15.7	13.4	11.5	9.9	8.5	7.3	6.3	5.4	4.6	3.8	3.2	2.6	—
70	2:56	4:42	17.5	15.1	13.0	11.3	9.8	8.5	7.4	6.4	5.5	4.7	4.0	3.4	2.8
75	2:47	4:27	19.4	16.8	14.5	12.7	11.1	9.7	8.5	7.4	6.5	5.6	4.9	4.3	3.6
80	2:38	4:13	21.2	18.4	16.0	14.1	12.4	10.9	9.6	8.5	7.5	6.6	5.7	5.0	4.3
85	2:31	4:01	23.0	20.0	17.5	15.4	13.6	12.1	10.7	9.5	8.5	7.5	6.6	5.8	5.1
90	2:24	3:51	24.8	21.7	19.0	16.8	14.9	13.2	11.8	10.5	9.4	8.4	7.5	6.6	5.9

※時速(下段のカッコ内はマイル毎時)
※訳者注：本章では1マイル=1.60934kmとして換算
Run SMART Project 設計のJack Daniels' Running Calculatorにより作成

■ トレッドミルのキャリブレーション(正確な測定のための調整)

私もそうだが、几帳面な人間なら、自分が走っている速度は正確に把握しておきたいと思うものだ。それがIランニング、Tランニングなどの質の高い練習ならなおさらである。正確なランニング速度を知るには、トレッドミルのキャリブレーションが必要だ。以下に手順を示す。

1. トレッドミルの電源をオフにし、ランニングベルトの端に細いホワイトテープで印をつける。ベルトの上に巻き尺を置き、ゼロの目盛りをホワイトテープの印に合わせる。ゆっくりとランニングベルトを押して回し、長さを測る。巻き尺の長さによっては何回かに分けて測らなければならないので、必要に応じて鉛筆で小さく印をつけ、そこに再度

巻き尺のゼロの目盛りを合わせる。その際、それまでに測った長さを覚えておくこと。以下同様に、スタート位置に戻ってくるまで計測を続け、合計の距離を0.5cm単位で記録する。ここで仮にランニングベルトが542.9cmあったとしよう。

2. 10回転したときの距離（メートル単位）を求める：5.429×10＝54.29m

3. 計測を始めた位置のランニングベルトの端に、ダクトテープのようなもので目立つ印をつける。こうしておけば、高速で回っていてもわかる。

4. ランニングベルトが10回転する時間を測定してトレッドミルのスピードを求める。測定手順は以下のとおりである。

    a. 自分が走りたい速度でトレッドミルを作動させながら、目印がどこに来たら測定を開始するか決める。

    b. 測定開始点に目印が来たら、ストップウォッチを押す。私はたいてい、目印がトレッドミルの端まで行って見えなくなる地点を開始点・終了点として測定しているが、走りながらではやりづらい。トレッドミルは誰かが乗っている状態で測定するのが理想的である。なぜなら人が乗っているとスピードが遅くなることもあるからだ。走らない人に測定してもらうのが、いちばん簡単である。

    c. 目印が来た回数を数える。ストップウォッチを最初に押したときのカウントはゼロである。そして目印が測定開始点に来るたび声に出してカウントし、10のときにストップウォッチを止める。これを2回以上くり返して、同じタイムになるかどうか確かめること。誤差が0.2〜0.3秒になるまで繰り返したほうがいい。

    d. 例えば10回転したときのストップウォッチの表示が13.03秒だったとしよう。10回転したときの時間をT、距離をDとすると（1.の例では54.29m）、ベルトの速度V（m/分）は、（D×60）÷Tという式で求められる。この例では、（54.29×60）÷13.03＝250m/分となる。

    e. 速度（V）を特定の数値に設定したい場合、その速度にするための時間Tは、（D×60）÷Vという式で求められる。例えば速度を268m/分にするには、52.69×60÷268＝12.15秒となる。

この例でいうと、268m/分（1km3分45秒、1マイル6分）の速度にするには、10回転が12.15秒になるまでトレッドミルを調整するというわけだ。時速(km/時)、1kmあたりのペース、分速（m/分）の関係を理解しておくと便利だ。また、ランニングベルトをどの時速にセットするか、確認しておくといいだろう（訳者注：原著では1マイルペースから分速への換算表が掲載されているが、本訳書では省略する。また、**表7.2は**原著では時速（mph）・1マイルペース・分速（m/分）の対応表であるが、本訳著では時速（km/時）・1kmペース・分速（m/分）の対応表を掲載する）。

表7.2 ■ 時速・1kmペース・分速対応表

時速(km/時)	1kmペース	分速(m/分)	時速(km/時)	1kmペース	分速(m/分)
9.0	6:40	150	14.6	4:07	243
9.2	6:31	153	14.8	4:03	247
9.4	6:23	157	15.0	4:00	250
9.6	6:15	160	15.2	3:57	253
9.8	6:07	163	15.4	3:54	257
10.0	6:00	167	15.6	3:51	260
10.2	5:53	170	15.8	3:48	263
10.4	5:46	173	16.0	3:45	267
10.6	5:40	177	16.2	3:42	270
10.8	5:33	180	16.4	3:40	273
11.0	5:27	183	16.6	3:37	277
11.2	5:21	187	16.8	3:34	280
11.4	5:16	190	17.0	3:32	283
11.6	5:10	193	17.2	3:29	287
11.8	5:05	197	17.4	3:27	290
12.0	5:00	200	17.6	3:25	293
12.2	4:55	203	17.8	3:22	297
12.4	4:50	207	18.0	3:20	300
12.6	4:46	210	18.2	3:18	303
12.8	4:41	213	18.4	3:16	307
13.0	4:37	217	18.6	3:14	310
13.2	4:33	220	18.8	3:11	313
13.4	4:29	223	19.0	3:09	317
13.6	4:25	227	19.2	3:08	320
13.8	4:21	230	19.4	3:06	323
14.0	4:17	233	19.6	3:04	327
14.2	4:14	237	19.8	3:02	330
14.4	4:10	240	20.0	3:00	333

分：秒

Part
I
フォーミュラを
理解する

1 2 3
4 5 6
7 8 9

Part
I
フォーミュラを
理解する

1 2 3
4 5 6
7 8 9

第8章

体力向上の
トレーニング

ランニングは、生涯楽しみをもたらしてくれる。

私が高校時代に受けた素晴らしい体育教育については、これまでも折にふれて話してきた。なかでも特に忘れられないのは「カラーシステム」である。生徒たちは、毎年秋と春に体力テストを受ける。そしてその結果によってレベル分けされ、それぞれホワイト、レッド、ブルー、パープル、ゴールドの短パンをはかされるのだった。私はこのシステムを踏襲し、レベル別に作成した4つのトレーニングプログラムを、ホワイト、レッド、ブルー、ゴールドの4色で表すことにした。各プログラムの対象は、ホワイトが初心者や、ブランクのあとでランニングをもう一度始めたい人、レッドは多少走ってはいるがその域を出ない人、ブルーはランニングに力を入れていきたいシリアスランナー、そしてゴールドは、競技志向が強くシステマティックなトレーニングプログラムを求めている人や、トレーニングに真剣に取り組む時間的余裕のある人である。

実を言うと、ゴールドプログラムはシリアスなレースの準備としても、十分すぎるくらいである。それはブループログラムも同じだ。ブループログラムやゴールドプログラムの経験があれば、PartⅡで種目別に紹介する、よりシステマティックなプログラムにも難なく移行できるだろう。

初心者の場合は、プログラムを始める前にまず健康診断を受け、自分の身体が運動ストレスに耐えられるか確認するべきである。運動ストレスに関しては、すでに前半で触れた。新しい運動ストレスに対する身体の反応や適応については、もう一度該当箇所（第2章前半）を読んでほしい。また、身につけるものに関しても、誰かに相談することが必要である。シューズやウェアに散財してしまう前に、資格を持った指導者や、知識も経験も豊富なランナーからアドバイスをもらおう。

ランニングは、始めるときの体力レベルが低いほど、ストレスの小さいプログラムで大きな効果が表れる。パフォーマンス向上のためにきつい練習が必要となるのは、体力が高いレベル

に達してからである。よって、プログラムには忠実に従い、やり過ぎないこと。初心者ならなおさらだ。そのほか、初心者から体力レベルの高いベテランまで、すべてのランナーに共通する注意事項を以下にまとめた：

Part
I
フォーミュラを
理解する

1 2 3
4 5 6
7 **8** 9

1 第1章
ランニングの
成功を
決める要素

2 第2章
トレーニングの
原理と
テクニックの
ポイント

3 第3章
生理学的能力の
プロフィールと
トレーニングの
プロフィール

4 第4章
トレーニングの
タイプと強度

5 第5章
VDOT

6 第6章
環境に応じた
トレーニング・
高地トレーニング

7 第7章
トレッドミル
トレーニング

**8 第8章
体力向上の
トレーニング**

9 第9章
休養と補助的
トレーニング

- 休みをとること（怠けることではない）。休養はトレーニングに不可欠な要素である。
- 休養、栄養摂取、トレーニングに関しては、一貫性を重視する。一貫性はトレーニングプログラムから最大の効果を引き出す鍵である。
- ケガや病気のときは、けっしてトレーニングを行わないこと。

■ ホワイト・スタート・プログラム

プログラムにひと通り目を通せばわかると思うが、毎日ランニングを行うこと、とは書いていない。とはいえ、毎日走ることに問題はないので、時間に余裕のある人はプログラムよりも走る頻度を増やしてもいいだろう。ただし前にも述べたとおり、トレーニング開始時点の体力レベルがさほど高くなければ、大きな効果を得るためにハードな練習をしたり、練習の頻度を増やしたりする必要はない。

これまでに走る習慣がなかった人なら、週に3、4日のランニングで間違いなく効果は上がる。ただし週3日走る場合、3日連続で走って4日連続で休むよりは、最低5日間の期間をとり、そのなかで間を空けて走るほうがいいと思う。どうしても3日連続になってしまうときは、その後の4日間は走らないことだ。これでもまったく走らないよりはずっといいだろう。表中、太字で示した部分は、最低限行うべき練習である。

ホワイトプログラムは16週間のプログラムである。最初に設定されている練習時間は30分だが、1日の練習時間は最長で45分だ。後半になると、ウィンドスプリント（軽く素早い動きの短いランニングを繰り返す練習。合間の休息では完全に回復する）もところどころに設定されている。ウィンドスプリントはランニングエコノミーを高めるほか、体力の向上に応じて行う速いランニングの準備にもなる。また、時おりEランニングにウィンドスプリントを織り交ぜれば気分転換もできるし、Eランニングをしながらウィンドスプリントのしやすいフラットで路面の柔らかい場所に行く、ということもできる。

ホワイトプログラムを始めた人のなかには、物足りなく感じる人もいるかもしれない。何らかの運動習慣があった人ならそれもあり得る。自分もそうだと思ったら、ホワイトプログラムのフェーズＩをとりあえず2、3週間続けてみよう。それで本当に運動ストレスが少なければ、同じホワイトプログラムの先のフェーズへ移ること。フェーズＩＶでもまったくきつくないようなら、おそらく一段階上のレッドプログラムをこなす力があるのだろう。

16週間プログラムをひと通り終えると、それまでに身についた体力、調子のよさが十分に実感できるのではないだろうか。もしそうなら、フェーズＩＶのプログラムをそのままもう1回繰り返し、同じレベルの練習がいかに楽にできるか、確認してみてはどうだろう。あるいは、（ホワイトプログラムの全フェーズのなかで）1つや2つ特に気に入った練習があれば、それを普段のランニングと併せてやってみてもいいだろう。

表8.1 ■ ホワイトプログラム

ホワイトプログラム：フェーズ I 第1〜4週

日	練習内容	走行時間	合計練習時間
1	W 5分＋(E 1分・W 1分)×10＋W 5分	10分	30分
2	休まない場合は1日目と同じ	10分	30分
3	W 5分＋(E 2分・W 1分)×7＋W 4分	14分	30分
4	休まない場合は3日目と同じ	14分	30分
5	W 5分＋(E 1分・W 30秒)×6＋(E 30秒・W 1分)×8＋W 4分	10分	30分
6	休まない場合は5日目と同じ	10分	30分
7	休まない場合は1日目と同じ	10分	30分

ホワイトプログラム：フェーズ II 第5〜8週

日	練習内容	走行時間	合計練習時間
1	E 3分＋W 3分＋(E 2分・W 1分)×10＋W 4分	23分	40分
2	休まない場合は1日目と同じ	23分	40分
3	E 3分＋W 3分＋(E 3分・W 2分)×6＋W 4分	21分	40分
4	休まない場合は3日目と同じ	21分	40分
5	E 3分＋W 3分＋(E 1分・W 30秒)×20＋W 4分	23分	40分
6	休まない場合は5日目と同じ	23分	40分
7	休まない場合は1日目と同じ	23分	40分

ホワイトプログラム：フェーズ III 第9〜12週

日	練習内容	走行時間	合計練習時間
1	E 10分＋W 3分＋E 10分＋W 3分＋E 10分＋W 4分	30分	40分
2	休まない場合は1日目と同じ	30分	40分
3	W 2分＋(E 8分・W 1分)×4＋W 2分	32分	40分
4	休まない場合は3日目と同じ	32分	40分
5	W 5分＋E 20分＋W 5分＋E 10分＋W 5分	30分	45分
6	5日目の練習は5日目か6日目のどちらか、または両日に行う	0分／30分	0分／45分
7	休まない場合はW 30分	0分	30分

ホワイトプログラム：フェーズ III 第13〜16週

日	練習内容	走行時間	合計練習時間
1	E 30分＋WS×6＋E 6分	〜38分	〜44分
2	休まない場合は1日目と同じ	〜38分	〜44分
3	E 10分＋WS×5＋E 10分＋WS×5＋E 10分	〜33分	〜43分
4	休まない場合は3日目と同じ	〜33分	〜43分
5	1日目と同じ(5日目か6日目のどちらか、または両日に行う)	〜38分	〜44分
6	1日目と同じ(5日目か6日目のどちらか、または両日に行う)	0分／〜38分	0分／〜44分
7	休まない場合はW 30分	0分	30分

Part
I
フォーミュラを
理解する

1 2 3
4 5 6
7 8

第1章
ランニングの
成功を
決める要素

第2章
トレーニングの
原理と
テクニックの
ポイント

第3章
生理学的能力の
プロフィールと
トレーニングの
プロフィール

第4章
トレーニングの
タイプと強度

第5章
VDOT

第6章
環境に応じた
トレーニング・
高地トレーニング

第7章
トレッドミル
トレーニング

8 第8章
体力向上の
トレーニング

第9章
休養と補助的
トレーニング

ホワイトプログラムが完了すれば、ちょっとしたレースはおそらく走れるだろう。ただし、初めて出るロードレースはくれぐれも長すぎないようにすること（40分以内に走りきれる距離が望ましい）。スタートしたあと、今の自分には少々きついと感じたら、少し歩いてしまっても問題ない。また、どんなレースであっても、出だしは控えめ、がポイントだ。最後までもつと思うペースよりも、若干遅いペースでスタートするようにしよう。あとになって、もう少しゆっくりスタートすればよかったと悔やむより、もう少し速く走れたかもしれないと思うほうがいい。これはどんな場合も同じだ。

表8.1にホワイトプログラムのトレーニング内容を示した。**W**はウオーキング、**E**はイージーランニング、**WS**はウィンドスプリントの略である。ウィンドスプリント（WS）とは、15〜20秒間の軽く素早い動きのランニングを、合間に45〜60秒間の休息を入れて繰り返す練習である（ダッシュではない）。

■ レッド・中級・プログラム

レッドプログラムの対象は、ホワイトプログラムの4つのフェーズを終了したランナー、またはすでに走る習慣がついていて、ホワイトプログラムより少しきつくてもこなせる自信のあるランナーである。気晴らしに参加するトラックレースやロードレースの練習にちょうどいいし、1時間あるいはもう少しかかるレースであっても、十分に準備ができる。

読者のなかには、さほどきつくないホワイトプログラムはスキップして、レッドプログラムから始めようとする人もいると思う。しかしそういう人でも、ホワイトプログラムをざっと読んで、大まかな内容だけはつかんでおこう。また、レッドよりきついブループログラムにも、目を通しておくといいだろう。そうすれば自分がそのレベルに達しているかどうか判断がつくし、少なくともプログラムの概要はわかる。レッドプログラムを終え、少しきついトレーニングに進もうというランナーにどんな練習が待っているのか、確認しておこう。

レッドプログラムを終えれば、短いレースを走る準備はできているが、いきなりマラソンにチャレンジしようとせずに、もう少しトレーニングを積んだほうがいい。マラソンのトレーニングについては、1章を割いて説明した。マラソンを目指してトレーニングを始めた人は、第16章をひと通り読んでおくといいだろう。

レッドプログラムでは、毎週最低4日、トレーニング日が設定されており、表8.2では太字で示されている。また、4日以上練習しようというランナーのために、そのほかの日にも練習内容を示した。何曜日にどの練習をするかは自由である。時間に余裕のある日は有効活用したいだろうし、悪天候で中止したい日もあるだろう。都合に合わせて入れ替えても、まったくかまわない。

トレーニングをする日が週4日だけの場合、連続3日でトレーニングするのは、できるだけ控えよう。トレーニング日が週5日になったら、休みの2日は離すのが基本である。とはいえ、2日連続で休むやり方もまずいわけではない。

プログラムの表の見方については直前に記した。それぞれの練習がどう表記されているのか、確認しておくこと。トレーニングペースについては、もしプログラムの途中でレースに出るよ

表8.2 ■ レッドプログラム

レッドプログラム：フェーズ I 第1〜4週

日	練習内容	走行時間	合計練習時間
1	E 30分+WS×6	〜32分	〜38分
2	休まない場合は1日目と同じ	〜32分	〜38分
3	E 10分+(T 1.6km・休 1分)×3+E 10分	〜40分	〜45分
4	休まない場合は1日目と同じ	〜32分	〜38分
5	E 10分+(T 1km・休 1分)×6+E 10分	〜50分	〜55分
6	休まない場合は1日目と同じ	〜32分	〜38分
7	E 40分か9.6kmのどちらか少ないほう	〜40分	〜40分

レッドプログラム：フェーズ II 第5〜8週

日	練習内容	走行時間	合計練習時間
1	E 30分+WS×6	〜32分	〜38分
2	休まない場合は1日目と同じ	〜32分	〜38分
3	E 10分+T 3.2km+休 2分+T 1.6km+E 10分	〜40分	〜42分
4	休まない場合は1日目と同じ	〜32分	〜38分
5	E 10分+(T 1.6km・休 1分)×2+(T 1km・休 1分)×2+E 10分	〜42分	〜45分
6	休まない場合は1日目と同じ	〜32分	〜38分
7	L 40〜50分(Eペースの持続的ランニング)	40〜50分	40〜50分

レッドプログラム：フェーズ III 第9〜12週

日	練習内容	走行時間	合計練習時間
1	E 30分+WS×6	〜32分	〜38分
2	休まない場合は1日目と同じ	〜32分	〜38分
3	E 10分+WS×6+(H 3分・jg 2分)×5+E 10分	〜47分	〜50分
4	休まない場合は1日目と同じ	〜32分	〜38分
5	E 10分+T 4.8kmか20分のどちらか少ないほう+E 10分	〜40分	〜40分
6	休まない場合は1日目と同じ	〜32分	〜38分
7	L 40〜50分(Eペースの持続的ランニング)	40〜50分	40〜50分

レッドプログラム：フェーズ IV 第13〜16週

日	練習内容	走行時間	合計練習時間
1	E 30分+WS×8	〜33分	〜41分
2	休まない場合は1日目と同じ	〜33分	〜41分
3	E 10分+WS×4+(I 5分+jg 4分+I 3分+jg 2分)×2+E 10分	〜50分	〜53分
4	休まない場合は1日目と同じ	〜33分	〜41分
5	E 10分+WS×6+T 3.2km+休 2分+T 3.2km+E 10分	〜50分	〜55分
6	休まない場合は1日目と同じ	〜33分	〜41分
7	L 40〜50分(Eペースの持続的ランニング)+WS×4	41〜51分	45〜55分

※訳者注：休は休息

Part
I
フォーミュラを
理解する

2 3
4 5 6
7 8 9

1 順1章
ランニングの
成功を
決める要素

2 第2章
トレーニングの
原理と
テクニックの
ポイント

3 第3章
生理学的能力の
プロフィールと
トレーニングの
プロフィール

4 第4章
トレーニングの
タイプと強度

5 第5章
VDOT

6 第6章
環境に応じた
トレーニング・
高地トレーニング

7 第7章
トレッドミル
トレーニング

8 第8章
体力向上の
トレーニング

9 第9章
休養と補助的
トレーニング

うなことがあれば、その結果で決める。まずレースタイムを基にVDOTを特定し、それに相当するペースを採用する（p.76、第5章のVDOT一覧表を参照）。

レッドプログラムをひと通り終えれば、**E**ペース、**T**ペース、**I**ペースの強度は感覚的につかめているはずだ。**L**ランニングにしても、走っているときの感じはよくわかっているだろう。次は、さらにきついプログラム（順番どおりに行きたいなら、ブループログラム、ゴールドプログラムである）を行ってもいいし、本書の後半で紹介する、種目に特化したトレーニングに移ってもいいだろう。

次のステップは、ほかにもある。システマティックなトレーニングから一時離れ、ひたすら**E**ペースでさまざまな距離を走ってもいいし、しばらくランニングから完全に離れてもいい。ただ、何週間か完全に休むなら、再開するときはまず2〜3週間、**E**ランニングだけを行うこと。質の高い練習はそのあとでプラスしていくといい。

表8.2にレッドプログラムの練習内容を示した。

E：イージーランニング。

L：持続的に行う楽なロング走。

WS：ウィンドスプリント。軽く素早い動きの15〜20秒間のランニングを、合間に45〜60秒の休息を入れて何回か繰り返す（ダッシュではない）。

I：インターバルトレーニング。きついランニングの繰り返し。レースであれば10〜15分間走れる程度のペースで行う。

T：閾値ペース。心地よいきつさで、40分間持ちこたえられるペース。

jg：ジョグ。**E**ペースで行う。

■ ブルー・上級・プログラム

ブループログラムの対象は、レッドプログラムを終了して間もないランナー、あるいはかなりのランニング歴があり、レースも何回か経験しているランナーである。ブループログラムでは、週に5〜7日の練習が課される 。また、目標とする週間走行距離に到達するには、1日に2回の練習が必要になる可能性もある。表のなかの太字部分は、私が推奨する質の高い練習を行う日である。

ブループログラムの練習量は、距離にすると週64〜84km（ペースにもよるが、時間にするとおおよそ週4時間半〜7時間）程度である。もしレースを入れるなら、その前に**E**デー（**E**ランニングまたは休みの日）が最低2日入るよう 、スケジュールを調整すること。そうなると、トレーニングする日を1日減らす可能性も出てくる。しかし、レースもトレーニングの重要な要素であり、体力の向上に大きな役割を果たす。このことをよく考えてほしい。

もし、ブループログラムは少々荷が重いと途中で感じたら、レッドプログラムに戻ることも検討してみよう。あるいは2〜3週間、システマティックなトレーニングから離れ、休養をとってもいい。しばらく休むことにした場合は、第9章に目を通すこと。運動を減らした期間、あるいは完全に休んだ期間のあとに、どうトレーニングに復帰するか、第9章を読んで確認してほしい。

表8.3 ■ ブループログラム

ブループログラム：フェーズⅠ 第1〜4週

日	練習内容	走行時間	合計練習時間
1	E 60分（2回に分けてもよい）	60分	60分
2	E 10分＋(R 400m・jg 400m)×8＋E 10分	〜50分	〜50分
3	休まない場合は1日目と同じ	60分	60分
4	E 30〜45分＋WS×8	〜33〜48分	〜40〜56分
5	E 15分＋(H 4分・jg 3分)×4＋E 15分	〜60分	〜60分
6	休まない場合は4日目と同じ	〜33〜48分	〜40〜56分
7	L 60〜90分	60〜90分	60〜90分

ブループログラム：フェーズⅡ 第5〜8週

日	練習内容	走行時間	合計練習時間
1	E 60分（2回に分けてもよい）	60分	60分
2	E 15分＋(R 200m+jg 200m+R 200m+jg 200m+R 400m+jg 400m)×4＋E 15分	〜60分	〜60分
3	休まない場合は1日目と同じ	60分	60分
4	E 30〜45分＋WS×8	〜33〜48分	〜40〜56分
5	E 15分＋T 20分＋WS×4＋E 15分	〜55分	〜55分
6	休まない場合は4日目と同じ	〜33〜48分	〜40〜56分
7	L 60〜90分	60〜90分	60〜90分

ブループログラム：フェーズⅢ 第9〜12週

日	練習内容	走行時間	合計練習時間
1	E 60分	60分	60分
2	E 15分＋WS×6＋(R 400m+jg 400m+R 200m+jg 200m)×6＋E 15分	〜65分	〜65分
3	休まない場合はE 30分＋WS×6	〜35分	〜35分
4	E 30〜45分＋WS×8	〜33〜48分	〜40〜56分
5	E 15分＋(H 4分・jg 3分)×4＋E 15分	〜60分	〜60分
6	休まない場合は4日目と同じ	〜33〜48分	〜40〜56分
7	L 60〜90分	60〜90分	60〜90分

ブループログラム：フェーズⅣ 第13〜16週

日	練習内容	走行時間	合計練習時間
1	E 60分	60分	60分
2	E 15分＋(T 1km・休1分)×3＋(H 3分・jg 2分)×3＋E 15分	〜60分	〜65分
3	休まない場合はE 30分＋WS×4	〜32分	〜35分
4	E 30〜45分＋WS×6	〜32〜47分	〜38〜53分
5	E 20分＋(R 200m・jg 200m)×2＋(T 1km・休1分)×3＋(R 200m・jg 200m)×2＋E 5分	〜50分	〜55分
6	休まない場合は4日目と同じ	〜32〜47分	〜38〜53分
7	L 60〜90分	60〜90分	60〜90分

※訳者注：休は休息

Part
I
フォーミュラを
理解する

1 2 3
4 5 6
7 **8** 9

1 第1章
ランニングの
成功を
決める要素

2 第2章
トレーニングの
原理と
テクニックの
ポイント

3 第3章
生理学的能力の
プロフィールと
トレーニングの
プロフィール

4 第4章
トレーニングの
タイプと強度

5 第5章
VDOT

6 第6章
環境に応じた
トレーニング
高地トレーニング

7 第7章
トレッドミル
トレーニング

8 第8章
体力向上の
トレーニング

9 第9章
休養と補助的
トレーニング

ブループログラムを終えれば、トレーニングの強度はタイプ別によくわかっているはずだ。練習中・練習後の感覚もつかめているだろう。強度、量ともに幅広くトレーニングを積めたことにはなるが、まだマラソンに取り組むには早いかもしれない。ただ、マラソンを考えてもいいレベルの体力はついている。マラソンを目指しているなら、第16章のマラソントレーニングプログラムを読んでおいてほしい。本書の後半では、マラソンだけでなく他の種目に関しても、専門的なトレーニングができるように、さまざまなプログラムを用意している。

ブループログラムに刺激されてもっときついトレーニングをしたくなった人は、次のゴールドプログラムも読んでおこう。きっと多くの人は、ステップアップする自信があると思う。そういう人は、第11章以降の章で紹介している専門的なプログラムも、確認しておくといいだろう。

表8.3にブループログラムの練習内容を示した。

E：イージーランニング。

L：持続的に行う楽なロング走。

WS：ウィンドスプリント。軽く素早い動きの15〜20秒間のランニングを、合間に45〜60秒の休息を入れて何回か繰り返す（ダッシュではない）。

I：インターバルトレーニング。きついランニングの繰り返し。レースであれば10〜15分間走れる程度のペースで行う。

T：閾値ペース。心地よいきつさで、40分間持ちこたえられるペース。

jg：ジョグ。Eペースで行う。

■ ゴールド・エリート・プログラム

ゴールドプログラムの対象は、ブループログラムのフェーズIVを終了したランナーである。また、すでにかなりのトレーニング歴があり、これからもトレーニングに相当の時間を費やし、さまざまな種目に対して自信を持って臨みたいというランナーにも適している。ゴールドプログラムに取り組むランナーには、週6〜7日、日によっては1日に2回走る気構えがほしい。標準的な練習量は週97km以上にもなる。とはいえ、これは天候やランニング以外の用事によって変動することもあるだろう。ゴールドプログラムはマラソンのプログラムとしても使えるが、マラソンを走るなら、第16章で紹介するマラソン専用のプログラムを参考にしてほしい。

ゴールドプログラムでは、週6回の練習が設定されている（太字部分）。表のうえでは各週とも4日目をフリーとしているが、休みの日を何曜日に設定するかは自由だ。コンディションやランニング以外の予定によって決めてかまわない。第1日目の設定にしても同じである。私の場合はたいてい日曜日を週の1日目に設定しているが、これも自分の都合のいい日に決めてよい。

表にはそれぞれの練習時間が割り当てられているが、それ以外にも時間はかかる。ストレッチ、補助的トレーニング、シャワー、着替え、トレーニング場所までの移動時間なども見ておかなければならない。表に書いてある時間だけ確保すれば十分だと考えられては困る。

プログラムの途中でレースに出場する場合は、その前後に**E**デーを入れること。レース前

2度のボストンマラソン、そしてロサンゼルスオリンピックを制した、ジョーン・ベノイト・サミュエルソン（中央No.14）。トレーニング計画に手を加えながら、長いあいだ競技力を維持した彼女は、ランニング界の顔とも言える存在だ。その姿に憧れ、ランニングを始める女性は多い。

は2日か3日、レース後はレースの距離3,000mにつき1日入れる（つまり、10kmレースの場合はレース後に3日、15kmの場合は5日、**E**デーを入れる）。レース前最後の**Q**トレーニング（質の高い練習）として勧めたいのは、**T**ペース1.6km・休息2分×3である。

　表8.4にゴールドプログラムの内容を示した。このプログラムに沿ってトレーニング を行えば、ほぼすべての種目に対応できるようになる。しかし、重要なレースならば、より種目に特化したプログラム（第11章以降）を参考にしたほうがいいだろう。

　ゴールドプログラムを終えれば、あらゆる練習・プログラムをこなす力が、誰にでもついているはずだ。途中できつすぎると思ったら、単純に楽なプログラムに戻ってもいいし、これまでに紹介したプログラムのなかからいくつか練習を抜き出して、時間の許すかぎりやってみてもいい。能力の限界に到達する道は、幾通りも考えられる。それに、ある人にとって効果のある練習が、別の人にも効果的だとはかぎらない。だからこそ、私は自分の務めとして、さまざまなトレーニング法やタイプ別の練習例をでき得るかぎり提供している。読者が、自分に合う、効果がある、と思うものに出会ってくれることを願うばかりだ。

表8.4 ■ ゴールドプログラム

Part
I
フォーミュラを
理解する

1 2 3
4 5 6
7 8 9

1 第1章
ランニングの
成功を
決める要素

2 第2章
トレーニングの
原理と
テクニックの
ポイント

3 第3章
生理学的能力の
プロフィールと
トレーニングの
プロフィール

4 第4章
トレーニングの
タイプと強度

5 第5章
VDOT

6 第6章
環境に応じた
トレーニング・
高地トレーニング

7 第7章
トレッドミル
トレーニング

8 第8章
体力向上の
トレーニング

9 第9章
休養と補助的
トレーニング

ゴールドプログラム：フェーズI　第1〜4週

日	練習内容	走行時間	合計練習時間
1	E 75分（2回に分けてもよい）	75分	75分
2	E 20分＋(R 400m・jg 400m)×10＋E 10分	〜60分	〜60分
3	E 60分（2回に分けてもよい）＋WS×6	〜62分	〜65分
4	休まない場合は3日目と同じ	〜62分	〜65分
5	E 20分＋WS×6＋T 20分＋WS×6＋E 10分	〜54分	〜66分
6	E 60分	60分	60分
7	L 120分	120分	120分

ゴールドプログラム：フェーズII　第5〜8週

日	練習内容	走行時間	合計練習時間
1	E 75分	75分	75分
2	E 20分＋(H 3分・jg 2分)×5＋E 20分	〜65分	〜65分
3	(E 30〜40分)×1〜2＋WS×6	〜32〜82分	〜38〜88分
4	休まない場合は3日目と同じ	〜32〜82分	〜38〜88分
5	E 20分＋WS×6＋(R 200m・jg 200m)×8＋E 5分＋ (R 200m・jg 200m)×8＋E 5分	〜55分	〜55分
6	E 60分（2回に分けてもよい）	60分	60分
7	L 120分	120分	120分

ゴールドプログラム：フェーズIII　第9〜12週

日	練習内容	走行時間	合計練習時間
1	E 75分（2回に分けてもよい）	75分	75分
2	E 20分＋WS×6＋(H 4分・jg 3分)×5＋E 20分	〜80分	〜80分
3	E 75分（2回に分けてもよい）	75分	75分
4	休まない場合は3日目と同じ	75分	75分
5	E 20分＋(T 1.6km・休1分)×5＋WS×6＋E 10分	〜70分	〜75分
6	E 60分（2回に分けてもよい）	60分	60分
7	L 120分	120分	120分

ゴールドプログラム：フェーズIV　第13〜16週

日	練習内容	走行時間	合計練習時間
1	E 75分（2回に分けるのが望ましい）	75分	75分
2	E 20分＋(H 3分・jg 2分)×3＋(R 200m・jg 200m)×8＋E 10分	〜60分	〜60分
3	E 75分（2回に分けてもよい）	75分	75分
4	休まない場合は3日目と同じ	75分	75分
5	E 20分＋(T 1km・休1分)×6＋WS×6＋E 20分	〜70分	〜75分
6	E 60分（2回に分けてもよい）	60分	60分
7	L 120分	120分	120分

※訳者注：休は休息

Part I
フォーミュラを
理解する
1 2 3
4 5 6
7 8 9

第9章

休養と
補助的トレーニング

何事も慎重に。
自分の身体のプラスになるような決断を。

休養とは、いわばトレーニングの一部であり、怠けることではない。それが私の持論だが、完全休養がプラスに働くときもある、という一言も付け加えたい。この完全休養とは、長期間（数日間から2〜3週間、または1〜2ヵ月間）まったくランニングをしないということである。

完全休養の期間は、時として非常に長くなることがある。例えば、外科手術が必要な大きなケガをすれば、すぐに長期離脱となる。また、トレーニングがうまく進まずフラストレーションがたまったときも、長めに休みをとることがある。

休養は、ある意味では2種類に分けられる。計画した休養と、計画にない休養だ。計画にない休養では、まったく走れないこともある。そればかりか、ケガや病気で代替トレーニングすらできない可能性もある。いっぽう計画した休養では、ランニングも他のタイプのトレーニングと同様、トレーニングの選択肢の1つであることは変わらない。それがこの2つの休養の大きな違いである。

休養の理由が何であれ、通常のトレーニングから離れたら、休養明けはトレーニング量をいきなり戻さないほうがいい。体力は多かれ少なかれ落ちているため、トレーニングを調節する必要がある。繰り返しになるが、体力が若干落ちているときは、休養前ほどトレーニングを激しく行わなくても、効果は上がる。裏を返せば、休んでいた時間を埋め合わせようと過度にトレーニングしてはならない、ということだ。

■ 休養をとるということ

競技生活において休養したことのない選手はいるだろうか。私自身は、そんな選手に会った覚えは一度もない。激しい練習のあとにとる1日や2日の休みであっても、休養といえば休養

Part
I
フォーミュラを
理解する

1　2　3
4　5　6
7　　9

1 第1章
ランニングの
成功を
決める要素

2 第2章
トレーニングの
原理と
テクニックの
ポイント

3 第3章
生理学的能力の
プロフィールと
トレーニングの
プロフィール

4 第4章
トレーニングの
タイプと強度

5 第5章
VDOT

6 第6章
環境に応じた
トレーニング・
高地トレーニング

7 第7章
トレッドミル
トレーニング

8 第8章
体力向上の
トレーニング

9 第9章
休養と補助的
トレーニング

だ。ではテーパリングはどうだろう。レースに向けてトレーニングを大幅に減らすこの期間も、休養のうちに入るのではないだろうか？

　必要に応じて休むことの大切さがわかるのが、私の友人のケースだ。彼はNCAA全国大会とパンアメリカン競技会の覇者にして、オリンピックの代表選手でもあった人物である。ちなみに彼の偉業はこれだけにとどまらず、40歳にして10kmで30分を切っている。その彼をテストしたところ、興味深い結果が得られたのだ。最初のテストは24歳のとき。$\dot{V}O_2$maxは78.6 ml/kg/分と非常に高かった。そして25年後、50歳になるという年に再びテストを行ったところ、$\dot{V}O_2$maxは76.0 ml/kg/分にまで達した。私の知るかぎり、この年齢でこれほど有酸素性能力の高い人はいない。

　私はこの友人に、25年のあいだで休んだ日数をたずねてみた。すると、「休養をとった日はすべて記録につけているよ、合計で1,200日以上とっている」という答えが返ってきた。基本的に、軽いケガや病気の場合は2、3日休んでいたらしい。これだけ多くの休みをとったおかげで、長年トレーニングを続けながらも故障とは無縁だったのだ。

　それだけではない。この偉大なランナーは、冬のあいだはほとんど走らず、クロスカントリースキーに力を入れていたのである（スキーをする日はランニングは休むが、休養日としてカウントはしないという）。つまり、補助的トレーニングによってうまくランニングの体力が維持できていたのだ。

　短い休養を頻繁にとったとしても能力の維持はできる。彼のケースはそのいい例だ。無理をして練習をしたあげくにケガを長引かせるよりも、練習を2、3日休んで治してしまったほうがいいということが、よくわかる（軽い病気の場合も同じである。病気をおして練習をすれば、長期のトレーニング中断につながりかねない）。

　休養の理由が何であれ、日々の活動から離れているあいだに身体のなかで何が起きているのか、よく考えてみるといい。たしかに体力は落ちていく。しかし、その落ちる度合いと速さは、たいていの場合、心配するほどではない。なぜなら、定期的なトレーニングで得た生理学的効果の大部分は、なかなか薄れないからだ。

　例えば、何週間かトレーニングを行って心筋や活動筋が強くなったとき、その筋力が失われるまでには時間がかかる。筋線維と、その筋線維に燃料を運搬する血管も、しばらくのあいだはほとんど変化しない。

　図9.1は、時間の経過とともにトレーニング効果がどう発生し、どう失われるかを簡単に示したものである。図を見てわかるとおり、トレーニングプログラムを開始した直後は、比較的少ないトレーニングでも著しい効果が得られるが、時が経てばそれは先細りになる。しかし、トレーニングをやめても、最初のうちは効果の失われる速度が遅いため、時おり2、3日の休みを入れたとしても、さほど大きなマイナスにはならない。そもそも、重要なレースの前には、テーパリング（トレーニングを控えて休みを多くすること）をするのが当たり前だ。このテーパリングにしても、いつも以上のパフォーマンスを期待して行うものである。

　ただし、油断ならないこともある。ランナーは、1日にかなりのエネルギーを摂りながら理想的な体重も維持できる生活に、慣れてしまっている。この事実に、走行距離の多いランナーは特に注意を払わなければならないのだ。休養中に摂取カロリーを変えなかったら体重がすぐ

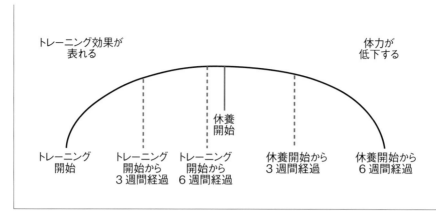

トレーニング効果が
表れる

体力が
低下する

休養
開始

トレーニング
開始

トレーニング
開始から
3週間経過

トレーニング
開始から
6週間経過

休養開始から
3週間経過

休養開始から
6週間経過

図9.1 ■ トレーニング効果の発生と消失

に増えてしまった、という話はよく耳にする。人によってはそれがいい場合もあるかもしれない。しかし、長期の休養ではどこかの時点で食習慣を変え、余分な脂肪を溜め込まないようにしなければならない。普段と同じ量の運動ができないときは、身体を適正な状態に保つことが何よりも重要だ。

計画にない休養

　計画にない休養に直面したとき、避けては通れないことがいくつかある。まずは、自分には休養が必要だという事実を受け入れ、問題解決のためにすべきことは何でもする。これがいちばん重要だ。また、本格的なトレーニングへの復帰が求められるときは、補助的トレーニングも欠かせない。これは休養中の体力低下を少しでも食い止めるためである。

　事実、クロストレーニングのなかには、抵抗力がつくものもある。通常のランニングに戻っても問題が悪化せず、ランニングそのものが休養前よりも改善するのだ。例えば、レジスタンストレーニングを行うと身体バランスがよくなり、より経済的なランニング技術が身につく。また、ハーフスクワットを軽めのウエイトを持って行うとパフォーマンスが向上することも、実証されている。計画にない休養は、考えようによってはチャンスである。パフォーマンスが全体的に向上するような新しい練習が見つかれば、なおのこと、災い転じて福となす機会だ。

　ケガが理由で休養する場合、通常2種類のケースが考えられる。1つは脚を使った運動を控えなければならないケース、もう1つはランニングのための脚筋を一部使って有酸素性の運動ができるケースだ。例えば、脚を骨折すれば脚に衝撃を受ける活動は一切できないし、有酸素性のトレーニングができるとしても、水泳のような腕を使う運動に限られる。しかしケガをしたのが足首や足先ならば、ランニングは無理だとしても、ディープ・ウォーターランニング※で、臀部と脚筋を本格的に鍛えることはできるかもしれない（※訳者注：ディープ・ウォーターランニングとは、プールで胸の上まで水に浸かって走る運動のこと）。

　衝撃を伴わない運動としては、エリプティカルトレーナー※や自転車もある（※訳者注：エリプティカルトレーナーとは、ランニング時に足が描く楕円の軌道を再現するマシンのこと。自転車の立ち漕ぎのような運動で、上肢と下肢が連動する）。また、実際に地上を走れないラ

Part
I
フォーミュラを
理解する

1 2 3
4 5 6
7 8 9

1 第1章
ランニングの
成功を
決める要素

2 第2章
トレーニングの
原理と
テクニックの
ポイント

3 第3章
生理学的能力の
プロフィールと
トレーニングの
プロフィール

4 第4章
トレーニングの
タイプと強度

5 第5章
VDOT

6 第6章
環境に応じた
トレーニング・
高地トレーニング

7 第7章
トレッドミル
トレーニング

8 第8章
体力向上の
トレーニング

9 第9章
休養と補助的
トレーニング

ンナーのなかには、トレッドミルで傾斜を歩くだけで効果の上がる人もいる。ただし、代替トレーニングによって問題が悪化し、本当のランニングを休む期間が長引かないようにすることが重要だ。2、3日では治らないケガの場合は、理学療法士、トレーナー、医師に相談したほうがいい。素人目には些細なことでも、大きなトラブルにつながる可能性はある。逆に、大きな問題に思えても適切なアドバイスがあれば対処しやすいこともある。

計画した休養

　ランナーの大半は、年間計画を立てる際に、休養を一定期間とれるようにしているが、実際、これはよい考えだ。そもそも私は、トレーニングをしない時間もトレーニングの一部、を信条としている。Qトレーニングの合間にEデーを入れると、身体はそれに対してプラスに反応するが、休養もまさにそれと同じである。少しのあいだトレーニングから離れると、通常のトレーニングに戻ったときに、身体的にも精神的にも、新たなレベルに到達することができるのだ。

　休養は、何ヵ月か先に出るレースを軸にして計画するといい。要するに、計画にない休養によって予定が狂う可能性も十分にわかったうえで、休養を適宜入れた長期の計画を立てるのだ。休養の長さは過去に受けたストレス次第である。これまでの数週間・数ヵ月間で、どれだけのトレーニングストレスを受けたかによって決まる。計画的な休みは、年中軽いケガや病気で休養している人にとっては、不要に思えるかもしれない。しかし、悲観的になるのは禁物だ。どうせまたケガや病気で休むから休養をわざわざ計画する必要はない、などと考えてはならない。

　私の場合、計画的な休養の長さは最短で2週間、最長で6週間といったところだが、これは本格的なトレーニングを続けることを前提とする。もちろん、計画にない休養はこれより長くなる可能性もある。

　表9.1を見てほしい。この表は、休養期間の長さを基にしてトレーニング強度を調整するための指数を示したものである。VDOTによって設定したトレーニングペースを、この表に示した指数を使って調整するというわけだ。トレーニングペースを決めるのは、その時点でのVDOTである。このトレーニングVDOTは、レースパフォーマンスが上がれば上昇する。しかし、トレーニングから離れれば、逆にいくらか低下するのである。

　表9.1では、VDOTの調整法を、休養期間の長さだけでなく、脚を使った有酸素性トレーニングの有無によっても示している。休養期間中に脚を使った有酸素性トレーニングをまったく行わなかった場合はFVDOT-1の列の指数を、行った場合はFVDOT-2の列の指数を採用すること。

表9.1 ■ 休養日数別のVDOT調整

休養日数	FVDOT-1	FVDOT-2
～5日	1.000	1.000
6日	0.997	0.998
7日	0.994	0.997
10日	0.985	0.992
14日	0.973	0.986
21日	0.952	0.976
28日	0.931	0.965
35日	0.910	0.955
42日	0.889	0.944
49日	0.868	0.934
56日	0.847	0.923
63日	0.826	0.913
70日	0.805	0.902
72日以上	0.800	0.900

例えば、6週間（42日間）ランニングから遠ざかっていたとしよう。脚のトレーニングをしていなかった場合（FVDOT-1）、VDOTは約11％低下する（ケガをする前のVDOTの88.9％）。しかし同じ6週間でも、脚のクロストレーニングを十分に行っていれば（FVDOT-2）、VDOTは何もしなかったときの約半分（5.6％）の低下で済む（ケガをする前のVDOTの94.4％）。

　表9.1が示すとおり、VDOTの低下率は、休養期間が5日以下ならゼロであり、10週間になれば20％近くにもなると考えられる。しかし、この20％が低下の最大幅だと考えるのは間違いである。なぜなら過度に体重が増えると、ランニングに適した体重に戻るまで、VDOTはさらに低下する可能性があるからである。なお、トレーニング再開時のVDOTは、右ページの図9.2に示した計算で求められる。

■ トレーニング復帰後の距離と時間の調整

　休養が計画的なものであろうとなかろうと、休養していた期間が長かったら、復帰後のトレーニング量は調整すべきである。表9.2はそのガイドラインと具体例だ。この表では、調整方法を休養期間の長さによって4つのカテゴリーに分けた。期間の短いほうから順に、カテゴリー1：5日以下、カテゴリー2：4週間以下、カテゴリー3：4週間超〜8週間、カテゴリー4：8週間超である。

　カテゴリー2を見てみよう。トレーニング復帰期間の前半のトレーニング量は、休養前の週間走行距離の50％を上限とすべきだが、後半では75％まで増やしてよい。また復帰時のVDOTは、休養中にクロストレーニングを行わなかった場合は、休養前の93.1％である。これは表9.1のFVDOT-1の列に書いてあるとおりだ。

　休養期間が6週間のランナーはカテゴリー3である。しかし、休養中にクロストレーニングの一環として脚を使った有酸素性運動を行っていた場合、復帰時のVDOTは休養前の94.4％である（表9.1参照）。表9.2のカテゴリー3を見ると、復帰期間の最初の3分の1は、休養前の走行距離の33％がトレーニング量の上限であるとわかる。休養前の週間走行距離が例えば96km（60マイル）なら、最初の2週間の走行距離は週32km（20マイル）以下だ。そして次の2週間は50％の48km（30マイル）、最後の2週間は75％の72km（45マイル）が上限となる。また、このようなランナーなら、Eランニングの途中か終了後に、従来行っていたウィンドスプリントを時おり追加してもいいだろう。

　復帰期間に量と強度を調整してトレーニングをすれば、その後、休養前の通常のトレーニング量に戻しても問題ないはずである。前項でも説明したが、休養期間に体重が増えれば復帰時のVDOTは落ちているかもしれないので、適宜調整を加えること。

■ 補助的トレーニング

　これから走り始めようという人の多くが何よりも先に検討するのは、ランニングに使える時間である。1日に何時間走れるか、そして1週間あるいは1ヵ月間に何日走れるか、と真っ先

Part
I
フォーミュラを
理解する

1 2 3
4 5 6
7 8 9

1 第1章
ランニングの
成功を
決める要素

2 第2章
トレーニングの
原理と
テクニックの
ポイント

3 第3章
生理学的能力の
プロフィールと
トレーニングの
プロフィール

4 第4章
トレーニングの
タイプと強度

5 第5章
VDOT

6 第6章
環境に応じた
トレーニング・
高地トレーニング

7 第7章
トレッドミル
トレーニング

8 第8章
体力向上の
トレーニング

9 第9章
休養と補助的
トレーニング

休養前の体重　　　　　　　　　　　　　　　　　　　　　　(A) _____

休養前のVDOT(直近のレース記録から求める)　　　　　　(B) _____

(A)×(B)の値　　　　　　　　　　　　　　　　　　　　　　(C) _____

(C)÷現在の体重　　　　　　　　　　　　　　　　　　　　 (D) _____

　上記の(D)が体重による調整をしたあとのVDOTである。この(D)と表9.1で確認したVDOTとを照らし合わせて、トレーニング再開時の基準となるVDOTを決める。もちろん、レースに復帰できるようになれば、いちばん正確なVDOTがわかる。そうしたら、そのVDOTを今後のトレーニングの基準とする。
　計算の例は以下のとおりである：

　休養前の体重が60kgの場合、(A)=60kg
　休養前のVDOTが50の場合、(B)=50
　よって(C)=　60×50=3,000
　現在の体重が63kgの場合、(D)=3,000÷63=47.6
　よって体重調整後のVDOTは47.6となる。

図9.2 ■ トレーニング再開時のVDOTの求め方

From J. Daniels, *Daniels' Running Formula*, 4th ed. (Champaign, IL: Human Kinetics, 2022).

に考えてしまうのだ。もちろん、走る時間の確保は大切である。しかし、走力向上につながるアクティビティはほかにも考えられるのに、それにはほとんど時間を割かない人が多い。例えば、ストレッチ、レジスタンストレーニング、マッサージ、アイスバス、ヨガ。こうした走らないアクティビティは、ものによっては時間もお金もかかってしまう。しかし、時間と懐に余裕があればやって損はなく、何らかの効果が期待できる。
　実際、補助的トレーニングのなかには、パフォーマンスの向上が証明されているものもある。その1つが、レジスタンストレーニングである。どんなランナーも、毎週のプログラムにぜひ取り入れてもらいたい。
　ジムでウエイトマシンを使える環境にある人は、ランニングに効くエクササイズをしよう。レッグカール、ニーエクステンション、ヒップアブダクション／アダクション、腹筋、背筋などが効果的である。時間とやる気があれば、腕を使うエクササイズもやってみよう。直接の効果という意味では、ランニングの助けにはならないが、全般的な調子はたいてい上がっていく。レジスタンストレーニングをフリーウエイト※で行う場合は、まず正しい技術の習得に集中し、それから時間をかけて徐々に負荷を増やしていくこと（※訳者注：バーベル、ダンベル、メデ

表9.2 ■ 休養期間後のトレーニング量の調整

カテゴリー	休養期間	トレーニングの調整（強度・量の上限）	休養前のVDOTに対する割合
1	～5日間	5日間：E強度・100%	100%
2	6～28日間	前半：E強度・50%	93.1～99.7% または96.5～99.8%（表9.1参照）
		後半：E強度・75%	93.1～99.7% または96.5～99.8%（表9.1参照）
	6日間	前半3日間：E強度・50% 後半3日間：E強度・75%	99.7～99.8%
	28日間	前半14日間：E強度・50% 後半14日間：E強度・75%	93.1～96.5%
3	4～8週間	1/3の期間①：E強度・33%	84.7～93.1% または92.3～96.5%（表9.1参照）
		1/3の期間②：E強度・50%	84.7～93.1% または92.3～96.5%（表9.1参照）
		1/3の期間③：E強度・75%	84.7～93.1% または92.3～96.5%（表9.1参照）
	29日間	9日間①：E強度・33% 10日間②：E強度・50% 10日間③：E強度・75%にWSを適宜追加	93.0～96.4%
	8週間	18日間①：E強度・33% 19日間②：E強度・50% 19日間③：E強度・75%にWSを適宜追加	84.7～92.3%
4	8週間～	3週間①：E強度・33%、ただし週48km以下	80.0～84.7% または90.0～92.3%（表9.1参照）
		3週間②：E強度・50%、ただし週64km以下	80.0～84.7% または90.0～92.3%（表9.1参照）
		3週間③：E強度・70%にWSを追加。 ただし週96km以下	80.0～84.7% または90.0～92.3%（表9.1参照）
		3週間④：E強度・85%にWS、 Rランニングを追加。ただし週120km以下	80.0～84.7% または90.0～92.3%（表9.1参照）
		3週間⑤：E強度・100%にWS、Tランニング、 Rランニングを追加。ただし週144km以下	80.0～84.7% または90.0～92.3%（表9.1参照）

ィシンボールなどを使ったウエイトトレーニング）。

　脚を強化する最大の効果は、主だったランニング障害に対する耐性ができることだろう。つまり、レジスタンストレーニングによって走りそのものが向上するというよりは、耐性がつくおかげでケガをせずに、より多くより速く走れるようになるのだ。そしてよりハードなランニングトレーニングができるようになれば、より優れたランナーになれる、というわけである。

　しかし、レジスタンストレーニングの効果はケガの予防だけではない。ものによってはランニングエコノミーを高める（ランニングに要するエネルギーを少なくする）こともできる。その理由は明らかになっていないが、筋力が多少高まれば、ベースがしっかりするだけでなく、

Stu Forster/Getty Images

ストレッチやレジスタンストレーニングは補助的トレーニングの要だ。主なランニング障害からランナーを守ってくれる。

足の運びもうまくコントロールできるようになり無駄な動きもなくなる、と考えられる。筋力とランニングエコノミーを高めるには、坂道走も、上り下りともに有効である。

　下りの坂道走で気をつけてもらいたいのは、適正な場所を選んで適正な走りをするということである。なぜなら、過度に急な下り坂や、硬い路面を走ると、臀部、膝、足のどこかを痛めるリスクが高まるからである。勾配2～3％の緩やかな坂を選ぶことが大切だ（参考のために言うと、アメリカの州間幹線道路で規定されている勾配の最大値は6％である。よって、それよりもかなり緩い坂にすべきである）。そして走るときは、ストライドを過度に大きくせず、脚の回転が軽く、速くなるように意識を集中させることが重要だ。跳ねるのではなく、「転がりながら下りていく」感覚で走ること。それには拇指球より先の接地ではなく、リアフットで接地するほうがいいだろう。

　逆に上り坂の場合は、ほぼどんな勾配でもいい。なぜなら、平地のように地面を強く叩くように走ることはないからである。したがって、平地や下り坂のランニングよりも接地の衝撃は小さく、それでいて蹴り出す筋力と股関節屈筋の強化になる。屋外で坂道走をする際、下って戻ってくるときはかなり楽なランニングにしなくてはならない。そう考えると、トレッドミルでの傾斜走には大きなメリットがある。トレッドミルでは好きな時間だけ上りのランニングができる。しかもひと休みしたければトレッドミルから下りるだけだから、次の1本のために坂を走って下る必要はない。

　補助的トレーニングは、クロストレーニングと呼ばれることもある。しかし名前は何でもいい。重要なのは、ランニング中（特に長距離のランニング中）に負担がかかると思われる部位にストレスを与える、ということだ。今まで徐々に伸ばしてきた距離よりもさらに長い距離に

Part
I
フォーミュラを
理解する

1 2 3
4 5 6
7 8 9

1 第1章
ランニングの
成功を
決める要素

2 第2章
トレーニングの
原理と
テクニックの
ポイント

3 第3章
生理学的能力の
プロフィールと
トレーニングの
プロフィール

4 第4章
トレーニングの
タイプと強度

5 第5章
VDOT

6 第6章
環境に応じた
トレーニング・
高地トレーニング

7 第7章
トレッドミル
トレーニング

8 第8章
体力向上の
トレーニング

9 第9章
休養と補助的
トレーニング

挑戦すれば、よい動きが乱れる可能性もある。崩れた動作ほど早くケガにつながるものはない。実際、自分のランニングフォームが「崩れてきた」と感じたら、それは練習のやめどきなのだ。しかしウエイトトレーニングの時間を少し増やしたり、サーキットトレーニングなどに取り組んだりすれば、ランニングはもっと楽しくなり、毎日の練習でも自分が強くなったことを実感できるはずである。

ランニングのトレーニングでは、量や速度を慎重に増やしていかなければならないが、補助的トレーニングでもそれは変わらない。どのようなトレーニングを取り入れるにしろ、ストレスは注意深く増やしていくべきである。まず4週間じっくりと一定レベルのストレスを身体に与えてから増やしていくのが、私独自の基本ルールだ。やり過ぎよりは、足りないほうがまし、ということである。走行距離を増やすときも、まずしっかりと4週間、決まった距離を走ってから距離を増やしたほうがいい。しかし実際に増やすといっても、週に3.2〜4.8km（2〜3マイル）強をプラスする程度である。レジスタンストレーニングでもアプローチは同じだ。4週間一定のストレスを与えてから増やしていく。

とにかく、補助的トレーニングはトレーニングプログラム全体をとおして行ったほうがいい。家の中や庭で行えるようなものでもかまわない。身体が強くなれば自信もつき、ランニングエコノミーも高まる。そして、あらゆるレベルのランナーを悩ませる小さなケガから、身を守ることもできる。

ここで、比較的簡単なサーキットトレーニングを紹介する。器具は使わないため、レジスタンスはすべて自体重だ。ステーション1と4は、1分間に行うことのできる最大運動量の半分で行うエクササイズである。例えばステーション1のプッシュアップ（腕立て伏せ）にしても、1分間最大回数の半分と指定されている。したがって、1分間で何回腕立て伏せができるか事前に試し、ステーション1で実施する回数を確認しておくことが必要だ。

プッシュアップ（腕立て伏せ）

サーキット最初のステーション1では、プッシュアップ（腕立て伏せ）を1分間最大回数の半分だけ行う。まず身体を両手と両爪先で支え、プランクのポジションをとる。このとき腕を真っすぐに伸ばして両手を肩の真下につくこと。その後、胸が床につくまで身体を沈め、腕を使いスタートポジションまで身体を押し上げる。

サイドレッグリフト

ステーション2では、サイドレッグリフトを片脚につき10回行う。まず身体を横向きにして横たわり、両脚を真っすぐに伸ばす。下になったほうの腕を曲げ、前腕部で身体を支える。上になったほうの脚を、足先が肩よりも高くなるまで持ち上げる。その後スタートポジションに戻る。

ハイニー（腿上げ）

ステーション3では、腿上げを片脚につき30回、その場駆け足で行う（**図9.3参照**）。直立の体勢から始め、片方の膝を素早く引き上げる。動作の流れが途切れないように、右脚と左脚

を入れ替える。

クランチ

　ステーション4では、クランチを1分間最大回数の半分だけ行う。まず仰向けになり膝を立て、足裏は床につける。両手は頭の後ろまたは耳の後ろに添える（頭を抱え込まないようにする）か、胸の前で交差させる。頭と肩を、上半身が真っすぐ立つようになるまで、床から徐々に離していく。スタートポジションに戻る。

リカバリーラン、ストレッチ

　ステーション5では、1分間走または400m走を行う。ステーション6では、ストレッチを2分間行う。どんなものでもよい。

スクワットスラスト

　ステーション7では、スクワットスラスト（バーピー）を10回行う。スタートポジションは直立

図9.3 ■ ハイニー

姿勢である。次に身体を屈め、両手を両足の外側で地面につける（**図9.4a**参照）。両脚を後方に蹴り出し、プッシュアップの体勢をとる（**図9.4b**参照）。両脚を勢いをつけて戻し、再び身体を屈めた体勢になる。ジャンプしてスタートポジションに戻る（**図9.4c**参照）。

レッグリフト

　ステーション8では、レッグリフトを行う。まず仰向けになり、前腕で身体を支え、臀部を床から離す。片方の膝を曲げてバランスをとり、その高さ以上に、もう片方の脚を上げる。次にうつ伏せになり、前腕部で身体を支える。片方の脚は真っすぐ水平に伸ばしたまま、もう片方の脚をつらくならないぎりぎりの高さまで引き上げる。これを片脚につき10回行う。

アーム・レッグフラッピング

　ステーション9では、まずうつ伏せになり、両腕は前方、両脚は後方に伸ばして上下にばたつかせる。まず両腕、次に両脚、と交互に上げ下げし、それが20回になるまで運動を続ける。

リカバリーラン

　ステーション10では、2分間走または800m走を行う。

　このエクササイズは、1回につき3セット行うといい。それを1週間に2回か3回行うことができれば理想的だ。ステーション5とステーション10はそれぞれ1分間、2分間のランニング

Part
I
フォーミュラを理解する
1 2 3
4 5 6
7 8 9

1 第1章
ランニングの成功を決める要素

2 第2章
トレーニングの原理とテクニックのポイント

3 第3章
生理学的能力のプロフィールとトレーニングのプロフィール

4 第4章
トレーニングのタイプと強度

5 第5章
VDOT

6 第6章
環境に応じたトレーニング：高地トレーニング

7 第7章
トレッドミルトレーニング

8 第8章
体力向上のトレーニング

9 第9章
休養と補助的トレーニング

だが、リカバリーのためのステーションなので、特に速く走らなくてもよい。次のレジスタンス・ステーションに移る前に、身体を回復させるのが目的である。

　このサーキットトレーニングを定期的に行うなら、2、3週間に1回、3セットにかかるタイムを計ってみるといい。いずれ驚くほど速くなるだろう。

図9.4 ■ スクワットスラスト

フォーミュラを
応用する

Part
II
フォーミュラを
応用する

10 11 12
13 14 15
16 17 18

第10章

1シーズンの構築

前のシーズンとはトレーニングを変えてみよう。そのほうが効果的かもしれない。

陸上競技では、種目が違えばトレーニングもさまざまな面で異なる。そのなかでも、いちばん共通点を見つけにくいのは、1シーズンのトレーニングの組み立て方である。あまりにも多くの要素が絡むため、誰にでも効果のあるスタンダードな方法が存在するとは言いがたいのだ。高校生のクロスカントリーシーズンなどはその典型である。コーチを待っているのは、新入生の指導だ。そのなかには、指導を受けた経験が一度もない生徒もいる。しかし、それ以外の生徒も、過去のトレーニング状況はまちまちだ。週に走るのは30kmか40km程度、レース経験もわずかかという者もいれば、すでにかなりの場数を踏んでいて、地区大会や州大会で入賞したり優勝したりする力のある者もいる。

　1つのトレーニングプログラムにどう全員を合わせるか。それが指導者にとって最も決断に困ることだろう。いっぽう、1人で練習するランナーや指導者がいないランナーの場合は、新しいシーズンを慎重に、そしてけっしてやり過ぎにならないように送ることが重要だ。繰り返しになるが、体力レベルが低いほど、トレーニングの効果は低い強度で得られる。故障やケガの多くは、すきあらばランナーに忍び寄る。これを最小限に抑えられるよう、アドバイスをいくつか記しておきたい。

　まず、誰にとってもベストなトレーニングは、この世に存在しない。我々はすべて同じではない。それぞれ個として扱われるべきである。とはいえ、誰にでもあてはまるトレーニングの原則は、実際にいくつか存在する。これについては第2章ですでに述べたとおりだ。私の場合、指導する相手が個人であれ団体であれ、トレーニングプログラムはできるかぎりシンプルなものにしている。そうすれば、選手が練習するたびについて行く必要もない。

　1シーズンの計画を立てる前に、ランナー自身あるいは指導者がしなければならないのは、必要不可欠な情報を集めることである。情報がすべて手に入れば、チーム全員に効果のあるシーズン計画が立てやすくなる。まずは体力レベルの判定だ。その際、基準とするのは、最近の

Part
II
フォーミュラを
応用する

10 11 12
13 14 15
16 17 18

10 第10章

1シーズンの
構築

11 第11章

800mの
トレーニング

12 第12章

1,500mから
2マイルまでの
トレーニング

13 第13章

5kmと10kmの
トレーニング

14 第14章

クロスカントリー
のトレーニング

15 第15章

15kmから
30kmまでの
トレーニング

16 第16章

マラソンの
トレーニング

17 第17章

ウルトラトレイル
のトレーニング

18 第18章

トライアスロン
のトレーニング

屋外で走れないようなことがあってもトレーニングを続けるには、柔軟な対応と熱意が必要だ。

走行距離と各練習でのペースである。こうして現時点の力を把握すれば、あらゆるタイプのトレーニングに使える適正なVDOTを決めることができる。

このほかに大切なのは、シーズンの目標となる最重要レースの選定である。そしてこの目標レースに行きつくまでに出られそうなレース、出ておきたいレースにも目当てをつけておく。ランナーによっては、目標レースよりも距離の短いレースに何度も出ておきたいという人もいれば、目標レースよりも距離の長いレースを好む人もいるだろう。シーズン中に出るレースによって、週単位でのトレーニングの組み立て方も変わってくる。

利用できる施設も把握しておくといい。例えば、天気の悪い日に室内トラックが使えるのか、あるいは、寒さ、暑さ、強風を避けてトレッドミルに逃げる手はあるのか、といったことである。練習内容によっては平坦な草地で走ると楽しいときもあるが、そんな場所はあるだろうか？

さらにもう1つ。トレーニングに割ける時間がどのくらいあるか、いちばん時間があるのは何曜日か、ということも考えておくべきだ。トレーニングにいちばん都合のいい時間を、ランニング以外の予定をベースにして、曜日ごとに割り出しておくのもいいだろう。高校生であれば毎日のスケジュールはかなり固定されるが、大学生の場合、授業の予定はかなり変動する。そして卒業して社会人ともなれば、使える時間は仕事により決まってしまうことがほとんどだ。

■ 1シーズンを複数のフェーズに分ける

私はよく、1シーズンを4つのフェーズに分けている（**図10.1**参照）。各フェーズの内容は以下のとおりである。

・**フェーズ I：B/FIPフェーズは、基礎（Base）トレーニングを行うフェーズである。基盤（Foundation）の構築とケガの予防（Injury-Prevention）を主眼とする。**

135

・フェーズⅡ：IQフェーズは、質（Quality）の高いトレーニングを行う最初（Initial）のフェーズである。

・フェーズⅢ：TQフェーズは、質（Quality）の高いトレーニングを行う移行期（Transition）のフェーズであり、通常は4つのフェーズのうち、最もハードなフェーズである。

・フェーズⅣ：FQフェーズは、質（Quality）の高いトレーニングを行う最終段階（Final）のフェーズであり、パフォーマンスをピークに持っていく。

　トレーニングは、図10.1のいちばん左にあるフェーズⅠをシーズンの開始点として構築する。フェーズⅠは、高校生・大学生なら、新学年が始まる前の時期になるだろう。しかし、授業にも学生競技のシーズンにも関係のないランナーは、最重要レースに向けてベストのタイミングであれば、開始点はいつでもよい。とにかくフェーズⅣが今シーズンの最終段階であり、レースが何よりも重要になる時期である。そのあいだの2つのフェーズは、体力とレース能力を初期の段階から最終段階へと引き上げるフェーズである。

　図10.1の枠の底には1から4まで番号をふってある。これは、私が各フェーズで行うトレーニングタイプを検討する順番だ。見てのとおり、フェーズⅠの枠には1の番号が書かれている。このフェーズⅠを、私は最初の検討対象としている。各ランナーがシーズンの初期段階で何をするべきか、まず決めてしまう必要があるからだ。

　つまりフェーズⅠ（B/FIPフェーズ）は、ランナーのプロフィール（シーズン開始時に収集した情報）に、最大限の注意を払うべき時期なのである。今まで毎週どのくらい走ってきたか？　過去数週間でいちばん長い距離を走った練習の内容は？　最近レースに出たか？　もし出ていれば、その結果からわかる現在の体力レベルはどの程度か？　次のフェーズに移る前に取り組んでおくべきことは何か？　例えばこのようなことを細かく検討する。第3章では、ランナー一人ひとりの情報を聞き取って記入するフォーマットを紹介した（p.51、図3.8「ランナーのプロフィール」）。この図をもう一度見てもらいたい。

　私が一人ひとりのランナーに対して必ず聞くようにしているのは、最近行っていた練習のタイプである。人によっては、フェーズⅡの前にフェーズⅠの期間を置く必要すらない。6週間以上、定期的にトレーニングを行っていれば、フェーズⅡから始めても問題はない。もっと言えば、フェーズⅢから始めていい場合もある。最近3、4週間で比較的質の高い練習ができていて、トレーニングを中断したこともなければ、フェーズⅢに進んでもよい。

　図10.1で2の番号をふったのは、フェーズⅣ（FQフェーズ）である。2番目に検討すべきフェーズが最終フェーズなのは、ベストパフォーマンスを期待するフェーズだからである。どのタイプのトレーニングをどのくらい行えば、ベストパフォーマンスが生まれるのか？　と考えるわけだ。当然、800mのランナーと10kmのランナーとでは、ピークのFQフェーズで重視するトレーニングタイプは違う。よって、ランナー一人ひとり個別に考えなければならないのである。

　フェーズⅣで行うトレーニングを決めたあと、私は1ステップ遡ってフェーズⅢ（TQフェーズ）を検討する。フェーズⅣで行うトレーニングの準備固めに、各ランナーがどのタイプの

フェーズI	フェーズII	フェーズIII	フェーズIV
B/FIP	IQ	TQ	FQ
1	4	3	2

図10.1 ■ 1つのシーズンを4つのフェーズに分ける

Part
II
フォーミュラを
応用する

10 11 12
13 14 15
16 17 18

10 第10章

1シーズンの
構築

11 第11章

800mの
トレーニング

12 第12章

1,500mから
2マイルまでの
トレーニング

13 第13章

5kmと10kmの
トレーニング

14 第14章

クロスカントリー
のトレーニング

15 第15章

15kmから
30kmまでの
トレーニング

16 第16章

マラソンの
トレーニング

17 第17章

ウルトラトレイル
のトレーニング

18 第18章

トライアスロン
のトレーニング

トレーニングを行うべきか、決めるためだ。例えば、800mのランナーならばスピードを磨く練習、10kmのランナーならばT強度の練習を増やす。両者とも、フェーズIIIではIトレーニングをしっかりと行わなければならないが、各フェーズでは、主だったトレーニング以外のバリエーションも必要だ。このあとフェーズIIに戻るが、やることはフェーズIIIと同じである。つまり、最もきついフェーズIIIのトレーニングに向けて十分備えるには何をすべきか、考えるのだ。

初期のフェーズで参加するレースについては、指導者もセルフコーチングをしているランナーも、どれに出るべきか、常に目当てをつけておくべきである。私は毎年、シーズン中に行われるレースのすべてについて、日付と距離をまとめるようにしている。これで日々の練習を適宜調整することができる。

フェーズI トレーニング

4フェーズのトレーニングを設定する際、私は基本的に、フェーズIの練習はほとんどEランニングにしている。フェーズIに3週間以上の期間を割けるなら、軽いウィンドスプリントを、Eランニングに追加していく（軽いウィンドスプリントとは、10〜15秒間の軽く素早い動きのランニングを、完全回復する休息を合間に入れて繰り返す練習である）。それに併せ、軽いレジスタンストレーニングやダイナミックストレッチ※などの補助的トレーニングを、ランニング後に時おり行う（※訳者注：ダイナミックストレッチとは、対象となる筋肉の拮抗筋を使い、実際の競技の動作を取り入れるなどして柔軟性を向上させるストレッチ）。このほか、週1回、楽なペースでのLランニング（距離は週間走行距離の25〜30%とする）も勧めたい。

フェーズII トレーニング

フェーズI終了後、私がフェーズIIのトレーニングとして選ぶのは、Rトレーニングである。次のフェーズに移行するとき、新たに増やす運動ストレスは極力1つに絞っている。Eランニングから移行するのがRトレーニングであれば、新たに増える運動ストレスはスピードだけになり、有酸素性能力や乳酸除去能力を向上させるストレスはほとんど加わらない。これがもしIトレーニングならば、新たに加わる運動ストレスは2つ（速いスピードで走るストレスと有酸素性能力を高めるストレス）になってしまう。

まず軽く素早い動きのランニングを追加しておけば、Iトレーニングのフェーズ（フェーズIII）に移るときに、スピードは新たなストレスにはならない。なぜなら先に取り入れたRラン

ニングのほうが、Iランニングよりもスピードが速いからである。Rトレーニングをする際に気をつけたいのは、前のシーズンのベストタイムでペース設定をしない、ということだ。あくまで現時点でのレース記録あるいは1マイルレースの予想タイムで設定する。LランニングはフェーズⅡでも続けること。そしてRトレーニングを週に2回入れ、RトレーニングのあいだにはEデーを2日はさむ。

フェーズⅢトレーニング

　フェーズⅢ（Iトレーニングがメインのフェーズ）では、有酸素性能力が向上するストレスを加えるが、スピードはそれまで以上には上げない。身体に対する新たなストレスが増えてしまうからだ。フェーズⅢのトレーニングは、目標とする種目によってかなり幅がある。短い距離が専門のランナーなら、Iトレーニングを週1回だけしっかりと行い、そのほかはRトレーニングを引き続き行うといいだろう。これは、そのほうがスピードを維持できるという考えからである。いっぽう長い距離が専門のランナーなら、Iトレーニングを週2回入れたほうが、たいていの場合うまくいく。ただし、3,000m以上のレースに出ると有酸素性能力に負担をかける練習になるので、その週のIトレーニングは1回で十分だ。EペースのLランニングについてはフェーズⅢでも週1回行うことを勧めたい。

フェーズⅣトレーニング

　次のフェーズⅣでは通常、Tランニングに移る。フェーズⅣのトレーニングもやはり質は高いが、フェーズⅢで行ったIトレーニングほどの運動ストレスはない。フェーズⅣでは重要なレースも多いが、ランナーは調子が上向きになった状態で臨むことができるはずだ。

　フェーズⅣのトレーニングは、最重要レースの種目によって著しく異なる。長い距離が専門のランナーはTトレーニングに集中し、Iトレーニングは打ち切ったほうが得策である（最重要レースが有酸素系に最大限のストレスを与えるような種目の場合は除く）。この時期のレースは重要度の高いものばかりだから、1週間にレースとLランニングを1回ずつ走れば、Tトレーニングも週1回で十分である。ただし長い距離が専門といっても、Tトレーニングの終わりに、毎回短いRランニングを何本か走っておくといい（200mを4〜6本）。比較的短い種目が専門なら、TランニングとRランニングを組み合わせたQトレーニングをするのも悪くない。このような練習をすれば身体にキレが出て、距離の短いレースに備えることができる。

　以上をまとめると、私のトレーニング計画のパターンは、EランニングからRトレーニングに移行し、Iトレーニングを経てTトレーニングに至る、というものである。しかし、EランニングからRトレーニングに移っても、Eランニングは引き続きほぼ毎日行う。そしてRトレーニングからIトレーニングに移っても、Rトレーニングを時おり組み込んで、1つ前のRフェーズで得た力を落とさないようにしている。

　こう言えば、わかりやすいだろうか。つまり、各フェーズにはメインタイプとサブタイプのトレーニングがあり、サブタイプのトレーニングは、前のフェーズで得たものを維持するために行う。フェーズⅣに移行してTトレーニングがメインとなっても、もちろんRトレーニング

をやめることはない。通常はTトレーニングの最後に追加している。

このほか覚えておいてほしいのは、レースもトレーニングの一部であり、レースから得られるトレーニング効果はその継続時間によって決まる、ということである。例えば5〜20分間程度かかるレースは、有酸素系に最大限のストレスを与えるため、Iトレーニングという意味では最高の効果がある。したがって、中程度の距離のレースに定期的に出ていれば、Iトレーニングを省略することもできる。私は、学生用の標準的なプログラムでは、フェーズⅣからIトレーニングを抜くことが多い。レースを走れば、きついIトレーニングと同じ効果を得られるからだ。

■ 必要に応じてフェーズの長さを決める

これまで設定してきたのは、4つのフェーズから成る24週間のトレーニングシーズンである。つまり1フェーズは6週間だ。しかし、いつも24週間の期間をとり、6週間のフェーズを4フェーズ設定できるとはかぎらない。高校や大学のクロスカントリーシーズンなどでは、特にそうである。このように十分な期間がとれない場合、私は2つの方法で対処している。

1つ目は、初めの2つのフェーズを秋のクロスカントリーシーズンが始まる前の夏休み中に終わらせてしまう、という方法である。つまり、春のトラックシーズンが終わったら、夏が来るのと同時にフェーズⅠの基礎トレーニングを始め、夏休みの後半のうちに、次のフェーズⅡに移る。そうすると、秋に始まる新学年度の最初の6週間は、フェーズⅢのトレーニングに充てられる。フェーズⅢは最もハードな時期だが、シーズンの最終6週間に行われる重要なレースの前には終わる。

2つ目は、各フェーズを6週間より短くする、という方法だ。図10.2に、私のシーズンの捉え方、そして各フェーズ内で省く部分を示した。各フェーズを示す4つのブロックのなかに6つずつ記入してある数字は、優先順位を示している。

このうち1から12までの数字を見ると、1、2、3はフェーズⅠ、次の4、5、6はフェーズⅣにある。そして7、8、9はフェーズⅡ、10、11、12はフェーズⅢにある。この数字の配置は、もし1シーズンに3週間しかなかったら、その3週間はすべてフェーズⅠのトレーニングに充てる、ということを示している。

例えば、クロスカントリーのシーズンまであと3週間というタイミングで、新たに1人、チームに入ってもらうとする。新メンバーにトレーニング経験はまったくないが、走ってもらうしかない。このような状況なら、とにかく楽な基礎トレーニングをさせるのが妥当だろう。3週間だけ質の高いハードなトレーニングを課すのは、ナンセンスである。

こうした方針は、ケガや病気などで休んでいた選手に対してもとるべきだ。いちばんまずいのは、失った時間を取り戻そうと、きつい練習をさせることである。繰り返しになるが、直前のトレーニングストレスが小さいほど、その後は大したトレーニングでなくても、効果は大きくなる。最高のパフォーマンスにあと一歩及ばなかったとしても、オーバートレーニングや病気でレースに出られなくなるよりは、健康であったほうがいいに決まっている。

他の例も考えてみよう。仮に1シーズンに6週間しか取れない選手がいたとする。図10.2の

Part
Ⅱ
フォーミュラを
応用する

10 11 12
13 14 15
16 17 18

10 第10章
1シーズンの
構築

11 第11章
800mの
トレーニング

12 第12章
1,500mから
2マイルまでの
トレーニング

13 第13章
5kmと10kmの
トレーニング

14 第14章
クロスカントリー
のトレーニング

15 第15章
15kmから
30kmまでの
トレーニング

16 第16章
マラソンの
トレーニング

17 第17章
ウルトラトレイル
のトレーニング

18 第18章
トライアスロン
のトレーニング

私のやり方では、第1週、第2週、第3週をフェーズⅠの基礎トレーニングに充て、次の3週間（第4、第5、第6週）をフェーズⅣに充てることになる。もし9週間あったとしても、フェーズⅢのトレーニングは何もしない。9週間の場合は、最初の3週間をフェーズⅠ、次の3週間をフェーズⅡ、最後の3週間をフェーズⅣに充てる。

　図10.2には、トレーニング期間を基に省く週を選ぶという、逆の利用法もある。例えば、1シーズンが23週間だとしたら、フェーズⅣの1週（24番）を省略する。20週間であれば、21～24番を省くことになるので、フェーズⅠは4週間（21番と23番を省略）、フェーズⅡとフェーズⅢはそれぞれ6週間、フェーズⅣは4週間（22番と24番を省略）という構成になる。要するに、自分に何週間あるか考えたうえで、目指すパフォーマンスへの影響が最も小さいと思われる週を省いていくのである。

フェーズⅠ			フェーズⅡ			フェーズⅢ			フェーズⅣ		
1	2	3	7	8	9	10	11	12	4	5	6
13			18			14			17		
21			19			15			22		
23			20			16			24		
B/FIP			IQ			TQ			FQ		

図10.2 ■ 週の優先順位を示したナンバリング。1シーズンに充てられる期間によって、各フェーズを何週にするか、決めることができる。

Adapted by permission of *Runner's World Magazine*. Copyright 1993, Rodale Press Inc. All rights reserved.

■ 1週間のトレーニング例

　図10.3に1週間のトレーニング例を示した。私の場合、毎週初日はLランニングにしている（ここでは週の初日を日曜とする）。フェーズⅡを例にとれば、Q1、Q2、Q3をすべてRトレーニングにすることもあるだろうし、Q1とQ2をRトレーニングにしてQ3をTトレーニングにすることも考えられる（QはQトレーニングの日、つまり質=Qualityの高い練習の日である）。後者のパターンは比較的短い、または逆に長いレースのトレーニングとして採用している。なぜなら、フェーズⅡはシーズンの初期であり、Rトレーニングが重要な時期だが、時おりTトレーニングを追加するのも効果的だからだ。フェーズⅠに割ける期間が4週間に満たないランナーの場合は、フェーズⅡのQトレーニングはQ1とQ2だけにとどめ、Q2を木曜日に動かして、両方ともRトレーニングにしている。

　Q1・Q2・Q3は、週末のレースに出ないときは週の2日目・4日目・7日目にするといいだろう。あるいは、バックトゥバック（2日連続のQトレーニング）が合う人は、3日目・4日目・7日目にするという手もある。もちろん、Q3をレースにしてもかまわない。レースはQデーに相当するからである。

140　**Part Ⅱ** Applying the Formula to Competitive Events　■ **Chapter 10** Season-Tailored Training

Part
II
フォーミュラを
応用する

10 11 12
13 14 15
16 17 18

10 第10章
1シーズンの
構築

11 第11章
800mの
トレーニング

12 第12章
1,500mから
2マイルまでの
トレーニング

13 第13章
5kmと10kmの
トレーニング

14 第14章
クロスカントリー
のトレーニング

15 第15章
15kmから
30kmまでの
トレーニング

16 第16章
マラソンの
トレーニング

17 第17章
ウルトラトレイル
のトレーニング

18 第18章
トライアスロン
のトレーニング

	1日目	2日目	3日目	4日目	5日目	6日目	7日目
	L	Q1 E	(Q1) E OR Q1	Q2 (Q2) E OR Q1	E	E	Q3 (Q3) RACE (Q)

図10.3 ■ 1週間のトレーニング例。Qデー、Eデー、Lデーを
組み込むには、いくつかの方法が考えられる

　Q1は、フェーズに関係なく、1週間のうち最も重要な練習を行う日とする。そして、その時点で力を入れるべきトレーニングに焦点を絞る。なぜ私がそうしているかといえば、悪天候などの理由で1週間満足にトレーニングができなくても、そのフェーズでいちばん大切な練習だけは（たとえそれが週1回だけあっても）確保できるからである。

　フェーズⅢの1週間の例としては、Q1はIトレーニング、Q2はTトレーニング（プラスRトレーニング）、Q3は再度Iトレーニングかレース、という内容が考えられる。フェーズⅣの例としては、短いレースのトレーニングならば、Q1とQ2は両方ともTトレーニングプラスRトレーニング、Q3はレースに出るかRトレーニングをしっかり行う、といったところだろう。長いレースのトレーニングならば、Q1とQ2は両方ともTトレーニングとし、それにプラスして、最後に短いRランニングを何本か走ってもいい。ただし週末に重要なレースを控えているときは、出場種目の距離にかかわらず、Q1を1回にとどめたほうがいい（TトレーニングプラスRトレーニング）。このQ1はレース4日前に行うのがベストである。そしてレースは週を締めくくるQ2とみなす。

1シーズンのトレーニング例

　以下は、秋のクロスカントリーに出場するランナーのための、1シーズンのトレーニング例である。

- **フェーズⅠ**：日曜日＝Lランニング

　　　　　　そのほかの日＝Eランニング（そのうち3日はウィンドスプリントを追加）
- **フェーズⅡ**：日曜日＝Lランニング

　　　　　　Q1＝Rトレーニング（200m）

　　　　　　Q2＝Rトレーニング（200m）＋Rトレーニング（400m）

　　　　　　Q3＝Rトレーニング（400m）

　　　　　　そのほかの日＝Eランニング
- **フェーズⅢ**：日曜日＝Lランニング

　　　　　　Q1＝Iトレーニング（1,000m）

　　　　　　Q2＝Tペースの持続的ランニング20分間＋Rトレーニング（200m）

Q3＝レースまたはⅠトレーニング（1,200m）
・**フェーズⅣ**：日曜日＝**L**ランニング
Q1＝**T**ランニング＋**R**トレーニング（200m）
Q2＝**T**ランニング
Q3＝レースまたは、**T・Ⅰ・R**の組み合わせ。重要なレースならQ2＝レースとし、Q3は行わない

　1シーズンのトレーニングプログラムは、シーズン開始のかなり前に組んでおきたい。そしてシーズンが始まったら、臨機応変に調整を加えていく。例えば、レースの日程、天候の変化、ランニング以外の予定、ケガなどによるトレーニング中断に、柔軟に対処するのだ。トレーニングのペースも、その時点の体力レベル次第では調整が必要になるかもしれない。プログラム全体としては、フェーズの移行時に新たに導入する運動ストレスは1つに絞り、新しいフェーズでは前のフェーズで得た効果も維持できるような設計にする。

　もう1つ、シーズンプログラムの作成時に考えなければいけないのは、各ランナーの強みと弱みである。人はそれぞれ違うということを、常に考えるということだ。ランナーによっては、もっとスピードを磨いたほうがいい者もいれば、持久的な練習をしたほうがいい者もいる。**表10.1**は、私が独自に考案した「スピード型／持久力型比較表」である。この表は種目別に3つの列に分かれている。左の列は400mのタイム、中央の列は800mのタイム、右の列は1500m及び1マイルのタイムである。それぞれの列のなかから自分のベストタイムを見つけて丸で囲み、その3つの丸を線でつなぐと、右下がり、右上がり、水平、といった線ができる。

　線が水平ならば、スピードも持久力も同レベルだと私は判断する。右下がりの線は若いランナーにありがちで、持久力よりもスピードが勝っていることを示す。反対に右上がりの線だと、当然ながら持久力のほうが優れていることになる。いっぽう、400mから800mに向かって線が一旦落ち込み、1,500mで再び上がるなら、実はスピードも持久力も800mのタイムに相当するレベルより上なのだ。したがって、今800mを走れば、おそらく前よりも速く走れるはずである。

　このほかにも、線が真っすぐにならずに、上がったり下がったりして折れ線になる場合がある。このとき他の種目よりも低い位置にある種目は、それほど頻繁にレースで走っていないか、あるいは力を入れていない種目であることがほとんどだ。反対に、他の種目よりも高い位置にある種目は、身体的に（おそらく筋線維タイプが）他の種目よりも向いているか、いちばん多くレースに出ているか、あるいは特に力を入れている種目である。

　仮に、あるランナーのベストタイムが、400mは60秒、800mは2分20秒80、1,500mは5分6秒だったとする。このランナーは持久力よりもスピードに優れており、セオリーどおりのアプローチをとるなら、持久力向上に重点を置くことになる。しかし、1シーズン持久的なトレーニングに力を入れた結果、線が水平に少しも近づかなかったら、持久力型よりスピード型ということなのかもしれない。したがって、次にとるアプローチは、そのスピードをさらに磨くことになるだろう。

ただ、このようなランナーがスピード強化に取り組むと、表の線の傾きに変化は見られなくても、スピードと持久力の両方が向上することもある。まずは弱みの改善に取り組み、芳しい結果が出なければ強みを伸ばすことに集中してみてはどうか。そうすれば、強みとともに弱みも向上するかもしれない。とにかく、毎シーズンの終わりに必ずこの表に立ち返ってみよう。自分のスピードと持久力が、今行っているトレーニングにどう応答しているか、この表を見ればはっきりするだろう。

Part II フォーミュラを応用する

10 第10章
1シーズンの構築

第11章
800mのトレーニング

第12章
1,500mから2マイルまでのトレーニング

第13章
5kmと10kmのトレーニング

第14章
クロスカントリーのトレーニング

第15章
15kmから30kmまでのトレーニング

第16章
マラソンのトレーニング

第17章
ウルトラトレイルのトレーニング

第18章
トライアスロンのトレーニング

表10.1 ■ スピード型／持久力型比較表

400m	800m	1,500m / 1マイル	400m	800m	1,500m / 1マイル
46.0	1:41.2	3:27.6 / 3:44.1	79.0	2:53.8	5:56.0 / 6:24.7
47.0	1:43.4	3:32.0 / 3:48.9	80.0	2:56.0	6:00.5 / 6:29.6
48.0	1:45.6	3:36.5 / 3:53.8	81.0	2:58.2	6:05.0 / 6:34.4
49.0	1:47.8	3:41.0 / 3:58.6	82.0	3:00.4	6:09.5 / 6:39.3
50.0	1:50.0	3:45.5 / 4:03.5	83.0	3:02.6	6:14.0 / 6:44.2
51.0	1:52.2	3:50.0 / 4:08.3	84.0	3:04.8	6:18.5 / 6:49.1
52.0	1:54.4	3:54.5 / 4:13.2	85.0	3:07.0	6:23.0 / 6:53.9
53.0	1:56.6	3:59.0 / 4:18.0	86.0	3:09.2	6:27.5 / 6:58.8
54.0	1:58.8	4:03.5 / 4:22.9	87.0	3:11.4	6:32.0 / 7:03.6
55.0	2:01.0	4:08.0 / 4:27.7	88.0	3:13.6	6:36.5 / 7:08.5
56.0	2:03.2	4:12.5 / 4:32.6	89.0	3:15.8	6:41.0 / 7:13.4
57.0	2:05.4	4:17.0 / 4:37.5	90.0	3:18.0	6:45.5 / 7:18.3
58.0	2:07.6	4:21.5 / 4:42.4	91.0	3:20.2	6:50.0 / 7:23.1
59.0	2:09.8	4:26.0 / 4:47.3	92.0	3:22.4	6:54.5 / 7:28.0
60.0	2:12.0	4:30.5 / 4:52.2	93.0	3:24.6	6:59.0 / 7:32.8
61.0	2:14.2	4:35.0 / 4:57.1	94.0	3:26.8	7:03.5 / 7:37.7
62.0	2:16.4	4:39.5 / 5:02.0	95.0	3:29.0	7:08.0 / 7:42.5
63.0	2:18.6	4:44.0 / 5:06.8	96.0	3:31.2	7:12.5 / 7:47.4
64.0	2:20.8	4:48.5 / 5:11.7	97.0	3:33.4	7:17.0 / 7:52.3
65.0	2:23.0	4:53.0 / 5:16.6	98.0	3:35.6	7:21.5 / 7:57.2
66.0	2:25.2	4:57.5 / 5:21.5	99.0	3:37.8	7:26.0 / 8:02.0
67.0	2:27.4	5:02.0 / 5:26.3	1:40.0	3:40.0	7:30.5 / 8:06.9
68.0	2:29.6	5:06.5 / 5:31.2	1:41.0	3:42.2	7:35.0 / 8:11.8
69.0	2:31.8	5:11.0 / 5:36.0	1:42.0	3:44.4	7:39.5 / 8:16.6
70.0	2:34.0	5:15.5 / 5:40.9	1:43.0	3:46.6	7:44.0 / 8:21.5
71.0	2:36.2	5:20.0 / 5:45.7	1:44.0	3:48.8	7:48.5 / 8:26.4
72.0	2:38.4	5:24.5 / 5:50.6	1:45.0	3:51.0	7:53.0 / 8:31.3
73.0	2:40.6	5:29.0 / 5:55.5	1:46.0	3:53.2	7:57.5 / 8:36.1
74.0	2:42.8	5:33.5 / 6:00.4	1:47.0	3:55.4	8:02.0 / 8:41.0
75.0	2:45.0	5:38.0 / 6:05.2	1.48.0	3:57.6	8:06.5 / 8:45.9
76.0	2:47.2	5:42.5 / 6:10.1	1.49.0	3:59.8	8:11.0 / 8:50.8
77.0	2:49.4	5:47.0 / 6:14.9	1:50.0	4:02.0	8:15.5 / 8:55.7
78.0	2:51.6	5:51.5 / 6:19.8			

800mのトレーニング

よい走りは練習の目的を知ることから生まれる。

スピードでいくか、持久力でいくか。800mは両面から攻略できるものの、距離の長い種目とは違って、どちらか一方のアプローチをとることが多い。言い方を変えよう。800mのトップ選手のなかには、もともと400mのスペシャリストだった選手と、スピードより持久力を武器とする選手とがいる。とにかく、800mは非常に特殊なトラック種目である。これほどトレーニングの難しい種目もなかなかない。そして、きつさで言えば、間違いなく最上級だ。800mの選手は、いわば高速持久力を備えた選手である。

800mは、有酸素性パワーにおいても、いわゆる無酸素性パワーにおいても、高い能力を必要とする。したがって、個々のランナーがどちらからアプローチすべきか、簡単には決められない。ただ私個人はありがたいことに、800mの偉大なランナーを長きにわたり何人も観察することができた。1960年ローマオリンピックのピーター・スネル、1976年モントリオールオリンピックのアルベルト・ファントレナ、1984年ロサンゼルスオリンピックで決勝の1周目以外は先頭を譲らなかったジョアキン・クルス。彼らの勝利、彼らの走りを、私は目の当たりにしてきた。そしてジム・ライアンが880ヤードの世界記録を破ったときも、私は目撃者となったのである。

彼らをタイプで分けると、スネルとライアンは持久力型ランナー、ファントレナはまさしく俊足400mランナー、クルスはスピード・持久力の両面をしっかりと鍛えあげたランナーである。こうした経験から、私は柔軟なトレーニングプログラムを作成した。スピード型、持久力型、どちらのアプローチをとろうと、部分的に調整すれば800mランナーの誰もが使えるプログラムである。

800mのエリート選手は、プログラム全体を通じて、かなりのレジスタンストレーニングを行う。クルスはサーキットトレーニングを欠かさなかったし、ライアンもボブ・ティモンズコーチから、相当のウエイトトレーニングを課されていた。しかもライアンの場合は競技歴のま

ヤルミラ・クラトフビロバ（左端）は農場育ちの
強さと1日2回のインターバルトレーニング（持
久力の養成をしてもスピードは落ちないという
信念から行っていた）を武器に、800mのトッ
プに君臨した選手である。32歳にして800m
の世界新記録を樹立した。

Part
II
フォーミュラを
応用する

10 11 12

13 14 15

16 17 18

10 第10章

1シーズンの
構築

11 第11章

800mの
トレーニング

12 第12章

1,500mから
2マイルまでの
トレーニング

13 第13章

5kmと10kmの
トレーニング

14 第14章

クロスカントリー
のトレーニング

15 第15章

15kmから
30kmまでの
トレーニング

16 第16章

マラソンの
トレーニング

17 第17章

ウルトラトレイル
のトレーニング

18 第18章

トライアスロン
のトレーニング

だ浅いころからである。

　最近では800mのトレーニングとして、持久性トレーニングを増やすことが一般的になって
きた。なぜなら、800m走における有酸素的な要素の占める割合が、かつて考えられていたよ
りも大きいことが証明されたからである。なお本書では、他の種目と同じ、24週間・4フェ
ーズのトレーニングプログラムを紹介しているが、もっと短い期間にも合うように、この4つ
のフェーズを短縮してもよいだろう。

■ フェーズI

　第10章で説明したとおり、私は基本的に、1つのシーズンを4つのトレーニングフェーズ
に分けている。フェーズIの目的は基礎を築き、ケガに対する耐性を作ることである。よっ
て、レジスタンストレーニングを通常週3回行うこと。指導者やランナーによっては、フリー
ウエイトを好む人もいれば、サーキットトレーニング、自体重によるトレーニング（シットア
ップ、腕立て伏せ、バー・ディップス※、スクワットスラスト※など）を好む人もいる（※訳
者注：バー・ディップスは2本の平行のバーにつかまり上体を支えた状態から肘を曲げて上体
を沈める運動。スクワットスラストについては、第9章の補助的トレーニング［p.131］を参
照）。どんなものであれ、まずテクニックを身につけ、最小の負荷からスタートすることが重
要である。テクニックが上達しないうちは、重い負荷をかけるべきではない。

　フェーズIに充てられる期間は、人によってかなり違うだろう。高校生のなかには2～3週
間程度しかとれないランナーもいるいっぽうで、2ヵ月以上を割くことができるランナーもい
る。いずれにせよ重要なのは、シーズン全体を考えた包括的なプログラムにすること、そして、
新しいフェーズを、1つ前のフェーズで得たものを土台にして組むことである。

■ フェーズⅡ

フェーズⅡでは各週ともQトレーニングを3回入れる。私のほうから曜日を指定することはしないが、だいたいの場合、Q1トレーニングとQ2トレーニングは月曜日と火曜日、Q3トレーニングは金曜日に行うといい。ただしレースシーズンになれば、金曜日と土曜日にはたいてい1回か2回、レースが入るようになる。そうなれば当然、金曜日のQトレーニングはしないほうがいい。しかし、前にも書いたとおり、レースもQトレーニングの1つである。よって、金曜日のQトレーニングをやめてレースに出たとしても、その週のQトレーニングを減らしたことにはならない。

指導者やランナーのなかには、Qトレーニングを月曜日、水曜日、金曜日または土曜日に設定したほうがいいという人もいれば、火曜日、水曜日、土曜日がいいという人もいる。Qトレーニングの配置については、何通りかのパターンを試してみるといいだろう。ちなみに、これにプラスして週末にかなり長い距離を走るのが、私のよく使うパターンである。土曜日のレース後に（長いクーリングダウンとして）走るか、レースとは別にして日曜日に走る。何より大切なのは、前回のQトレーニングやレースの疲れが残っていない日にQトレーニングを配置することだ。Qトレーニングができそうにないなら、たまに1回スキップしても問題はない。何度も言うようだが、休養もトレーニングの1つである。

フェーズⅡのトレーニングストレスは、シーズン中最大というわけではない。よって、実際に設定した練習以上のことができるかどうか、毎回想像してみよう。Qトレーニングでは、こんなにきつくしなければよかった、と後悔するよりも、もっとできたはず、と思えるほうが、はるかにいい。各トレーニングタイプについては、第4章を読み返してほしい。また、トレーニングの強度を上げるときは、いつもそれなりの理由づけが必要だ（通常はレースの結果がその役割を果たす。現在の強度の根拠となっているタイムをレースで上回れば、強度を上げる理由になる。これについてはp.76、第5章のVDOT一覧表を参照すること）。

■ フェーズⅢ

フェーズⅢは、最もきついトレーニングが組まれるフェーズである。Lランニングは毎週行うことを勧めたい。レースがない週は土曜日、ある週は翌日の日曜日に行う。もしくは、フェーズⅡで説明したとおり、土曜日のトラックレースのあとにEペースで長めにクーリングダウンを行い、それをその週のロング走と見なしてもよい。

ほとんどのランナーにとって、フェーズⅢはレースシーズンの真っただ中にあたる。しかもフェーズⅢは最もきついトレーニング期間だ。したがって、Qトレーニングは週3回とし、そのなかに週末のLランニングをQトレーニングにカウントして含めるといい。あとの2回のQトレーニングを行うのは平日になるが、レースが土曜日ならば、月曜日と水曜日、または火曜日と水曜日になるだろう。そして木曜日と金曜日は、土曜日のレースに向けてEデーとする。また、レースが金曜日ならば、月曜日と火曜日をQトレーニングの日（Qデー）とする。

各トレーニングの適正ペースは、自分の体力に相当するVDOTを基準にして決めること。ただし、ペースを上げる頻度は、たとえレースの結果でゴーサインが出たとしても、3週ごと、あるいは4週ごとが限度である。まずは数週間、一定レベルの運動ストレスでトレーニングをすること。次のレベルに行くのはそのあとだ。

■ フェーズⅣ

フェーズⅣでは、ほぼ毎週3回のQトレーニングを行う。レースもカウントすると、さらに1日増えて4回になってしまうことも多い。しかし、重要なレース（選手権大会や出場資格がかかったレースなど）を控えている週は、平日のQトレーニングを週前半の1回に限ること。そしてそのQトレーニングも短時間にとどめ、通常よりペースが速くならないようにする。

Qデーを除くと、あとはすべてEデーである。Eデーは1日に1回か2回走ってもいいし、あるいはまったく走らなくてもいい。目標とする週間走行距離次第である。重要なレースに疲労が抜けたフレッシュな状態で臨めるよう、QデーとEデーをうまく配置できるようになろう。

Lランニングはできるだけレースのすぐあとに設定すること。レース直後でもいいし、翌日の早い時間でもいい。レース前最後のQデーに関しては、私の場合、レースの3日前、あるいは4日前に設定している。この最後のQトレーニングは必ずTペースにするが、それに追加して200mを軽く何本か繰り返してもいいだろう。レース前の数日間をどう過ごすかについては、シーズン中にさまざまなアプローチを試してみることだ。そうすれば、自分にいちばん合った方法がわかる。自分にとって効果的な方法が、他のチームメートと同じとはかぎらない。

■ 週間32〜48km（20〜30マイル）のトレーニングプログラム

フェーズⅠ

フェーズⅠでは1週間に3回、Qトレーニングを行うが、LランニングもQトレーニングの1つとしてカウントする。Qトレーニングを行う曜日については、環境や天候に左右されるため指定していない。自分の都合に合わせて設定しよう。

Qトレーニングの日以外はすべてEランニングの日である。休みが必要ならば、その日の練習はほとんどしなくてもよいし、ゼロでもかまわない。目標とする週間走行距離に到達するには、こうしたEデーの練習を活用する。レースの前はEデーを何日か入れること。毎週出るようなレースの場合は2日、選手権大会やそれに匹敵するような重要なレースの場合は3日が必要である。

各トレーニングのペースは、直近のレースタイムを基に最新のVDOTを確認して決めること（VDOTの詳細については第5章を参照）。参考にできる記録がない場合は、1マイルの記録を控えめに予想し、それをRペースとする。IペースはそのRペースよりも400mあたり8秒遅いペース、TペースはIペースよりもさらに400mあたり8秒遅いペースとする。

ウィンドスプリント（WS）とは、15〜20秒間の軽く素早い動きのランニングのことであ

Part
Ⅱ
フォーミュラを
応用する

10 **11** 12
13 14 15
16 17 18

10 第10章
1シーズンの
構築

11 第11章
800mの
トレーニング

12 第12章
1,500mから
2マイルまでの
トレーニング

13 第13章
5kmと10kmの
トレーニング

14 第14章
クロスカントリー
のトレーニング

15 第15章
15kmから
30kmまでの
トレーニング

16 第16章
マラソンの
トレーニング

17 第17章
ウルトラトレイル
のトレーニング

18 第18章
トライアスロン
のトレーニング

る（ダッシュではない）。合間に45〜60秒間の休息を入れて繰り返す。緩やかな上り坂を利用してもいいが、リカバリーの下りには注意が必要だ。マラソン（**M**）ペースランニングも組み込まれているが、この練習のペースは、通常の**E**（**L**）ランニングよりも1kmあたり13〜19秒（1マイルあたり20〜30秒）ほど速いペースである。

フェーズⅡ

　フェーズⅡの各週のQ1トレーニングは40〜60分間の**L**ランニングである（ただし距離は週間走行距離の30%を上限とする）。そして、これにウィンドスプリント6本を追加する。ウィンドスプリントは**E**デーにも行う。週2回、**E**ランニングの中ほどか最後に6〜8本追加すること（ちょうどよい場所があれば、緩やかな上り坂で行ってもよい）。表中のjgはジョギングつまり**E**ランニングのことである。

フェーズⅢ

　フェーズⅢでは**R**ペースを上げ、フェーズⅡの最後の3週間よりも、200mあたり1秒（400mあたり2秒、600mあたり3秒）速く設定する。**I**ペースは直近のレースの結果とそれに相当するVDOTを基にして設定するか、もしくは新たに設定した**R**ペースよりも400mあたり8秒遅いペースにする。**FR**（ファストレップ：速いレペティション）は、**R**ペースよりも200mあたり3秒、400mあたり6秒、600mあたり12秒速いペースである。**T**ペースは**R**ペースよりも400mあたり16秒遅いペース（**I**ペースよりも400mあたり8秒遅いペース）にする。**E**ランニングのうち週2回は、ウィンドスプリント8本を追加すること（平地でも上り坂でもよい）。きつい（**H**）ペースは、**I**ペースと同じ強度のペース、中程度の距離のロング走（**Mod**）のペースは、通常の**E**（**L**）ランニングよりも1kmあたり13〜19秒（1マイルあたり20〜30秒）ほど速いペースである。

　週末にレースがある場合はQ3トレーニングを行わずに、レースをその週のQ3トレーニングとみなす。レースの運動ストレスが小さい日（なおかつ時間のある日）は、その日のレースがすべて終わったら、**R**ペースで200m×6（リカバリー：200mジョグ）を行うといいだろう。

表11.1 ■800mのトレーニングプログラム（週間走行距離32〜48km）

週	Q1	Q2	Q3
	フェーズⅠ		
1	L 40〜45分	E 20分+WS×8+E 10分	E 20分+WS×8+E 10分
2	L 40〜45分	E 30分+WS×8+E 10分	E 10分+WS×8+E 20分
3	L 45分	E 10分+WS×8+E 20分	E 30分+WS×8+E 10分
4	M 40分	E 40分+WS×8+E 5分	E 10分+WS×10+E 20分
5	L 45分+WS×6	E 20分+M 20分+WS×6	E 20分+WS×10+E 10分
6	M 40分+WS×6	E 40分+WS×8+E 5分	E 10分+WS×10+E 20分

フェーズⅡ

週	Q1	Q2	Q3
7	L 40〜60分+WS×6	E 20分+(R 200m・jg 200m)×6+E 10分	E 10分+(R 200m・jg 200m)×8+E 10分
8	L 40〜60分+WS×6	E 20分+(R 200m・jg 200m)×4+(R 400m・jg 400m)×2+E 10分	E 20分+(R 200m・jg 200m)×8〜10+E 10分
9	L 40〜60分+WS×6	E 10分+(R 400m・jg 400m)×4+E 10分	E 10分+(R 200m・jg 200m)×4〜6+E 10分+(R 200m・jg 200m)×4〜6+E 5分
10	L 40〜60分+WS×6	E 10分+(R 200m+jg 200m+R 200m+jg 400m+R 400m+jg 200m)×3+E 10分	E 10分+(R 400m・jg 400m)×4〜6+E 10分
11	L 40〜60分+WS×6	E 20分+(R 200m・jg 200m)×2+(R 600m・jg 600m)×2+(R 200m・jg 200m)×4+E 10分	E 10分+WS×4+R 600m+jg 600m+(R 400m・jg 400m)×2+(R 200m・jg 200m)×4+E 10分
12	L 40〜60分+WS×6	E 10分+(R 200m・jg 200m)×4+(R 400m・jg 400m)×2+R 600m+E 15分	E 10分+(R 200m・jg 200m)×6+(R 300m・jg 300m)×4+E 20分

フェーズⅢ

週	Q1	Q2	Q3
13	L 60分+WS×6	E 15分+(H 3分・jg 2分)×5+(FR 200m・jg 200m)×4+E 15分	E 10分+(R 600m+休30秒+FR 200m+E 7分)×3+E 20分
14	E 20分+(T 1.6km・休2分)×3+E 20分	E 15分+(I 800m・jg 3分)×4+WS×6+E 15分	E 10分+R 600m+jg 600m+R 500m+jg 500m+FR 400m+jg 400m+(FR 300m・jg 300m)×2+E 10分
15	L 60分+WS×6	E 15分+(H 2分・jg 1分)×8+E 1.6km+(R 200m・jg 200m)×4+E 15分	E 20分+(R 400m・jg 400m)×3+(FR 300m・jg 300m)×4+E 10分
16	E 15分+T 4.8km+(R 200m・jg 200m)×4+E 10分	E 15分+(I 1km・jg 3分)×4+WS×6+E 20分	E 20分+(R 400m・jg 400m)×2+(R 600m・jg 600m)×2+(FR 300m・jg 300m)×2+E 15分
17	L 60分+WS×8	E 20分+(H 4分・jg 3分)×4+E 10分	E 10分+(FR 400m・jg 400m)×4+E 10分+(R 400m・jg 400m)×4+E 10分
18	E 10分+Mod 40分+WS×6	E 15分+(I 1.2km・jg 3分)×4+WS×6+E 10分	E 10分+(R 600m+休30秒+FR 200m+E 7分)×3+E 20分

フェーズⅣ

週	Q1	Q2	Q3
19	L 45〜60分+WS×8	E 10分+WS×4+T 20分+(R 200m・jg 200m)×4+E 10分	E 20分+FR 600m+jg 1km+FR 600m+jg 1km+FR 600m+E 15分
20	L 50〜60分+WS×6	E 10分+(R 200m・jg 200m)×4+(T 1.6km・休2分)×2+WS×6+E 10分	E 20分+FR 600m+jg 1km+(FR 400m・jg 400m)×2+(R 200m・jg 200m)×4+E 10分
21	E 20分+T 4,8km+WS×8+E 20分	E 20分+(T 1.6km・休2分)×3+(R 200m・jg 200m)×6	E 20分+FR 600m+jg 600m+(FR 300m・jg 500m)×2+(R 200m・jg 200m)×3+E 10分
22	L 60分+WS×8	E 20分+(T 1km・休1分)×5+(R 200m・jg 200m)×6+E 10分	E 20分+(FR 200m・jg 200m)×8+E 20分
23	L 60分+WS×6	E 10分+(T 1.6km・休2分)×3+(R 200m・jg 200m)×6+E 20分	E 20分+(FR 200m・jg 400m)×2+(FR 600m・jg 1km)×2+(R 200m・jg 200m)×4+E 10分
24	L 50〜60分+WS×6	E 10分+(R 200m・jg 200m)×2+(T 1.6km・休2分)×2+(R 200m・jg 200m)×2+E 10分	E 20分+WS×1+重要なレース

Run SMART Project 設計のJack Daniels' Running Calculatorにより作成

Part
Ⅱ
フォーミュラを
応用する

10 11 12
13 14 15
16 17 18

10 第 10 章

1シーズンの
構築

11 第 11 章

800mの
トレーニング

12 第 12 章

1,500mから
2マイルまでの
トレーニング

13 第 13 章

5kmと10kmの
トレーニング

14 第 14 章

クロスカントリー
のトレーニング

15 第 15 章

15kmから
30kmまでの
トレーニング

16 第 16 章

マラソンの
トレーニング

17 第 17 章

ウルトラトレイル
のトレーニング

18 第 18 章

トライアスロン
のトレーニング

フェーズⅣ

　フェーズⅣでは、**R**ペースをフェーズⅢの最後の3週間よりも、200mあたり1秒（400mあたり2秒、600mあたり3秒）速く設定する。以下、フェーズⅢで説明したことと同じである。**表11.1**に、週間走行距離が32～48kmのランナーのための24週間・4フェーズのプログラムを示した。

■ 週間64km（40マイル）のトレーニングプログラム

フェーズⅠ

　フェーズⅠでは1週間に3回、**Q**トレーニングを行うが、**L**ランニングも**Q**トレーニングの1つとしてカウントする。**Q**トレーニングを行う曜日については、環境や天候に左右されるため指定していない。自分の都合に合わせて設定しよう。

　Qデー以外はすべて**E**ランニングの日である。休みが必要ならば、その日の練習はほとんどしなくてもよいし、ゼロでもかまわない。目標とする週間走行距離に到達するには、こうした**E**デーの練習を活用する。レースの前は**E**デーを何日か入れること。毎週出るようなレースの場合は2日、選手権大会やそれに匹敵するような重要なレースの場合は3日が必要である。

　各トレーニングのペースは、直近のレースタイムを基に最新のVDOTを確認して決めること（VDOTの詳細については第5章を参照）。参考にできる記録がない場合は、1マイルの記録を控えめに予想し、それを**R**ペースとする。**I**ペースはその**R**ペースよりも400mあたり8秒遅いペース、**T**ペースは**I**ペースよりもさらに400mあたり8秒遅いペースとする。

　ウィンドスプリント（WS）とは、15～20秒間の軽く素早い動きのランニングのことである（ダッシュではない）。合間に45～60秒間の休息を入れて繰り返す。緩やかな上り坂を利用してもいいが、リカバリーの下りには注意が必要だ。中程度の距離のロング走（**Mod**）も組み込まれているが、この練習のペースは、通常の**E**（**L**）ランニングよりも1kmあたり13～19秒（1マイルあたり20～30秒）ほど速いペースである。

表11.2■800mのトレーニングプログラム（週間走行距離64km）

	フェーズⅠ		
週	Q1	Q2	Q3
1	L 60分	E 30分+WS×8+E 20分	E 20分+WS×8+E 10分
2	L 60分	E 40分+WS×8+E 10分	E 10分+WS×8+E 20分
3	L 60分	E 30分+WS×8+E 20分	E 30分+WS×8+E 10分
4	Mod 50分	E 40分+WS×8+E 10分	E 10分+WS×10+E 20分
5	L 70分+WS×6	E 30分+Mod 20分+WS×6	E 20分+WS×10+E 10分
6	Mod 50分+WS×6	E 40分+WS×8+E 5分	E 10分+WS×10+E 20分

フェーズⅡ

週	Q1	Q2	Q3
7	L 60分+WS×6	E 20分+(R 200m・jg 200m)×8+E 20分	E 20分+(R 200m・jg 200m)×8+E 10分
8	L 60分+WS×6	E 20分+(R 200m・jg 200m)×6+(R 400m・jg 400m)×4+E 10分	E 20分+(R 200m・jg 200m)×10+E 20分
9	L 60分+WS×6	E 20分+(R 400m・jg 400m)×6+E 20分	E 20分+(R 200m・jg 200m)×6+E 10分+(R 200m・jg 200m)×6+E 10分
10	L 60分+WS×6	E 15分+(R 200m+jg 200m+R 200m+jg 400m+R 400m+jg 200m)×4+E 10分	E 15分+(R 400m・jg 400m)×6+E 15分
11	L 60分+WS×6	E 20分+(R 200m・jg 200m)×4+(R 600m・jg 600m)×2+(R 200m・jg 200m)×4+E 10分	E 15分+WS×4+R 600m+jg 600m+(R 400m・jg 400m)×3+(R 200m・jg 200m)×6+E 10分
12	L 60分+WS×6	E 15分+(R 200m・jg 200m)×4+(R 400m・jg 400m)×4+R 600m+E 20分	E 15分+(R 200m・jg 200m)×6+(R 300m・jg 300m)×6+E 20分

フェーズⅢ

週	Q1	Q2	Q3
13	L 60分+WS×8	E 20分+(H 3分・jg 2分)×6+(FR 200m・jg 200m)×6+E 15分	E 20分+(R 600m+休30秒+FR 200m+E 7分)×3+E 20分
14	E 15分+(T 1.6km・休2分)×4+E 15分	E 15分+(I 800m・jg 3分)×6+WS×6+E 15分	E 15分+R 600m+jg 600m+R 500m+jg 500m+FR 400m+jg 400m+(FR 300m・jg 300m)×3+E 10分
15	L 60分+WS×6	E 15分+(H 2分・jg 1分)×8+E 1.6km+(R 200m・jg 200m)×4+(FR 200m・jg 200m)×2+E 15分	E 20分+(R 400m・jg 400m)×4+(FR 300m・jg 300m)×4+E 10分
16	E 15分+T 4.8km+(R 200m・jg 200m)×6+E 10分	E 15分+(I 1km・jg 3分)×5+WS×6+E 20分	E 20分+(R 400m・jg 400m)×2+(R 600m・jg 600m)×3+(FR 300m・jg 300m)×2+E 15分
17	L 60分+WS×8	E 20分+(H 4分・jg 3分)×4+E 10分	E 20分+(FR 400m・jg 400m)×4+E 10分+(R 400m・jg 400m)×4+E 10分
18	E 10分+Mod 40分+WS×6	E 15分+(I 1.2km・jg 3分)×5+WS×6+E 10分	E 10分+(R 600m+休30秒+FR 200m+E 7分)×3+E 20分

フェーズⅣ

週	Q1	Q2	Q3
19	L 60分+WS×8	E 15分+WS×4+T 20分+(R 200m・jg 200m)×6+E 10分	E 20分+FR 600m+jg 1km+FR 600m+jg 1km+FR 600m+E 20分
20	L 60分+WS×6	E 15分+(R 200m・jg 200m)×6+(T 1.6km・休2分)×2+WS×6+E 10分	E 20分+FR 600m+jg 1km+(FR 400m・jg 400m)×2+(FR 200m・jg 200m)×4+E 10分
21	E 20分+T 4.8km+WS×8+E 20分	E 20分+(T 1.6km・休2分)×4+(R 200m・jg 200m)×6	E 20分+FR 600m+jg 600m+(FR 300m・jg 500m)×3+(R 200m・jg 200m)×3+E 10分
22	L 60分+WS×8	E 20分+(T 1.6km・休1分)×4+(R 200m・jg 200m)×8+E 10分	E 20分+(FR 200m・jg 200m)×8+E 20分
23	L 60分+WS×6	E 10分+(T 1.6km・休2分)×3+(R 200m・jg 200m)×6+E 20分	E 20分+(FR 200m・jg 400m)×4+(FR 600m・jg 1km)×2+(R 200m・jg 200m)×4+E 10分
24	L 50分+WS×6	E 10分+(R 200m・jg 200m)×4+(T 1.6km・休2分)×2+(R 200m・jg 200m)×2+E 10分	E 20分+WS×1+重要なレース

Run SMART Project 設計のJack Daniels' Running Calculatorにより作成

Part Ⅱ
フォーミュラを応用する

10 11 12
13 14 15
16 17 18

10 第10章
1シーズンの構築

11 第11章
800mのトレーニング

12 第12章
1,500mから2マイルまでのトレーニング

13 第13章
5kmと10kmのトレーニング

14 第14章
クロスカントリーのトレーニング

15 第15章
15kmから30kmまでのトレーニング

16 第16章
マラソンのトレーニング

17 第17章
ウルトラトレイルのトレーニング

18 第18章
トライアスロンのトレーニング

フェーズⅡ

　フェーズⅡの各週のQ1トレーニングは60分間のLランニングである（ただし距離は週間走行距離の25％を上限とする）。そして、これにウィンドスプリント6本を追加する。ウィンドスプリントはEデーにも行う。週2回、Eランニングの中ほどか最後に6〜8本追加すること（ちょうどよい場所があれば、緩やかな上り坂で行ってもよい）。

フェーズⅢ

　フェーズⅢではRペースを上げ、フェーズⅡの最後の3週間よりも、200mあたり1秒（400mあたり2秒、600mあたり3秒）速く設定する。Iペースは直近のレースの結果とそれに相当するVDOTを基にして設定するか、もしくは新たに設定したRペースよりも400mあたり8秒遅いペースにする。FR（ファストレップ：速いレペティション）は、Rペースよりも200mあたり3秒、400mあたり6秒、600mあたり12秒速いペースである。TペースはRペースよりも400mあたり16秒遅いペース（Iペースよりも400mあたり8秒遅いペース）にする。Eランニングのうち週2回は、ウィンドスプリント8本を追加すること（平地でも上り坂でもよい）。きつい（H）ペースは、Iペースと同じ強度のペース、中程度の距離のロング走（Mod）のペースは、通常のE（L）ランニングよりも1kmあたり13〜19秒（1マイルあたり20〜30秒）ほど速いペースである。

　週末にレースがある場合はQ3トレーニングを行わずに、レースをその週のQ3トレーニングとみなす。レースの運動ストレスが小さい日（なおかつ時間のある日）は、その日のレースがすべて終わったら、Rペースで200m×6（リカバリー：200mジョグ）を行うといいだろう。

フェーズⅣ

　フェーズⅣでは、RペースをフェーズⅢの最後の3週間よりも、200mあたり1秒（400mあたり2秒、600mあたり3秒）速く設定する。以下、フェーズⅢで説明したことと同じである。**表11.2**に、週間走行距離が64kmのランナーのための24週間・4フェーズプログラムを示した。

■ 週間80〜97km（50〜60マイル）のトレーニングプログラム

フェーズⅠ

　週間80〜97km程度を楽にこなせる人なら、1日に2回練習する日を週に何日か設けたほうがいい。その場合、Qトレーニングを行うのは2回目の練習になるだろう。午前中にも練習をするなら、30分以上のEランニングとする。そして、練習の中ほどか最後にウィンドスプリントを8〜10本追加する。

　この午前中の練習をする・しないによって、午後の練習の調子がよくなるかどうか、フェーズⅠのうちに確かめておくといい。勉強や仕事で忙しければ、休息・回復の時間が十分にとれる日に追加してみよう。どの曜日がいいかは自分で試してみること。1日おきでもいいし、2

日連続にしてその後1日か2日、あるいは3日空けるという手も考えられる。

　重要なのは、練習スケジュールを自分の都合に合わせること、そして午前中の練習（Qトレーニング以外に行うランニング）は、目標とする週間走行距離に到達するために活用することである。週間走行距離は、健康上の問題があったり過度の運動ストレスがかかる場合は、適宜減らす。

　フェーズⅠのスケジュールは、基本的には週間64kmのプログラムと変わらない。Qトレーニングが持続時間ではなく距離で表

David Madison／Getty Images

セバスチャン・コー（右端）は初めからエリートランナーだったわけではない。父親の作ったトレーニングプログラム（コー曰く、システマティックで段階的、なおかつハードなプログラム）が、800mの世界記録を更新するランナーへと成長させたのである。コーはそのほかの中距離種目でも数々の記録を残した。

Part
Ⅱ
フォーミュラを
応用する

10　11　12
13　14　15
16　17　18

10　第10章
1シーズンの
構築

11　第11章
800mの
トレーニング

12　第12章
1,500mから
2マイルまでの
トレーニング

13　第13章
5kmと10kmの
トレーニング

14　第14章
クロスカントリー
のトレーニング

15　第15章
15kmから
30kmまでの
トレーニング

16　第16章
マラソンの
トレーニング

17　第17章
ウルトラトレイル
のトレーニング

18　第18章
トライアスロン
のトレーニング

示されている点が違うだけである。中程度の距離のロング走（**Mod**）も組み込まれているが、この練習のペースは、通常のE（**L**）ランニングよりも1kmあたり13～19秒（1マイルあたり20～30秒）ほど速いペースである。

フェーズⅡ

　フェーズⅡの各週のQ1トレーニングはLランニングである。距離は16kmか週間走行距離の25％の、どちらか短いほうにする。そして、これにウィンドスプリント6本を追加する。ウィンドスプリントはEデーにも行う。週2回、Eランニングの中ほどか最後に6～8本追加すること（ちょうどよい場所があれば、緩やかな上り坂で行ってもよい）。

フェーズⅢ

　フェーズⅢでは**R**ペースを上げ、フェーズⅡの最後の3週間よりも、200mあたり1秒（400mあたり2秒、600mあたり3秒）速く設定する。Iペースは直近のレースの結果とそれに相当するVDOTを基にして設定するか、もしくは新たに設定した**R**ペースよりも400mあたり8秒遅いペースにする。**FR**（ファストレップ：速いレペティション）は、**R**ペースよりも200mあたり2～3秒、400mあたり4～6秒、600mあたり9～12秒速いペースである。**T**ペースは**R**ペースよりも400mあたり16秒遅いペース（Iペースよりも400mあたり8秒遅いペース）にする。Eランニングのうち週2回は、ウィンドスプリント8本を追加すること（平地でも上り坂でもよい）。きつい（**H**）ペースは、Iペースと同じ強度のペース、中程度の距離

表11.3 ■ 800mのトレーニングプログラム（週間走行距離80～97km）

フェーズⅠ

週	Q1	Q2	Q3
1	L 16km	E 4.8km+WS×8+E 3.2km	E 4.8km+WS×8+E 3.2km
2	L 12.8km	E 4.8km+WS×8+E 4.8km	E 3.2km+WS×8+E 4.8km
3	L 16km	E 4.8km+WS×8+E 3.2km	E 4.8km+WS×8+E 3.2km
4	Mod 12.8km	E 4.8km+WS×8+E 4.8km	E 3.2km+WS×10+E 4.8km
5	L 19.2km+WS×6	E 4.8km+Mod 4.8km+WS×6	E 4.8km+WS×10+E 3.2km
6	Mod 12.8km+WS×6	E 6.4km+WS×8+E 1.6km	E 3.2km+WS×10+E 4.8km

フェーズⅡ

週	Q1	Q2	Q3
7	L 16km+WS×6	E 4.8km+(R 200m・jg 200m)×10+E 4.8km	E 4.8km+(R 200m・jg 200m)×12+E 4.8km
8	L 16km+WS×6	E 4.8km+(R 200m・jg 200m)×8+(R 400m・jg 400m)×6+E 3.2km	E 4.8km+(R 200m・jg 200m)×12+E 3.2km
9	L 16km+WS×6	E 4.8km+(R 400m・jg 400m)×8+E 4.8km	E 4.8km+(R 200m・jg 200m)×8+E 1.6km+(R 200m・jg 200m)×8+E 3.2km
10	L 16km+WS×6	E 3.2km+(R 200m+jg 200m+R 200m+jg 400m+R 400m+jg 200m)×5+E 3.2km	E 3.2km+(R 400m・jg 400m)×8+E 3.2km
11	L 16km+WS×6	E 4.8km+(R 200m・jg 200m)×4+(R 600m・jg 600m)×4+(R 200m・jg 200m)×4+E 3.2km	E 3.2km+WS×4+(R 600m・jg 600m)×2+(R 400m・jg 400m)×4+(R 200m・jg200m)×6+E 3.2km
12	L 16km+WS×6	E 3.2km+(R 200m・jg 200m)×6+(R 400m・jg 400m)×6+(R 600m・jg 600m)×2+E 3.2km	E 3.2km+(R 200m・jg 200m)×6+(R 300m・jg 300m)×8+E 3.2km

フェーズⅢ

週	Q1	Q2	Q3
13	L 16km+WS×8	E 4.8km+(H 3分・jg 2分)×7もしくは(I 1km・jg 2分)×6+(FR 200m・jg 200m)×6+E 3.2km	E 4.8km+(R 600m+休30秒+FR 200m+E 1.6km)×4+E 4.8km
14	E 3.2km+(T 1.6km・休2分)×5+E 3.2km	E 3.2km+(I 800m・jg 2分)×8+WS×6+E 3.2km	E 3.2km+R 600m+jg 600m+R 500m+jg 500m+FR 400m+jg 400m+(FR 300m・jg 300m)×3+E 3.2km
15	L 16km+WS×8	E 3.2km+(H 2分・jg 1分)×10+E 1.6km+(R 200m・jg 200m)×4+(FR 200m・jg 200m)×4+E 3.2km	E 4.8km+(R 400m・jg 400m)×6+(FR 300m・jg 300m)×4+E 3.2km
16	E 3.2km+T 4.8km+(R 200m・jg 200m)×6+E 3.2km	E 3.2km+(I 1km・jg 3分)×6+WS×6+E 4.8km	E 4.8km+(R 400m・jg 400m)×2+(R 600m・jg 600m)×4+(FR 300m・jg 300m)×2+E 3.2km
17	L 16km+WS×8	E 4.8km+(H 4分・jg 3分)×5+E 3.2km	E 4.8km+(FR 400m・jg 400m)×4+E 10分+(R 400m・jg 400m)×4+E 3.2km
18	E 3.2km+Mod 12.8km+WS×6	E 3.2km+(I 1.2km・jg 3分)×6+WS×6+E 3.2km	E 3.2km+(R 600m+休30秒+FR 200m+E 1.6km)×4+E 4.8km

		フェーズⅣ	
週	Q1	Q2	Q3
19	L 16km+WS×8	E 3.2km+WS×4+T 4.8km+(R 200m・jg 200m)×8+E 3.2km	E 4.8km+FR600m+jg 1km+FR 600m+jg 1km+FR 600m+E 4.8km
20	L 16km+WS×6	E 3.2km+(R 200m・jg 200m)×8+(T 1.6km・休2分)×3+WS×6+E 3.2km	E 4.8km+FR 600m+jg 1km+(FR 400m・jg 400m)×2+(FR 200m・jg 200m)×6+E 3.2km
21	E 4.8km+T 4.8km+WS×8+E 4.8km	E 4.8km+(T 1.6km・休2分)×5+(R 200m・jg 200m)×8+E 3.2km	E 4.8km+FR 600m+jg 600m+(FR 300m・jg 500m)×4+(R 200m・jg 200m)×4+E 3.2km
22	L 16km+WS×8	E 4.8km+(T 1.6km・休1分)×5+(R 200m・jg 200m)×10+E 3.2km	E 4.8km+(FR 200m・jg 200m)×6+E 1.6km+(FR 200m・jg 200m)×4+E 4.8km
23	L 16km+WS×6	E 3.2km+(T 1.6km・休2分)×3+(R 200m・jg 200m)×6+E 4.8km	E 4.8km+(FR 200m・jg 400m)×4+(FR 600m・jg 1km)×2+(R 200m・jg 200m)×4+E 3.2km
24	L 12.8km+WS×6	E 3.2km+(R 200m・jg 200m)×4+(T 1.6km・休2分)×2+(R 200m・jg 200m)×2+E 3.2km	E 4.8km+WS×1+重要なレース

※訳者注：・表11.1～11.3ともに、距離は原著のマイル表示を1マイル=1.6kmとしてキロメートルに換算
　　　　　・表11.1～11.3ともに、休は休息を表す
Run SMART Project 設計のJack Daniels' Running Calculatorにより作成

のロング走（**Mod**）のペースは、通常の**E**（**L**）ランニングよりも1kmあたり13～19秒（1マイルあたり20～30秒）ほど速いペースである。

　週末にレースがある場合はQ3トレーニングを行わずに、レースをその週のQ3トレーニングとみなす。レースの運動ストレスが小さい日（なおかつ時間のある日）は、その日のレースがすべて終わったら、**R**ペースで200m×6（リカバリー：200mジョグ）を行うといいだろう。

フェーズⅣ

　フェーズⅣでは、**R**ペースをフェーズⅢの最後の3週間よりも、200mあたり1秒（400mあたり2秒、600mあたり3秒）速く設定する。以下、フェーズⅢで説明したことと同じである。**表11.3**に、週間走行距離が80～97kmのランナーのための24週間・4フェーズプログラムを示した。

Part
Ⅱ
フォーミュラを
応用する

10 11 12
13 14 15
16 17 18

第 12 章

1,500mから
2マイルまでの
トレーニング

仲間がいい走りをしていたら、
必ず本人に伝えてあげよう。

800mのランナーの多くは、1,500mや1マイルといった、より距離の長いレースにも、本格的に取り組んでいる。1,500mのランナーや1マイルのランナーも事情は同じで、3kmや2マイルのレースに本腰を入れる人が多い。そこで本章では、1,500mだけでなく、2マイルまでをカバーしたプログラム（4フェーズから成るプログラム）を紹介する。1,500mのランナーのなかには、800mにも同等のウエイトを置く、という人もいるが（室内のシーズンだと1,000mにも力を入れる）、本章のプログラムに沿ってトレーニングを積めば、さまざまな中距離種目に対応する力がつくだろう。

1,500mという種目は、高強度の有酸素性運動ではあるが、スピードと無酸素性能力にも大きく依存する。そのため、1,500mのレースを追い込んで走ると、v$\dot{V}O_2$maxよりも約10〜12％高い強度になる。いっぽう3,000mと2マイルの強度は、ちょうどv$\dot{V}O_2$maxに相当する。これはきついIトレーニングとほぼ同じである。

とはいえ、こうした種目のトレーニングも、フェーズⅠの最初の内容は800mとほとんど変わらない。**E**ランニングを十分に行い、それにプラスしてウィンドスプリント（WS）または坂道走を週に数回行う。

レースでは、このような4〜12分程度の種目だと、ランナーは序盤から飛ばしがちだ。そこで私は、度が過ぎると思うくらい慎重にスタートしろ、と選手にしつこく注意している。1,500m／1マイルの走り方としては、最初の400mを慎重に走り、2周目を1周目よりも2秒速く走る、という方法がある。これは、いいタイムを狙うとき（しかも駆け引きや悪天候を気にしなくていいとき）の作戦だが、実際、非常に効果的だ。若い選手は、最初の数秒間で飛ばし過ぎて、2周目になるとがくんと落ちることが多いからである。

1マイルのレースを何度も見ている人なら、3周目のラップが2周目とたいてい同じになることに、気づいているかもしれない。1周目で突っ込み、2周目で大幅にスローダウンすると、

Andy Lyons/Getty Images

Part
Ⅱ
フォーミュラを
応用する

10 11 12
13 14 15
16 17 18

10 第10章
1シーズンの
構築

11 第11章
800mの
トレーニング

12 第12章
1,500mから
2マイルまでの
トレーニング

13 第13章
5kmと10kmの
トレーニング

14 第14章
クロスカントリー
のトレーニング

15 第15章
15kmから
30kmまでの
トレーニング

16 第16章
マラソンの
トレーニング

17 第17章
ウルトラトレイル
のトレーニング

18 第18章
トライアスロン
のトレーニング

シェルビー・フーリハンは女子1,500mの米国記録を塗り替えた選手だ。彼女を支えるのは質の高い練習と、
「前に飛び出して他の選手を置き去りにしたい」という競争心である。(※監修者注:1,500mと5,000mの
米国記録を持ち、5,000mではリオオリンピックの決勝に進出したが、東京オリンピックの代表選考会前に
ドーピング違反のため4年間の出場停止処分となった)

　たいてい3周目も遅くなって記録を狙うチャンスはなくなる。反対に、1周目でもっと慎重に
なり、2周目で上げられるように力を集中させれば、だいたい3周目もいいタイムで走ること
ができる。そうすれば最後の1周はとにかく粘るだけだ。どの距離のレースにもいえることだ
が、何がいちばん自分に合うか、いろいろなアプローチを試してみるといい。
　1,500m／1マイルのランナーは、専門の種目よりも短い種目と長い種目の、どちらが好き
なのだろうか。私はこれまでに見てきた何人ものランナーに対して、ずっと同じ質問をしてき
たが、短い種目のほうが若干優勢であるものの、両方とも好まれていることがわかった。たし
かに、1マイルのレースを走っていれば2マイルのペースは楽に感じられ、2マイルや3,000m
を走っていれば1,500mや1マイルはかなり短く感じられる。

■ フェーズⅠ

　フェーズⅠですることは、どのプログラムでも同じだ。**E**ランニング、**E**デーのウィンドスプリント（WS）、そして補助的トレーニング（例えば軽いレジスタンストレーニングやサーキットトレーニング）を勧めたい。ただし、補助的トレーニングの直後に走るのはできるだけ避けること。補助的トレーニングの前か、もしくは数時間後のほうがいい。

　フェーズⅠでは**E**ランニングとタイムを計らないランニングが主となるため、1人でトレーニングをしやすい時期であり、誰でも自分の都合に合わせて練習できる。ただし、学校のクラブ活動だと当然、ランナー全員が同時にトレーニングをすることになる。このようなケースで重要なのは、ランナーを体力別、能力別に分けることだ。あらかじめグループ分けをしておけば、体力のあまりない者が、自分よりはるかに走力が上でペース設定のきつい者につこうとすることはない。

■ フェーズⅡ

　フェーズⅡからは、質の高いトレーニング（Qトレーニング）を織り交ぜていく。これは私が作成するプログラムのすべてに共通するやり方だ。フェーズⅡのQトレーニングとは、**L**ランニング（週1回）と**R**トレーニング（週2回）である。フェーズⅡは、人によってはプログラムのスタート地点となる。シーズンが終了したばかりで有酸素性能力が高い状態にあれば、フェーズⅡから始めてもよい。例えば、秋のクロスカントリーシーズンが終わったばかりのランナーがそうだ。クロスカントリーのトレーニングとレースを経験していれば、フェーズⅠはもはや不要である。しかも、フェーズⅡに通常組み込まれる**R**トレーニングに再び専念するタイミングとしては、ちょうどいい。クロスカントリーのシーズンが終わったとき、ランナーの有酸素性能力は最高に達している。このときにスピードとランニングエコノミーの向上に時間をかければ、短い種目が行われる室内トラックシーズンに向けて、いい状態に仕上げることができる。

　また、一般的に**R**トレーニングは**I**トレーニングよりも身体にストレスがかからない。**I**トレーニングや5〜12kmに及ぶ重要なレースでの負担から一時離れられる。そう思って**R**トレーニングの時期を待ちわびる中長距離ランナーは多い。

■ フェーズⅢ

　フェーズⅢは、間違いなくシーズンのなかで最もきつい時期である。**I**トレーニングというストレスの高い練習のほかに、持久力向上を狙って**T**トレーニングを組み込むことも多い。シーズン中どれだけ力をつけられるかは、フェーズⅢで決まると言っても過言ではない。

　Iトレーニングでは、いつもやり過ぎないようにすること。その意志と能力が、このきついフェーズで力を伸ばす鍵となる。トレーニングの目的を思い出そう。**I**トレーニングは、最小

の練習で最大の効果を得るために行うものである。それはとりもなおさず、直近のレースタイムに相当するVDOTから求めたペースでトレーニングをする、ということだ。

Part
II
フォーミュラを
応用する

10 11 **12**
13 14 15
16 17 18

19 第10章
1シーズンの
構築

11 第11章
800mの
トレーニング

12 第12章
1,500mから
2マイルまでの
トレーニング

13 第13章
5kmと10kmの
トレーニング

14 第14章
クロスカントリー
のトレーニング

15 第15章
15kmから
30kmまでの
トレーニング

16 第16章
マラソンの
トレーニング

17 第17章
ウルトラトレイル
のトレーニング

18 第18章
トライアスロン
のトレーニング

■ フェーズIV

　トラックのシーズンが始まってしまうと、そのあいだはレースに出過ぎないようにといってもなかなか難しい。1,500m、1マイル、3,000m、2マイルのスペシャリストにとって重要なのは、種目を絞らず、さまざまな距離のレースに出場すること、そしてレースが何本もある週は、トレーニングスケジュールを臨機応変に調整することである。400m、800m、1,000m（または1,500mや1マイル）は、3,000mや2マイルよりも無酸素性能力とスピードにストレスがかかるレースだ。そう捉えて、さまざまな距離のレースに出られるチャンスを活かそう。トラックシーズンこそ、それができる時期である（クロスカントリーシーズンだと、そうはいかない。レースにかかる時間に大きな差がないためだ）。

　練習は一旦スケジュールを立てても、変更する用意はいつでもしておくこと。屋外シーズンならなおさらである。天候によって、何が精神的・身体的にベストな練習なのか、大きく変わってしまうからだ。重要なレースが控えている週も、予定変更の心づもりは必要である。例えば、Qデーが週に2日あって、レースのある金曜日や土曜日までに十分に回復できない、というときは、迷わず予定していた練習を減らそう。

■ 週間48km（30マイル）のトレーニングプログラム

フェーズI

　フェーズIでは1週間に3回Qトレーニングを行うが、どの練習もまったくきつくない。それでもQトレーニングとしたのは、どれも単なるEランニングではないからである。Qトレーニングのうちの1つは、長めのLランニングまたはModペースのランニングであり、あとの2つにはウィンドスプリント（WS）が加わる。ウィンドスプリントは、15〜20秒間の軽く素早い動きのランニングである。実施する場所は平坦なところか、緩やかな上り坂があれば坂道でもいいが、けっして全力のダッシュではない。ウィンドスプリントを坂道で行う場合でも、最後の2本はできるだけ平坦な場所かトラックで行うようにしよう。そうすると脚がよく回転し、軽く速い動きが体感できる。また、リカバリーでは完全に回復すること。これは平坦なところでも坂道でも同じだ。

　Modランニングとは、中程度の距離のロング走のことである。Modペースは、通常のE（L）ランニングよりも1kmあたり13〜19秒（1マイルあたり20〜30秒）ほど速い。Qデー以外の日はすべて、30分以上のEランニングを行う。目標とする週間走行距離に到達するには、こうしたEデーの練習を活用する。しかし毎日走らなくても目標に達するなら、まったく走らないEデーがあってもよい。フェーズI開始までに走らない期間が何週間かあった場合は、示された練習のなかでいちばん量の少ないものを選ぶこと。

表12.1 ■1,500m～2マイルのトレーニングプログラム（週間走行距離48km）

フェーズⅠ

週	Q1	Q2	Q3
1	L 40～60分	E 20分+WS×8+E 20分	E 20分+WS×8+E 10分
2	L 40～60分	E 30分+WS×8+E 10分	E 10～20分+WS×8+E 20分
3	L 45分	E 20分+WS×8+E 20分	E 20～30分+WS×8+E 10分
4	Mod 40分	E 30分+WS×8+E 10分	E 20分+WS×10+E 20分
5	L 40～60分+WS×6	E 20分+Mod 20分+WS×6	E 20分+WS×10+E 10分
6	Mod 40分+WS×6	E 30～40分+WS×8+E 10分	E 10～20分+WS×10+E 20分

フェーズⅡ

週	Q1	Q2	Q3
7	L 60分	E 20分+(R 200m・jg 200m)×8+E 10分	E 10分+(R 200m・jg 200m)×10+E 20分
8	L 60分	E 20分+(R 200m・jg 200m)×2+(R 400m・jg 400m)×4+E 10分	E 20分+(R 200m・jg 200m)×10+E 10分
9	L 60分	E 10分+(R 200m・jg 200m)×2+(R 400m・jg 400m)×6+E 10分	E 20分+(R 200m・jg 200m)×6+E 10分+(R 200m・jg 200m)×4+E 10分
10	L 60分	E 20分+(R 200m+jg 200m+R 400m+jg 400m+R 400m+jg 200m)×3+E 10分	E 10分+(R 400m・jg 400m)×6+(R 200m・jg 200m)×2+E 10分
11	L 60分	E 20分+(R 200m・jg 200m)×4+(R 600m・jg 600m)×2+(R 200m・jg 200m)×4+E 10分	E 10分+WS×4+R 600m+jg 600m+(R 400m・jg 400m)×2+(R 200m・jg 200m)×4+E 20分
12	L 60分	E 10分+(R 200m・jg 200m)×2+(R 400m・jg 400m)×2+(R 600m・jg 600m)×2+E 15分	E 10分+(R 200m・jg 200m)×6+(R 300m・jg 300m)×4+E 20分

フェーズⅢ

週	Q1	Q2	Q3
13	L 60～70分+WS×8	E 10分+(R 200m・jg 200m)×16+E 1.6km	E 20分+(R 600m・jg 600m)×4+(R 200m・jg 200m)×4+E 15分
14	E 10分+(R 400m・jg 400m)×8+E 20分	E 15分+(I 800m・jg 3分)×4+WS×6+E 15分	E 20分+(T 1.6km・休2分)×3+E 20分
15	L 60～70分+WS×8	E 20分+(R 600m・jg 600m)×4+(R 200m・jg 200m)×4+E 10分	E 15分+(H 2分・jg 1分)×8+E 1.6km+(R 200m・jg 200m)×4+E 15分
16	E 20分+(R 400m・jg 400m)×8+E 15分	E 20分+(I 1km・jg 3分)×4+WS×6+E 15分	E 15分+T 4.8km+(R 200m・jg 200m)×6+E 10分
17	L 60～70分+WS×8	E 20分+(R 600m・jg 600m)×4+(R 200m・jg 200m)×4+E 10分	E 10分+(I 800m・jg 400m)×4+(R 200m・jg 200m)×4+E 20分
18	E 20分+(R 600m・jg 600m)×2+(R400m・jg 400m)×3+(R 200m・jg 200m)×4+E 10分	E 15分+(I 1.2km・jg 3分)×4+WS×6+E 10分	E 10分+(T 1.6km・休1分)×4+(R 200m・jg 200m)×4+E 10分

フェーズⅣ

週	Q1	Q2	Q3
19	L 60分+WS×8	E 10分+(R 600m・jg 600m)×4+E 15分	E 20分+T 3.2km+(R 200m・jg 200m)×4+(T 1.6km・休1分)×2+(R 200m・jg 200m)×4+E 10分
20	L 60分+WS×6	E 10分+(R 600m・jg 1km)×2+(R 400m・jg 400m)×2+(R 200m・jg 200m)×4+E 10分	E 20分+(R 200m・jg 200m)×4+(R 400m・jg 400m)×4+WS×6+E 10分
21	E 20分+T 4.8km+WS×8+E 20分	E 20分+R 600m+jg 600m+(R 400m・jg 400m)×2+(R 200m・jg 200m)×4+E 10分	E 20分+(T 1.6km・休2分)×3+(R 200m・jg 200m)×6(週末にレースがある場合はQ3は省略)
22	L 60分+WS×8	E 20分+(R 400m・jg 400m)×8+E 10分	E 10分+(T 1.6km・休1分)×3+(R 200m・jg 200m)×8+E 10分
23	E 10分+(T 1.6km・休1分)×4+(R 200m・jg 200m)×4+E 10分	E 20分+[T 1.6km+jg 400m+(R 200m・jg 200m)×4]×2+E 1.6km	E 10分+(I 1km・jg 3分)×2+(R 400m・jg 400m)×4+E 15分(大きなレースが近い場合はQ3は省略)
24	L 50分+WS×6	E 20分+(R 200m・jg 200m)×2+(T 1.6km・休2分)×2+(R 200m・jg 200m)×2+E 10分	E 20分+WS×1+重要なレース

※訳者注:表12.1～12.3ともに、休は休息、jgはジョグ
Run SMART Project 設計のJack Daniels' Running Calculatorにより作成

フェーズⅡ

　フェーズⅡでは、毎週Lランニングを（Q1として）行うこと。通常は日曜日に設定するが、土曜日に行うトレーニングのストレスが高くなければ、土曜日でもよい。その場合、練習の最後に数マイル（5〜8km程度）追加する。Lランニングの距離は、週間走行距離が48km程度なら、週間走行距離の30％にすること。Lランニングの翌日は、Eトレーニングをする場合は練習の最後にウィンドスプリントを6〜8本追加する。ウィンドスプリントを追加するEデーは、毎週このほかに2日設ける。走る場所は他の場合と同様、平坦なところでも、緩やかな上り坂でもよい。ただし、リカバリーの下りには注意が必要である。

　Qデーは、Lランニングの日（Q1）以外にも、毎週2日（Q2、Q3）設定している。この2日のQデーのあいだには、Eデーを極力2日はさむようにしよう。もし、すべてが順調に進んでいれば、2週間か3週間に1回、Qデーをもう1日（Q4）追加してもよい。その場合は、Q2を再度行い、それをQ4とするといいだろう。Lランニング以外にQデーを3日（Q2、Q3、Q4）入れる週は、月曜日、木曜日、金曜日という配置がベストである。そうすると、Q1のLランニングは土曜日か日曜日に行うことになる。Lランニング以外のQデーを2日のみ（Q2 、Q3）にする週は、月曜日・木曜日、あるいは火曜日・金曜日の組み合わせにするのがいい。第7週から第12週までは、各週のQ1としてLランニングを入れること。また、Rペースは、控えめに想定した1マイルのレースタイムを基に設定する。

フェーズⅢ

　フェーズⅢではRペースを上げ、フェーズⅡよりも200mあたり1秒、400mあたり2秒、600mあたり3秒速く設定する。この設定で問題がなければ、3週目が終了したあとで、さらに200mあたり1秒速くする。Iペースは、直近のレースタイムに相当するVDOTで決めるか、現時点で無理なくこなせるRペースよりも400mあたり6秒遅いペースに設定する。

　フェーズⅢは通常、レースに出始める時期である。週末にレースを控えている場合、レース以外の2日のQデーは、月曜日（または火曜日）・水曜日（レースが土曜日のとき）、あるいは月曜日・火曜日（レースが金曜日のとき）に設定する。レースが比較的楽だった場合は、その日のレースがすべて終わったあとに、200m×6本のレペティション（リカバリー：200mジョグ）を行うといい。

フェーズⅣ

　フェーズⅣで行う各トレーニングのペースは、直近のレースタイムに相当するVDOTを基にして調整する。判断材料になるレースの実績がない場合は、各ペースとも400mあたり1秒速くすること。通常フェーズⅣでは、ほぼ毎週レースがある。第19週、20週、22週のQ2とQ3 は、月曜日・水曜日（レースが土曜日のとき）、あるいは月曜日・火曜日（レースが金曜日のとき）に設定する。Qデーは、あいだにEデーを1日はさむよりも、バックトゥバック（2日連続）にしたほうが、たいていうまくいく。バックトゥバックはぜひ試してほしい（レースが土曜の場合は火曜日と水曜日）。しかしQ3については、レースが金曜日にある場合、ある

Part
Ⅱ
フォーミュラを
応用する

10　11　12
13　14　15
16　17　18

いは土曜日であっても重要なレースの場合は、省略する。**表12.1**に、週間走行距離が48km程度のランナーのための、24週間・4フェーズプログラムの概要を示した。

週間72km（45マイル）のトレーニングプログラム

フェーズⅠ

　フェーズⅠでは1週間に3回、Qトレーニングを行うが、どの練習もまったくきつくない。それでもQトレーニングとしたのは、どれも単なるEランニングではないからである。Qトレーニングのうちの1つは、長めのLランニングまたはModペースのランニングであり、あとの2つにはウィンドスプリント（WS）が加わる。ウィンドスプリントは、15～20秒間の軽く素早い動きのランニングである。実施する場所は平坦なところか、緩やかな上り坂があれば坂道でもいいが、けっして全力のダッシュではない。ウィンドスプリントを坂道で行う場合でも、最後の2本はできるだけ平坦な場所かトラックで行うようにしよう。そうすると脚がよく回転し、軽く速い動きが体感できる。また、リカバリーでは完全に回復すること。これは平坦なところでも坂道でも同じだ。

　Modランニングとは、中程度の距離のロング走のことである。**Mod**ペースは、通常の**E**（**L**）ランニングよりも1kmあたり13～19秒（1マイルあたり20～30秒）ほど速い。Qデー以外の日はすべて、30分以上の**E**ランニングを行う。目標とする週間走行距離に到達するには、こうした**E**デーの練習を活用する。しかし毎日走らなくても目標に達するなら、まったく走らない**E**デーがあってもよい。このプログラムでトレーニングをするランナーなら、過去何週間か定期的に走ってきたはずだ。したがって、設定された走行距離がきつすぎるということはない。

フェーズⅡ

　フェーズⅡでは、毎週Lランニングを（Q1として）行うこと。通常は日曜日に設定するが、土曜日に行うトレーニングのストレスが大きくなければ、土曜日でもよい。その場合、練習の最後に数マイル（5～8km程度）追加する。Lランニングの距離は、週間走行距離が72km程度なら、週間走行距離の25%にすること。Lランニングの翌日は、Eトレーニングをする場合は練習の最後にウィンドスプリントを6～8本追加する。ウィンドスプリントを追加するEデーは、毎週このほかに2日設ける。走る場所は他の場合と同様、平坦なところでも、緩やかな上りでもよい。ただし、リカバリーの下りには注意が必要である。

　Qデーのうち、Q2、Q3のあいだには、Eデーを極力2日はさむようにしよう。もし、すべてが順調に進んでいれば、2週間か3週間に1回、Qデーをもう1日（Q4）追加してもよい。その場合は、Q1を再度行い、それをQ4とするといいだろう。Lランニング以外にQデーを3日（Q2、Q3、Q4）入れる週は、月曜日、木曜日、金曜日という配置がベストである。そうすると、Q1のLランニングは土曜日か日曜日に行うことになる。QデーをQ1も含めて3日のみ（Q1、Q2 、Q3）にする週は、日曜日・月曜日・木曜日、あるいは日曜日・火曜日・金曜

表12.2 ■1,500m～2マイルのトレーニングプログラム（週間走行距離72km）

フェーズI

週	Q1	Q2	Q3
1	L 16km+WS×6	E 4.8km+**Mod** 6.4km+WS×8+E 3.2km	E 4.8km+WS×8+E 3.2km
2	L 16km+WS×6	E 6.4km+WS×8+E 6.4km	E 4.8km+WS×8+E 4.8km
3	L 12.8～16km+WS×8	E 4.8km+**Mod** 8km+WS×8+E 3.2km	E 6.4km+WS×8+E 4.8km
4	E 1.6km+**Mod** 12.8km+WS×6	E 3.2km+(**R** 200m・jg 200m)×8+E 4.8km	E 4.8km+(**R** 200m・jg 200m)×8+E 3.2km
5	L 16km+WS×8	E 3.2km+(**R** 200m・jg 200m)×8+E 4.8km	E 4.8km+(**R** 200m・jg 200m)×8+E 3.2km
6	E 1.6km+**Mod** 16km+WS×8	E 3.2km+(**R** 200m・jg 200m)×8+E 4.8km	E 4.8km+(**R** 200m・jg 200m)×8+E 3.2km

フェーズII

週	Q1	Q2	Q3
7	L 16km+WS×6	E 3.2km+(**R** 200m・jg 200m)×12+E 1.6km+(**R** 400m・jg 400m)×2+E 3.2km	E 3.2km+(**R** 400m・jg 200m)×6+(**R** 200m・jg 200m)×4+E 3.2km
8	L 16km+WS×6	E 3.2km+(**R** 200m+jg 200m+**R** 200m+jg 200m+**R** 400m+jg 400m)×4+E 3.2km	E 3.2km+(**R** 200m・jg 200m)×10+E 1.6km+(**R** 200m・jg 200m)×6+E 3.2km
9	L 16km+WS×6	E 3.2km+(**R** 200m・jg 200m)×4+(**R** 400m・jg 400m)×6+E 3.2km	E 3.2km+(**R** 200m・jg 200m)×4+E 1.6km+(**R** 600m・jg 600m)×4+E 3.2km
10	L 16km+WS×6	E 3.2km+(**R** 200m+jg 200m+**R** 200m+jg 400m+**R** 400m+jg 200m)×5+E 3.2km	E 3.2km+(**R** 400m・jg 400m)×8+(**R** 200m・jg 200m)×2+E 3.2km
11	L 16km+WS×6	E 3.2km+(**R** 200m・jg 200m)×4+(**R** 600m・jg 600m)×2+(**R** 200m・jg 200m)×4+E 3.2km	E 3.2km+WS×4+(**R** 600m・jg 600m)×2+(**R** 400m・jg 400m)×3+(**R** 200m・jg 200m)×4+E 3.2km
12	L 16km+WS×6	E 3.2km+(**R** 200m・jg 200m)×6+(**R** 300m・jg 300m)×6+E 3.2km	E 3.2km+(**R** 600m・jg 600m)×5+E 3.2km

フェーズIII

週	Q1	Q2	Q3
13	L 16km	E 3.2km+(**I** 800m・jg 400m)×6+E 3.2km	E 3.2km+(**R** 400m・jg 400m)×8+E 3.2km
14	E 3.2km+(**R** 600m・jg 600m)×5+(**R** 200m・jg 200m)×4+E 3.2km	E 3.2km+(**I** 1km・jg 3分)×5+WS×6+E 3.2km	E 3.2km+(**T**1.6km・休2分)×4+E 3.2km
15	E 16km+WS×8	E 3.2km+(**H** 3分・jg 2分)×6+E 1.6km+(**R** 200m・jg 200m)×4+E 3.2km	E 3.2km+(**R** 600m・jg 600m)×5+(**R** 200m・jg 200m)×4+E 3.2km
16	E 3.2km+(**R** 400m・jg 400m)×8+E 3.2km	E 3.2km+(**I** 1km・jg 3分)×4+WS×6+E 3.2km	E 3.2km+**T**4.8km+(**R** 200m・jg 200m)×6+E 3.2km
17	L 16km+WS×8	E 3.2km+(**I** 800m・jg 400m)×6+(**R** 200m・jg 200m)×4+E 3.2km	E 3.2km+(**R** 600m・jg 600m)×5+(**R** 200m・jg 200m)×4+E 3.2km
18	E 3.2km+(**R** 600m・jg 600m)×2+(**R** 400m・jg 400m)×3+(**R** 300m・jg 300m)×4+E 3.2km	E 3.2km+(**I** 1.2km・jg 3分)×4+WS×6+E 3.2km	E 3.2km+(**T**1.6km・休1分)×4+(**R** 200m・jg 200m)×4+E 3.2km

フェーズIV

週	Q1	Q2	Q3
19	L 16km+WS×8	E 3.2km+(**R** 600m・jg 600m)×5+E 3.2km	E 3.2km+**T**3.2km+(**R** 200m・jg 200m)×4+(**T**1.6km・休1分)×3+(**R** 200m・jg 200m)×4+E 3.2km
20	L 16km+WS×6	E 3.2km+(**R** 600m・jg 1km)×2+(**R** 400m・jg 400m)×2+(**R** 300m・jg 300m)×3+E 3.2km	E 3.2km+(**R** 200m・jg 200m)×4+(**R** 400m・jg 400m)×4+(**R** 200m・jg 200m)×2+E 3.2km
21	E 3.2km+(**R** 200m・jg 200m)×2+**T**4.8km+(**R** 200m・jg 200m)×6+E 3.2km	E 3.2km+**I** 1.2km+jg 800m+**R** 600m+jg 600m+**T**1.6km+jg 400m+(**R** 200m・jg 200m)×2+E 3.2km	E 3.2km+(**T**1.6km・休2分)×4+(**R** 200m・jg 200m)×6+E 3.2km（レースが近い場合はQ3は省略）
22	L 16km+WS×8	E 3.2km+(**R** 200m+jg 200m+**R** 200m+jg 400m+**R** 400m+jg 200m)×4+E 3.2km	E 3.2km+**T** 4.8km+E 1.6km+(**R** 200m・jg 200m)×6+E 3.2km
23	E 3.2km+[**T**1.6km+jg 400m+(**R** 200m・jg 200m)×2]×3+E 3.2km	E 3.2km+(**T**1.6km・休1分)×3+(**R** 200m・jg 200m)×4+E 3.2km	E 3.2km+(**I** 1km・jg 3分)×2+(**R** 400m・jg 400m)×4+E 3.2km（レースが近い場合はQ3は省略）
24	L 12.8km+WS×6	E 3.2km+(**R** 200m・jg 200m)×2+(**T**1.6km・休2分)×3+(**R** 200m・jg 200m)×2+E 3.2km	E 3.2km+WS×1+重要なレース

Part
II
フォーミュラを
応用する

10 11 **12**
13 14 15
16 17 18

19 第 10 章

1シーズンの
構築

11 第 11 章

800mの
トレーニング

12 第 12 章

1,500mから
2マイルまでの
トレーニング

13 第 13 章

5kmと10kmの
トレーニング

14 第 14 章

クロスカントリー
のトレーニング

15 第 15 章

15kmから
30kmまでの
トレーニング

16 第 16 章

マラソンの
トレーニング

17 第 17 章

ウルトラトレイル
のトレーニング

18 第 18 章

トライアスロン
のトレーニング

日という配置にするのがいい。第7週から第12週までは、各週のQ1としてLランニング＋ウィンドスプリント6本を入れること。

フェーズⅢ

フェーズⅢではRペースを上げ、フェーズⅡよりも200mあたり1秒、400mあたり2秒、600mあたり3秒速く設定する。この設定で問題がなければ、3週目が終了したあとで、さらに200mあたり1秒速くする。Iペースは、直近のレースタイムに相当するVDOTで決めるか、現時点で無理なくこなせるRペースよりも400mあたり6秒遅いペースに設定する。

フェーズⅢは通常、レースに出始める時期である。第14週、16週、18週の週末にレースがある場合は、Q2かQ3のどちらかを省き、Qデー2日とレースだけにとどめる。2日のQデーは、月曜日・水曜日（レースが土曜日のとき）、あるいは月曜日・火曜日（レースが金曜日のとき）に設定する。レースが比較的楽だった場合は、その日のレースがすべて終わったあとに、200m×6本のレペティション（リカバリー：200mジョグ）を行うといい。

フェーズⅣ

フェーズⅣで行う各トレーニングのペースは、直近のレースタイムに相当するVDOTを基にして調整する。判断材料になるレースの実績がない場合は、各ペースとも400mあたり1秒速くすること。通常フェーズⅣでは、ほぼ毎週レースがある。第19週、20週、22週のQ2とQ3に関しては、レースが土曜日の場合は火曜日・水曜日に設定し、レースが金曜日の場合はどちらかを省略する。Qデーは、あいだに1日Eデーをはさむよりも、バックトゥバック（2日連続）にしたほうが、たいていうまくいく。土曜日にレースが控えていたら、バックトゥバックをぜひ試してほしい。**表12.2**に、週間走行距離が72km程度のランナーのための、24週間・4フェーズプログラムの概要を示した。もし24週間もとれないようであれば、このうちの何週かを省略して短くしてもよい。

■ 週間97km（60マイル）のトレーニングプログラム

週に97kmも走るようなランナーなら、当然、このプログラムを始めるまでに相当の練習量をこなしてきたものと思われる。そのなかには、走行距離の少ないプログラムからステップアップしてきたランナーもいれば、2、3週間ランニングを休んでいたランナーもいるだろう。しかし、いずれにせよこのプログラムの対象は、週97km程度の走行距離に何の抵抗もないランナーである。

フェーズⅠ

フェーズⅠは、事前にかなり走り込んできたランナーにとっては、必要ないかもしれない。その場合は、いきなりフェーズⅡから始めてもかまわない。しかし、距離に不安はないが質の高い練習が最近不足していた、という人は、しばらくフェーズⅠのプログラムのトレーニングをしたほうがいい。おそらく2、3週間もすれば、フェーズⅡのトレーニングは無理なくでき

Part
II
フォーミュラを
応用する

10 11 12
13 14 15
16 17 18

10 第10章
1シーズンの
構築

11 第11章
800mの
トレーニング

12 第12章
1,500mから
2マイルまでの
トレーニング

13 第13章
5kmと10kmの
トレーニング

14 第14章
クロスカントリー
のトレーニング

15 第15章
15kmから
30kmまでの
トレーニング

16 第16章
マラソンの
トレーニング

17 第17章
ウルトラトレイル
のトレーニング

18 第18章
トライアスロン
のトレーニング

ヒシャム・エル・ゲルージは量より質を重んじた選手である。1,500mの世界記録を樹立したのは1998年のことだが、3分26秒00という信じがたい記録は今なお破られていない。史上最高の中距離ランナーと多くの人から称えられる選手である。(※監修者注:1マイルでも3分43秒13の世界記録、2004年のアテネオリンピックでは1,500mと5,000mの2冠)

るようになるだろう。

　どんなときでも、まずは先を見通し、どのようなトレーニングが待ち受けているのかを確認することが大事だ。選んだトレーニングプログラムでどれだけ力が伸ばせるのかと期待するのはそのあとである。時間があり、速いランニングに段階を踏んでステップアップしたいのなら、先に進む前にフェーズⅠのトレーニングをひと通り行ったほうがいい。

　ウィンドスプリント(WS)は、緩い上り坂で行うことも勧めたい。ただし最後の2本はどんなときも必ず平坦な場所で走ること。また、1日の練習回数は2回にするといいだろう。週97km以上走るランナーの大半にとっては、2回練習する日を多く設定したほうが、楽に感じるはずである。練習を2回に分ければ、そのあいだに水分を補給し回復することができる。そのため、練習を一度に詰め込んだときに比べて、身体の感覚もパフォーマンスもよくなるのだ。

フェーズⅡ

　フェーズⅡでは、**R**トレーニングをかなり多く取り入れたトレーニングを行う。**R**トレーニングは、午前中の**E**ランニングから数時間経っていれば、午後に行ったほうが調子よく走れる。したがってフェーズⅡでは、各週とも午前中のランニングをほぼ毎日行うことになるはずだ。時間は毎回30分程度とし、練習の中ほどか最後にウィンドスプリントを8〜10本追加すること。この午前中のウィンドスプリントは平坦な場所で行ったほうがいい。各週のQ1（通常日曜日に設定する）は、楽なペースで行う16〜19kmの**L**ランニング＋ウィンドスプリント6〜8本とする。

フェーズⅢ

　フェーズⅢで多く取り入れるのは、**I**ランニングである。これは私が作成するプログラムのほとんどに共通する。**I**トレーニングには、**I**ペースで一定距離を走る場合と、きつい（**H**）ランニングを一定時間続ける場合とがあるが、その狙いは同じだ。つまり、レースなら10〜12分間保てると思う強度で運動を持続させることが目的である。

フェーズⅣ

　フェーズⅣで行う各トレーニングのペースは、直近のレースタイムに相当するVDOTを基にして調整する。判断材料になるレースの実績がない場合は、各ペースとも400mあたり1秒速くすること。通常フェーズⅣでは、ほぼ毎週レースがある。第19週、20週、22週のQ2とQ3に関しては、レースが土曜日の場合は火曜日・水曜日、レースが金曜日の場合は、月曜日・火曜日に設定する。Qデーは、あいだに**E**デーを1日はさむよりも、バックトゥバック（2日連続）にしたほうが、たいていうまくいく。バックトゥバックはぜひ試してほしい。目標とする週間走行距離に到達するには、**E**デーの練習を活用する。**表12.3**に、週間走行距離が97km程度のランナーのための、24週間・4フェーズプログラムの概要を示した。もし24週間もとれないようであれば、このうちの何週かを省略して短くしてもよい。

表12.3 ■1,500m～2マイルのトレーニングプログラム（週間走行距離97km）

フェーズI

週	Q1	Q2	Q3
1	L 16～19.2km+WS×6	E 3.2km+Mod 6.4km+WS×8+E 3.2km	E 3.2km+WS×8+E 12.8km
2	E 1.6km+Mod 16km+WS×6	E 6.4km+WS×8+E 6.4km	E 9.6km+WS×8+E 4.8km
3	L 16～19.2km+WS×8	E 3.2km+Mod 8km+WS×8+E 3.2km	E 6.4km+WS×8+E 6.4km
4	E 1.6km+Mod 12.8km+WS×6	E 6.4km+(R 200m・jg 200m)×8+E 4.8km	E 4.8km+(R 200m・jg 200m)×8+E 3.2km
5	L 16km+WS×8	E 3.2km+(R 200m・jg 200m)×8+E 4.8km	E 4.8km+(R 200m・jg 200m)×8+E 3.2km
6	E 1.6km+Mod 16km+WS×8	E 6.4km+(R 200m・jg 200m)×8+E 4.8km	E 4.8km+(R 200m・jg 200m)×8+E 3.2km

フェーズII

週	Q1	Q2	Q3
7	L 16～19.2km+WS×6～8	E 3.2km+(R 200m+jg 200m+R 200m+jg 200m+R 400m+jg 400m)×5+E 3.2km	E 3.2km+(T 1.6km・休1分)×5+(R 200m・jg 200m)×6+E 3.2km
8	L 16～19.2km+WS×6～8	E 3.2km+(R 200m・jg 200m)×6+(R 600m・jg 600m)×4+(R 200m・jg 200m)×4+E 3.2km	E 3.2km+(R 400m・jg 400m)×6+(R 200m・jg 200m)×6+E 3.2km
9	L 16～19.2km+WS×6～8	E 3.2km+(R 200m・jg 200m)×4+(R 800m・jg 800m)×2+(R 200m・jg 200m)×4+E 3.2km	E 3.2km+(R 200m・jg 200m)×4+(T 1.6km・休1分)×4+(R 200m・jg 200m)×4+E 3.2km
10	L 16～19.2km+WS×6～8	E 3.2km+(R 200m+jg 200m+R 200m+jg 200m+R 400m+jg 400m)×5+E 3.2km	E 3.2km+(R 800m・jg 800m)×2+(R 600m・jg 600m)×2+(R 400m・jg 400m)×2+(R 200m・jg 200m)×2+E3.2km
11	L 16～19.2km+WS×6～8	E 3.2km+(R 200m・jg 200m)×4+(R 600m・jg 600m)×3+(R 200m・jg 200m)×6+E 3.2km	E 3.2km+(R 400m・jg 400m)×2+(R 600m・jg 600m)×2+(R 800m・jg 800m)×2+(R 200m・jg 200m)×2+E 3.2km
12	L 16～19.2km+WS×6～8	E 3.2km+(R 200m・jg 200m)×4+T 4.8km+E 800m+(R 200m・jg 200m)×4+E 3.2km	E 3.2km+(R 200m+jg 200m+R 200m+jg 200m+R 800m+jg 400m)×3+E 3.2km

フェーズIII

週	Q1	Q2	Q3
13	E 8km+WS×8+E 8km+WS×6	E 3.2km+(I 800m・jg 400m)×6+E 3.2km	E 3.2km+(R 400m・jg 400m)×8+E 3.2km
14	E 3.2km+(R 600m・jg 600m)×5+(R 200m・jg 200m)×4+E 3.2km	E 3.2km+(I 1km・jg 3分)×5+WS×6+E 3.2km	E 3.2km+(T 1.6km・休2分)×4+E 3.2km
15	E 16km+WS×8	E 3.2km+(H 3分・jg 2分)×6+E 1.6km+(R 200m・jg 200m)×4+E 3.2km	E 3.2km+(R 600m・jg 600m)×5+(R 200m・jg 200m)×4+E 3.2km
16	E 3.2km+(R 400m・jg 400m)×8+E 3.2km	E 3.2km+(I 1km・jg 3分)×4+WS×6+E 3.2km	E 3.2km+T 4.8km+(R 200m・jg 200m)×6+E 3.2km
17	L 16km+WS×8	E 3.2km+(I 800m・jg 400m)×6+(R 200m・jg 200m)×4+E 3.2km	E 3.2km+(R 600m・jg 600m)×5+(R 200m・jg 200m)×4+E 3.2km
18	E 3.2km+(R 600m・jg 600m)×2+(R 400m・jg 400m)×3+(R 300m・jg 300m)×4+E 3.2km	E 3.2km+(I 1.2km・jg 3分)×4+WS×6+E 3.2km	E 3.2km+(T 1.6km・休1分)×4+(R 200m・jg 200m)×4+E 3.2km

フェーズIV

週	Q1	Q2	Q3
19	L 16km+WS×8	E 3.2km+(R 800m・jg 800m)×4+E 3.2km	E 3.2km+T 4.8km+(R 200m・jg 200m)×4+(T 3.2km・休1分)×1+(R 200m・jg 200m)×4+E 3.2km
20	L 16km+WS×8	E 3.2km+(R 600m・jg 1km)×2+(R 400m・jg 400m)×2+(R 600m・jg 600m)×2+E 3.2km	E 3.2km+(R 400m・jg 400m)×4+(T 1.6km・休1分)×3+(R 200m・jg 200m)×4+E 3.2km
21	E 3.2km+I 1.2km+jg 800m+R 600m+jg 600m+T 1.6km+jg 400m+(R 200m・jg 200m)×2+E 3.2km	E 3.2km+(R 200m・jg 200m)×2+T 4.8km+(R 200m・jg 200m)×6+E 3.2km	E 3.2km+(T 1.6km・休2分)×4+(R 200m・jg 200m)×6+E 3.2km（週末にレースがある場合はQ3は省略）
22	L 16km+WS×8	E 3.2km+(R 200m+jg 200m+R 200m+jg 400m+R 400m+jg 200m)×4+E 3.2km	E 3.2km+T 4.8km+(R 200m・jg 200m)×8+E 3.2km
23	E 3.2km+[T 1.6km+jg 400m+(R 200m・jg 200m)×2]×4+E 3.2km	E 3.2km+(T 1.6km・休1分)×3+(R 200m・jg 200m)×4+E 3.2km	E 3.2km+(I 1km・jg 3分)×2+(R 400m・jg 400m)×4+E 3.2km（週末にレースがある場合はQ3は省略）
24	L 12.8km+WS×6	E 3.2km+(R 200m・jg 200m)×2+(T 1.6km・休2分)×3+(R 200m・jg 200m)×2+E 3.2km（Q2はレース3日前に行う）	E 3.2km+WS×1+重要なレース

Part
Ⅱ
フォーミュラを
応用する

15 11 12
13 14 15
16 17 18

第 13 章

5kmと10kmの
トレーニング

他人の走りはコントロールできない。しかし、
他人も自分の走りをコントロールできない。

5 kmのレースの走り方は10kmとはかなり異なる。しかし、この2種目のトレーニングは似通っているともいえる。実際、5kmのレースを何回か走れば10kmのパフォーマンスは向上する。また、10kmのレースを走っていれば5kmのレースは短く思えてくる。どの種目についても感じることだが、レースが事実上スタートするのは、全体の距離の3分の2を過ぎたときだ。したがって、5kmのレースでは3kmを過ぎた時点でレースをする用意ができていなければならないし、10kmのレースでは6.5kmあたりでレースが本当に始まる。3分の2の地点までは、自分の設定ペース（あるいはライバルのペース）を維持しながら、どれだけ自分に余裕があるのか、確認する必要がある。

5kmも10kmも、主に有酸素性の運動である。5kmはたいてい95〜98%$\dot{V}O_2max$、10kmは90〜94%$\dot{V}O_2max$の強度で走るレースだ。長い時間、気楽に維持できるとは言いがたい。よって、5kmや10kmではメンタル面もかなり大きな意味を持つ。

第3章では、$\dot{V}O_2max$、ランニングエコノミー、乳酸性作業閾値（LT）、心拍数など、ランニングの生理学的要素について説明した。5km・10kmのランナーがトレーニングによって向上させなければならない要素は、$\dot{V}O_2max$、ランニングエコノミー、LTである。それには、各タイプ（**R**、**I**、**T**）のランニングをうまく織り交ぜることが必要だ。どのタイプもすべて重要ではあるが、このなかのある1つのタイプに集中したほうがうまくいく人もいれば、別のタイプを重視したほうがいい人もいるだろう。費やした時間に対する効果が最も高いトレーニングタイプは何か。それを常に考えながら、一つひとつの生理学的要素に重点を置いたトレーニングを、十分に時間をかけて行わなければならないのだ。

第3章の図3.3（p.42）では、3人の女子選手の有酸素性能力プロフィールを示した。この3選手は全員ほぼ同じスピードで中距離のレースを走ったが、$\dot{V}O_2max$とランニングエコノミーの値は大きく異なっていた。このようにランナー同士で生理学的能力を示す数値に差がある

Part
II
フォーミュラを
応用する

10 11 12
13 14 15
16 17 18

10 第10章
1シーズンの
構築

11 第11章
800mの
トレーニング

12 第12章
1,500mから
2マイルまでの
トレーニング

13 第13章
5kmと10kmの
トレーニング

14 第14章
クロスカントリー
のトレーニング

15 第15章
15kmから
30kmまでの
トレーニング

16 第16章
マラソンの
トレーニング

17 第17章
ウルトラトレイル
のトレーニング

18 第18章
トライアスロン
のトレーニング

エチオピアのケネニサ・ベケレ(No.423)は、5,000mでも10,000mでも同胞のハイレ・ゲブレセラシエ(No.426)を凌駕した。その理由の1つに挙げられるのが、トラックのラスト1周を50秒台前半で走る驚異的なラストスパートである。ヒルトレーニング、高地トレーニングを少なめの走行距離(週間80マイル：約129km)で集中的に行ったおかげだ、と彼自身は言う。

ときは、生来の能力差による場合と、重視したトレーニングの違いによる場合とがある。いずれにせよ、すべてのタイプのトレーニングを漏れなくプログラムに組み込まなくてはならない。見落としたり、なおざりにしているタイプが、1つもないようにすることが必要だ。

　かつて、5kmや10kmのトレーニングをするようなランナーは、かなり長い期間、比較的短い種目の練習を積み重ねてから、距離の長いトラック種目やロードレースへと転向したものである。しかし近年、状況はかなり変わった。今日、多くの初心者が初の本格的レースとして選ぶのは、5kmや10kmといったロードレースであり、なかにはいきなりマラソンに挑戦する人もいる。こうした事情を鑑み、本書では長距離のトラック種目とポピュラーなロードレースのどちらにも対応するプログラムを、2つ紹介する。

　しかし、目指す種目が何であろうと、特化したトレーニングを始める前に、何週間か比較的楽なランニングを行う期間を置くべきである。場合によっては、こうした初期のトレーニングでウオーキングを織り交ぜる必要もあるかもしれない。第16章ではマラソン初心者のため

のトレーニングプログラムを紹介しているが、抑えた内容になっているため、初めて5km・10kmを目指すランナーにも向いている。本章で紹介するプログラムは、ある程度ランニングのバックグラウンドがあり、少し長い種目にステップアップしようと考えているランナーに向けて作成したものである。

■ フェーズⅠ

5km・10kmのトレーニングはこれからという人でも、それまで他の種目のトレーニングをしていたのであれば、そのトレーニングで素地ができたとみなして、直接フェーズⅡに移行しても問題ないだろう。しかし、直前にトレーニングを中断していた期間があるなら、フェーズⅠのプログラムを4〜6週間行ったほうがいい。

第2章でも説明したが、トレーニングを始めるときには、基本原理を思い出すといい。練習は、身体がよほど出来上がっていないかぎり、大きな効果を上げるためにきつく（あるいは長く）する必要はないから、無理はしないことだ。妥当と思われる1週間の平均的な練習量を決めたら、それを変えずに3〜4週間続けること。距離を増やすのはそのあとである。

週間走行距離の増やし方としては、3〜4週間ごとに、練習1回につきプラス1.6km（1マイル）、という方法を勧めたい。つまり、週5回練習しているなら、8kmずつ週間走行距離を増やすことになる。とはいえ、1日に2回（週14回）練習している場合は、3〜4週間ごとにプラス週16kmを上限としたほうがいい。

フェーズⅠの目的は、ケガをしないように耐性をつけることである。したがって、練習のストレスを増やす際は、くれぐれも慎重になること。日ごろ行うランニングは、楽で気持ちよいものであるべきだ。30分間のランニングでも、最初の一歩としてはかなりの練習量である。ランニングのほかに、補助的トレーニングも勧めたい。やり方としては軽いウエイトを使ったレジスタンストレーニングでもいいし、軽いプライオメトリクス※でもいい（※訳者注：プライオメトリクスとは、筋収縮速度を高めるためのトレーニングで、筋肉を伸張させた直後に収縮させる運動のことをいう。ランナーが行うプライオメトリクスとしては、ジャンプ系トレーニングのバウンディングなどが考えられる）。私の場合は、サーキット形式で行ったところ、大きな成果が得られた。このサーキットトレーニングについては第9章で説明しているので参考にしてほしい。レジスタンストレーニングをするなら、何を行うにしろ、まず正しいテクニックを身につけることが必要だ。初めは比較的軽い負荷で行い、慣れるまでは負荷を増やしてはならない。

フェーズⅠで行うランニングの練習タイプは3つ。**E**ランニング、軽いヒルランニング、ウィンドスプリントである。これらの練習についてはすでに説明したが、注意してもらいたいのは、ウィンドスプリントはけっして全力で行うダッシュではない、ということだ。ウィンドスプリントは、10〜15秒間の軽く素早い動きのランニングを、45〜60秒間の休息を入れて繰り返す練習である。

ヒルランニングにしても同じだ。上り坂は「ガンガン攻める」のではなく、快調なランニングにとどめる。緩い坂ならば軽くバウンディングをしてもいいだろう。いずれにせよ、ヒルラ

Part II
フォーミュラを
応用する

10 11 12
13 14 15
16 17 18

10 第10章
1シーズンの
構築

11 第11章
800mの
トレーニング

12 第12章
1,500mから
2マイルまでの
トレーニング

13 第13章
5kmと10kmの
トレーニング

14 第14章
クロスカントリー
のトレーニング

15 第15章
15kmから
30kmまでの
トレーニング

16 第16章
マラソンの
トレーニング

17 第17章
ウルトラトレイル
のトレーニング

18 第18章
トライアスロン
のトレーニング

ンニングでは下って戻るときが要注意である。下り坂ではついやり過ぎて、衝撃による軽いケガをしがちだからだ。

Eランニングを2週間ほど行ったら、週1回、長めのランニングを取り入れるのもいいだろう。この**L**ランニングの距離は、週間走行距離の25%を上限とする。会話が可能な楽なペースで行い、動きが崩れてくるようなら、切り上げること。

このほか、常に意識しなければならないのは、ピッチ（1分間180回）と、呼吸リズム（2-2リズム）である。以上、フェーズⅠのポイントをまとめると、練習はすべて**E**ペースで行い、週1回**L**ランニングを取り入れる。そして週3、4回、**E**ランニングの中ほどか最後にウィンドスプリントを8〜10本追加する。さらに、補助的トレーニングも導入するが、正しい動作と軽い負荷で行うよう気をつける、ということである。

■ フェーズⅡ

フェーズⅡからは本格的な質の高い練習を取り入れていく。その最初の練習として私が勧めるのは、**R**トレーニングである。ただし、**R**ペースでの練習は週間走行距離の5%を超えないこと。**R**トレーニングのペースは、1マイルのレースペースが基になる。今ならどのくらいの速さで走れるか控えめに想像し、そのペースを**R**トレーニングのペースとする。

フェーズⅡに入る直前に他の種目のレースに出ていた場合は、最近のタイムを1つピックアップし、それに相当するVDOTと適正な**R**ペースを第5章の表（p.79）で確認する。また、**R**トレーニングの内容や練習1回あたりの量については、部分的に第4章の表（p.68）を参考にしてもよい。

■ フェーズⅢ

フェーズⅢのトレーニングは、5kmと10kmに本格的に取り組むランナーにとって、適切な内容ではあるものの、きつい面もある。このフェーズでいちばん重要なのは（**I**ペースで走る）インターバルトレーニングだが、インターバルはけっして楽にこなせる練習ではない。よって**I**トレーニング1回につき**I**ペースで走る距離の合計は、週間走行距離の8%を上限とし、週間走行距離が何kmであろうと、10km以内におさめることが必要だ。

しかも、**I**トレーニングは週2回も行えば1週間分としては十分である。適正ペースは、直近のレースタイムとそれに相当するVDOTで決める。レースの実績がない場合は、最近採用している**R**ペースよりも400mあたり6〜8秒遅いペースにする。

■ フェーズⅣ

フェーズⅣのトレーニングは、5kmと10kmのパフォーマンスを上げる調整をすべき時期である。フェーズⅢほどきつくしてはならないため、**I**トレーニングもフェーズⅢのようには多くない。このフェーズになると、トレーニングのフォーカスは**I**ペースから**T**ペースへと移る。

そこに、**R**トレーニングと**I**トレーニングを時おり追加するのである。

　フェーズIVで何回かレースに出る機会があるなら、5kmのレースに出てみよう。そうすれば、同じ5kmでも重要度の高いレースや、もっと長い10kmレースのための、いい調整になるだろう。実際に1回や2回、調整レースに出ることになったら、事前に**E**デーを2日か3日、必ず入れること。そうすると、その週は**Q**トレーニングを少なくとも1回は省略することになる。

　Eデーはレース後にも入れる。日数としてはレース距離3kmにつき1日を勧めたい。つまり、10kmレースのあとは3日、5kmレースのあとは2日、回復のための**E**デーを設けるということである。仮にもっと長いレースに出ることがあるとすれば、回復に要する日もそれだけ増える（例：15kmのレースなら5日）。

　このあとに5kmレース・10kmレースのトレーニングプログラムを2つ紹介するが、両方ともフェーズII・III・IVのみである。フェーズIはすでに終わらせている、あるいは他の種目のトレーニング・レースが終了したばかりで行う必要がない状態を想定している。

　2つのプログラムのうち、1つは週間走行距離が64〜80kmのランナー用、もう1つは97〜112kmのランナー用である。自分の週間走行距離がこの設定よりも多かったり、少なかったりすることもあるだろう。しかし、トータルの距離が多め・少なめのプログラムを組む場合も、この2つを見れば十分参考になるはずだ。なお以前にも書いたが、**E**デーは目標走行距離に到達するために活用する。よって、**E**デーは必要に応じて完全な休養日にしてもよい。

■ 週間64〜80km（40〜50マイル）のトレーニングプログラム

フェーズII

　フェーズIIの**Q**トレーニングは、各週以下のように行う。
・第1、2、4、5週：**L**ランニング、**R**トレーニング、**T**と**R**を織り交ぜた練習を1回ずつ行う。
・第3、6週：**M**ランニング、**R**トレーニング、**H**トレーニングを、1回ずつ行う。

　私の方針として**R**トレーニングに重点を置いているが、**T**トレーニングも多少行うほか、**M**ペース、**I**または**H**ペースのランニングも時おり行う。**I**／**H**ペースのランニングをしておけば、フェーズIIIの準備になる。

フェーズIII

　フェーズIIIでは、土曜日にレースがあれば、Q2とQ3を火曜日と水曜日に動かす。もし土曜日のレースの重要度が高ければ、Q2を省略しQ3（火曜日に行う）をその週のQ2とする。

　何回かレースを入れた場合、その出来によってはVDOTを変えてもかまわない。しかし、レースの結果がよかったとしても、VDOTを上げる頻度は3週間に1回が限度であり、それを超えてはならない。このフェーズでは、**L**ランニングをQ1とする週と、**M**ランニングをQ1とする週とを交互に設定し、Q2、Q3のトレーニングをバックトゥバック（2日連続）にしている。このQ2は**I**または**H**、Q3は**T**または**T**・**R**（**T**と**R**を織り交ぜた練習）である。

Part
II
フォーミュラを
応用する

10 11 12
13 14 15
16 17 18

19 第10章
1シーズンの
構築

11 第11章
800mの
トレーニング

14 第12章
1,500mから
2マイルまでの
トレーニング

13 第13章
5kmと10kmの
トレーニング

14 第14章
クロスカントリー
のトレーニング

15 第15章
15kmから
30kmまでの
トレーニング

16 第16章
マラソンの
トレーニング

17 第17章
ウルトラトレイル
のトレーニング

18 第18章
トライアスロン
のトレーニング

フェーズⅣ

　フェーズⅣになると週末にレースを入れることもあるだろう。レースが土曜日にある週は、スケジュールどおりにトレーニングを行い、水曜日、木曜日、金曜日をEデーにする。レースが日曜日にある週は、Q2を水曜日に動かす（そして木曜日、金曜日、土曜日をEデーとする）。表には書いていないが、Q2とQ3の練習では事前にウォーミングアップを行うこと。

　表13.1に週間走行距離が64〜80kmのランナーのためのプログラム（フェーズⅡ、Ⅲ、Ⅳ）を示した。Qトレーニングの日は特定の曜日を指定しているが、天気や個人のスケジュールによって変えてもかまわない。

表13.1 ■ 5kmから10kmのトレーニングプログラム（週間走行距離64〜80km）

フェーズⅡ

週	曜日	Q	練習内容
1	日	Q1	**L** ランニング：週間走行距離の25%か120分間走のどちらか少ないほう
	月		**E** デー＋WS×10
	火	Q2	**E** 3.2km＋〔(**R** 200m・jg 200m)×8〕×2（セット間：jg 800m)＋**E** 3.2km
	水		**E** デー＋WS×8
	木		**E** デー
	金	Q3	**E** 3.2km＋(**R** 200m・jg 200m)×4＋(**T** 1.6km・休1分)×2＋(**R** 200m・jg 200m)×4＋**E** 3.2km
	土		**E** デー＋WS×8
2	日	Q1	**L** ランニング：週間走行距離の25%か120分間走のどちらか少ないほう
	月		**E** デー＋WS×10
	火	Q2	**E** 3.2km＋(**R** 200m＋jg 200m＋**R** 200m＋jg 200m＋**R** 400m＋jg 400m)×4＋**E** 3.2km
	水		**E** デー＋WS×8
	木		**E** デー
	金	Q3	**E** 3.2km＋(**T** 1.6km・休1分)×3＋(**R** 200m・jg 200m)×6＋**E** 3.2km
	土		**E** デー＋WS×8
3	日	Q1	**E** 1.6km＋**M** 14.4km＋WS×6
	月		**E** デー＋WS×10
	火	Q2	**E** 3.2km＋(**R** 200m・jg 200m)×4＋(**R** 400m・jg 400m)×4＋(**R** 200m・jg 200m)×4＋**E** 3.2km
	水		**E** デー＋WS×8
	木		**E** デー
	金	Q3	**E** 3.2km＋(**H** 2分・jg 1分)×7＋**E** 3.2km
	土		**E** デー＋WS×8
4	日	Q1	**L** ランニング：週間走行距離の25%か120分間走のどちらか少ないほう
	月		**E** デー＋WS×10
	火	Q2	**E** 3.2km＋(**R** 400m・jg 400m)×4＋**E** 1.6km＋(**R** 400m・jg 400m)×4＋**E** 3.2km
	水		**E** デー＋WS×8
	木		**E** デー
	金	Q3	**E** 3.2km＋(**R** 200m・jg 200m)×4＋**T** 4.8km＋(**R** 200m・jg 200m)×4＋**E** 3.2km
	土		**E** デー＋WS×8

週	曜日	Q	練習内容
5	日	Q1	**L** ランニング：週間走行距離の25％か120分間走のどちらか少ないほう
	月		**E** デー＋WS×10
	火	Q2	**E** 3.2km＋(**R** 200m＋jg 200m＋**R** 200m＋jg 400m＋**R** 400m＋jg 200m)×5＋**E** 3.2km
	水		**E** デー＋WS×8
	木		**E** デー
	金	Q3	**E** 3.2km＋(**T** 1.6km・休1分)×4＋(**R** 200m・jg 200m)×4＋**E** 3.2km
	土		**E** デー＋WS×8
6	日	Q1	**E** 1.6km＋**M** 14.4km＋WS×6
	月		**E** デー＋WS×10
	火	Q2	**E** 3.2km＋(**R** 400m・jg 400m)×10＋**E** 3.2km
	水		**E** デー＋WS×8
	木		**E** デー
	金	Q3	**E** 3.2km＋(**H** 3分・jg 2分)×3＋(**H** 2分・jg 2分)×4＋**E** 3.2km
	土		**E** デー＋WS×8

フェーズⅢ

週	曜日	Q	練習内容
1	日	Q1	**L** ランニング：週間走行距離の25％か120分間走のどちらか少ないほう
	月		**E** デー＋WS×10
	火		**E** デー
	水	Q2	**E** 3.2km＋(**I** 1.2km・jg 3分)×4＋**E** 3.2km
	木	Q3	**E** 3.2km＋(**T** 1.6km・休1分)×4＋**E** 3.2km
	金		**E** デー＋WS×8
	土		**E** デー＋WS×6
2	日	Q1	**E** 1.6km＋**M** 16km＋WS×4
	月		**E** デー＋WS×10
	火		**E** デー＋WS×8
	水	Q2	**E** 3.2km＋(**I** 1km・jg 400m)×5＋**E** 3.2km
	木	Q3	**E** 3.2km＋**T** 4.8km＋(**R** 200m・jg 200m)×4＋**E** 3.2km
	金		**E** デー
	土		**E** デー＋WS×8
3	日	Q1	**L** ランニング：週間走行距離の25％か120分間走のどちらか少ないほう
	月		**E** デー＋WS×10
	火		**E** デー＋WS×8
	水	Q2	**E** 3.2km＋(**I** 800m・jg 400m)×6＋**E** 3.2km
	木	Q3	**E** 3.2km＋(**T** 1.6km・休1分)×5＋WS×6＋**E** 1.6km
	金		**E** デー
	土		**E** デー＋WS×8

Part II
フォーミュラを応用する

10 11 12
13 14 15
16 17 18

10 第10章
1シーズンの構築

11 第11章
800mのトレーニング

12 第12章
1,500mから2マイルまでのトレーニング

13 第13章
5kmと10kmのトレーニング

14 第14章
クロスカントリーのトレーニング

15 第15章
15kmから30kmまでのトレーニング

16 第16章
マラソンのトレーニング

17 第17章
ウルトラトレイルのトレーニング

18 第18章
トライアスロンのトレーニング

週	曜日	Q	練習内容
4	日	Q1	E 1.6km+M 8km+E 1.6km+M 8km
	月		E デー+WS×10
	火		E デー+WS×8
	水	Q2	E 3.2km+(I 1.2km・jg 3分)×4+E 3.2km
	木	Q3	E 3.2km+T 1.6km+休2分+T 3.2km+休1分+T 1.6km+(R 200m・jg 200m)×4+E 1.6km
	金		E デー
	土		E デー+WS×8
5	日	Q1	L ランニング：週間走行距離の25%か120分間走のどちらか少ないほう
	月		E デー+WS×10
	火		E デー+WS×8
	水	Q2	E 3.2km+(I 1km・jg 400m)×5+E 3.2km
	木	Q3	E 3.2km+T 4.8km+(R 200m・jg 200m)×4+E 1.6km
	金		E デー
	土		E デー+WS×8
6	日	Q1	E 1.6km+M 16km+WS×6
	月		E デー+WS×10
	火		E デー+WS×8
	水	Q2	E 3.2km+(H 3分・jg 2分)×6+E 3.2km
	木	Q3	E 3.2km+(T 1.6km・休1分)×5+WS×6+E 1.6km
	金		E デー
	土		E デー+WS×8

フェーズIV

週	曜日	Q	練習内容
1	日	Q1	L ランニング：週間走行距離の25%か120分間走のどちらか少ないほう
	月		E デー+WS×6
	火	Q2	土曜がレースでない場合：(T1.6km・休1分)×5+E 3.2km；土曜がレースの場合：(T1.6km・休2分)×3+E 3.2km
	水		E デー
	木		E デー
	金		土曜がレースでない場合: Q3=(I 1km・jg 400m)×6+E 1.6km；土曜がレースの場合：E デー
	土		レースでない場合：E デー；レースの場合：レースをQ3とみなす
2	日	Q1	L ランニング：週間走行距離の25%か120分間走のどちらか少ないほう
	月		E デー+WS×6
	火	Q2	土曜がレースでない場合：T 4.8km+E 3.2km；土曜がレースの場合：(T 1.6km・休2分)×3+E 3.2km
	水		E デー
	木		E デー
	金		土曜がレースでない場合：Q3=(I 1.2km・jg 3分)×5+E 1.6km；土曜がレースの場合: E デー
	土		レースでない場合：E デー；レースの場合: レースをQ3とみなす

週	曜日	Q	練習内容
3	日	Q1	**L** ランニング：週間走行距離の25%か120分間走のどちらか少ないほう（重要なレースがある場合は90分に短縮）
	月		**E** デー＋WS×6
	火	Q2	土曜がレースでない場合：（**T** 1.6km・休1分）×5＋**E** 3.2km； 土曜がレースの場合：（**T** 1.6km・休2分）×3＋**E** 3.2km
	水		**E** デー
	木		**E** デー
	金		土曜がレースでない場合：Q3=（**I** 1km・jg 400m）×6＋**E** 1.6km； 土曜がレースの場合：**E** デー
	土		レースでない場合：**E** デー；レースの場合：レースをQ3とみなす
4	日	Q1	**L** ランニング：週間走行距離の25%か120分間走のどちらか少ないほう（重要なレースがある場合は90分に短縮）
	月		**E** デー＋WS×6
	火	Q2	土曜がレースでない場合：**T** 4.8km＋**E** 1.6km； 土曜がレースの場合：（**T** 1.6km・休2分）×3＋**E** 1.6km
	水		**E** デー
	木		**E** デー
	金		土曜がレースでない場合：Q3=（**I** 1.2km・jg 3分）×5＋**E** 1.6km； 土曜がレースの場合：**E** デー
	土		レースでない場合：**E** デー；レースの場合：レースをQ3とみなす
5	日	Q1	**L** ランニング：週間走行距離の25%か120分間走のどちらか少ないほう（重要なレースがある場合は90分に短縮）
	月		**E** デー＋WS×6
	火	Q2	土曜がレースでない場合：（**T** 3.2km・休2分）×2＋**E** 3.2km； 土曜がレースの場合：（**T** 1.6km・休2分）×3＋**E** 3.2km
	水		**E** デー
	木		**E** デー
	金		土曜がレースでない場合：Q3=（**I** 1km・jg 400m）×6＋**E** 1.6km； 土曜がレースの場合：**E** デー
	土		レースでない場合：**E** デー；レースの場合：レースをQ3とみなす
6	日	Q1	**L** ランニング：週間走行距離の25%か120分間走のどちらか少ないほう（重要なレースがある場合は90分に短縮）
	月		**E** デー＋WS×6
	火	Q2	土曜がレースの場合：（**T**1.6km・休2分）×3
	水		**E** デー
	木		**E** デー
	金		土曜がレースでない場合：Q3=（**I** 1km・jg 400m）×6＋**E** 1.6km； 土曜がレースの場合：**E** デー
	土		レースでない場合：**E** デー；レースの場合：レースをQ3とみなす

※訳者注：・表13.1〜13.2ともに、距離は原著のマイル表示を1マイル＝1.6kmとしてキロメートルに換算
　　　　　・表13.1〜13.2ともに、休は休息、jgはジョグを表す

Run SMART Project 設計のJack Daniels' Running Calculatorにより作成

■ 週間97〜112km(60〜70マイル)のトレーニングプログラム

Part
II
フォーミュラを
応用する

10 11 12
13 14 15
16 17 18

10 第10章
1シーズンの
構築

11 第11章
800mの
トレーニング

12 第12章
1,500mから
2マイルまでの
トレーニング

13 第13章
5kmと10kmの
トレーニング

14 第14章
クロスカントリー
のトレーニング

15 第15章
15kmから
30kmまでの
トレーニング

16 第16章
マラソンの
トレーニング

17 第17章
ウルトラトレイル
のトレーニング

18 第18章
トライアスロン
のトレーニング

フェーズII

フェーズIIのQトレーニングは、各週以下のように行う。
・第1週と第4週：Lランニング、Rトレーニング、R・T・Rを織り交ぜた練習を1回ずつ行う。
・第2週と第5週：Lランニング、Rトレーニング、T・Rを織り交ぜた練習を、1回ずつ行う。
・第3週と第6週：Mランニング、Rトレーニング、Hトレーニングを、1回ずつ行う。

私の方針としてRトレーニングに重点を置いているが、Tトレーニングも多少行うほか、Mペース、IまたはHペースのランニングも時おり行う。I／Hペースのランニングをしておけば、フェーズIIIの準備になる。

フェーズIII

フェーズIIIでは、土曜日にレースがあれば、Q2とQ3を火曜日と水曜日に動かす。もし土曜日のレースの重要度が高ければ、Q2を省略しQ3（火曜日に行う）をその週のQ2とする。

何回かレースを入れた場合、その出来によってはVDOTを変えてもかまわない。しかし、レースの結果がよかったとしても、VDOTを上げる頻度は3週間に1回が限度であり、それを超えてはならない。このフェーズでは、LランニングをQ1とする週と、MランニングをQ1とする週とを交互に設定し、Q2、Q3のトレーニングをほとんどバックトゥバック（2日連続）にしている。このQ2はIまたはH、Q3はTまたはT・R（TとRを織り交ぜた練習）である。

フェーズIV

フェーズIVになると週末にレースを入れることもあるだろう。レースが土曜日にある週は、スケジュールどおりにトレーニングを行う。レースが日曜日にある週は、Q2を水曜日に動かす（そして木曜日、金曜日、土曜日をEデーとする）。表には書いていないが、Q2とQ3の練習では事前にウォーミン

Andy Lyons／Getty Images

モリー・ハドルは平均週85マイル（約137km）のトレーニングで米国記録を更新した（※監修者注：5km：14分50秒、10,000m：30分13秒17）。エネルギー源となる栄養素を賢く摂取することが、彼女のパフォーマンスの支えとなっている。

グアップを行うこと。

　表13.2に週間走行距離が97～112kmのランナーのためのプログラム（フェーズⅡ、Ⅲ、Ⅳ）を示した。Qトレーニングの日は特定の曜日を指定しているが、天気や都合によって変えてもかまわない。

表13.2 ■ 5kmから10kmのトレーニングプログラム（週間走行距離97～112km）

フェーズⅡ

週	曜日	Q	練習内容
1	日	Q1	**L** ランニング：週間走行距離の25%か120分間走のどちらか少ないほう
	月		**E** デー＋WS×10
	火	Q2	**E** 3.2km＋（**R** 200m・jg 200m）×4＋（**R** 400m・jg 400m）×6＋（**R** 200m・jg 200m）×4＋**E** 4.8km
	水		**E** デー＋WS×8
	木		**E** デー
	金	Q3	**E** 3.2km＋（**R** 200m・jg 200m）×4＋（**T** 1.6km・休1分）×4＋（**R** 200m・jg 200m）×4＋**E** 3.2km
	土		**E** デー＋WS×8
2	日	Q1	**L** ランニング：週間走行距離の25%か120分間走のどちらか少ないほう
	月		**E** デー＋WS×10
	火	Q2	**E** 3.2km＋（**R** 200m＋jg 200m＋**R** 200m＋jg 200m＋**R** 400m＋jg 400m）×6＋**E** 3.2km
	水		**E** デー＋WS×8
	木		**E** デー
	金	Q3	**E** 3.2km＋（**T** 1.6km・休1分）×5＋（**R** 200m・jg 200m）×6＋**E** 3.2km
	土		**E** デー＋WS×8
3	日	Q1	**E** 1.6km＋**M** 16km＋WS×6
	月		**E** デー＋WS×10
	火	Q2	**E** 3.2km＋（**R** 200m・jg 200m）×4＋（**R** 400m・jg 400m）×8＋（**R** 200m・jg 200m）×4＋**E** 3.2km
	水		**E** デー＋WS×8
	木		**E** デー
	金	Q3	**E** 3.2km＋（**H** 2分・jg 1分）×10＋**E** 4.8km
	土		**E** デー＋WS×8
4	日	Q1	**L** ランニング：週間走行距離の25%か120分間走のどちらか少ないほう
	月		**E** デー＋WS×10
	火	Q2	**E** 3.2km＋（**R** 200m・jg 200m）×2＋（**R** 400m・jg 400m）×10＋**E** 1.6km＋（**R** 200m・jg 400m）×4＋**E** 3.2km
	水		**E** デー＋WS×8
	木		**E** デー
	金	Q3	**E** 3.2km＋（**R** 200m・jg 200m）×4＋**T** 4.8km＋休3分＋（**T** 1.6km・休1分）×2＋（**R** 200m・jg 200m）×4＋**E** 3.2km
	土		**E** デー＋WS×8

週	曜日	Q	練習内容
5	日	Q1	**L** ランニング：週間走行距離の25%か120分間走のどちらか少ないほう
	月		**E** デー＋WS×10
	火	Q2	**E** 3.2km＋(**R** 200m＋jg 200m＋**R** 200m＋jg 400m＋**R** 400m＋jg 200m)×6＋**E** 4.8km
	水		**E** デー＋WS×8
	木		**E** デー
	金	Q3	**E** 3.2km＋(**T** 1.6km・休1分)×6＋(**R** 200m＋jg 200m)×4＋**E** 3.2km
	土		**E** デー＋WS×8
6	日	Q1	**E** 1.6km＋**M** 16km＋WS×6
	月		**E** デー＋WS×10
	火	Q2	**E** 3.2km＋(**R** 400m・jg 400m)×12＋**E** 3.2km
	水		**E** デー＋WS×8
	木		**E** デー
	金	Q3	**E** 3.2km＋(**H** 4分・jg 3分)×2＋(**H** 3分・jg 2分)×3＋(**H** 2分・jg 1分)×2＋**E** 3.2km
	土		**E** デー＋WS×8

フェーズⅢ

週	曜日	Q	練習内容
1	日	Q1	**L** ランニング：週間走行距離の25%か120分間走のどちらか少ないほう
	月		**E** デー＋WS×10
	火		**E** デー
	水	Q2	**E** 3.2km＋(**I** 1.2km・jg 3分)×6＋**E** 4.8km
	木	Q3	**E** 3.2km＋(**T** 1.6km・休1分)×6＋**E** 3.2km(無理なら金曜か土曜に動かしてもよい)
	金		**E** デー＋WS×8
	土		**E** デー＋WS×6
2	日	Q1	**E** 6.4km＋**M** 16km＋WS×4
	月		**E** デー＋WS×10
	火		**E** デー＋WS×8
	水	Q2	**E** 3.2km＋(**I** 1km・jg 400m)×5〜8(**I** ペースの合計が24分を超えない本数)＋**E** 3.2km
	木	Q3	**E** 3.2km＋**T** 4.8km＋(**R** 200m・jg 200m)×4＋**T** 3.2km＋**E** 3.2km
	金		**E** デー
	土		**E** デー＋WS×8
3	日	Q1	**L** ランニング：週間走行距離の25%か120分間走のどちらか少ないほう
	月		**E** デー＋WS×10
	火		**E** デー＋WS×8
	水	Q2	**E** 3.2km＋(**H** 3分・jg 2分)×8＋**E** 4.8km
	木	Q3	**E** 3.2km＋(**T** 1.6km・休1分)×6＋(**R** 200m・jg 200m)×4＋**E** 1.6km
	金		**E** デー
	土		**E** デー＋WS×8

週	曜日	Q	練習内容
4	日	Q1	**E** 1.6km+**M** 12.8km+**T** 1.6km+**M** 3.2km(**M**→**T**→**M**をノンストップで行う)
	月		**E** デー+WS×10
	火		**E** デー+WS×8
	水	Q2	**E** 3.2km+(**I** 1.2km・jg 3分)×4〜6(**I**ペースの合計が24分を超えない本数)+**E** 3.2km
	木		**E** デー+WS×8
	金		**E** デー
	土	Q3	**E** 3.2km+(**T** 3.2km・休2分)×3+(**R** 200m・jg 200m)×4+**E** 3.2km
5	日	Q1	**L** ランニング：週間走行距離の25%か120分間走のどちらか少ないほう
	月		**E** デー+WS×10
	火		**E** デー+WS×8
	水	Q2	**E** 3.2km+(**H** 3分・jg 4分)×7+**E** 3.2km
	木	Q3	**E** 3.2km+**T** 4.8km+(**R** 200m・jg 200m)×4+**T** 4.8km+**E** 3.2km
	金		**E** デー
	土		**E** デー+WS×8
6	日	Q1	**E** 1.6km+**M** 16km+**E** 3.2km+WS×6
	月		**E** デー+WS×10
	火		**E** デー+WS×8
	水	Q2	**E** 3.2km+(**H** 4分・jg 3分)×2+(**H** 3分・jg 2分)×3+(**H** 2分・jg 1分)×4+**E** 3.2km
	木	Q3	**E** 3.2km+(**T** 1.6km・休1分)×4+**T** 3.2km+WS×6+**E** 1.6km
	金		**E** デー
	土		**E** デー+WS×8

フェーズⅣ

週	曜日	Q	練習内容
1	日	Q1	**L** ランニング：週間走行距離の25%か120分間走のどちらか少ないほう
	月		**E** デー+WS×6
	火	Q2	土曜がレースでない場合：(**T** 3.2km・休2分)×3+**E** 4.8km； 土曜がレースの場合：(**T** 1.6km・休2分)×3+**E** 4.8km
	水		**E** デー
	木		**E** デー
	金		土曜がレースでない場合：Q3=(**H** 4分・jg 3分)×6+**E** 1.6km； 土曜がレースの場合：**E** デー
	土		レースでない場合：**E**デー； レースの場合：レースをQ3とみなす
2	日	Q1	**L** ランニング：週間走行距離の25%か120分間走のどちらか少ないほう
	月		**E** デー+WS×6
	火	Q2	土曜がレースでない場合：**T** 4.8km+**E** 3.2km+**T** 3.2km+**E** 3.2km； 土曜がレースの場合：(**T** 1.6km・休2分)×3+**E** 3.2km
	水		**E** デー
	木		**E** デー
	金		土曜がレースでない場合：Q3=(**H** 4分・jg 3分)×6+**E** 1.6km； 土曜がレースの場合：**E** デー
	土		レースでない場合：**E** デー； レースの場合：レースをQ3とみなす

週	曜日	Q	練習内容
3	日	Q1	**L** ランニング：週間走行距離の25%か120分間走のどちらか少ないほう（重要なレースがある場合は90分に短縮）
	月		**E** デー＋WS×6
	火	Q2	土曜がレースでない場合 ：（**T** 3.2km・休2分）×3＋**E** 3.2km； 土曜がレースの場合 ：（**T** 1.6km・休2分）×3＋**E** 3.2km
	水		**E** デー
	木		**E** デー
	金		土曜がレースでない場合：Q3＝（**H** 4分・jg 3分）×6＋**E** 1.6km； 土曜がレースの場合：**E** デー
	土		レースでない場合：**E** デー ； レースの場合：レースをQ3とみなす
4	日	Q1	**L** ランニング：週間走行距離の25%か120分間走のどちらか少ないほう（重要なレースがある場合は90分に短縮）
	月		**E** デー＋WS×6
	火	Q2	土曜がレースでない場合：**T** 4.8km＋休2分＋**T** 3.2km＋**E** 1.6km； 土曜がレースの場合：（**T** 1.6km・休2分）×3＋**E** 1.6km
	水		**E** デー
	木		**E** デー
	金		土曜がレースでない場合：Q3＝（**H** 3分・jg 2分）×8＋**E** 3.2km； 土曜がレースの場合：**E** デー
	土		レースでない場合：**E** デー ； レースの場合：レースをQ3とみなす
5	日	Q1	**L** ランニング：週間走行距離の25%か120分間走のどちらか少ないほう（重要なレースがある場合は90分に短縮）
	月		**E** デー＋WS×6
	火	Q2	土曜がレースでない場合：（**T** 3.2km・休2分）×2＋**E** 3.2km； 土曜がレースの場合:（**T** 1.6km・休2分）×3＋**E** 3.2km
	水		**E** デー
	木		**E** デー
	金		土曜がレースでない場合：Q3＝（**H** 2分・jg 1分）×10＋**E** 1.6km； 土曜がレースの場合:**E** デー
	土		レースでない場合：**E** デー ； レースの場合：レースをQ3とみなす
6	日	Q1	**L** ランニング：週間走行距離の25%か120分間走のどちらか少ないほう（重要なレースがある場合は90分に短縮）
	月		**E** デー＋WS×6
	火	Q2	土曜がレースでない場合：（**T** 1.6km・休1分）×6＋**E** 3.2km； 土曜がレースの場合：（**T** 1.6km・休2分）×3＋**E** 3.2km
	水		**E** デー
	木		**E** デー
	金		土曜がレースでない場合：Q3＝（**H** 2分・jg 1分）×10＋**E** 1.6km； 土曜がレースの場合:**E** デー
	土		レースでない場合：**E** デー ； レースの場合：レースをQ3とみなす

Run SMART Project 設計のJack Daniels' Running Calculatorにより作成

Part
II
フォーミュラを
応用する

10 11 12
13 14 15
16 17 18

10 第 10 章

1シーズンの
構築

11 第 11 章

800mの
トレーニング

12 第 12 章

1,500mから
2マイルまでの
トレーニング

13 第 13 章

5kmと10kmの
トレーニング

14 第 14 章

クロスカントリー
のトレーニング

15 第 15 章

15kmから
30kmまでの
トレーニング

16 第 16 章

マラソンの
トレーニング

17 第 17 章

ウルトラトレイル
のトレーニング

18 第 18 章

トライアスロン
のトレーニング

Part
II
フォーミュラを
応用する
10 11 12
13 14 15
16 17 18
第14章

クロスカントリーの
トレーニング

レースの序盤は、速すぎるよりも
遅すぎるくらいのほうがいい。

クロスカントリーは、トラックはもとよりロードレースともタイプを異にする種目である。
理由はいくつもある。まずクロスカントリーは大集団で行われる。そして路面は硬い地面から草地、さらにはぬかるみまでとさまざまだ。さらに、アップダウンの勾配が変化することも多い。地形が険しかったり、向かい風が吹いたりすれば、レースでの走り方も変わる。

風の問題はトラック種目にもあるが、トラックでは1周するうちに、向かい風から追い風へと変わってしまう。いっぽうクロスカントリーのレースでは、何分間も向かい風のなかを走らされることがある。それがレース戦略にどう響くか。場合によってはその影響がレースの鍵を握ることもある。風に向かって走ることになったら、他のランナーを風よけに使うといい。なぜなら、単独走になったり集団を引っ張ることになったりすれば、同じスピードでもより多くのエネルギーが必要になるからである。

クロスカントリーのレースでは、コースがあまりうまく設計されていないこともある。1人や2人しか並んで走れないような細い道があれば、集団はかなり縦長になる。レースには、直面するであろう要素をすべて頭に入れてから臨まなければならない。したがって、レース当日にコースを下見しておくことが重要だ（そうすれば、その日にどのような状況になるのか、そしていつその状況に遭遇するかがわかる）。

トレーニングは、レースによく使われるような場所で行うこと。大半とまではいかなくても、一部はクロスカントリーの典型的なコースで行うべきである。いつもトラックや道路の硬い路面ばかり走っていると、柔らかい路面でのレースはしづらくなるものだ。トレーニングはなるべく、シーズン中最も重要なレースと同じような路面で行うようにしよう。

トレーニングに関しては、距離ではなく時間ベースにしたほうが、効果が上がる場合もある。走りづらい路面やアップダウンの激しい場所でトレーニングをするときは、特にそうだ。決まった距離を決まった時間で走ろうとすると、悪路やアップダウンでは必要以上にがっくり

クロスカントリーで7度の全米チャンピオンとなった、リン・ジェニングス。競技を始めたのは15歳、男子クロスカントリーチームに入部したときである。頭角を現す要因となったのは、草地でのインターバルトレーニングやロードでのファルトレク、テンポランニングだけではない。クロスカントリーにつきものの天候・路面の変化を受け入れることで、誰よりも力をつけたのだ。

Part
II
フォーミュラを
応用する

10 11 12
13 14 15
16 17 18

10 第10章
1シーズンの
構築

11 第11章
800mの
トレーニング

12 第12章
1,500mから
2マイルまでの
トレーニング

13 第13章
5kmと10kmの
トレーニング

14 第14章
クロスカントリー
のトレーニング

15 第15章
15kmから
30kmまでの
トレーニング

16 第16章
マラソンの
トレーニング

17 第17章
ウルトラトレイル
のトレーニング

18 第18章
トライアスロン
のトレーニング

きてしまう。そういう意味では、高地でのIトレーニングと似ている。設定どおりのタイムで走れなかった、と1本1本落ち込まずに、一定時間ハードに走れたと自覚できれば、練習の目的は達成されたことになる。

もし地元で大きな大会が開催されることになったら、難所と予想されるところでどう地の利を活かすか、戦術を練ろう。例えば、ある坂とそれを乗り越えたあとの対応を知っていれば、力の入れどころと抜きどころがわかり、コースに不慣れなランナーのように無理をしなくても済む。

これが団体戦の戦術となると、一筋縄ではいかないこともあるだろう。しかし気楽なレースなら、初心者は何人かに引っ張ってもらう方法がある。いわゆる集団走だ。集団走はレースの最初の3分の1くらいまでの戦術としては、非常に効果的である。そしてこの地点になれば、速いランナーは遅いチームメートを引き離し、後半どれだけ粘れるか試してみてもよい。このようなレースの仕方は、速いランナー、経験の浅いランナーのどちらにもプラスになる。なぜなら、速いランナーはスタートのオーバーペースを防げるし、遅いランナーは自信を深め、レーステクニックを磨くことができるからだ。

■ 慎重にスタートする戦術

クロスカントリーとトラック種目との大きな違いは、集団がスタートする速さである。トップの何人かがオーバーペースで突っ込むのは、特に高校生のレースではよく見られる光景だ。

彼らはスタートで飛ばしすぎるため、大幅にペースダウンして終わるが、それでも勝ってしまう。なぜなら、他のランナーもトップ集団について行こうとオーバーペースになるからである。勝ったランナーは、突っ込んでも勝てるため、それがベストの勝ちパターンだと思い込む。しかし、実力はそこそこでも、まともなペースで走りだすランナーがいれば、オーバーペースで飛び出した格上のランナーも不覚を取るのだ。

もっと抑えたペースで入れ、と私は常々自分の選手に言い聞かせてきたが、その成果を、ある年の全米選手権で見ることができた。この日、私はスタートから400mの地点を測り、レース前の準備として最後に行うことを、女子チームの選手たちに告げた。それは測定した400m

の地点を85秒で駆け抜け、そのままのペースで800mを走ることである。5kmあるレースのフィニッシュタイムに換算すると、17分42秒になるペースだ。もうあと8〜10分もすれば、レースはスタートする。そのとき、けっしてこのペースより速く走りだしてはならない。私はそう念を押したのだ。

レースがスタートすると、私のチームは7人が全員、入りの400mを84秒から87秒で通過した。彼女たちは180人を超す全参加者の最後尾の7人でもあった。トップ集団は75秒を切って通過し、後続も75秒から82秒で通過したのだ。しかしその後、最初の1マイル地点になるとチームの1人がトップ集団の前に出た。そのまま先頭を走った彼女は、2位以下に20秒以上の差をつけて優勝した（フィニッシュタイムは17分20秒）。そして彼女のあと、5位、8位、15位、26位とチームの選手が続き、楽に団体戦を勝つことができたのである。

以下は、このような戦略で注意すべきポイントである：

- レースの序盤では（特に高校生の大会では）コースの狭いところが多いため、スタート後に飛び出したトップ集団を抜かすのは難しい。集団から後ろに押し出されると付いて行く自信を失いがちだが、序盤で身動きが取れなかったとしても、5kmレースならば、中盤で仕掛けるまでに時間はたいてい十分ある。また、前に出ようとして集団のなかで競り合うと、温存すべきエネルギーの多くを消耗してしまう。
- スロースタートを試みる若いランナーによく見られるのが、スタート後2〜3分もしないうちに大集団に前に来られると意気消沈してしまう、というパターンだ。しかし、指導者が慎重にスタートする練習を課し、シーズン序盤に何回か実戦で試す機会を作ってやれば、ランナーのほうも、こうした戦術の効果はよくわかるはずだ。前よりも注意深く走りだす、そして大勢のランナーが飛び出しても追いつく自信を持つ。それができれば、チーム内の多くが満足のいく結果を得られるだろう。
- 戦術として効果的なのは、レース中盤で、できるだけ（カウントしたくなるほど）多くのランナーを追い抜くことだ。ずっと集団のなかにいて最後の100mで2、3人抜くようなランナーはあまり感心しない。なぜなら、その多くはレース中盤で手を抜いているのも同然だからである。これは算数の問題だ。レース中盤で20人抜けば、最後のスプリントで3人に抜かれたとしても、チームには17ポイント加算される。いっぽう、レース中盤で1人も抜くことなく最後で3人抜いた場合は、3ポイントだ。どちらの戦術のほうがチームのポイントになるだろうか？

レースも中盤となれば、大きな集団のなかにいても、余裕のなくなるときがあるかもしれない。そのようなときは、周りも自分と同様、調子がよくないということに気づくべきだ。もし調子がよければ彼らは先へ行き、自分は置いていかれるはずである。

スタートでのオーバーペースに関しては、もう1つ触れておきたいことがある。それは、レースの重要度との関係だ。スタートのペースは重要なレースになればなるほど、どんどん速くなっていくように思われる。スタートの飛び出しは大学の対抗試合ではままあることだが、地区大会になるとそれがいっそう速くなり、州大会、全国大会ともなると、前の週のレースと選

手の顔ぶれが同じであっても、スタートはさらに速さを増す。要するに、選手権大会のような重要なレースに進むと、それだけスタートのペースコントロールが重要になる、ということだ。

Part
II
フォーミュラを
応用する

10 11 12
13 **14** 15
16 17 18

10 第10章
1シーズンの
構築

11 第11章
800mの
トレーニング

12 第12章
1,500mから
2マイルまでの
トレーニング

13 第13章
5kmと10kmの
トレーニング

14 第14章
クロスカントリー
のトレーニング

15 第15章
15kmから
30kmまでの
トレーニング

16 第16章
マラソンの
トレーニング

17 第17章
ウルトラトレイル
のトレーニング

18 第18章
トライアスロン
のトレーニング

■ レースの準備

　チームにいるランナーはすべてが同等、だから当然、全員が同じウォーミングアップをするべき。指導者がそう考えるとしたら、間違いだ。全員が同じタイムでもないかぎり、一緒にウォーミングアップをする意味はあまりない。仮に同じタイムだとしても、ウォーミングアップを多めにしたほうがいいランナーもいれば、軽めにしたほうがいいランナーもいる。

　1マイルのベストが4分30秒のランナーと5分30秒のランナーに、同じウォーミングアップをさせるのが、同等に扱い同じ準備をさせることなのだろうか？　ランナー一人ひとりに合ったウォーミングアップを考えるのが、理想的な指導というものだろう。全員同じだからと、きれいなお揃いのウェアを着て一団となってジョギングをし、ストレッチやウィンドスプリントまで一斉に行う。そんなチームを見て思わず苦笑したことは、一度や二度ではない。

　ウォーミングアップは、あらゆる方法を試し、どれが向いているのか確認すること。これはランナー自身だけの仕事ではない。指導者も一人ひとりのランナーに対してすべきことである。チーム全員がいつも僅差でフィニッシュすることはまずないし、同じウォーミングアップが同じ効果を上げるとはかぎらない。数km走らないとウォーミングアップにならないランナーもいれば、もっと短い距離で嫌になってしまうランナーもいるのだ。

　ウォーミングアップは、全員がレースに向けて、身体的にも心理的にも準備が整った状態にするものである。つまり、思索というプロセスも必要なのだ。人によっては、それが1人でいることでもあるし、集団で走ることでもある。私が長い指導経験のなかで見てきたランナーのなかには、スタート1時間前から話すことも目を合わせることもしない者もいれば、号砲が鳴る寸前まで指示を求めてくる者もいた。

　心理面のウォーミングアップのなかでも効果があるのは、特にいいイメージのあるレースを思い浮かべることだ。そうすればうまくいった理由を思い出せるし、頭のなかで成功したレースを追体験するだけなら、スタート前のほんの15秒、10秒でもできる。要するに、よかったことにフォーカスするのだ。ときには、残念だったレースを思い出すかもしれないが、頭のなかでよい結果につながるようにアプローチを変えれば、それでも大丈夫だ。

　では身体的なウォーミングアップについてはどうだろう。まず何よりも大きく影響するのは天候だ。寒い日は筋肉がある程度温まるまで、ウェアを着込んでいなければならないが、暑い日は着衣を最小限にして、スタート前にオーバーヒートや脱水症になるのを防ぐ必要がある。

　たいていのランナーは、自分の筋肉が温まったことがわかるものだ。そして、もうしばらくは楽な、あるいはきついランニングをすべきだということも感知できる。通常、活動筋の筋温が上昇し始めるには10分かかる。筋温は2、3℃程度の上昇であればパフォーマンスアップにつながるが、それを超えると実力を発揮できずに終わる可能性もある。もちろん、比較的長いレースでは、体温が過度に高まった状態でスタートしないほうがいい。すぐにオーバーヒート状態になってしまう。脱水の早さと同様、体温上昇の早さも人それぞれだ。他人より早く体温

が上がってしまうランナーもいる。だからこそ、同じチームであっても各自が異なる方法を試し、さまざまな環境条件に合うウォーミングアップのルーティンを確認しなければならないのである。

　ウォーミングアップよりも重要なのは、レースそのもののアプローチである。レースこそ、目の前の課題に集中することが肝心な場面だ。どのくらいの距離が残っているのか、どのくらい走ってきたのか。そんなことよりも、自分が今、行っていることに意識を向けたほうがいい（気をつけるといいポイントは、呼吸リズムとピッチの2つである）。以前のレースで自分より遅かったランナーが前にいても、気にしてはならない。彼らはおそらくペース配分を間違えているのだろう。そのツケはあとできっと回ってくる。

　ただし、かつて自分に負けたランナーが、その日は絶好調だということもあり得る。他のランナーを見て自分のレースを判断することはできないのだ。自分の動き、自分の感覚によって判断するしかない。例えば、ランナーのなかには上りになるとペースアップしたがる者もいるが、私のやり方は違う。上りでは他のランナーについていくように指示している。そうやって、集団についていけばどれだけ楽か、当人の感覚としてわからせるのである。そして坂を上り切っても、強度をそのまま保つことに集中しろと言う。なぜなら、一旦頂上までたどり着くと、たいていのランナーは一息つくために手を緩めるからだ。坂を上りきったら片足で50歩を数え終わるまで、とにかく一定のペースを保つ。そう私は指導してきた。50歩走ればだいたい上りの疲れからは回復しており、しかもそのあいだに他のランナーの前に出ることができる。

　レースの最初の3分の2は2-2リズムの呼吸で走る。これはシーズンの初期によく指示していることだ。もっと重要なレースを走る際に、当たり前にできるようにするためである。自分の感覚、つまり運動強度をどう捉えるかということは、レースではきわめて重要だ。この主観的運動強度を頼りに走れるようになれば、クロスカントリーでは非常に有利である。特に、コースの地形が変化に富み、強風やぬかるみでペースが大幅に遅くなる可能性がある場合は、大きな力となる。繰り返し言うが、レース中は目の前の課題に集中し、途中で耳に入ってくるタイムには惑わされないこと。それが走ってきた距離を正確に表しているとはかぎらない。

■ シーズンプログラムを作成する

　クロスカントリーのシーズンとして割ける期間は10週間か12週間のみ、というのが、ほとんどの学校に共通する実情だ。したがって、シーズン中に6週間×4フェーズのトレーニングプログラムを組むことは、当然できない。第10章に書いたとおり、10週間あるいは12週間しかない場合、とるべき方法は2つだ。このうち私がよく使うのは、フェーズⅠとフェーズⅡを、新学期が始まる前の夏のあいだにすべて終わらせる方法である。こうすれば、新学期が始まるころにはフェーズⅢに進むことができる。

　新入生や、夏に走り込めなかったランナーにとって、フェーズⅠのトレーニングは必須である。学校が一旦始まったら、フェーズⅡはほとんど行わない。このようなランナーには、まず基礎的な練習をさせる。もっときついトレーニングを行ったりシーズン初期のレースに出たりするのは、そのあとだ。本章で紹介するトレーニングプログラムは6週間×4フェーズであ

Part
II
フォーミュラを
応用する

10 11 12
13 **14** 15
16 17 18

10 第10章
1シーズンの
構築

11 第11章
800mの
トレーニング

12 第12章
1,500mから
2マイルまでの
トレーニング

13 第13章
5kmと10kmの
トレーニング

14 第14章
クロスカントリー
のトレーニング

15 第15章
15kmから
30kmまでの
トレーニング

16 第16章
マラソンの
トレーニング

17 第17章
ウルトラトレイル
のトレーニング

18 第18章
トライアスロン
のトレーニング

るが、フェーズⅡの一部（あるいは全部）が省略され、フェーズⅠも2週間ほど短縮される可能性を考慮して作成した。

　Qトレーニング（質の高い練習）では、トレーニングタイプ別の練習量を、ランナー一人ひとりの週間走行距離に応じて決めることが鉄則である。Iトレーニングで言えば、週間走行距離の8％か10kmのどちらか少ないほうを上限とするのが、私のルールだ。よって、週間走行距離が48kmのランナーならば3.8km（48kmの8％）、97kmのランナーならば7.8km（97kmの8％）が、Iトレーニング1回あたりのIペースで走る量の上限になる。

　Iトレーニングと同様、Rトレーニングには5％ルール、Tトレーニングには10％ルールを、私は採用している。ただし、これらは練習1回あたりの最大量であって、1週間の合計の上限ではない。つまり、1週間に2回Rトレーニングを行う場合は、2回ともこの上限まで練習ができるということだ。また、この割合は必ず消化しなければならない量ではない。超えるべきではない最大値として示したものである。

フェーズⅠ

　フェーズⅠでは、毎週日曜日にLランニングを入れる。ただし、週間走行距離の30％か60分間走のどちらか少ないほうを、練習量の上限とする。そのほかの日には、30分以上のEランニングを行うが、どの日の練習量も週間走行距離の25％を上限とする。

　プログラム開始前にあまり走っていなかったランナー、あるいは初心者に近いランナーは、第8章で紹介したホワイトプログラムのフェーズⅣを、クロスカントリーのフェーズⅠとして行ってもいいだろう。本章のフェーズⅠには、トレーニングを長期間休んだことがなく、初心者でもないランナーのほうが適している。休んだ期間が4週間を超えるランナーは、最初の3週間はLランニングを行わずに週間走行距離を32km程度にとどめ、次の3週間で40〜48km程度に増やすこと。**表14.1**にフェーズⅠのシンプルなプログラムを示した。6週間とることができなければ短縮してもよいが、初心者レベルのランナーならば、少なくとも3〜4週間は割くべきである。

フェーズⅡ

　フェーズⅡのトレーニングを行うには、過去数週間にわたってコンスタントに走っていること、そして軽いRトレーニングならできる状態になっていることが必要である。週間走行

表14.1 ■ クロスカントリーのフェーズⅠトレーニングプログラム

1〜3週		4〜6週	
曜日	練習内容	曜日	練習内容
日	Lランニング：60分か週間走行距離の30％かどちらか少ないほう	日	Lランニング：60分か週間走行距離の30％かどちらか少ないほう
月、火、木、金	E デー、各日30分のランニング	月、火、金	E デー、各日30〜40分のランニング
水、土	E 30〜40分＋WS×6	水、木、土	E 20分＋WS×8＋E 10分

Run SMART Project 設計のJack Daniels' Running Calculatorにより作成

「俺を抜けるものなら抜けばいい。血反吐を吐く目に遭うけどな」。伝説のランナー、スティーブ・プリフォンテーンがレースで見せたタフな精神は、トレーニングでも発揮された。200m30秒と300m40秒を交互に繰り返し計3マイルを走破する独自の「30/40トレーニング」に加え、毎週日曜には15〜17マイルを走っていた。（※監修者注:1970年代前半に活躍し、次々と米国記録を更新した。1972年のミュンヘンオリンピックは5,000mで4位）

距離は、フェーズⅠの最後の3週間プラス16kmを上限とする。走る量の上限はRペースで行うランニングにも設け、Rトレーニング1回につき週間走行距離の5%とする。ただし週間走行距離が160kmを超える場合は8kmを上限とする。

Rトレーニングの練習方法については、第4章の表4.4を確認してほしい。この表では練習例を週間走行距離別に掲載している。例えば、1週間に56km走るランナーはセッションBから、80km走るランナーはセッションCまたはセッションDから、Rトレーニングを選ぶ。Eデーは目標走行距離に到達するために活用する。よって、目標とする距離がさほど多くない場合は、時おり休養日にしてもよいだろう。

Rランニングは、平坦な地で行っても上り坂で行ってもよい。上り坂でのRランニングは、スピードとランニングエコノミーを向上させるためのトレーニングと捉えること。シーズン後半に出場する重要度の高いレースがアップダウンの激しいレースなら、何回か上り坂のRランニングをしておくことがポイントになる。上り坂だと速度はもちろん落ちるが、主観的運動強度を頼りにして走ること。そして走る距離は気にしない。ものさしにするのは走る時間である。

例えば、今日のRトレーニングは坂道走60秒を8本、スタート地点に戻って来るあいだに完全に回復、という指示もできるわけだ。ただし、下りは脚に大きなストレスがかかるため、戻りのルートは勾配のきつくない場所にすること。私は、坂道走のあとの練習の締めくくりとして、平坦な場所でRランニングを何本か走らせることもよくある。こうすると、上りでペースが比較的遅くなっても、速い動きの感覚を取り戻せるのだ。ただし、重要なレースの2週間前になったら坂道走は控えさせている。若干ではあるが、そのほうが、それまでに行った坂道走のストレスから身体を回復させられるからだ。

1週間のQ（R）トレーニングの配置については、3通りのプログラム（R1、R2、R3）を作成した。このプログラムではQトレーニング以外にLランニングも行うが、その練習量の上限は週間走行距離の25%である。Lランニングを行う際は、動きが崩れてくるようなら、途中で切り上げること。

3つのプログラムは、レースのある曜日によって適宜変更する。

・レースが火曜日の場合：それまでR1かR3を行っていても、R2に変更する。そして火曜

曜日	R1	R2	R3
日	Lランニング	Lランニング	Lランニング
月	Q1	Eデー＋WS×8	Q1
火	Eデー＋WS×8	Q1	Eデー＋WS×8
水	Eデー＋WS×8	Q2	Q2
木	Q2	Eデー＋WS×8	Eデー＋WS×8
金	Q3	Eデー＋WS×8	Q3
土	Eデー＋WS×8	Q3	Eデー＋WS×8

Run SMART Project 設計のJack Daniels' Running Calculatorにより作成

日のレースをQ1とみなし、Q2 はレース翌日の水曜日に、Q3は土曜日に行う。

・レースが金曜日の場合：**R3**を行う。そしてQ2を火曜日に変更し、金曜日のレースをQ3とみなす。

・レースが土曜日の場合：**R2**のプログラムをそのまま行う。そして土曜日のレースをQ3とみなす。

トレーニング場所に関しては、Qトレーニングはすべて最重要レースと同じタイプのコースで行うよう、強く勧めたい。つまり、たいていは草地か土の上である。**E**ランニングや**L**ランニングならば、道路や凹凸のない場所でもよい。重要なレースが起伏の多いコースなら、Qトレーニングのうちの1回や2回は、アップダウンのあるコースで行ってもいいだろう。ただし**R**ランニングのラストの2本は、いつも平坦な場所で行うようにしたい。レース前の過ごし方としては、**E**デーを極力2日設けるのが基本である（**L**ランニングは**E**ランニングとみなす）。またフェーズⅡのようなシーズン初期では、レースの翌日だからと尻込みせず、指定された**Q**トレーニングを行うこと。**表14.2**に、フェーズⅡの3通りのプログラム（**R1**、**R2**、**R3**）をまとめた。

フェーズⅢ

前にも書いたとおり、フェーズⅢは4つのフェーズのなかで最もストレスが大きく、レースもしばしば入ってくる。レースを入れた場合は、レースをその週のQトレーニングとする。Qトレーニングのうち、Iトレーニングに関しては、第4章の表4.3（p.64）を参照してほしいが、どの練習をするにしても、Iランニングの量は週間走行距離をベースにして決めること（表4.3では、さまざまな練習メニューを週間走行距離別に提示した）。

Iトレーニングでは、疾走1回が5分を超えな

表14.3■クロスカントリーの
フェーズⅢトレーニング
プログラム

曜日	練習内容
日	Lランニング
月	Eデー＋WS×8
火	Q1：Iトレーニング
水	Q2：Tトレーニング＋R 200m×4
木	Eデー
金	Eデー
土	Q3：T-I-R またはレース

Run SMART Project 設計のJack Daniels' Running Calculatorにより作成

Part
Ⅱ
フォーミュラを
応用する

⑩ ⑪ ⑫
⑬ **14** ⑮
⑯ ⑰ ⑱

⑩ 第10章
1シーズンの
構築

⑪ 第11章
800mの
トレーニング

⑫ 第12章
1,500mから
2マイルまでの
トレーニング

⑬ 第13章
5kmと10kmの
トレーニング

14 第14章
クロスカントリー
のトレーニング

⑮ 第15章
15kmから
30kmまでの
トレーニング

⑯ 第16章
マラソンの
トレーニング

⑰ 第17章
ウルトラトレイル
のトレーニング

⑱ 第18章
トライアスロン
のトレーニング

表14.4 ■ クロスカントリーのフェーズⅢのオプションプログラム（週間走行距離64km）

曜日	レースがない週	レースが土曜日の週	レースが火・土曜日の週
日	**L** 16km＋WS×6	**L** 16km＋WS×6	**L** 50分＋WS×6
月	**E** デー＋WS×8	**E** デー＋WS×8	**E** デー
火	**E** 3.2km＋（**I** 1km・jg 2分）×5＋**E** 3.2km	**E** 3.2km＋（**I** 1km・jg 2分）×5＋**E** 3.2km	レースの日
水	**E** 1.6km＋（**T** 1.6km・休1分）×4＋**E** 3.2km	**E** 3.2km＋（**T** 1.6km・休2分）×3＋**E** 1.6km	**E** 1.6km＋（**T** 1.6km・休1分）×4＋**E** 3.2km
木	**E** デー＋WS×8	**E** デー＋WS×8	**E** デー＋WS×8
金	**E** デー	**E** デー	**E** デー
土	**E** 3.2km＋（**H** 4分・jg 3分）×4＋**E** 3.2km	レースの日	レースの日

Run SMART Project 設計のJack Daniels' Running Calculatorにより作成

い距離であることも必要だ。つまり、**I**ペースが1マイル6分になるVDOTのランナーに、1マイルの**I**トレーニングはさせられない。この場合は1.2kmが上限である。ただし、距離ではなく時間を基準にして走る場合は、最長5分間の**H**ランニングにしてもよい。

　フェーズⅢは毎週**I**トレーニングを行うための期間である。よって、**I**トレーニングを1週間のQ1とする。週末に**L**ランニングを行ったあと、最初に行うQトレーニングがこのQ1である。ただし、フェーズⅢは週末がほぼレースで埋まる期間でもある。しかも、レースに出れば、**I**トレーニングをしっかり行ったのと同じくらいの生理学的効果がある。したがって、Q1を**I**トレーニングにしたら、Q2は**T**トレーニング＋**R**ランニング200m またはウィンドスプリントにするのがいいと思う。

　クロスカントリーシーズンの**T**ランニングについては、私の場合、フェーズⅢとフェーズⅣの両方に組み込むことが多い。そしてトレーニング場所には平坦なところを選んでいる。たしかにレースになれば、さまざまな地形を走ることになるが、練習はフラットなところがいい。そのほうがペースをコントロールしやすいからだ。心拍計を使って強度をモニタリングしながら起伏の多い場所で走ることも可能だが、できれば心拍計は使わせたくない。練習に求められるスピードがそのまま心拍数に反映するとはかぎらない、というのがその理由である。

　レースが入っていない週は、調子がよければQ3を入れてもかまわない。Q3の練習として最適なのは、**I**トレーニングか、**T**、**I**、**R**を組み合わせた練習である。**I**トレーニングにする場合は、距離ではなく時間を基準にするといい。例えば、（**I** 1km・jg 2分）×5ではなく、（**H** 3分・jg 2分）×5〜6にする、ということだ。**T**、**I**、**R**を組み合わせた練習にする場合は、**T** 3.2km＋（**H** 2分・jg 1分）×3＋（**R** 200m・jg 200m）×4といった内容が考えられる。私が好んで使うフェーズⅢの1週間のスケジュールを、**表14.3**にまとめた。

　レースが入っている週は、レースをもってQトレーニングとする。レースが火曜日ならQ1、土曜日ならばQ3とみなす。また金曜日ならば、レースをQ2とみなして、水曜日のQ2と土曜日のQ3をやめる。

　表14.4は、週間走行距離が64kmという想定で作成した、オプションプログラムである。（1）レースがない週、（2）レースが土曜日にある週、（3）レースが火曜日と土曜日にある週、の3パターンを作成した。

Part
II
フォーミュラを
応用する

10 11 12
13 **14** 15
16 17 18

10 第10章

1シーズンの
構築

11 第11章

800mの
トレーニング

12 第12章

1,500mから
2マイルまでの
トレーニング

13 第13章

5kmと10kmの
トレーニング

14 第14章

クロスカントリー
のトレーニング

15 第15章

15kmから
30kmまでの
トレーニング

16 第16章

マラソンの
トレーニング

17 第17章

ウルトラトレイル
のトレーニング

18 第18章

トライアスロン
のトレーニング

表14.5 ■クロスカントリーのフェーズIVトレーニングプログラム

曜日	レースがない週	土曜日に重要なレースがある週
日	**L** 16km+WS×6	**L** 50～60分+WS×6
月	**E** デー+WS×8	**E** デー+WS×8
火	**E** 3.2km+(**I** 1km・休1分)×4+**E** 3.2km	**E** 3.2km+(**T** 1.6km・休2分)×3+(**R** 200m・jg 200m)×4+**E** 1.6km
水	**E** デー+WS×8	**E** デー+WS×6
木	**E** デー+WS×8	**E** デー
金	**E** 3.2km+(**I** 1.2km・jg 3分)×4+**E** 3.2km	**E** デー
土	**E** デー	レースの日

※訳者注：・距離は原著のマイル表示を1マイル=1.6kmとしてキロメートルに換算
・休は休息、jgはジョグを表す
Run SMART Project 設計のJack Daniels' Running Calculatorにより作成

フェーズIV

　フェーズIVでは毎週のようにレースがあるが、そのほとんどが重要なレースであるため、ある程度身体を休ませて臨む必要がある。土曜日のレースの重要度が比較的低い場合は、フェーズIIIの、レースが土曜日にあることを想定したスケジュール（表14.4）に従うといいだろう。土曜日のレースの重要度が高い場合は、日曜日に適度な長さのLランニング、火曜日にTトレーニングをするといい（**表14.5**）。他の日はすべてEデーにするが、私の場合は週の後半になったら、Eランニングのあとのウィンドスプリントをやめさせることにしている。表14.5に、レースがない週と週末に重要度の高いレースがある週の過ごし方をまとめた。

　クロスカントリーのトレーニングでは、常に以下のことに注意すること：
・毎週1回Lランニングを組み込む。日曜日に行うのが望ましい。
・Qトレーニングの大部分は、レースコンディションに近い草地や土の上で行う。
・シーズン中盤にレースを入れたら、直前の2日はなるべくEデーにする。
・レース前に行う最後のQトレーニングは、大部分をT強度にする。
・レースにはIトレーニングと同等の効果があるということを忘れないようにする。
・重要なレースの前は、2週間ほど坂道走をやめる。
・レースには毎回、無理のない妥当な目標を持って臨む。
・シーズンの最終盤でトレーニングをハードにすることは控える。
・レースでは慎重にスタートする。そしてレースが進むにつれて強度を上げていくつもりで走る。
・目の前の課題に集中する。

Part
II
フォーミュラを
応用する

10 11 12
13 14 15
16 17 18

15 第 15 章

15kmから
30kmまでの
トレーニング

距離よりも時間に着目しよう。

15kmから30kmのレースは、いわゆるトラック種目ではない。よってトレーニングの大半はロードで行う。レースが通常行われる場所でトレーニングをするというわけだ。ただ、トラックの練習が適している場合もある。**R**トレーニングの大半は、トラックで行うのが望ましい。同じ距離を以前はどれだけのタイムで走ったのか、過去のパフォーマンスと比較できるからだ。**I**トレーニングに関しても、何割かはトラックでしたほうが効果が上がる。しかし、**T**トレーニングに関しては、退屈しないようにという意味もあるが、とにかく練習のほとんどはロードで行ったほうがいい。しかも**T**トレーニングの最も重要な目的を達成するため、ごく平坦な場所で行うことを勧めたい。フラットな場所で走れば、練習中ずっと同じランニング速度を保つことができる。

　レースの距離が15kmから20kmの場合は、効果的な10kmレース用のプログラムでトレーニングをすれば、間違いなく誰でも十分な準備ができる。また、25kmから30kmであれば、マラソン用のトレーニングで事足りるのも事実である。実際、ランニングを始めてまだ日が浅い人は、まず第16章で紹介する初心者用のマラソンプログラムをこなしてから本章のプログラムに進むことを勧めたい。とはいえ、本章のプログラムの対象となるのは、今までにかなりのトレーニング量をこなしてきており、15kmから30kmのレースに本気で取り組む準備がすでにできているランナーである。

　本章で紹介するのは、種目に特化しない、通常とは毛色の異なる型破りなプログラム、言ってみれば「エイリアン」なトレーニングプログラムである。このプログラムでは、推奨されているトレーニングタイプに合う練習内容を、各自で選んでほしい。例えば、**R**トレーニングと書かれていたら、表4.4（p.68）の**R**トレーニングの練習例から好きなものを選ぶ。それにはまず、第5章の表で現在の自分のVDOTを確認すること。その基となるのは、最近走ったレースのタイムか、予想タイムである。次に、どの練習をすべきか、VDOTと現在の週間走行距

Part
Ⅱ
フォーミュラを
応用する

10 11 12
13 14 15
16 17 18

10 第10章
1シーズンの
構築

11 第11章
800mの
トレーニング

12 第12章
1,500mから
2マイルまでの
トレーニング

13 第13章
5kmと10kmの
トレーニング

14 第14章
クロスカントリー
のトレーニング

15 第15章
15kmから
30kmまでの
トレーニング

16 第16章
マラソンの
トレーニング

17 第17章
ウルトラトレイル
のトレーニング

18 第18章
トライアスロン
のトレーニング

サラ・ホール（左）に出会ったのは、彼女が高校3年になったばかりのころだ。彼女の指導はやりがいがあった。その輝かしい実績に貢献できたのなら、幸いである。（※監修者注：2022年1月、ハーフマラソンを1時間7分15秒で走り、38歳にして米国記録[当時]を樹立。同年3月の東京マラソンにも出場し、オレゴン世界陸上ではアフリカ出身の選手を除く最高位の5位に入賞した）

離で決める（繰り返しになるが、1回の練習で走る**R**ランニングの距離は、8kmか週間走行距離の5％の、どちらか少ないほうを上限とする）。これは**I**ランニングも同じである（練習1回あたりの**I**ランニングの距離は、10kmか週間走行距離の8％のどちらか少ないほうが上限である）。**T**ランニングの場合は、週間走行距離の10％を上限とする。具体的な練習例については、第4章を見てほしい。

■ エイリアン・トレーニング

　本章では幅広い距離のレースをカバーしているが、作成したトレーニングプログラムは1つである。このプログラムは私が常々推奨しているものとは趣が異なる。よって、エイリアン・トレーニングプログラムと命名した。プログラムの対象として想定されるのは、今までに一定期間、習慣的にランニングを行ってきたランナーである。しかしそれだけではない。私が提唱する各タイプのトレーニング（**E**、**L**、**M**、**T**、**I**、**H**、**R**）がよくわかっていること、そしてその速度（VDOTに基づく速度）や量をどう設定すべきかを知っていることも、前提となる。以上については第4章で説明したが、きちんと理解していれば、指示された練習の詳細は自分で決められるはずである。例えば、プログラムの指示が**R**トレーニングのとき。そのランニン

193

表15.1 ■ エイリアン・トレーニングプログラム

日	Q	練習内容	日	Q	練習内容
第1週、第3週、第5週、第7週、第9週…			第2週、第4週、第6週、第8週、第10週…		
1日目	Q1	L ランニング	1日目	Q1	M ランニング
2日目		E デー＋WS×8	2日目		E デー＋WS×8
3日目	Q2	T トレーニング	3日目	Q2	T トレーニング
4日目		E デー＋WS×8	4日目		E デー＋WS×8
5日目		E デー	5日目		E デー
6日目	Q3	R トレーニング	6日目	Q3	I トレーニング
7日目		E デー	7日目		E デー
プレレース・ウィーク			リカバリー・ウィーク		
レース 6日前	Q1	L ランニング（通常の2／3の量）	回復の期間はレースの距離による（3kmにつき E デー 1日）。このルールに基づき回復明けのQデーを適宜設定してリカバリー・ウィークとする。		
レース 5日前		E デー	※訳者注：休は休息		
レース 4日前		E デー			
レース 3日前	Q2	（T 1.6km・休2分）×3			
レース 2日前		E デー			
レース 1日前		E デー または 休養			
レース の日	Q3	レース			

グ速度やリカバリーの量、走る距離の上限はわかっているから、第4章の練習から1つを選ぶことができる、というわけだ。私が提示するのはあくまでトレーニングのタイプであって、練習の具体的な内容を決めるのは、ランナー自身である。表を見ればわかると思うが、エイリアン・トレーニングは、いくつかのフェーズから成るトレーニングプログラムではない。一連の練習を2週間ごとに繰り返すプログラムである。

　このエイリアン・トレーニングの効果は、実際に何週間か試せばわかるのではないだろうか。それどころか、15kmより短いレースや30kmより長いレースにも使える、と思ってもらえるかもしれない、実は私自身も、人によっては、いいマラソントレーニングになると考えているくらいだ（p.198、表16.2の初心者プログラムを参照）。

　表15.1にエイリアン・トレーニングプログラムを示した。1週間に7日のトレーニング日（1日目から7日目）を配した、2週間のプログラムである。これを好きなだけ繰り返す。トレーニングを行う曜日は、自分のスケジュールに合わせて決めること。私は通常、日曜日を1日目・Q1とし、Q2を火曜日、Q3を金曜日と考えているが、ランナーのスケジュール次第で曜日は変わるだろう。とにかく私に言えるのは、Q1、Q2、Q3を表に書かれた順番どおりに行い、QデーのあいだにEデーをはさむ、ということだけだ。なお、**E**デーのうち2日は、ウィンドスプリント（WS）を追加するといい。また、 Qデーのウォーミングアップとクーリングダウンは、自分で十分だと思うだけ行うこと。そしてレース1週間前になったら、レース直

前のプランに移る。エイリアン・トレーニングプログラムに変化があるのは、レース前の期間（「プレレース・ウィーク」）とレース後の回復の期間（「リカバリー・ウィーク）だけである。リカバリー・ウィークでは、レースの距離3kmにつき**E**デーを1日設けること。つまり、15kmのレースだったら5日、ハーフだったら7日、**E**デーを入れ、そのあとに通常のプログラムに戻る、ということだ。

Part
II
フォーミュラを
応用する

10 11 12
13 14 15
16 17 18

Bob Martin for Lorcan Marathon Events - Pool/Getty Images

マラソンの トレーニング

スタートから3分の2までは頭で走り、 最後は気持ちで走る。

マラソントレーニングについて、私はさまざまなことを学んできたが、そのうち最も重要なのは、誰もが自分独自のプログラムを持つべき、ということだろう（マラソンにかぎらないが）。ランナーといっても、人それぞれだ。長い距離を踏むことのできる人もいれば、他人と同じ頻度でQトレーニングができない人もいる。それどころか、まったくの初心者もいる。その初心者にしても、単にランニングの経験がゼロという人だけではない。マラソントレーニングを始めるまで運動らしい運動を何一つしてこなかった人までいるのだ。

本章ではマラソントレーニングとして、6つのプログラムを用意した。その一部は、週間走行距離（または週間走行時間）の違いによって、いくつかのバリエーションに分かれているが、これは一定量のトレーニングをこなせる力、あるいは自由になる時間の多寡によって、プログラムを分けたものである。**表16.1**に、各プログラムの特徴とプログラムを選ぶときのポイントを示した。

以前に述べたことの繰り返しになるが、同じプログラムでトレーニングをしても、それに対する反応はランナーによって少しずつ違う。誰にとっても最適といえるようなプログラムは、おそらく存在しないのだろう。しかし、誰にとっても必要なことはある。それは、正しい食生活、十分な水分補給と適切な休養、そして、トレーニングに対する信頼だ。今行っているトレーニングを続ければ、走りのパフォーマンスだけでなく、健康状態も改善する。そう信じてほしいのである。ランニングは、ただ楽しむだけでも、1日を充実させてくれる。私は、走る人の応援が大好きだ。それと同じくらい、走る人には、ランニングをエンジョイしてほしいと思う。

■ 初心者プログラム

マラソンでは、初心者のカテゴリーに相当する人が、他の層よりも多いと思われる。指導者

表16.1 ■ 各マラソントレーニングプログラムの特徴

プログラム	特徴	プログラムの対象として想定されるランナー／選ぶ際のポイント
初心者プログラム	毎週3〜5日トレーニングを行う	・初心者、基盤となるトレーニングの経験がほとんどないランナー
2Qプログラム	毎週2日Qトレーニングを行う	・今までごく日常的に走ってきたランナー ・きついQトレーニングに毎週2日を割けるランナー
4週間サイクルプログラム	3週目までは毎週2日Qトレーニングを行う。4週目はEトレーニングのみ行う	・普段は週に2回Qトレーニングを行い、4週に1回は、Qトレーニングをせずに距離を踏む週を設定したいランナー
5週間サイクルプログラム	5週間サイクルを時間が許すかぎり繰り返す	・Tトレーニングを重点的に行いたいが、同時にLランニングやMペースランニングも定期的に行いたいランナー ・RトレーニングやIトレーニングも並行して行う ・週備走行距離ごとに考えられた練習のなかから好きな練習を選べる ・人によってはきついプログラムであるため、マラソンレースの直前3週間は、表16.3に示された自分の走行距離に該当するプログラムを行うといい
レース前18週間のプログラム	距離を基準としたプログラムと時間を基準にしたプログラムとがある	・距離(km)を基準にしたスケジュールを立てたい、あるいは距離よりも時間を基準にスケジュールを立てたいランナー ・基本的にいつも長い距離を踏んでおり、毎週2回のQトレーニングを好まないランナー ・Qトレーニングは4日か5日に1回設定するので、Qトレーニングが1回の週と2回の週とがある
レース前12週間のプログラム	マラソン直前のややきついプログラム	・すでに定期的なトレーニングを積んでおり、レース前12週間のプログラムを希望するランナー

として、私はこのカテゴリーは2つのタイプに分かれると考えている。1つ目のタイプは本当の初心者で、今までにランニングのトレーニングは何もしたことがない人だ。2つ目のタイプは、過去には相当のトレーニングを積んでいたが、それから何年も経っているため、復帰に慎重さが求められる人である。後者のタイプを私は「リターンランナー」と呼んでいる。

　リターンランナーは、昔できたことをそのままやろうとしないことが、肝心だ。少なくともトレーニングの土台がしっかりとできるまでは、禁物である。ケガに悩まされる人が多いのは、初心者よりもむしろリターンランナーのほうである。なぜなら、本当の初心者だと自分に何ができるかわからないうちに、体力が一歩一歩、想像以上の幅で向上しているからだ。

　表16.2に初心者向けの18週間プログラムを示した。プログラムのスタート地点である第18週から第10週までは、1週間に3〜5日トレーニングするという設定である（ただし理想は4日か5日である）。トレーニング日が週3日であれば、A、C、Eの練習を最低1日ずつ空けて行う。週4日であれば、A、C、Eの練習のほかにBとDのどちらかの練習を行う。週5日であれば、AからEのすべての練習を行う。表中のWSはウィンドスプリントの略である。WSは、15〜20秒間のランニングを45〜60秒間の休息を合間に入れて繰り返す練習であり、快適な速さ、つまり1マイルのレースなら走れるであろうペースで行う。**T**ランニングは、少なくとも30分間は持続できそうなペースで行う、心地よいきつさを感じるランニングである。

　第10週では、持続的に10kmを、1回走っておきたい。ただし、この10km走をレースで走

表16.2 ■ 初心者プログラム（18週間）

18〜16週

セッション	練習内容
A	Eランニング1分とウオーク1分を15回交互に繰り返す。以下（E 1分・ウオーク 1分）×15のように記載する 週の最初の練習
B	休まない場合は前回と同じ内容の練習を行う
C	（E 1分・ウオーク 1分）×9＋（E 2分・ウオーク2分）×3
D	休まない場合は前回と同じ内容の練習を行う
E	（E 1分・ウオーク 1分）×9＋（E 3分・ウオーク 3分）×2 週の最後の練習

15〜14週

セッション	練習内容
A	（E 5分・ウオーク 5分）×4 週の最初の練習。この日か前の日に行う
B	休まない場合は前回と同じ内容の練習を行う
C	（E 2分・ウオーク 2分）×10
D	休まない場合は前回と同じ内容の練習を行う
E	レースまで15週：（E 4分・ウオーク 4分）×5 レースまで14週：（E 4分・ウオーク 4分）×3＋E 15〜20分＋ウオーク 6分 週の最後の練習

13〜12週

セッション	練習内容
A	E 5分＋ウオーク 3分＋（T 3分・ウオーク 2分）×5＋WS×10 週の最初の練習。この日か前の日に行う
B	休まない場合は（E 10分・ウオーク 5分）×3（調子がよければウオークを5分未満にする）
C	休まない場合はAの練習を行う
D	（E 10分・ウオーク 5分）×3（これほどリカバリーが必要なければ短縮してもよい）
E	レースまで13週：E 5分＋ウオーク 5分＋（T 5分・ウオーク 2分）×3＋E 15分＋ウオーク 4分 レースまで12週：E 5分＋ウオーク 5分＋（T 5分・ウオーク 2分）×2＋E 25〜30分＋ウオーク 6分 週の最後の練習

11〜10週

セッション	練習内容
A	E 10分＋ウオーク 5分＋WS×5＋ウオーク 5分＋（E 10分・ウオーク 5分）×2 週の最初の練習。この日か前の日に行う
B	休まない場合はAの練習を行う
C	E 5分＋ウオーク 5分＋E 20分＋ウオーク 5分＋T 5分＋ウオーク 5分＋E 5分＋ウオーク5分
D	休まない場合は（E10分・ウオーク5分）×3（調子がよければウオークを5分未満にする）
E	レースまで11週：E 10分＋ウオーク 5分＋WS×5＋ウオーク 5分＋T 20分＋ウオーク 5分＋E 10分 レースまで10週：E 10分＋ウオーク 5分＋WS×5＋ウオーク 5分＋T 20分＋ウオーク 5分＋E 20分 週の最後の練習

Part

II

フォーミュラを
応用する

10 11 12

13 14 15

16 17 18

10 第10章

1シーズンの
構築

11 第11章

800mの
トレーニング

12 第12章

1,500mから
2マイルまでの
トレーニング

13 第13章

5kmと10kmの
トレーニング

14 第14章

クロスカントリー
のトレーニング

15 第15章

15kmから
30kmまでの
トレーニング

16 第16章

マラソンの
トレーニング

17 第17章

ウルトラトレイル
のトレーニング

18 第18章

トライアスロン
のトレーニング

9〜2週

レースまで	練習内容	
	Q1	Q2
9週	L 90分	E 10分+T 15分+E 5分+(T 10分・ウオーク2分)×2+T 5分+E 10分
8週	E 10分+(T 6分・ウオーク 2分)×4+E 60分+(T 8分・ウオーク 2分)×2	E 10分+(T 6分・ウオーク 2分)×4+ウオーク10分+(T 6分・ウオーク 2分)×3
7週	M 105分(マラソンより短いレースでこの練習をしてもよいが、Mペースを守り、速くしないこと)	E 10分+(T 10分・ウオーク 2分)×3+E 40分
6週	L 120分	E 10分+(T 6分・ウオーク 1分)×6+E 10分
5週	E 10分+(T 6分・ウオーク 1分)×4+E 60分+(T 6分・ウオーク 1分)×3	E 10分+(T 10分・ウオーク 2分)×4+E 10分
4週	L 150分	E 10分+(T 10分・ウオーク 2分)×4+E 10分
3週	M 135分	E 10分+(T 12分・ウオーク 2分)×3+E 10分
2週	L 135分	E 10分+(T 6分・ウオーク 1分)×7+E 10分

1週

レースまで	練習内容
7日前	E 90分
6日前	E 60分
5日前	E 10分+(T 5分・ウオーク 2分)×4+E 10分
4日前	E 30〜45分
3日前	E 30分 最終3日のうち1日は休んでかまわない(移動日になる可能性があるため)
2日前	E 30分
1日前 (レース前日)	E 30分

※訳者注：距離は原著のマイル表示を1マイル=1.6kmとしてキロメートルに換算
Run SMART Project 設計のJack Daniels' Running Calculatorにより作成

る場合は、けっして気負わないように注意すること。第9週以降は、練習を増やして（あるいは維持して）、極力週5日のトレーニングを確保しよう。Qトレーニングは週2回。気象条件がよく、時間に余裕のある日を選ぶ。そして、この2回のQトレーニングのあいだには、Eデーを最低2日はさむ。それ以外の5日はすべてEデーにすること。Eデーは完全に休んでもいいし、30分以上のEランニングにしてもいい。

■ 2Qプログラム

2Qプログラムは18週間から成るプログラムである。開始前には少なくとも6週間、走り込んでおくことが必要だ。すべての週に2回のQトレーニングが設定されている。週6日は走ることを目指したい。Q1を行う曜日は、日曜日か、次に走るマラソンレースと同じ曜日がいいだろう。Q1が日曜日だとすると、Q2は水曜日か木曜日にするのがベストだ。Q1もQ2も、曜日の設定は自由である。自分のスケジュールに合わせてもかまわないが、必ず間を置くこと。Q1とQ2とのあいだにEデーが2日か3日入るように工夫しよう。

Eデーは回復とEランニングのための日である。目標とする週間走行距離に到達するには、このEデーを活用する。Eデーと指定された日は1回か2回、あるいはそれ以上、必要に応じてEランニングを行う。しかし時にはランニングを休むことが必要な日もあるし、休みたいと思う日もあるだろう。その場合は、残りのEデーで目標距離への到達を目指せばいい。また、習慣として少なくとも週2日は、Eデーの練習の中ほどか最後にウィンドスプリント（WS）を6〜8本追加する。ウィンドスプリント（WS）とは、15〜20秒間の軽く素早い動きのランニングを、合間に45〜60秒間の休息を入れて繰り返す練習である。コントロールして走る速いペースのランニングだが、ダッシュではない。

トレーニング期間中、プログラムの一環としてレースに出る場合は、Q1トレーニングとして走る。ただし、代わりにやめたQ1トレーニングは週の半ばに実施すること。省略するのはQ2トレーニングである。要するに、日曜日にレースを走った週は、（レースの2、3日後に）Q1トレーニングを行い、次の週はいつもどおりにQ1トレーニングから始める、ということだ。また、レースに出る場合は、直前の3日がEデーとなるように、できるだけトレーニングを入れ替える。そしてレース後は、レースの距離3〜4kmにつきEデーを1日入れる（例えば10kmレースならEデーを3日入れる）。

各週の走行距離に関しては、プログラム中、走行距離が最も多い週の距離（P）に対し、80%から100%の範囲で設定するよう、通常は勧めている。例えば、Pが80km、ある週の指定が80%であれば、その週の走行距離は64kmになる。Pに対する各週の走行距離の割合は、プログラムの2列目に示した。

各トレーニング（M、T、I、R）のペースを設定する際は、VDOTを使うなら現実的になるべきである。よって、VDOTは10km以上のレースのパフォーマンスを基にして選ぶ。レースの距離は長ければ長いほう、結果は新しければ新しいほうが、データとして頼りになる。最近のレース実績がない人は自分で予想してみよう。これからトレーニングを行うコースや出場を予定しているマラソンのコースと同じような地形を、レースのつもりで走ったらどのくらいで走れるか、控えめに予想するのだ。そしてトレーニング初期の6週間では、VDOTを実績と予想の比較で決める。つまり、直近のレース結果に相当するVDOTと、マラソンレースの予想VDOTから2ポイント引いたVDOTの、どちらか低いほうにする。トレーニング中期の6週間では、初期のVDOTから1ポイント上げ、トレーニング最終期ではさらにもう1ポイント上げて、各トレーニングのペースを決める基準とする。

トレーニングペースをVDOTを使わずに設定する場合は、まず、現実的な目標Mペースを決めること。そうすればトレーニング最終期の各トレーニングペースが決まる。Tペースは目標Mペースより1kmあたり約8秒（1マイルあたり15秒）速いペース、Iペースは Tペースよりも400mあたり6秒（1kmあたり15秒）速いペース、Rペースは Iペースより200mあたり3秒速いペースである。例えば、目標Mペースが1km3分43秒だとすると、トレーニング最終期のTペースは1km3分35秒（400m86秒）になる。したがって、Iペースは1km3分20秒（400m80秒・200m40秒）、Rペースは400m74秒・200m37秒になる。

　最終期のペースが決まれば、それ以前のペースも決まる。トレーニング初期の6週間では、トレーニング最終期の各ペースに1kmあたりそれぞれ約6秒（1マイルあたり10秒）プラスしたペースを採用する。そしてトレーニング中期の6週間では、トレーニング最終期の各ペースに1kmあたりそれぞれ2.5秒（1マイルあたり4秒）プラスしたペースにまで上げる（そしてトレーニング最終期は、目標ペースにする）。

　表16.3に、週に64kmから192km程度（40〜120マイル）走るランナーのためのプログラムを示した。Qトレーニングうち、太文字で示した部分は、過度に疲れていたり歯が立たないと感じた場合は取りやめて、Eデーのトレーニングに差し替えたほうがいいと思われる練習である（訳者注：原著ではマイル表記の表が掲載されているが、本訳書では原著のマイルを1.6kmとしてキロメートルに換算した表を掲載する。なお、右端の欄「Qトレーニングの合計距離」には原著に記載された概算値をそのままキロメートルに換算して掲載するが、各タイプのランニングのペースによって走行距離には個人差が生じるため、練習内容の欄に示した数値の合計と必ずしも一致するわけではない）。

13歳のとき、体育の授業で走った1マイルで5分20秒を切り、素質の片鱗を見せたメブ・ケフレジギ。マラソンでは、9日1サイクルでトレーニングを行うのが、彼のスタイルである。インターバルトレーニング、テンポランニング、ロング走を含む、224〜256km（140〜150マイル）から成るサイクルを、常に身体と相談しながら繰り返したほか、健康維持のため、必要に応じて休みを入れていた。（※監修者注：オリンピックは2000年シドニーで10,000m、マラソンでは2004年、2012年、2016年と3回出場。2004年のアテネでは銀メダル）

Part
II
フォーミュラを
応用する

10 11 12
13 14 15
16 17 18

10 第10章
1シーズンの
構成

11 第11章
800mの
トレーニング

12 第12章
1,500mから
2マイルまでの
トレーニング

13 第13章
5kmと10kmの
トレーニング

14 第14章
クロスカントリー
のトレーニング

15 第15章
15kmから
30kmまでの
トレーニング

16 第16章
マラソンの
トレーニング

17 第17章
ウルトラトレイル
のトレーニング

18 第18章
トライアスロン
のトレーニング

表16.3 ■ 2Qプログラム（週間走行距離64〜192km）

週間走行距離〜64km

レースまで	最大走行距離に対する割合		練習内容	Qトレーニングの合計距離
18週	80%	Q1	E 4.8km＋M 6.4km＋T 1.6km＋M 1.6km＋E 3.2km（休息が明示されていない場合はノンストップで行う）	17.6km
		Q2	E 8km＋T 3.2km＋休2分＋E 1.6km＋（T 1.6km・休1分）×2＋E 3.2km	19.2km
17週	80%	**Q1**	**E 3.2km＋（T 1.6km・休1分）×2＋E 30分＋（T 1.6km・休1分）×2＋E 3.2km**	19.2km
		Q2	E 4.8km＋（I 2分・jg 2分）×6＋（R 1分・jg 2分）×4＋E 3.2km	14.4km
16週	90%	Q1	E 90〜110分	17.6km
		Q2	E 8km＋（T 1.6km・休1分）×4＋E 3.2km	17.6km
15週	90%	Q1	E 3.2km＋M 8km＋T 1.6km＋M 1.6km＋E 3.2km	17.6km
		Q2	**E 40分＋（T 1.6km・休1分）×4＋E 3.2km**	14.4km
14週	90%	Q1	E 3.2km＋（T 1.6km・休1分）×2＋E 30分＋（T 1.6km・休1分）×2＋E 3.2km	17.6km
		Q2	E 40分＋（I 3分・jg 2分）×5＋E 3.2km	14.4km
13週	90%	Q1	E 90〜120分	19.2km
		Q2	E 40分＋（T 3.2km・休2分）×2＋E 3.2km	16.0km
12週	100%	Q1	E 6.4km＋M 9.6km＋T 1.6km＋E 1.6km	19.2km
		Q2	**E 9.6km＋T 4.8km＋E 3分＋T 1.6km＋E 3.2km**	19.2km
11週	90%	Q1	E 12.8km＋（T 1.6km・休1分）×4＋E 1.6km	20.8km
		Q2	E 9.6km＋（I 4分・jg 3分）×3＋（R 1分・jg 2分）×4＋E 3.2km	17.6km
10週	100%	Q1	E 120〜130分	22.4km
		Q2	E 9.6km＋M 9.6km＋E 3.2km	22.4km
9週	100%	**Q1**	**E 6.4km＋T 1.6km＋M 12.8km＋E 3.2km**	24.0km
		Q2	E 6.4km＋T 3.2km＋E 2分＋T 3.2km＋E 2分＋T 1.6km＋E 3.2km	17.6km
8週	90%	Q1	E 8km＋M 14.4km＋E 3.2	25.6km
		Q2	E 12.8km＋（I 3分・jg2分）×5＋（I 2分・jg 1分）×3＋E 3.2km	20.8km
7週	90%	Q1	E 130〜150分	25.6km
		Q2	**E 3.2km＋M 16km＋T 1.6km＋ E 3.2km**	24.0km
6週	100%	Q1	E 4.8km＋M 19.2km＋E 1.6km	25.6km
		Q2	E 45分＋（T 3.2km・休2分）×2＋T 1.6km＋E 1.6km	17.6km
5週	100%	**Q1**	**E 3.2km＋T 3.2km＋E 60分＋（T 1.6km・休1分）×2＋E 3.2km**	24.0km
		Q2	E 9.6km＋（I 3分・jg 2分）×5＋（R 1分・jg 2分）×4＋E 3.2km	19.2km
4週	90%	Q1	E 150分	27.2km
		Q2	E 9.6km＋（I 3分・jg 3分）×5＋T 1.6km＋E 6.4km	22.4km
3週	90%	Q1	E 1.6km＋M 12.8km＋E 1.6km＋M 9.6km＋E 1.6km	27.2km
		Q2	**E 9.6km＋（T 1.6km・休1分）×4＋E 3.2km**	19.2km
2週	90%	Q1	E 1.6km＋（T 3.2km・休2分）×2＋E 60分	19.2km
		Q2	E 6.4km＋T 1.6km＋M 3.2km＋E 1.6km＋T 1.6km＋M 3.2km＋E 1.6km	19.2km
1週	—		7日前（Q1）：E 90分	16.0km
			6日前：E 60分	11.2km
			5日前（Q2）：E 3.2km＋（T 800m・jg 2分）×5＋E 1.6km	9.6km
			4日前：E 50分	9.6km
			3日前：E 30〜40分	6.4km
			2日前：E 0〜20分	3.2km
			1日前（レース前日）：E 20〜30分	4.8km

Part
II
フォーミュラを
応用する

10 11 12
13 14 15
16 17 18

週間走行距離65〜89km

レースまで	最大走行距離に対する割合		練習内容	Qトレーニングの合計距離
18週	80%	Q1	E 6.4km+M 12.8km+T 1.6km+E 1.6km（ノンストップで行う）	22.4km
		Q2	E 12.8km+(T 3.2km・休2分)×2+T 1.6km+E 3.2km	24.0km
17週	80%	Q1	E 3.2km+T 4.8km+E 40分+T 3.2km+E 1.6km	20.8km
		Q2	E 9.6km+(I 3分・jg 2分)×5+(R 1分・jg 2分)×6+E 3.2km	20.8km
16週	90%	Q1	E 90〜120分	24.0km
		Q2	E 9.6km+T 3.2km+E 2分+T 3.2km+E 2分+T 1.6km+E 3.2km	20.8km
15週	90%	Q1	E 3.2km+M 12.8km+E 1.6km+M 3.2km+E 3.2km	24.0km
		Q2	E 40分+(T 3.2km・休2分)×3+E 3.2km	20.8km
14週	90%	Q1	E 1.6km+(T 3.2km・休2分)×2+E 60分+T 1.6km+E 1.6km	24.0km
		Q2	E 9.6km+(I 4分・jg 3分)×5+E 3.2km	20.8km
13週	90%	Q1	E 100〜120分	25.6km
		Q2	E 40分+(T 3.2km・休2分)×3+E 3.2km	20.8km
12週	100%	Q1	E 3.2km+M 9.6km+E 1.6km+M 9.6km+E 1.6km	25.6km
		Q2	E 9.6km+T 4.8km+E 3分+T 3.2km+E2分+T 1.6km+E 3.2km	22.4km
11週	90%	Q1	E 16km+(T 3.2km・休2分)×2+E 3.2km	25.6km
		Q2	E 12.8km+(I 3分・jg 2分)×5+(R 1分・jg 2分)×6+E 3.2km	24.0km
10週	100%	Q1	E 120分	25.6km
		Q2	E 3.2km+M 19.2km+E 3.2km	25.6km
9週	100%	Q1	E 3.2km+M 9.6km+E 1.6km+M 6.4km+T 1.6m+E 1.6km	24.0km
		Q2	E 8km+(T 3.2km・休2分)×3+T 1.6km+E 3.2km	22.4km
8週	90%	Q1	E 60分+M 12.8km+E 1.6km	27.2km
		Q2	E 12.8km+(I 4分・jg 3分)×4+E 4.8km	22.4km
7週	90%	Q1	E 120〜150分	27.2km
		Q2	E 3.2km+M 12.8km+(T 1.6km・jg 1分)×3+E 3.2km	24.0km
6週	100%	Q1	E 3.2km+M 22.4km+E 1.6km	27.2km
		Q2	E 60分+(T 3.2km・休2分)×3+T 1.6km+E 1.6km	24.0km
5週	100%	Q1	E 3.2km+T 4.8km+E 60分+T 3.2km+E 3.2km	27.2km
		Q2	E 12.8km+(I 3分・jg 2分)×5+(R 1分・jg 2分)×4+E 4.8km	24.0km
4週	90%	Q1	E 150分	27.2km
		Q2	E 9.6km+(I 3分・jg 2分)×5+E 6.4km	20.8km
3週	90%	Q1	E 1.6km+M 12.8km+E 1.6km+M 9.6km+E 1.6km	27.2km
		Q2	E 6.4km+(T 3.2km・休2分)×2+(T 1.6km・休1分)×3+E 3.2km	20.8km
2週	90%	Q1	E 1.6km+(T 3.2km・jg 2分)×3+E 60分	24.0km
		Q2	E 6.4km+T 1.6km+M 3.2km+E 1.6km+T 1.6km+M 3.2km+E 3.2km	20.8km
1週	—		7日前(Q1)：E 90分	16.0km
			6日前：E 60分	12.8km
			5日前(Q2)：E 3.2km+(T 1.6km・休2分)×3+E 3.2km	11.2km
			4日前：E 50分	9.6km
			3日前：E 30〜40分	8.0km
			2日前：E 0〜20分	3.2km
			1日前(レース前日)：E 20〜30分	4.8km

10 第10章
1シーズンの
構築

11 第11章
800mの
トレーニング

12 第12章
1,500mから
2マイルまでの
トレーニング

13 第13章
5kmと10kmの
トレーニング

14 第14章
クロスカントリー
のトレーニング

15 第15章
15kmから
30kmまでの
トレーニング

16 第16章
マラソンの
トレーニング

17 第17章
ウルトラトレイル
のトレーニング

18 第18章
トライアスロン
のトレーニング

週間走行距離90〜113km

レースまで	最大走行距離に対する割合	練習内容		Qトレーニングの合計距離
18週	80%	Q1	E 1.6km＋M 9.6km＋E 1.6km＋M 9.6km＋E 3.2km(ノンストップで行う)	25.6km
		Q2	E 12.8km＋T 4.8km＋休3分＋T 3.2km＋E 3.2km	24.0km
17週	80%	**Q1**	E 3.2km＋T 4.8km＋E 60分＋T 1.6km＋E 1.6km	24.0km
		Q2	E 6.4km＋(I 1km・jg 3分)×5＋(R 400m・jg 400m)×4＋E 3.2km	20.8km
16週	90%	Q1	E 26kmかE 120分のどちらか少ないほう	26.0km
		Q2	E 9.6km＋T 4.8m＋E 3分＋T 3.2km＋E 2分＋T 1.6km＋E 3.2km	22.4km
15週	90%	Q1	E 3.2km＋M 12.8km＋E 1.6km＋M 4.8km＋E 3.2km	25.6km
		Q2	E 40分＋(T 3.2km・休2分)×3＋(T 1.6km・休1分)×2＋E 1.6km	24.0km
14週	90%	Q1	E 1.6km＋(T 3.2km・休2分)×2＋E 60分＋T 3.2km＋E 1.6km	25.6km
		Q2	E 12.8km＋(I 1km・jg 3分)×6＋E 3.2km	22.4km
13週	80%	Q1	E 27kmかE 120分のどちらか少ないほう	27.0km
		Q2	E 40分＋T 4.8m＋休2分＋(T 3.2km・休1分)×2＋E 3.2km	24.0km
12週	100%	Q1	E 1.6km＋M 12.8km＋E 1.6km＋M 9.6km＋E 1.6km	27.2km
		Q2	E 6.4km＋T 4.8km＋E 3分＋T 3.2km＋E 2分＋T 3.2km＋E 2分＋T 1.6km＋E 3.2km	22.4km
11週	90%	Q1	E 19.2km＋T 4.8km＋E 1.6km	25.6km
		Q2	E 12.8km＋(I 1km・jg 2分)×5＋(R 400m・jg 400m)×4＋E 1.6km	24.0km
10週	90%	Q1	E 29kmかE 130分のどちらか少ないほう	29.0km
		Q2	E 3.2km＋M 19.2km＋E3.2km	25.6km
9週	100%	**Q1**	E 4.8km＋M 9.6km＋E 1.6km＋M 6.4km＋T 1.6m＋E 1.6km	25.6km
		Q2	E 8km＋(T 3.2km・休2分)×4＋E 3.2km	24.0km
8週	100%	Q1	E 3.2km＋T 3.2km＋E 60分＋T 3.2km＋E 3.2km またはE 60分＋M 12.8km＋E 1.6km	27.2km
		Q2	E 12.8km＋(I 1km・jg 3分)×6＋E 3.2km	25.6km
7週	90%	Q1	E 32kmかE 150分のどちらか少ないほう	32.0km
		Q2	E 3.2km＋M 12.8km＋(T 3.2km・jg 2分)×2＋E 3.2km	25.6km
6週	100%	Q1	E 4.8km＋M 19.2km＋E 3.2km	27.2km
		Q2	E 40分＋(T 3.2km・休2分)×4＋(T 1.6km・休1分)×2＋E 1.6km	27.2km
5週	90%	**Q1**	E 9.6km＋T 3.2km＋E 9.6km＋T 3.2km＋E 1.6km	27.2km
		Q2	E 12.8km＋(I 1km・jg 3分)×5＋(R 200m・jg 200m)×6＋E 3.2km	25.6km
4週	90%	Q1	E 32kmかE 150分のどちらか少ないほう	32.0km
		Q2	E 9.6km＋(I 1km・jg 3分)×5＋E 6.4km	24.0km
3週	80%	Q1	E 3.2km＋M 9.6km＋E 1.6km＋M 9.6km＋E 3.2km	27.2km
		Q2	E 3.2km＋(T 3.2km・jg 2分)×4＋E 3.2km	19.2km
2週	80%	Q1	E 3.2km＋(T 3.2km・休2分)×3＋E 11.2km	24.0km
		Q2	E 4.8km＋T 1.6km＋M 3.2km＋T 1.6km＋M 3.2km＋E 3.2km	17.6km
1週	—	7日前(Q1)：E 90分		20.8km
		6日前：E 60分		12.8km
		5日前(Q2)：E 4.8km＋(T 1.6km・休2分)×3＋E 3.2km		12.8km
		4日前：E 50分		11.2km
		3日前：E 30〜40分		8.0km
		2日前：E 0〜20分		4.8km
		1日前(レース前日)：E 20〜30分		4.8km

週間走行距離114～137km

レースまで	最大走行距離に対する割合		練習内容	Qトレーニングの合計距離
18週	80%	Q1	E 8km＋M 9.6km＋T 1.6km＋M 8km＋E 1.6km（ノンストップで行う）	28.8km
		Q2	E 12.8km＋T 6.4km＋休4分＋T 6.4km＋E 1.6km	27.2km
17週	80%	Q1	E 4.8km＋T 4.8km＋E 60分＋T 3.2km＋E 3.2km	28.8km
		Q2	E 9.6km＋(I 1km・jg 2分)×5＋(R 400m・jg 400m)×6＋E 3.2km	24.0km
16週	90%	Q1	E 29km	29.0km
		Q2	E 8km＋T 6.4m＋E 4分＋T 4.8km＋E 3分＋T 3.2km＋E 2分＋T 1.6km＋E 3.2km	27.2km
15週	90%	Q1	E 3.2km＋M 12.8km＋T 1.6km＋M 3.2km＋E 1.6km＋M 3.2km＋E 3.2km	28.8km
		Q2	E 9.6km＋(T 3.2km・休2分)×4＋E 3.2km	25.6km
14週	90%	Q1	E 3.2km＋(T 3.2km・休2分)×2＋E 60分＋T 3.2km＋E 3.2km	28.8km
		Q2	E 12.8km＋[(I 1km・jg 2分)×8または(I 1.6km・jg 4分)×5]＋E 3.2km	27.2km
13週	80%	Q1	E 31km	31.0km
		Q2	E 11.2km＋(T 3.2km・休2分)×4＋E 3.2km	27.2km
12週	100%	Q1	E 6.4km＋M 12.8km＋T 1.6km＋M 6.4km＋E 3.2km	30.4km
		Q2	E 6.4km＋T 4.8km＋E 4分＋T 4.8km＋E 3分＋T 3.2km＋E 2分＋T 1.6km＋E 3.2km	24.0km
11週	90%	Q1	E 12.8km＋T 4.8km＋E 12.8km	30.4km
		Q2	E 12.8km＋(I 1km・jg 2分)×6＋(R 400m・jg 400m)×4＋E 3.2km	27.2km
10週	80%	Q1	E 32km	32.0km
		Q2	E 3.2km＋M 22.4km＋E 3.2km	28.8km
9週	100%	Q1	E 6.4km＋M 9.6km＋T 1.6km＋M 8km＋E 3.2km	28.8km
		Q2	E 8km＋(T 4.8km・休3分)×2＋T 3.2km＋E 4.8km	25.6km
8週	90%	Q1	E 1.6km＋T 4.8km＋E 16km＋T 4.8km＋E 1.6kmまたはE 6.4km＋M 20.8km＋E 1.6km	28.8km
		Q2	E 12.8km＋(I 1km・jg 2分)×8＋E 3.2km	27.2km
7週	90%	Q1	E 32km	32.0km
		Q2	E 3.2km＋M 12.8km＋T 4.8km＋E 3.2km	24.0km
6週	100%	Q1	E 3.2km＋M 12.8km＋T 1.6km＋M 6.4km＋T 1.6km＋M 1.6km＋E 1.6km	28.8km
		Q2	E 6.4km＋(T 3.2km・休2分)×4＋E 3.2km	22.4km
5週	90%	Q1	E 3.2km＋T 3.2km＋E 12.8km＋T 3.2km＋E 3.2km	25.6km
		Q2	E 9.6km＋(I 1km・jg 2分)×5＋(R 400m・jg 400m)×4＋E 3.2km	22.4km
4週	80%	Q1	E 28.8km	28.8km
		Q2	E 4.8km＋(T 1.6km・jg 1分)×3＋(I 1km・jg 2分)×3＋(R 400m・jg 400m)×3＋E 3.2km	19.2km
3週	80%	Q1	E 4.8km＋M 9.6km＋T 1.6km＋M 9.6km＋E 3.2km	28.8km
		Q2	E 3.2km＋(T 3.2km・jg 2分)×4＋E 3.2km	19.2km
2週	70%	Q1	E 3.2km＋(T 3.2km・jg 2分)×3＋E 12.8km	25.6km
		Q2	E 6.4km＋T 1.6km＋M 3.2km＋T 1.6km＋M 3.2km＋E 3.2km	19.2km
1週	—		7日前(Q1)：E 90分	20.8km
			6日前：E 60分	12.8km
			5日前(Q2)：E 6.4km＋(T 1.6km・jg 2分)×3＋E 3.2km	14.4km
			4日前：E 50分	11.2km
			3日前：E 30～40分	8.0km
			2日前：E 0～20分	4.8km
			1日前(レース前日)：E 20～30分	4.8km

週間走行距離138〜161km

レースまで	最大走行距離に対する割合		練習内容	Qトレーニングの合計距離
18週	80%	Q1	E 8km+M 9.6m+T 1.6km+M 8km+T 1.6km+M 1.6km+E 1.6km(ノンストップで行う)	32.0km
		Q2	E 12.8km+T 6.4km+休4分+T 6.4km+E 3.2km	28.8km
17週	80%	**Q1**	**E 6.4km+T 4.8km+E 60分+T 4.8km+E 3.2km**	33.6km
		Q2	E 12.8km+(I 1km・jg 2分)×5+(R 400m・jg 400m)×6+E 3.2km	27.2km
16週	90%	Q1	E 35km	35.0km
		Q2	E 8km+T 6.4m+休4分+T 4.8km+休3分+T 3.2km+休2分+T 1.6km+E 3.2km	27.2km
15週	90%	Q1	E 3.2km+M 12.8km+T 1.6km+M 6.4km+T 1.6km+M 3.2km+E 3.2km	32.0km
		Q2	**E 9.6km+(T 3.2km・休2分)×4+E 3.2km**	25.6km
14週	80%	Q1	E 3.2km+(T 3.2km・休2分)×2+E 60分+T 4.8km+E 3.2km	32.0km
		Q2	E 12.8km+[(I 1km・jg 2分)×8または(I 1.6km・jg 4分)×5]+E 3.2km	27.2km
13週	90%	Q1	E 34km	34.0km
		Q2	E 40分+(T 3.2km・休2分)×5+E 3.2km	28.8km
12週	100%	Q1	E 6.4km+M 12.8km+T 1.6km+M 9.6km+T 1.6km+E 1.6km	33.6km
		Q2	**E 9.6km+T 6.4km+E 4分+T 4.8km+E 3分+T 3.2km+E 2分+T 1.6km+E 3.2km**	28.8km
11週	100%	Q1	E 12.8km+T 6.4km+E 16km	35.2km
		Q2	E 12.8km+(I 1km・jg 2分)×6+(R 400m・jg 400m)×4+E 3.2km	27.2km
10週	80%	Q1	E 34km	34.0km
		Q2	E 3.2km+M 24km+E 3.2km	30.4km
9週	100%	**Q1**	**E 6.4km+M 9.6km+T 1.6km+M 9.6km+E 1.6km**	28.8km
		Q2	E 4.8km+T 6.4km+休4分+T 4.8km+休3分+T 4.8km+E 3.2km	24.0km
8週	100%	Q1	E 3.2km+T 6.4km+E 16km+T 6.4km+E 1.6km またはE 8km+M 22.4km+E 3.2km	33.6km
		Q2	E 12.8km+(I 1.6km・jg 4分)×3+(I 1km・jg 2分)×3+E 3.2km	25.6km
7週	90%	Q1	E 35km	35.0km
		Q2	**E 3.2km+M 12.8km+T 6.4km+E 3.2km**	25.6km
6週	100%	Q1	E 4.8km+M 12.8km+T 1.6km+M 6.4km+T 1.6km+M 1.6km+E 1.6km	30.4km
		Q2	E 4.8km+T 6.4km+E 4分+(T 3.2km・休2分)×3+E 3.2km	24.0km
5週	80%	**Q1**	**E 3.2km+T 4.8km+E 12.8km+T 4.8km+E 3.2km**	28.8km
		Q2	E 9.6km+(I 1km・jg 2分)×6+(R 400m・jg 400m)×4+E 3.2km	24.0km
4週	90%	Q1	E 32km	32.0km
		Q2	E 9.6km+(T 1.6km・休1分)×3+(I 1km・jg 2分)×3+(R 400m・jg 400m)×3+E 3.2km	24.0km
3週	80%	Q1	E 6.4km+M 9.6km+T 1.6km+M 9.6km+E 3.2km	30.4km
		Q2	**E 3.2km+(T 3.2km・休2分)×4+E 3.2km**	19.2km
2週	70%	Q1	E 3.2km+(T 3.2km・休2分)×3+E 12.8km	25.6km
		Q2	E 6.4km+T 1.6km+M 3.2km+T 1.6km+M 3.2km+E 3.2km	19.2km
1週	—		7日前(Q1)：E 90分	22.4km
			6日前：E 60分	14.4km
			5日前(Q2)：E 6.4km+(T 1.6km・休2分)×3+E 3.2km	14.4km
			4日前：E 50分	11.2km
			3日前：E 30〜40分	9.6km
			2日前：E 0〜20分	4.8km
			1日前(レース前日)：E 20〜30分	6.4km

Part II フォーミュラを応用する

10 11 12
13 14 15
16 17 18

10 第10章
1シーズンの構築

11 第11章
800mの
トレーニング

12 第12章
1,500mから
2マイルまでの
トレーニング

13 第13章
5kmと10kmの
トレーニング

14 第14章
クロスカントリー
のトレーニング

15 第15章
15kmから
30kmまでの
トレーニング

16 第16章
マラソンの
トレーニング

17 第17章
ウルトラトレイル
のトレーニング

18 第18章
トライアスロン
のトレーニング

週間走行距離162〜192km

レースまで	最大走行距離に対する割合		練習内容	Qトレーニングの合計距離
18週	80%	Q1	E 8km+M 9.6km+T 1.6km+M 8km+T 1.6km+M 1.6km+E 3.2km(ノンストップで行う)	33.6km
		Q2	E 16km+T 6.4km+休4分+T 6.4km+E 3.2km	32.0km
17週	80%	Q1	E 6.4km+T 4.8km+E 60分+T 4.8km+E 3.2km	33.6km
		Q2	E 12.8km+(I 1kmまたはH 3分・jg 2分)×5+(R 400m・jg 400m)×6+E 3.2km	27.2km
16週	90%	Q1	E 37km	37.0km
		Q2	E 8km+T 6.4m+E 4分+T 4.8km+E 3分+T 3.2km+E 2分+T 1.6km+E 3.2km	28.8km
15週	90%	Q1	E 3.2km+M 12.8km+T 1.6km+M 6.4km+T 1.6km+M 4.8km+E 3.2km	33.6km
		Q2	E 12.8km+(T 3.2km・休2分)×4+E 3.2km	28.8km
14週	80%	Q1	E 3.2km+(T 3.2km・休2分)×2+E 60分+T 4.8km+E 3.2km	32.0km
		Q2	E 12.8km+[(I 1km・jg 2分)×8または(I 1.6km・jg 4分)×5]+E 4.8km	28.8km
13週	100%	Q1	E 32km	32.0km
		Q2	E 12.8km+(T 3.2km・休2分)×5+E 3.2km	32.0km
12週	100%	Q1	E 6.4km+M 12.8km+T 1.6km+M 9.6km+T 1.6km+E 3.2km	35.2km
		Q2	E 9.6km+T 6.4km+休4分+T 4.8km+休3分+T 3.2km+休2分+T 1.6km+E 3.2km	28.8km
11週	90%	Q1	E 16km+T 6.4km+E 12.8km	35.2km
		Q2	E 12.8km+(I 1km・jg 2分)×6+(R 400m・jg 400m)×4+E 3.2km	27.2km
10週	80%	Q1	E 34km	34.0km
		Q2	E 3.2km+M 25.6km+E 3.2km	32.0km
9週	100%	Q1	E 6.4km+M 9.6km+T 1.6km+M 9.6km+E 3.2km	30.4km
		Q2	E 4.8km+T 6.4km+E 4分+T 6.4km+E 4分+T 3.2km+E 3.2km	25.6km
8週	90%	Q1	E 9.6km+M 20.8km+E 3.2km	33.6km
		Q2	E 12.8km+(I 1.2km・jg 3分)×3+(I 1km・jg 3分)×3+E3.2km	27.2km
7週	100%	Q1	E 35km	35.0km
		Q2	E 4.8km+M 12.8km+T 6.4km+E 3.2km	27.2km
6週	100%	Q1	E 6.4km+M 12.8km+T 1.6km+M 6.4km+T 1.6km+M 1.6km+E 1.6km	32.0km
		Q2	E 4.8km+T 6.4km+休4分+(T 4.8km・jg 3分)×2+E 3.2km	24.0km
5週	80%	Q1	E 3.2km+T 6.4km+E 12.8km+T 6.4km+E 3.2km	32.0km
		Q2	E 9.6km+(I 1km・jg 2分)×6+(R 400m・jg 400m)×4+E 3.2km	24.0km
4週	90%	Q1	E 34km	34.0km
		Q2	E 8km+(T 1.6km・jg 1分)×3+(I 1km・jg 2分)×3+(R 400m・jg 400m)×3+E 3.2km	22.4km
3週	80%	Q1	E 6.4km+M 9.6km+T 1.6km+M 9.6km+T 1.6km+E 3.2km	32.0km
		Q2	E 6.4km+(T 3.2km・E 2分)×4+E 3.2km	22.4km
2週	70%	Q1	E 3.2km+(T 3.2km・休2分)×3+E 12.8km	25.6km
		Q2	E 6.4km+T 1.6km+M 3.2km+T 1.6km+M 3.2km+E 3.2km	19.2km
1週	—		7日前(Q1):E 90分	22.4km
			6日前: E 60分	14.4km
			5日前(Q2):E 6.4km+(T 1.6km・休2分)×3+E 3.2km	14.4km
			4日前:E 50分	11.2km
			3日前:E 30〜40分	8.0km
			2日前:E 0〜20分	4.8km
			1日前(レース前日):E 20〜30分	4.8km

週間走行距離192km以上

レースまで	最大走行距離に対する割合		練習内容	Qトレーニングの合計距離
18週	80%	Q1	E 8km＋M 9.6km＋T 1.6km＋M 8km＋T 1.6km＋M 1.6km＋E 3.2km（ノンストップで行う）	33.6km
		Q2	E 16km＋T 6.4km＋E 1.6km＋T 6.4km＋E 3.2km	33.6km
17週	80%	Q1	E 6.4km＋T 4.8km＋E 60分＋T 4.8km＋E 3.2km	33.6km
		Q2	E 12.8km＋(I 1km・jg 2分)×6＋(R 400m・jg 400m)×6＋E 3.2km	27.2km
16週	90%	Q1	E 37km	37.0km
		Q2	E 8km＋T 6.4m＋E 4分＋T 4.8km＋E 3分＋T 3.2km＋E 2分＋T 1.6km＋E 3.2km	28.8km
15週	90%	Q1	E 3.2km＋M 12.8km＋T 1.6km＋M 6.4km＋T 1.6km＋M 4.8km＋E 3.2km	33.6km
		Q2	**E 12.8km＋(T 3.2km ・ 休2分)×4＋E 3.2km**	28.8km
14週	80%	Q1	E 3.2km＋(T 3.2km・休2分)×2＋E 60分＋T 4.8km＋E 3.2km	32.0km
		Q2	E 12.8km＋[(I 1km・jg 2分)×8または(I 1.6km・jg 4分)×5]＋E 4.8km	27.2km
13週	100%	Q1	E 32km	32.0km
		Q2	E 12.8km＋(T 3.2km ・ 休2分)×5＋E 3.2km	32.0km
12週	100%	Q1	E 6.4km＋M 12.8km＋T 1.6km＋M 9.6km＋T 1.6km＋E 3.2km	35.2km
		Q2	**E 9.6km＋T 6.4km＋E 4分＋T 4.8km＋E 3分＋T 3.2km＋E 2分＋T 1.6km＋E 3.2km**	30.4km
11週	90%	Q1	E 16km＋T 6.4km＋E 12.8km	35.2km
		Q2	E 12.8km＋(I 1km・jg 2分)×8＋(R 400m・jg 400m)×4＋E 3.2km	28.8km
10週	80%	Q1	E 34km	34.0km
		Q2	E 3.2km＋M 25.6km＋E 3.2km	32.0km
9週	100%	**Q1**	**E 6.4km＋M 9.6km＋T 1.6km＋M 9.6km＋E 3.2km**	30.4km
		Q2	E 4.8km＋T 6.4km＋E 4分＋T 6.4km＋E 4分＋T 3.2km＋E 3.2km	25.6km
8週	100%	Q1	E 9.6km＋M 20.8km＋E 4.8km	35.2km
		Q2	E 12.8km＋(I 1.6km・jg 4分)×3＋(I 1km・jg 2分)×3＋E 3.2km	27.2km
7週	90%	Q1	E 35km	35.0km
		Q2	**E 6.4km＋M 12.8km＋T 6.4km＋E 3.2km**	28.8km
6週	100%	Q1	E 6.4km＋M 12.8km＋T 1.6km＋M 6.4km＋T 1.6km＋M 1.6km＋E 3.2km	33.6km
		Q2	E 4.8km＋T 6.4km＋E 4分＋(T 4.8km ・ 休3分)×2＋E 3.2km	24.0km
5週	80%	**Q1**	**E 3.2km＋T 6.4km＋E 12.8km＋T 6.4km＋E 3.2km**	32.0km
		Q2	E 9.6km＋(I 1km・jg 2分)×6＋(R 400m・jg 400m)×4＋E 3.2km	24.0km
4週	90%	Q1	E 34km	34.0km
		Q2	E 8km＋(T 1.6km・jg 1分)×3＋(I 1km・jg 2分)×3＋(R 400m・jg 400m)×3＋E 3.2km	24.0km
3週	70%	Q1	E 6.4km＋M 9.6km＋T 1.6km＋M 9.6km＋T 1.6km＋E 3.2km	32.0km
		Q2	E 3.2km＋(T 3.2km・jg 2分)×4＋E 3.2km	19.2km
2週	70%	Q1	E 3.2km＋(T 3.2km・休2分)×3＋E 12.8km	25.6km
		Q2	E 6.4km＋T 1.6km＋M 3.2km＋T 1.6km＋M 3.2km＋E 3.2km	19.2km
1週	—		7日前(Q1)：E 90分	22.4km
			6日前：E 60分	14.4km
			5日前(Q2)：E 6.4km＋(T 1.6km ・ 休2分)×3＋E 3.2km	14.4km
			4日前：E 50分	11.2km
			3日前：E 30〜40分	9.6km
			2日前：E 30〜40分	8.0km
			1日前(レース前日)：E 20〜30分	4.8km

※訳者注：休は休息、jgはジョグを表す
Run SMART Project 設計のJack Daniels' Running Calculatorにより作成

Part
II
フォーミュラを
応用する

10 11 12
13 14 15
16 17 18

10 第10章
1シーズンの
構築

11 第11章
800mの
トレーニング

12 第12章
1,500mから
2マイルまでの
トレーニング

13 第13章
5kmと10kmの
トレーニング

14 第14章
クロスカントリー
のトレーニング

15 第15章
15kmから
30kmまでの
トレーニング

16 第16章
マラソンの
トレーニング

17 第17章
ウルトラトレイル
のトレーニング

18 第18章
トライアスロン
のトレーニング

4週間サイクルプログラム

これから紹介する4週間サイクルプログラムは、ランニングがすでに日常となっている人を対象とした、26週間から成るプログラムである。ただし、レースまでの期間が26週間を切っていても、それまでにトレーニングをしっかりと積んでいれば、プログラムの途中から始めることは十分可能だ。トレーニングの開始地点を決める際は、週間走行距離別に7つあるプログラムのなかから最も自分に合うと思うプログラムを選び、ひと通り目を通すこと。その結果、何週間か事前に基礎トレーニングをしておくべきだと思ったら、その判断に従おう。

7つある4週間サイクルプログラムは、すべて2Qによるプログラムである。つまり、Qトレーニングを週2回行うということだ。2Qは3週続くが4週目にQトレーニングはない。この週はEランニングだけを行う。そして、そのうち2回はウィンドスプリント（WS）を6〜8本、追加する。

Q1を行う曜日は、日曜日か、次に走るマラソンレースと同じ曜日がいいだろう。Q1が日曜日だとすると、Q2は水曜日か木曜日にするのがベストだ。Q1もQ2も、曜日の設定は自由である。自分のスケジュールに合わせてかまわないが、必ず間を置くこと。Q1とQ2とのあいだにEデーが2日か3日入るように工夫しよう。

Eデーは回復とEランニングのための日である。目標とする週間走行距離に到達するには、このEデーを活用する。Eデーと指定された日は1回か2回、あるいはそれ以上、必要に応じてEランニングを行う。しかし時にはランニングを休むことが必要な日もあるし、休みたいと思う日もあるだろう。その場合は、残りのEデーで目標距離への到達を目指せばいい。また、習慣として少なくとも週2日は、Eデーの練習の中ほどか最後にウィンドスプリント（WS）を6〜8本追加する。ウィンドスプリント（WS）とは、15〜20秒間の軽く素早い動きのランニングを、合間に45〜60秒間の休息を入れて繰り返す練習である。コントロールして走る速いペースのランニングだが、ダッシュではない。ウィンドスプリントは適度な勾配の坂があれば上り坂で行ってもかまわないが、スタート地点に戻るときのジョグは慎重に行うこと。下り坂は負担が多少増えるリスクがあるからだ。

トレーニング期間中、プログラムの一環としてレースに出る場合は、Q1トレーニングとして走る。ただし、代わりにやめたQ1トレーニングは週の半ばに実施すること。省略するのはQ2トレーニングである。要するに、日曜日にレースを走った週は、（レースの2、3日後に）Q1トレーニングを行い、次の週はいつもどおりにQ1トレーニングから始める、ということである。また、レースに出る場合は、直前の3日がEデーとなるように、できるだけトレーニングを入れ替える。そしてレース後は、レースの距離3〜4kmにつきEデーを1日入れる（例えば10kmレースならEデーを3日入れる）。

各週の走行距離に関しては、プログラム中、走行距離が最も多い週（たいてい4週間に1回ある）の距離（P）に対し、80%から100%の範囲で設定するよう、通常は勧めている。例えば、Pが80km、ある週の指定が80%であれば、その週の走行距離は64kmになる。Pに対する各週の走行距離の割合は、プログラムの2列目に示した。

209

各トレーニング（**M**、**T**、**I**、**R**）のペースを設定する際は、VDOTを使うなら現実的になるべきである。よって、VDOTは10km以上のレースのパフォーマンスを基にして選ぶ。レースの距離は長ければ長いほうが、結果は新しければ新しいほうが、データとして頼りになる。最近のレース実績がない人は自分で予想してみよう。これからトレーニングを行うコースや出場を予定しているマラソンのコースと同じような地形を、レースのつもりで走ったらどのくらいで走れるか、控えめに予想するのだ。そしてトレーニング初期の8週間では、VDOTを実績と予想の比較で決める。つまり、直近のレース結果に相当するVDOTと、マラソンレースの予想VDOTから3ポイント引いたVDOTの、どちらか低いほうにする。トレーニング中期の8週間では、初期のVDOTから1ポイント上げ、トレーニング最終期ではさらにもう1ポイント上げて、各トレーニングのペースを決める基準とする。ただし実績がそれを上回る可能性もある。1ポイント上げたVDOTよりも、1、2回レースで走った結果のほうが高ければ、「レース実績のVDOT」を使ってもかまわないし、それが適切だと思うコースで走った結果ならば、なおのこと問題はない。

　トレーニングペースをVDOTを使わずに設定する場合は、まず、現実的な目標Mペースを決めること。そうすればトレーニング最終期の各トレーニングペースが決まる。**T**ペースは目標Mペースより1kmあたり約8秒（1マイルあたり15秒）速いペース、**I**ペースは**T**ペースよりも400mあたり6秒（1kmあたり15秒）速いペース、**R**ペースは**I**ペースより200mあたり3秒速いペースである。例えば、目標Mペースが1km3分43秒だとすると、トレーニング最終期の**T**ペースは1km3分35秒（400m86秒）になる。したがって、**I**ペースは1km3分20秒（400m80秒・200m40秒）、**R**ペースは400m74秒・200m37秒になる。

　最終期のペースが決まれば、それ以前のペースも決まる。トレーニング初期の8週間では、トレーニング最終期の各ペースに1kmあたりそれぞれ約6秒（1マイルあたり10秒）プラスしたペースを採用する。そしてトレーニング中期の8週間では、トレーニング最終期の各ペースに1kmあたりそれぞれ2.5秒（1マイルあたり4秒）プラスしたペースにまで上げる（そしてトレーニング最終期は、目標ペースにする）。

　表16.4に、週に64kmから192km程度（40〜120マイル）走るランナーのためのプログラムを示した。

表16.4 ■ 4週間サイクルプログラム（週間走行距離64〜192km）

週間走行距離〜64km

レースまで	最大走行距離に対する割合		練習内容
26週	90%		Qトレーニングは実施せずEランニングだけを行い、そのうち2日はWS×6〜8を追加
25週	90%	Q1	**L** 19kmか**L** 90分のどちらか少ないほう
		Q2	**E** 3.2km+（**T** 1.6km・休1分）×2+（**H**／**I** ペース3分・jg 2分）×3+（**R** 200m・jg 200m）×4+**E** 1.6km
24週	80%	Q1	**E** 30分+**M** 9.6km
		Q2	**E** 1.6km+**M** 4.8km+**E** 1.6km+**M** 4.8km+**E** 1.6km
23週	90%	Q1	**E** 3.2km+（**T** 1.6km・休1分）×4+**E**3.2km
		Q2	**E** 3.2km+（**T** 1.6km・休1分）×3+（**R** 200m・jg 200m）×8+**E** 1.6km

22週	100%		Qトレーニングは実施せずEランニングだけを行い、そのうち2日はWS×6〜8を追加
21週	80%	Q1	L 21kmかL 90分のどちらか少ないほう
		Q2	E 3.2km＋(T 1.6km・休2分)×2＋(I 1km・jg 3分)×3＋(R 200m・jg 200m)×6＋E 1.6km
20週	100%	Q1	E 30分＋M 12.8km
		Q2	E 1.6km＋M 8km＋E 1.6km＋M 6.4km＋E 1.6km
19週	90%	Q1	E 3.2km＋(T 1.6km・休1分)×4＋E 3.2km
		Q2	E 3.2km＋(T 1.6km・休1分)×3＋(R 200m・jg 200m)×8＋E 3.2km
18週	100%		Qトレーニングは実施せずEランニングだけを行い、そのうち2日はWS×6〜8を追加
17週	80%	Q1	L 23kmかL 120分のどちらか少ないほう
		Q2	E 3.2km＋T 3.2km＋休2分＋(H 3分・jg 3分)×3＋(R 200m・jg 200m)×8＋E 1.6km
16週	90%	Q1	E 4.8km＋M 16km
		Q2	E 3.2km＋M 9.6km＋E 1.6km＋M 6.4km＋E 1.6km
15週	80%	Q1	E 3.2km＋(T 1.6km・休1分)×2
		Q2	E 3.2km＋(T 1.6km・休1分)×4＋(R 200m・jg 200m)×8＋E 3.2km＋T 3.2km＋休2分＋T 1.6km＋E 1.6km
14週	100%		Qトレーニングは実施せずEランニングだけを行い、そのうち2日はWS×6〜8を追加
13週	90%	Q1	L 24kmかL 120分のどちらか少ないほう
		Q2	E 3.2km＋T 3.2km＋休2分＋(H 3分・jg 2分)×3＋(R 200m・jg 200m)×8＋E 1.6km
12週	80%	Q1	E 20分＋M 19.2km
		Q2	E 3.2km＋M 9.6km＋E 1.6km＋M 8km＋E 1.6km
11週	70%	Q1	E 3.2km＋(T 1.6km・休1分)×2＋T 3.2km
		Q2	E 3.2km＋(T 1.6km・休1分)×4＋(R 200m・jg 200m)×8＋E 3.2km＋休2分＋T 1.6km＋E 1.6km
10週	100%		Qトレーニングは実施せずEランニングだけを行い、そのうち2日はWS×6〜8を追加
9週	90%	Q1	L 24kmかL 130分のどちらか少ないほう
		Q2	E 3.2km＋T 3.2km＋休2分＋T 3.2km＋休2分＋(H 3分・jg 2分)×3＋(R 200m・jg 200m)×6＋E 1.6km
8週	100%	Q1	E 30分＋M 19.2km
		Q2	E 4.8km＋M 9.6km＋E 1.6km＋M 6.4km＋E 1.6km
7週	80%	Q1	E 30分＋(T 3.2km・休2分)×3＋E 3.2km
		Q2	E 3.2km＋(T 1.6km・休1分)×4＋(R 200m・jg 200m)×8＋E 3.2km
6週	100%		Qトレーニングは実施せずEランニングだけを行い、そのうち2日はWS×6〜8を追加
5週	90%	Q1	L 24kmかL 130分のどちらか少ないほう
		Q2	E 3.2km＋(T 1.6km・休1分)×2＋(H 3分・jg 2分)×3＋(R 200m・jg 200m)×8＋E 1.6km
4週	90%	Q1	E 20分＋M 19.2km
		Q2	E 4.8km＋M 8km＋E 1.6km＋M 8km＋E 1.6km
3週	80%	Q1	E 60分＋T 4.8km＋休2分＋T 3.2km＋E 3.2km
		Q2	E 3.2km＋(T 1.6km・休1分)×4＋(R 200m・jg 200m)×8＋E 3.2km
2週	70%		Qトレーニングは実施せずEランニングだけを行い、そのうち2日はWS×6〜8を追加
1週	—		7日前：E 90分 6日前：E 60分 5日前：(T 1.6km・休2分)×3 4日前：E 60分 3日前：E 45分 2日前：E 30分 1日前(レース前日)：E 30分

Part
II
フォーミュラを
応用する

10 11 12
13 14 15
16 17 18

10 第10章

1シーズンの
構築

11 第11章

800mの
トレーニング

12 第12章

1,500mから
2マイルまでの
トレーニング

13 第13章

5kmと10kmの
トレーニング

14 第14章

クロスカントリー
のトレーニング

15 第15章

15kmから
30kmまでの
トレーニング

16 第16章

マラソンの
トレーニング

17 第17章

ウルトラトレイル
のトレーニング

18 第18章

トライアスロン
のトレーニング

週間走行距離65～89km

レースまで	最大走行距離に対する割合		練習内容
26週	80%		Qトレーニングは実施せずEランニングだけを行い、そのうち2日はWS×6～8を追加
25週	90%	Q1	**L** 21kmか**L** 90分のどちらか少ないほう
		Q2	**E** 3.2km＋(**T** 1.6km・休1分)×3＋(**H／I** ペース3分・jg 2分)×3＋(**R** 200m・jg 200m)×4＋**E** 1.6km
24週	80%	Q1	**E** 30分＋**M** 11.2km
		Q2	**E** 1.6km＋**M** 8km＋**E** 1.6km＋**M** 3.2km＋**E** 1.6km
23週	90%	Q1	**E** 3.2km＋(**T** 1.6km・休1分)×5＋**E** 3.2km
		Q2	**E** 3.2km＋(**T** 1.6km・休1分)×4＋(**R** 400m・jg 400m)×4＋**E** 1.6km
22週	100%		Qトレーニングは実施せずEランニングだけを行い、そのうち2日はWS×6～8を追加
21週	80%	Q1	**L** 23kmか**L** 90分のどちらか少ないほう
		Q2	**E** 3.2km＋(**T** 1.6km・休2分)×3＋(**H** 3分・jg 2分)×3＋(**R** 200m・jg 200m)×4＋**E** 1.6km
20週	100%	Q1	**E** 30分＋**M** 14.4km
		Q2	**E** 3.2km＋**M** 8km＋**E** 1.6km＋**M** 6.4km＋**E** 3.2km
19週	90%	Q1	**E** 3.2km＋(**T** 1.6km・休1分)×5＋**E** 3.2km
		Q2	**E** 3.2km＋(**T** 1.6km・休1分)×4＋(**R** 400m・jg 400m)×4＋**E** 1.6km
18週	100%		Qトレーニングは実施せずEランニングだけを行い、そのうち2日はWS×6～8を追加
17週	80%	Q1	**L** 24kmか**L** 100分のどちらか少ないほう
		Q2	**E** 3.2km＋(**T** 1.6km・休3分)×3＋(**H** 3分・jg 2分)×3＋(**R** 200m・jg 200m)×8＋**E** 1.6km
16週	90%	Q1	**E** 4.8km＋**M** 16km
		Q2	**E** 3.2km＋**M** 9.6km＋**E** 1.6km＋**M** 8km＋**E** 1.6km
15週	80%	Q1	**E** 3.2km＋(**T** 3.2km・休2分)×2＋**E** 3.2km
		Q2	**E** 3.2km＋**T** 4.8km＋休3分＋**T** 3.2km＋休2分＋(**R** 200m・jg 200m)×8＋(**T** 1.6km・休1分)×2＋**E** 1.6km＋**E** 3.2km
14週	100%		Qトレーニングは実施せずEランニングだけを行い、そのうち2日はWS×6～8を追加
13週	90%	Q1	**L** 26kmか**L** 120分のどちらか少ないほう
		Q2	**E** 3.2km＋(**T** 1.6km・休1分)×3＋休3分＋(**I** 1km・jg 3分)×3＋(**R** 400m・jg 400m)×4＋**E** 1.6km
12週	80%	Q1	**E** 4.8km＋**M** 20.8km
		Q2	**E** 1.6km＋**M** 9.6km＋**E** 1.6km＋**M** 8km＋**E** 1.6km＋**M** 3.2km＋**E** 1.6km
11週	70%	Q1	**E** 3.2km＋(**T** 3.2km・休2分)×2
		Q2	**E** 3.2km＋**T** 4.8km＋休3分＋**T** 3.2km＋休2分＋(**R** 400m・jg 400m)×2＋(**T** 1.6km・休1分)×2＋**E** 1.6km＋(**R** 200m・jg 200m)×4＋**E** 1.6km
10週	100%		Qトレーニングは実施せずEランニングだけを行い、そのうち2日はWS×6～8を追加
9週	90%	Q1	**L** 26kmか**L** 140分のどちらか少ないほう
		Q2	**E** 3.2km＋(**T** 1.6km・休1分)×3＋(**H** 3分・jg 2分)×4＋(**R** 200m・jg 200m)×6＋**E** 1.6km
8週	100%	Q1	**E** 20分＋**M** 22.4km
		Q2	**E** 1.6km＋**M** 9.6km＋**E** 1.6km＋**M** 11.2km＋**E** 1.6km
7週	80%	Q1	**E** 6.4km＋(**T** 3.2km・休2分)×3＋**T** 1.6km＋**E** 1.6km
		Q2	**E** 3.2km＋(**T** 3.2km・休2分)×2＋(**R** 200m・jg 200m)×8＋(**T** 1.6km・休1分)×4＋**E** 3.2km
6週	100%		Qトレーニングは実施せずEランニングだけを行い、そのうち2日はWS×6～8を追加
5週	90%	Q1	**L** 26kmか**L** 140分のどちらか少ないほう
		Q2	**E** 3.2km＋(**T** 4.8km・休3分)×2＋**T** 3.2km＋休3分＋(**H** 3分・jg 2分)×4＋(**R** 200m・jg 200m)×8＋**E** 1.6km

4週	90%	Q1	E 10分＋M 22.4km
		Q2	E 1.6km＋M 12.8km＋E 1.6km＋M 8km＋E 1.6km
3週	80%	Q1	E 60分＋(T 3.2km・休2分)×3＋T 1.6km
		Q2	E 3.2km＋(T 3.2km・休2分)×2＋(T 1.6km・休1分)×2＋E 3.2km＋ (R 200m・jg 200m)×8＋E 3.2km
2週	70%		Qトレーニングは実施せずEランニングだけを行い、そのうち2日はWS×6～8を追加
1週	―		7日前：E 90分
			6日前：E 60分
			5日前：(T 1.6km・休2分)×3
			4日前：E 60分
			3日前：E 45分
			2日前：E 30分
			1日前(レース前日)：E 30分

週間走行距離90～113km

レースまで	最大走行 距離に対 する割合		練習内容
26週	80%		Qトレーニングは実施せずEランニングだけを行い、そのうち2日はWS×6～8を追加
25週	90%	Q1	L 23kmかL 100分のどちらか少ないほう
		Q2	E 3.2km＋(T 1.6km・休1分)×3＋(H／I ペース3分・jg 2分)×4＋(R 200m・ jg 200m)×6＋E 1.6km
24週	80%	Q1	E 30分＋M 12.8km
		Q2	E 1.6km＋M 8km＋E 1.6km＋M 4.8km＋E 1.6km
23週	90%	Q1	E 3.2km＋(T 1.6km・休1分)×6＋E 3.2km
		Q2	E 3.2km＋(T 1.6km・休1分)×5＋(R 200m・jg 200m)×8＋E 1.6km
22週	100%		Qトレーニングは実施せずEランニングだけを行い、そのうち2日はWS×6～8を追加
21週	80%	Q1	L 24kmかL 105分のどちらか少ないほう
		Q2	E 3.2km＋(T 1.6km・休2分)×3＋(H 3分・jg 2分)×5＋(R 200m・jg 200m) ×8＋E 1.6km
20週	100%	Q1	E 30分＋M 16km
		Q2	E 3.2km＋M 9.6km＋E 1.6km＋M 6.4km＋E 3.2km
19週	90%	Q1	E 3.2km＋(T 1.6km・休1分)×3＋T 3.2km
		Q2	E 3.2km＋(T 1.6km・休1分)×6＋(R 200m・jg 200m)×8＋E 1.6km＋ (T 1.6km・休1分)×2＋E 1.6km
18週	100%		Qトレーニングは実施せずEランニングだけを行い、そのうち2日はWS×6～8を追加
17週	80%	Q1	L 26kmかL 120分のどちらか少ないほう
		Q2	E 3.2km＋(T 1.6km・休3分)×3＋(H 3分・jg 2分)×5＋(R 200m・ jg 200m)×8＋E 1.6km
16週	90%	Q1	E 6.4km＋M 19.2km
		Q2	E 3.2km＋M 9.6km＋E 1.6km＋M 9.6km＋E 1.6km
15週	80%	Q1	E 3.2km＋(T 3.2km・休2分)×3
		Q2	E 3.2km＋(T 1.6km・休1分)×6＋(R 200m・jg 200m)×4＋(T 1.6km・ 休1分)×2＋E 1.6km＋(R 400m・jg 400m)×4＋E 3.2km
14週	100%		Qトレーニングは実施せずEランニングだけを行い、そのうち2日はWS×6～8を追加
13週	90%	Q1	L 27kmかL 130分のどちらか少ないほう
		Q2	E 3.2km＋(T 3.2km・休2分)×2＋(H 3分・jg 2分)×5＋(R 400m・ jg 400m)×4＋E 1.6km
12週	80%	Q1	E 4.8km＋M 22.4km
		Q2	E 1.6km＋M 12.8km＋E 1.6km＋M 9.6km＋E 1.6km
11週	70%	Q1	E 6.4km＋(T 3.2km・休2分)×4＋E 3.2km
		Q2	E 3.2km＋(T 1.6km・休1分)×6＋(R 200m・jg 200m)×4＋(R 400m・ jg 400m)×4＋E 1.6km

Part
II
フォーミュラを
応用する

10 11 12
13 14 15
16 17 18

10 第 10 章
1シーズンの
構築

11 第 11 章
800mの
トレーニング

12 第 12 章
1,500mから
2マイルまでの
トレーニング

13 第 13 章
5kmと10kmの
トレーニング

14 第 14 章
クロスカントリー
のトレーニング

15 第 15 章
15kmから
30kmまでの
トレーニング

16 第 16 章
マラソンの
トレーニング

17 第 17 章
ウルトラトレイル
のトレーニング

18 第 18 章
トライアスロン
のトレーニング

10週	100%		Qトレーニングは実施せずEランニングだけを行い、そのうち2日はWS×6〜8を追加
9週	90%	Q1	**L** 29kmか**L** 140分のどちらか少ないほう
		Q2	**E** 3.2km+**T** 4.8km+休3分+**T** 3.2km+休2分+(**H** 3分・jg 2分)×5+(**R** 200m・jg 200m)×6+**E** 1.6km
8週	100%	Q1	**E** 30分+**M** 24km
		Q2	**E** 3.2km+**M** 12.8km+**E** 1.6km+**M** 9.6km+**E** 3.2km
7週	80%	Q1	**E** 6.4km+(**T** 3.2km・休2分)×4+**T** 1.6km+**E** 1.6km
		Q2	**E** 3.2km+(**T** 3.2km・休2分)×3+(**R** 200m・jg 200m)×8+**T** 3.2km+**E** 3.2km
6週	100%		Qトレーニングは実施せずEランニングだけを行い、そのうち2日はWS×6〜8を追加
5週	90%	Q1	**L** 29kmか**L** 140分のどちらか少ないほう
		Q2	**E** 3.2km+**T** 4.8km+休3分+**T** 3.2km+休3分+(**H** 3分・jg 2分)×5+(**R** 200m・jg 200m)×8+**E** 1.6km
4週	90%	Q1	**E** 50分+**M** 25.6km
		Q2	**E** 6.4km+**M** 16km+**E** 1.6km+**M** 9.6km+**E** 3.2km
3週	80%	Q1	**E** 60分+(**T** 4.8km・休3分)×4+**E** 1.6km
		Q2	**E** 3.2km+(**T** 4.8km・休3分)×2+(**R** 200m・jg 200m)×8+**E** 3.2km
2週	70%		Qトレーニングは実施せずEランニングだけを行い、そのうち2日はWS×6〜8を追加
1週	—		7日前：**E** 90分 6日前：**E** 60分 5日前：(**T** 1.6km・休2分)×3 4日前：**E** 60分 3日前：**E** 45分 2日前：**E** 30分 1日前(レース前日)：**E** 30分

週間走行距離114〜137km

レースまで	最大走行距離に対する割合		練習内容
26週	90%		Qトレーニングは実施せずEランニングだけを行い、そのうち2日はWS×6〜8を追加
25週	90%	Q1	**L** 24kmか**L** 100分のどちらか少ないほう
		Q2	**E** 3.2km+(**T** 1.6km・休1分)×4+(**H**／**I** ペース3分・jg 2分)×4+(**R** 200m・jg 200m)×8+**E** 3.2km
24週	80%	Q1	**E** 40分+**M** 12.8km
		Q2	**E** 4.8km+**M** 8km+**E** 1.6km+**M** 4.8km+**E** 4.8km
23週	90%	Q1	**E** 3.2km+(**T** 1.6km・休1分)×3+**T** 3.2km+休2分+(**T** 1.6km・休1分)×2
		Q2	**E** 3.2km+(**T** 1.6km・休1分)×6+(**R** 200m・jg 200m)×8+**E** 3.2km
22週	100%		Qトレーニングは実施せずEランニングだけを行い、そのうち2日はWS×6〜8を追加
21週	80%	Q1	**L** 27kmか**L** 120分のどちらか少ないほう
		Q2	**E** 3.2km+(**T** 1.6km・休2分)×3+(**H** 3分・jg 2分)×5+(**R** 200m・jg 200m)×8+**E** 3.2km
20週	100%	Q1	**E** 30分+**M** 16km
		Q2	**E** 3.2km+**M** 9.6km+**E** 1.6km+**M** 6.4km+**E** 3.2km
19週	90%	Q1	**E** 3.2km+(**T** 1.6km・休1分)×3+**T** 3.2km+(**T** 1.6km・休1分)×2+**E** 1.6km
		Q2	**E** 3.2km+(**T** 1.6km・休1分)×6+(**R** 200m・jg 200m)×8+**E** 1.6km
18週	100%		Qトレーニングは実施せずEランニングだけを行い、そのうち2日はWS×6〜8を追加
17週	80%	Q1	**L** 29kmか**L** 130分のどちらか少ないほう
		Q2	**E** 3.2km+(**T** 1.6km・休1分)×4+(**H** 3分・jg 2分)×5+(**R** 200m・jg 200m)×6+**E** 3.2km
16週	90%	Q1	**E** 40分+**M** 19.2km
		Q2	**E** 6.4km+**M** 9.6km+**E** 1.6km+**M** 9.6km+**E** 1.6km

214　**Part II** Applying the Formula to Competitive Events　■ **Chapter 16** Marathon

Part
II
フォーミュラを
応用する

10 11 12
13 14 15
16 17 18

10 第10章
1シーズンの
構築

11 第11章
800mの
トレーニング

12 第12章
1,500mから
2マイルまでの
トレーニング

13 第13章
5kmと10kmの
トレーニング

14 第14章
クロスカントリー
のトレーニング

15 第15章
15kmから
30kmまでの
トレーニング

16 第16章
マラソンの
トレーニング

17 第17章
ウルトラトレイル
のトレーニング

18 第18章
トライアスロン
のトレーニング

15週	80%	Q1	E 3.2km+(T 3.2km・休2分)×4+T 3.2km+E 3.2km
		Q2	E 3.2km+(T 3.2km・休2分)×3+(R 200m・jg 200m)×8+T 1.6km+E 3.2km
14週	100%		Qトレーニングは実施せずEランニングだけを行い、そのうち2日はWS×6〜8を追加
13週	90%	Q1	L 31kmかL 150分のどちらか少ないほう
		Q2	E 3.2km+(T 1.6km・休1分)×5+(H 3分・jg 2分)×6+(R 400m・jg 400m)×4+E 3.2km
12週	80%	Q1	E 6.4km+M 22.4km
		Q2	E 3.2km+M 12.8km+E 1.6km+M 9.6km+E 1.6km
11週	70%	Q1	E 6.4km+(T 3.2km・休2分)×5+E 1.6km
		Q2	E 3.2km+(T 3.2km・休1分)×3+(R 200m・jg 200m)×8+T 3.2km+E 3.2km
10週	100%		Qトレーニングは実施せずEランニングだけを行い、そのうち2日はWS×6〜8を追加
9週	90%	Q1	L 32kmかL 150分のどちらか少ないほう
		Q2	E 3.2km+(T 3.2km・休3分)×3+T 3.2km+休2分+(H 3分・jg 2分)×6+(R 200m・jg 200m)×8+E 1.6km
8週	100%	Q1	E 30分+M 25.6km
		Q2	E 3.2km+M 12.8km+E 1.6km+M 12.8km+E 1.6km
7週	80%	Q1	E 6.4km+(T 4.8km・休3分)×3+T 3.2km+E 1.6km
		Q2	E 3.2km+(T 3.2km・休2分)×4+(R 200m・jg 200m)×8+T 1.6km+E 3.2km
6週	100%		Qトレーニングは実施せずEランニングだけを行い、そのうち2日はWS×6〜8を追加
5週	90%	Q1	L 32kmかL 150分のどちらか少ないほう
		Q2	E 3.2km+(T 3.2km・休2分)×3+(H 3分・jg 2分)×6+(R 200m・jg 200m)×8+E 3.2km
4週	90%	Q1	E 30分+M 25.6km
		Q2	E 6.4km+M 12.8km+E 1.6km+M 9.6km+E 1.6km
3週	80%	Q1	E 60分+(T 4.8km・休3分)×3+T 3.2km+E 1.6km
		Q2	E 3.2km+(T 3.2km・休2分)×4+(R 200m・jg 200m)×8+T 1.6km+E 3.2km
2週	70%		Qトレーニングは実施せずEランニングだけを行い、そのうち2日はWS×6〜8を追加
1週	—		7日前：E 90分 6日前：E 60分 5日前：(T 1.6km・休2分)×3 4日前：E 60分 3日前：E 45分 2日前：E 30分 1日前(レース前日)：E 30分

週間走行距離138〜161km

レースまで	最大走行距離に対する割合		練習内容
26週	80%		Qトレーニングは実施せずEランニングだけを行い、そのうち2日はWS×6〜8を追加
25週	90%	Q1	L 26kmかL 120分のどちらか少ないほう
		Q2	E 3.2km+(T 3.2km・休2分)×2+(H／I ペース3分・jg 2分)×5+(R 200m・jg 200m)×8+E 3.2km
24週	80%	Q1	E 40分+M 14.4km
		Q2	E 4.8km+M 8km+E 1.6km+M 4.8km+E 4.8km
23週	90%	Q1	E 3.2km+(T 1.6km・休1分)×2+(T 3.2km・休2分)×2+(T 1.6km・休1分)×2+E 3.2km
		Q2	E 3.2km+(T 1.6km・休1分)×6+(R 200m・jg 200m)×8+(T 3.2km・jg 2分)×2+E 3.2km
22週	100%		Qトレーニングは実施せずEランニングだけを行い、そのうち2日はWS×6〜8を追加

215

21週	80%	Q1	L 29kmかL 130分のどちらか少ないほう
		Q2	E 3.2km+(T 1.6km・休2分)×3+(H 3分・jg 2分)×5+(R 200m·jg 200m)×8+E 1.6km
20週	100%	Q1	E 50分+M 17.6km
		Q2	E 3.2km+M 9.6km+E 1.6km+M 6.4km+E 3.2km
19週	90%	Q1	E 3.2km+(T 1.6km・休1分)×3+(T 3.2km・休2分)×2+(T 1.6km・休1分)×2+E 3.2km
		Q2	E 3.2km+(T 1.6km・休1分)×6+(R 200m・jg 200m)×8+E 3.2km
18週	100%		Qトレーニングは実施せずEランニングだけを行い、そのうち2日はWS×6〜8を追加
17週	80%	Q1	L 31kmかL 150分のどちらか少ないほう
		Q2	E 3.2km+(T 1.6km・休1分)×4+(H 3分・jg 2分)×5+(R 200m・jg 200m)×6+E 3.2km
16週	90%	Q1	E 40分+M 20.8km
		Q2	E 6.4km+M 9.6km+E 1.6km+M 9.6km+E 1.6km
15週	80%	Q1	E 3.2km+(T 3.2km・休2分)×4+(T 1.6km・休1分)×2+E 3.2km
		Q2	E 3.2km+(T 3.2km・休2分)×3+(R 200m・jg 200m)×8+T 3.2km+E 3.2km
14週	100%		Qトレーニングは実施せずEランニングだけを行い、そのうち2日はWS×6〜8を追加
13週	90%	Q1	L 32kmかL 150分のどちらか少ないほう
		Q2	E 3.2km+(T 1.6km・休1分)×5+(H 3分・jg 2分)×6+(R 400m・jg 400m)×4+E 1.6km
12週	80%	Q1	E 30分+M 24km
		Q2	E 3.2km+M 12.8km+E 1.6km+M 9.6km+E 1.6km
11週	70%	Q1	E 6.4km+(T 3.2km・休2分)×4+(T 1.6km・休1分)×3+E 1.6km
		Q2	E 3.2km+(T 3.2km・休1分)×3+(R 200m・jg 200m)×8+T 3.2km+E 3.2km
10週	100%		Qトレーニングは実施せずEランニングだけを行い、そのうち2日はWS×6〜8を追加
9週	90%	Q1	L 35kmかL 150分のどちらか少ないほう
		Q2	E 3.2km+(T 3.2km・休2分)×3+T 3.2km+休2分+(H 3分・jg 2分)×6+(R 400m・jg 400m)×4+E 1.6km
8週	100%	Q1	E 40分+M 25.6km
		Q2	E 6.4km+M 12.8km+E 1.6km+M 12.8km+E 1.6km
7週	80%	Q1	E 6.4km+(T 3.2km・休2分)×6+E 1.6km
		Q2	E 3.2km+(T 4.8km・休3分)×2+(R 200m・jg 200m)×8+(T 1.6km・休1分)×4+E 3.2km
6週	100%		Qトレーニングは実施せずEランニングだけを行い、そのうち2日はWS×6〜8を追加
5週	90%	Q1	L 35kmかL 150分のどちらか少ないほう
		Q2	E 3.2km+(T 3.2km・休2分)×3+(H 3分・jg 2分)×6+(R 400m・jg 400m)×4+E 1.6km
4週	90%	Q1	E 40分+M 25.6km
		Q2	E 6.4km+M 12.8km+E 1.6km+M 12.8km+E 1.6km
3週	80%	Q1	E 60分+(T 3.2km・休2分)×6
		Q2	E 3.2km+(T 3.2km・休2分)×3+(R 200m・jg 200m)×8+(T 1.6km・休1分)×3+E 3.2km
2週	70%		Qトレーニングは実施せずEランニングだけを行い、そのうち2日はWS×6〜8を追加
1週	—		7日前：E 90分
			6日前：E 60分
			5日前：(T 1.6km・休2分)×3
			4日前：E 60分
			3日前：E 45分
			2日前：E 30分
			1日前(レース前日)：E 30分

Part
II
フォーミュラを
応用する

10 11 12
13 14 15
16 17 18

10 第10章
1シーズンの
構築

11 第11章
800mの
トレーニング

12 第12章
1,500mから
2マイルまでの
トレーニング

13 第13章
5kmと10kmの
トレーニング

14 第14章
クロスカントリー
のトレーニング

15 第15章
15kmから
30kmまでの
トレーニング

16 第16章
マラソンの
トレーニング

17 第17章
ウルトラトレイル
のトレーニング

18 第18章
トライアスロン
のトレーニング

週間走行距離162〜192km

レースまで	最大走行距離に対する割合		練習内容
26週	80%		Qトレーニングは実施せずEランニングだけを行い、そのうち2日はWS×6〜8を追加
25週	90%	Q1	L 27.2kmかL 120分のどちらか少ないほう
		Q2	E 3.2km+(T 3.2km・休2分)×2+T 1.6km+休3分+(H 3分・jg 2分)×5+(R 200m・jg 200m)×6+E 3.2km
24週	80%	Q1	E 50分+M 16km
		Q2	E 4.8km+M 9.6km+E 1.6km+M 6.4km+E 4.8km
23週	90%	Q1	E 4.8km+T 4.8km+休3分+(T 3.2km・休2分)×3+E 3.2km
		Q2	E 3.2km+T 4.8km+休3分+T 3.2km+休2分+T 1.6km+休2分+(R 200m・jg 200m)×8+T 1.6km+E 3.2km
22週	100%		Qトレーニングは実施せずEランニングだけを行い、そのうち2日はWS×6〜8を追加
21週	80%	Q1	L 29kmかL 130分のどちらか少ないほう
		Q2	E 3.2km+(T 1.6km・休1分)×5+(H 3分・jg 2分)×6+(R 200m・jg 200m)×6+E 4.8km
20週	100%	Q1	E 50分+M 19.2km
		Q2	E 4.8km+M 9.6km+E 1.6km+M 9.6km+E 4.8km
19週	90%	Q1	E 4.8km+(T 3.2km・休2分)×5+E 3.2km
		Q2	E 3.2km+(T 3.2km・休2分)×3+(R 200m・jg 200m)×8+T 3.2km+E 1.6km
18週	90%		Qトレーニングは実施せずEランニングだけを行い、そのうち2日はWS×6〜8を追加
17週	80%	Q1	L 32kmかL 150分のどちらか少ないほう
		Q2	E 3.2km+(T 3.2km・休2分)×3+(H 3分・jg 2分)×6+(R 200m・jg 200m)×6+E 3.2km
16週	90%	Q1	E 40分+M 22.4km
		Q2	E 6.4km+M 12.8km+E 1.6km+M 9.6km+E 1.6km
15週	80%	Q1	E 4.8km+(T 4.8km・休3分)×2+(T 3.2km・休2分)×2+T 1.6km+E 3.2km
		Q2	E 4.8km+(T 3.2km・休2分)×4+(R 200m・jg 200m)×8+T 3.2km+E 3.2km
14週	100%		Qトレーニングは実施せずEランニングだけを行い、そのうち2日はWS×6〜8を追加
13週	90%	Q1	L 34kmかL 150分のどちらか少ないほう
		Q2	E 3.2km+(T 3.2km・休2分)×3+(H 3分・jg 2分)×6+(R 400m・jg 400m)×4+E 3.2km
12週	80%	Q1	E 40分+M 24km
		Q2	E 6.4km+M 12.8km+E 1.6km+M 11.2km+E 1.6km
11週	70%	Q1	E 6.4km+(T 4.8km・休3分)×4+E 3.2km
		Q2	E 3.2km+(T 3.2km・休1分)×4+(R 200m・jg 200m)×8+T 3.2km+E 3.2km
10週	60%		Qトレーニングは実施せずEランニングだけを行い、そのうち2日はWS×6〜8を追加
9週	90%	Q1	L 37kmかL 150分のどちらか少ないほう
		Q2	E 3.2km+(T 3.2km・休2分)×4+(H 3分・jg 2分)×6+(R 200m・jg 200m)×8+E 4.8km
8週	100%	Q1	E 40分+M 25.6km
		Q2	E 6.4km+M 16km+E 1.6km+M 9.6km+E 3.2km
7週	80%	Q1	E 6.4km+(T 4.8km・休3分)×3+(T 3.2km・休2分)×2+E 1.6km
		Q2	E 3.2km+(T 4.8km・休3分)×2+(R 200m・jg 200m)×8+(T 1.6km・休1分)×4+E 3.2km
6週	90%		Qトレーニングは実施せずEランニングだけを行い、そのうち2日はWS×6〜8を追加
5週	90%	Q1	L 37kmかL 150分のどちらか少ないほう
		Q2	E 3.2km+(T 4.8km・休3分)×2+T 3.2km+休3分+(H 3分・jg 2分)×6+(R 200m・jg 200m)×8+E 1.6km
4週	90%	Q1	E 40分+M 25.6km
		Q2	E 6.4km+M 12.8km+E 1.6km+M 12.8km+E 3.2km

レースまで	最大走行距離に対する割合		練習内容
3週	80%	Q1	E 60分＋(T 4.8km・休3分)×3
		Q2	E 3.2km＋(T 4.8km・ 休3分)×2＋(R 200m・jg 200m)×8＋(T 1.6km・休2分)×3＋E 3.2km
2週	70%		Qトレーニングは実施せずEランニングだけを行い、そのうち2日はWS×6〜8を追加
1週	—		7日前：E 90分
			6日前：E 60分
			5日前：(T 1.6km・休2分)×3
			4日前：E 60分
			3日前：E 45分
			2日前：E 30分
			1日前(レース前日)：E 30分

週間走行距離192km以上

レースまで	最大走行距離に対する割合		練習内容
26週	80%		Qトレーニングは実施せずEランニングだけを行い、そのうち2日はWS×6〜8を追加
25週	90%	Q1	L 29kmかL 120分のどちらか少ないほう
		Q2	E 3.2km＋T 4.8km＋休3分＋T 3.2km＋休2分＋T 1.6km＋休1分＋(H 3分・jg 2分)×5＋(R 200m・jg 200m)×8＋E 3.2km
24週	80%	Q1	E 60分＋M 16km
		Q2	E 6.4km＋M 9.6km＋E 1.6km＋M 6.4km＋E 4.8km
23週	90%	Q1	E 4.8km＋(T 3.2km・休2分)×5＋E 4.8km
		Q2	E 4.8km＋T 4.8km＋休3分＋T 3.2km＋休2分＋T 1.6km＋休2分＋(R 200m・jg 200m)×8＋T 3.2km＋E 3.2km
22週	100%		Qトレーニングは実施せずEランニングだけを行い、そのうち2日はWS×6〜8を追加
21週	80%	Q1	L 31kmかL 135分のどちらか少ないほう
		Q2	E 4.8km＋(T 1.6km・休1分)×6＋(H 3分・jg 2分)×6＋(R 200m・jg 200m)×8＋E 3.2km
20週	100%	Q1	E 50分＋M 19.2km
		Q2	E 6.4km＋M 9.6km＋E 1.6km＋M 9.6km＋E 4.8km
19週	90%	Q1	E 4.8km＋(T 4.8km・休3分)×3＋T 3.2km＋E 3.2km
		Q2	E 4.8km＋(T 3.2km・休2分)×4＋(R 200m・jg 200m)×8＋T 1.6km＋E 3.2km
18週	90%		Qトレーニングは実施せずEランニングだけを行い、そのうち2日はWS×6〜8を追加
17週	80%	Q1	L 34kmかL 150分のどちらか少ないほう
		Q2	E 4.8km＋(T 3.2km・休2分)×3＋(H 3分・jg 2分)×6＋(R 400m・jg 400m)×4＋E 3.2km
16週	90%	Q1	E 50分＋M 22.4km
		Q2	E 6.4km＋M 12.8km＋E 1.6km＋M 9.6km＋E 3.2km
15週	80%	Q1	E 4.8km＋(T 3.2km・休2分)×6＋E 3.2km
		Q2	E 3.2km＋(T 3.2km・休2分)×4＋(R 200m・jg 200m)×8＋T 3.2km＋E 3.2km
14週	100%		Qトレーニングは実施せずEランニングだけを行い、そのうち2日はWS×6〜8を追加
13週	90%	Q1	L 35kmかL 150分のどちらか少ないほう
		Q2	E 4.8km＋T 4.8km＋休3分＋(T 3.2km・休2分)×2＋(H 3分・jg 2分)×6＋(R 200m・jg 200m)×8＋E 1.6km
12週	80%	Q1	E 50分＋M 24km
		Q2	E 6.4km＋M 12.8km＋E 1.6km＋M 11.2km＋E 3.2km
11週	70%	Q1	E 6.4km＋T 4.8km＋休3分＋(T 3.2km・休2分)×5＋E 3.2km
		Q2	E 4.8km＋(T 4.8km・休3分)×2＋(R 200m・jg 200m)×8＋(T 3.2km・休2分)×2＋E 3.2km
10週	60%		Qトレーニングは実施せずEランニングだけを行い、そのうち2日はWS×6〜8を追加

Part II フォーミュラを応用する

10 11 12
13 14 15
16 17 18

19 第10章
1シーズンの構築

11 第11章
800mのトレーニング

12 第12章
1,500mから2マイルまでのトレーニング

13 第13章
5kmと10kmのトレーニング

14 第14章
クロスカントリーのトレーニング

15 第15章
15kmから30kmまでのトレーニング

16 第16章
マラソンのトレーニング

17 第17章
ウルトラトレイルのトレーニング

18 第18章
トライアスロンのトレーニング

週	%	Q	内容
9週	90%	Q1	**L** 37kmか**L** 150分のどちらか少ないほう
		Q2	**E** 3.2km+(**T** 4.8km・休3分)×2+**T** 3.2km+休2分+(**H** 3分・jg 2分)×6+(**R** 200m・jg 200m)×8+**E** 1.6km
8週	100%	Q1	**E** 40分+**M** 25.6km
		Q2	**E** 6.4km+**M** 16km+**E** 1.6km+**M** 9.6km+**E** 3.2km
7週	80%	Q1	**E** 6.4km+(**T** 4.8km・休3分)×3+(**T** 3.2km・休2分)×2+**E** 1.6km
		Q2	**E** 4.8km+(**T** 4.8km・休3分)×2+(**R** 200m・jg 200m)×8+(**T** 1.6km・休1分)×4+**E** 3.2km
6週	90%		Qトレーニングは実施せず**E**ランニングだけを行い、そのうち2日はWS×6〜8を追加
5週	90%	Q1	**L** 37kmか**L** 150分のどちらか少ないほう
		Q2	**E** 3.2km+(**T** 4.8km・休3分)×2+**T** 3.2km+休3分+(**H** 3分・jg 2分)×6+(**R** 200m・jg 200m)×8+**E** 3.2km
4週	90%	Q1	**E** 40分+**M** 25.6km
		Q2	**E** 6.4km+**M** 16km+**E** 1.6km+**M** 9.6km+**E** 3.2km
3週	80%	Q1	**E** 60分+(**T** 4.8km・休3分)×3
		Q2	**E** 3.2km+(**T** 4.8km・休3分)×2+(**R** 200m・jg 200m)×8+(**T** 1.6km・休2分)×3+**E** 3.2km
2週	70%		Qトレーニングは実施せず**E**ランニングだけを行い、そのうち2日はWS×6〜8を追加
1週	—		7日前：**E** 90分 6日前：**E** 60分 5日前：(**T** 1.6km・休2分)×3 4日前：**E** 60分 3日前：**E** 45分 2日前：**E** 30分 1日前(レース前日)：**E** 30分

※訳者注：・距離は原著のマイル表示を1マイル=1.6kmとしてキロメートルに換算
・休は休息、jgはジョグを表す
Run SMART Project 設計のJack Daniels' Running Calculatorにより作成

5週間サイクルプログラム

　5週間サイクルプログラムは、重要なレースに向けて、5週間 1サイクルを必要なだけ繰り返すプログラムである。各トレーニングタイプの練習量は、現時点の体力と週間走行距離によって決める。

　まず**R**トレーニングでいうと、週間走行距離の5％と8kmのうちどちらか少ないほうを、**R**ペースで走る合計の上限とし、リカバリーは、**R**ペースで走る時間の2〜3倍の時間とする。**I**トレーニングでは、週間走行距離の8％と10kmのうちどちらか少ないほうが、**I**ペースで走る合計の上限である。そしてリカバリーは、**I**ペースで走る時間と同じか若干短い時間にする。**R**トレーニングと**I**トレーニングを組み合わせた練習をするときは、単独で練習する場合の半分の時間が、それぞれの上限である。

　Tトレーニングでは、週間走行距離の10％と24kmのうちどちらか少ないほうが、**T**ペースで走る合計の上限である。ただし下限は練習1回あたり4.8kmである。**T**ランニングを繰り返す場合、リカバリーの時間は**T**ペース5〜6分につき1分とする。

　Mトレーニングでは、29kmと週間走行距離の20％のどちらか少ないほう（週間走行距離が64km以上の場合）、もしくは週間走行距離の30％（週間走行距離が64km未満の場合）が、

練習1回で走る上限である。R、I、T、Mの練習方法は、第4章で紹介した。サンプルのなかから自分に合った練習を選んでほしい。

　レースを週末に控えている場合は、前後の練習の組み込み方に工夫が必要だ。週の半ばに行うバックトゥバック（2日連続の質の高い練習）をやめ、その代わりに比較的楽な**T**トレーニングをレースの4日前に行う。レースのあとは、楽な回復走を行う**E**デーを、レース距離3kmにつき1日入れる。つまり10kmのレースならば3日、15kmならば5日、ハーフマラソンなら7日、そしてマラソンなら14日、**E**デーを入れることになる。

　表16.5に示された英文字は、トレーニングタイプの略である。**E**は楽な、会話ができるペースのランニングである。**E**ペースは、**L**（ロング）ランニングの大部分、ウォーミングアップ、クーリングダウン、速い練習のリカバリーに用いられるペースである。**L**ランニングの練習量は、25％／30％ルールの距離と150分間走のどちらか少ないほうにする（25％／30％ルールとは、**L**ランニングの量を週間走行距離が64km未満の場合はその30％、64km以上の場合はその25％に設定するルールのことである）。

　Tは閾値ペース、つまり心地よいきつさのランニングである。実際にはどれくらいのペースなのか、第5章のVDOT一覧表（p.76）で確認するといい。クルーズインターバルとしても行うが、これは**T**ペースのランニングを短い休息をはさんで繰り返す練習のことである。**I**はインターバルペースを指す。きついと感じるペース、レースならば10〜12分間維持できるペースで行うランニングである。これも、VDOT一覧表でペースを確認しよう。

　Rはレペティションである。現時点での1マイル、あるいは1,500mレースペースで行う。**M**はマラソンペースのランニングである。マラソンのレースペースを予想するかVDOT一覧表でペースを確認して行う。

　各タイプのペースを比較すると、ざっとこんな具合だ。まず**R**ペースより400mあたり6〜8秒遅いのが**I**ペース、その**I**ペースより400mあたり6〜8秒遅いのが**T**ペース。**T**ペースよりもさらに1kmあたり7.5秒（1マイルあたり12秒）遅いのが、速いランナーの**M**ペース、そして**T**ペースより1kmあたり約9〜12.5秒（1マイルあたり15〜20秒）遅いのが、遅いランナーの**M**ペースである。

　ウィンドスプリント（WS）は、15〜20秒間の軽く素早い動きの（または上り坂の）ランニングを、合間に45〜60秒間の休息を入れて繰り返す練習である。

　表16.5に5週間プログラムの全容を示したが、レース前の期間の練習内容は以下のとおりである：まずラスト3週になったら、ウィンドスプリントをやめ、練習の大半を平坦な場所で行って地面から浮いているような感覚をつかむ。そしてラスト2週になったら、坂道走をやめ、第1週の内容を実施し、最終週の**L**ランニングは90分間にする。この2週間は**R**トレーニングの代わりに**L**ランニングと**T**トレーニングだけ行うが、最後の**T**トレーニングはレースの4日前か5日前には済ませる。

■ レース前18週間のプログラム

　マラソンに向けてトレーニングをするとき、いつもある一定の期間をとれるとはかぎらない。

表16.5 ■ 5週間サイクルプログラム

	1週		2週		3週
日	L ランニング	日	M ランニング	日	L ランニング
月	E+WS×8	月	E+WS×6	月	E+WS×8
火	E	火	E	火	E
水	T トレーニング	水	T トレーニング	水	T トレーニング
木	R トレーニング	木	R トレーニング	木	I トレーニング
金	E	金	E	金	E
土	E+WS×6	土	E+WS×8	土	E+WS×6

	4週		5週
日	M ランニング	日	L ランニング
月	E+WS×6	月	E+WS×8
火	E	火	E
水	T トレーニング	水	T トレーニング
木	R トレーニング	木	I&R トレーニング
金	E	金	E
土	E+WS×8	土	E+WS×8

Run SMART Project 設計のJack Daniels' Running Calculatorにより作成

Part
II
フォーミュラを
応用する

10 11 12
13 14 15
16 17 18

10 第10章
1シーズンの
構築

11 第11章
800mの
トレーニング

12 第12章
1,500mから
2マイルまでの
トレーニング

13 第13章
5kmと10kmの
トレーニング

14 第14章
クロスカントリー
のトレーニング

15 第15章
15kmから
30kmまでの
トレーニング

16 第16章
マラソンの
トレーニング

17 第17章
ウルトラトレイル
のトレーニング

18 第18章
トライアスロン
のトレーニング

もちろん、これは人による。時間に余裕のある人も、ない人もいるだろう。トレーニングに必要な時間、そしてトレーニングに割ける時間は、現在の体力レベル、天候、レースの日程に左右される。私の作成するプログラムは18週間のものが多いが、もっと長いほうがいいというランナーもいる。特に、マラソンの前に距離の短い特別なレースを走る人などは、長いプログラムを好むものだ。逆に、すでに身体が出来上がっていて、何ヵ月も待たずにマラソンを走りたいというランナーもいるだろう。その場合は、長いプログラムの中盤から始めてもかまわないし、何週間分か、自分に合いそうな部分をピックアップしてトレーニングをしてもいい。

　マラソンのトレーニングをするといっても、アプローチは人それぞれである。いつも長い距離を走っているから週に2回も3回もQトレーニングは入れたくない、という人もいる。プログラムの距離表示にしても、マイル表示がいいランナーとkm表示がいいランナーとがいるし、もっと言えば、距離ではなく時間ベースのプログラムを使うランナーもいる。

　こうした事情をふまえ、私は3種類の18週間プログラムを作成した。Qトレーニングの表示方法は似通っているが、最初のプログラムはトレーニングの距離をマイルで、2番目のプログラムはkmで表示している。そして3番目のプログラムは各強度のトレーニングをすべて時間で表示している。距離ベースと時間ベースのどちらがストレスが少ないか、途中でプログラムを変更して確認することも可能だ。

距離(マイル)を基準にした18週間プログラム

　このプログラムは、レース前18週間のトレーニングプログラムである。プログラムの対象として想定しているのは、毎日かなりの時間をランニングに割いているため、できればQトレーニングを週2回ではなく、4日か5日に1回の頻度にしたいと考えるランナーである。また前提として、2時間以上の持続的ランニングができること、そして週間走行距離100マイル以上

のトレーニングをこなせることが必要である。

　まず、自分で妥当だと思う最大週間走行距離（P）を設定しよう。プログラムには、1週間で走破すべき距離を、Pに対する割合で示した（例えばPが100マイルなら、80％と表示されている週の走行距離は80マイルである）。Eデーと指定された日は1回か2回Eランニングを行うか、必要に応じて休養日とする（目標とする週間走行距離に到達するには、Eデーの練習を活用する）。IペースはレースなS2.5〜3マイルほど走れるペースに設定するか、VDOT一覧表で確認する。Eデーのうち週2日は、20秒間のWS（ウィンドスプリント）を6〜8本追加する（ペースはRペースであり、ダッシュではない）。Rペースは現在の1マイルのレースペースである。

　Eデーには、目標とする週間走行距離に到達できるだけの距離を走る。丸1日休む必要があれば、Eデーのうちの1日を休養日にし、残りの6日で週間走行距離をカバーする。週末しか長めのトレーニングができない人は、多少曜日を動かしてもいいが、表に書かれている練習は極力すべて行うこと。

　プログラムは融通がきくように作成しているので、練習をアレンジすればどんなスケジュールにも合わせることができる。いちばん大切なのは、Qトレーニングを、指定された日にできなかったとしても、順番どおりに行うことだ（訳者注：マイル表示のプログラムの練習内容は、km表示のものと若干の相違点を除き同じであるため、本訳書では表の記載を省略する。なお、相違点とは、1. 第16週の1日目を、km表示ではレースも可としているのに対し、マイル表示ではトレーニングのみとしている。2. 第15週の1日目と2日目の内容が逆になっている。の2点である）。

2021年まで女子マラソンの米国記録保持者であった、ディーナ・カスター。数週間連続でみっちりとトレーニングを積み、それを繰り返すことで自信を高めたという。

距離(km)を基準にした18週間プログラム

　このプログラムは、レース前18週間のトレーニングプログラムである。プログラムの対象として想定しているのは、事前にある程度の期間、本格的に走っていたランナーである。また前提として、2時間以上の持続的ランニングができること、そして週間走行距離125km以上のトレーニングをこなせることが必要である。MトレーニングとTトレーニングの適正ペースはVDOT一覧表で確認してほしい。Eデーと指定された日は1回か2回Eランニングを行うか、

表16.6 ■ 距離(km)を基準にした18週間プログラム

Part II フォーミュラを応用する

10 11 12
13 14 15
16 17 18

10 第10章 1シーズンの構築
11 第11章 800mのトレーニング
12 第12章 1,500mから2マイルまでのトレーニング
13 第13章 5kmと10kmのトレーニング
14 第14章 クロスカントリーのトレーニング
15 第15章 15kmから30kmまでのトレーニング
16 第16章 マラソンのトレーニング
17 第17章 ウルトラトレイルのトレーニング
18 第18章 トライアスロンのトレーニング

レースまで18週(80%)	17週(90%)	16週(80%)
E ペースL ランニング25〜30km（150分を上限とする）	E デー	ロードのレースに出てもよい。あるいはE 10分＋(T 3km・休2分)×4+E 30分
E デー	E 10分＋(T 5km・休3分)×2(TはMよりも8〜10秒/km速いペース)＋E 60分	E デー
E デー	E デー	E デー
E 10分＋15〜18km(目標M ペース)	E デー	L ランニング25〜30km(150分を上限とする)
E デー	E デー	E デー
E デー	E デー	E デー

15週(90%)	14週(100%)	13週(80%)
E デー	E デー	E デー
E 30分＋(T 1km・jg 400m)×5+E 30分	E デー	E デー
E デー	L ランニング30km(150分を上限とする)	E デー
E デー	E デー	E デー
E デー	E デー	E 20分＋(T 3km・休 2分)×4+E 60分
E 10分＋(T 3km・休 2分)×4+E 40分	E デー	E デー
E デー	E 10分＋M 15km+E 30分	E デー

12週(100%)	11週(90%)	10週(90%)
E デー	E 60分＋T 4km+E 30分＋T 3km+E 10分	E デー
E デー	E デー	E デー
E 30分＋M 18km+E 30分	E デー	E デー
E デー	E デー	E 30分＋M 20km+E 20分
E デー	E デー	E デー
E デー	L ランニング30〜35km(150分を上限とする)	E デー
E デー	E デー	E デー

9週(80%)	8週(90%)	7週(80%)
E 30分＋(T 3km・休 2分)×4+E 30分	E デー	E 10分＋M 20km
E デー	E デー	E デー
E デー	E デー	E デー
E デー	L ランニング30〜35km(150分を上限とする)	E デー
E デー	E デー	E デー
E 10分＋T 4km+E 10分＋T 4km+E 40分	E デー	E 10分＋(T 2km・休 2分)×5+E 60分
E デー	E デー	E デー

6週(100%)	5週(90%)	4週(80%)
E デー	L ランニング30〜35km(150分を上限とする)	E デー
E デー	E デー	E デー
E デー	E デー	E デー
E 10分＋(T 3km・休 2分)×4+E 10分	E デー	E 10分＋T 5km+E 10分＋T 4km+E 10分＋T 3km
E デー	E デー	E デー
E デー	E 20分＋M 10km+E 10分＋T 4km+E 10分	E デー
E デー	E デー	E デー

3週(70%)	2週(60〜70%)	1週
E 10分＋M 20km+E 50分	E デー	L 90分
E デー	E デー	E 60分
E デー	E デー	E 20分＋(T 2km・休 2分)×3+E 10分
E デー	E 30分＋(T 3km・休 2分)×3+E 20分	E 40分
E デー	E デー	E 30分
E 10分＋(T 2km・休 2分)×4+E 60分	E デー	E 30分　または休み(特に移動日の場合)
E デー	E デー	E 30分　(レース前日)

※訳者注：休は休息、jgはジョグを表す
Run SMART Project 設計のJack Daniels' Running Calculatorにより作成

必要に応じて休養日とする。目標とする週間走行距離に到達するには、**E**デーの練習を活用する。

　Qトレーニングの日は、4日か5日に1回入る。週末しか長めのトレーニングができない人は、多少曜日を動かしてもいいが、表に書かれている練習は極力すべて行うこと。

　まず、自分で妥当だと思う最大週間走行距離（P）を設定しよう。プログラムには、1週間で走破すべき距離を、Pに対する割合で示した。例えばPが120kmなら、80%と表示されている週は96kmに達する努力をすべきである。

　表16.6にプログラムの詳細を示した。融通のきくプログラムなので、練習をアレンジすればどんなスケジュールにも合わせることができる。いちばん大切なのは、Qトレーニングを、指定された日にできなかったとしても、順番どおりに行うことだ。

時間を基準にした18週間プログラム

　トレーニングは距離ベースではなく時間ベースにすることもできる。それは人によってはメリットにもデメリットにもなるが、すべての練習を時間ベースで表せば、自分の走りを感覚的につかめるようになり、今の1kmは何分だったかと正確なタイムをいちいち確認することもなくなる。自分で自分にかけているストレスが今どのくらいきついか／楽か、感覚としてわかるようになれば、レースで大きなアドバンテージとなるのは間違いない。起伏の多いコースや風の強い日だと、強度をタイムで判断することは難しくなるため、なおさらそのアドバンテー

表16.7 ■ 時間を基準にした18週間プログラム

レースまで	練習内容と時間(分)	レースまで	練習内容と時間(分)
18週	L 120〜150 TIR 15 - 10 - 5	7週	TIR 20 - 10 - 10 L 150
17週	EM 60 - 40 TL 40 - 60	6週	TIR 20 - 15 - 10
16週	TIR 20 - 15 - 6	5週	BigT* 20 - 20 - 15 - 12 - 6
15週	MT 60 - 15 L 120〜150	4週	L 150 I レース 5〜10km
14週	TIR 20 - 10 - 10	3週	ME 80 - 60
13週	TL 40 - 70 T レース 25km以下	2週	TL 40 - 80 T 40
12週	MT 80 - 15		L 90
11週	TIR 20 - 10 - 8 T 20 - 20 - 10 - 10		E 60 T 20
10週	T 40	1週	E 60 E 40
9週	TIR 20 - 15 - 10 L 150		E 30 または休み E 30
8週	MT 80 - 20		レース

※訳者注：Big Tとは、Tの量が多いことを意味する
Run SMART Project 設計のJack Daniels' Running Calculatorにより作成

Part
II
フォーミュラを
応用する

10 11 12
13 14 15
16 17 18

10 第10章
1シーズンの
構築

11 第11章
800mの
トレーニング

12 第12章
1,500mから
2マイルまでの
トレーニング

13 第13章
5kmと10kmの
トレーニング

14 第14章
クロスカントリー
のトレーニング

15 第15章
15kmから
30kmまでの
トレーニング

16 第16章
マラソンの
トレーニング

17 第17章
ウルトラトレイル
のトレーニング

18 第18章
トライアスロン
のトレーニング

偉大なランナー、アブディ・アブディラマンと競っているライアン・ホール（右）。私はこれまでに才能豊かな選手を何人も指導することができたが、ホールはそのなかでも、とりわけ生理学的な資質に恵まれていた。そして適切なトレーニングを意欲的に行うことによって、力を伸ばした。

ジは大きくなる。仮にコンディションがよくても、時間をベースにして各タイプのトレーニングをするように、私は指導している。そうすれば、ランニングの強度と自分の感覚とをうまく結びつけられるようになるからだ。

　時間をベースにした18週間プログラムでは、トレーニングタイプごとに練習の合計時間を示している。Lは長いEランニングである。Tは、ほとんどが断続的なランニングの合計時間である。例えば、T40はTランニングを合計で40分行うことを意味するが、5分×8、8分×5、10分×4などのバリエーションが考えられる（それぞれ1〜2分の休息を入れる）。TL40-70は、Tランニングを合計で40分（例えば10分・休息2分×4※）と、L（E）ランニングを70分行う、という意味である（※訳者注：この表記の形は、本訳書の表で断続的なランニングを示す場合に使うものである。この例では、Tランニング10分を2分の休息を合間に入れて4回繰り返すという意味）。

　TIR15-10-5は、Tランニング合計15分、Iランニング合計10分、Rランニング合計5分を行うという意味である（それぞれの例を挙げると、Tランニング：5分・休息1分×3、Iランニング：Hランニング2分・ランニングと同じ時間のジョグ×5、Rランニング：1分×5または400m×4〜5または200m×8〜10　［それぞれの休息はランニングの2倍の時間］、といった具合である）。

Mは目標とするマラソンペースである。MT80-20は、Mペースでの持続的ランニング80分と、Tランニング合計20分（例：5分・休息1分×4、または10分・休息2分×2）を行うという意味である。ME80-60は、Mペースでの持続的ランニング80分の直後にEランニングを60分行うことを表す。また、T_{レース} 25km以下と書いてあったら、週末に中程度の距離（15～25km）のレースを探し、見つからなければ、その週の練習の曜日を入れ替える。この前後の期間にレースを1つも入れない場合は、気に入っている練習を行う。

E、L、Mの練習には、ウォーミングアップは必要ない。しかし、Tランニングから始まる練習では、ウォーミングアップは必ず行うこと。練習が指定されていない日はすべてEデーである。目標とする週間走行距離に到達するには、このEデーで距離を稼ぐ（つまり到達するのであれば、Eデーは毎回走る必要はない）。このうち週2日は、ウィンドスプリント（WS）を6～8本追加する。各トレーニングのペースの関連性を示すと、TペースはMペースよりも1kmあたり約9～13秒（1マイルあたり15～20秒）速く、IペースはTペースよりも400mあたり6秒速く、RペースはIペースよりも400mあたり6秒速い。数字はすべて走る時間（分）を示している。

表16.7にプログラムの詳細を示した。融通のきくプログラムなので、練習をアレンジすればどんなスケジュールにも合わせることができる。いちばん大切なのは、Qトレーニングを、指定された日にできなかったとしても、順番どおりに行うことだ。

■ レース前12週間のプログラム

このプログラムでは、すべての週にQデーが2日入る（自分の都合に合わせて曜日を設定する）。そのほかの日はすべてEランニングである。目標とする週間走行距離に到達するには、このEランニングを活用する。表16.8に詳細を示したが、この表の2列目の数値は、その週に走るべき距離を、最大週間走行距離に対する割合で示したものである。

例えば、最大週間走行距離を150kmとした場合、2列目に80％と書かれてあれば、その週に目指す週間走行距離は120kmになる。最大週間走行距離はそのシーズンのピークとして妥当だと思う距離にすること。以下に紹介する練習内容は低地での練習である。標高2,130m程度（7,000フィート）の高地であれば、Rペースは低地と同じでよいが、M、T、Iの各ペースは低地よりも400mあたり4秒ずつ（1kmあたり10秒ずつ）遅くする。トレーニングペースは、風や気温、悪路など、コンディションに合わせて調節すること。

トレーニングペースを、VDOTを使わずに決定する場合は、目標Mペースを現実的なペースにすることが必要だ。そして、そのMペースから各トレーニングの最終的なペースを設定する。TペースはMペースよりも1kmあたり約9秒（1マイルあたり15秒）速いペース、IペースはTペースよりも400mあたり6秒速いペース、RペースはIペースよりも200mあたり3秒速いペースである。

表16.8に、レース前12週間のトレーニングプログラムを示した。Qトレーニングを週に2回行うきついプログラムである。この2回のQトレーニングはスケジュールや天気に合わせてどの曜日に配置してもよいが、そのあいだにEデーを少なくとも2日は入れるようにしよう。

表16.8 ■レース前12週間のプログラム

レースまで	最大走行距離に対する割合		練習内容	合計距離	トレーニングタイプ
12週	80〜100%	Q1	E 6.4km+M 12.8km+T 1.6km+M 9.6km+T 1.6km+E 3.2km	35.2km	MT
		Q2	E 3.2km+T 6.4km+E 4分+T 4.8km+E 3分+T 3.2km+E 2分+T 1.6km+E 3.2km	24.0km	T
11週	90%	Q1	E 3.2km+T 6.4km+E 16km+(T 3.2km・休2分)×2+E 3.2km	35.2km	TLT
		Q2	E 3.2km+[(I 1km・jg 2分か4分)×6または(I 1.6km・jg 2分か4分)×4]+(R 400m・E 3分)×4+E 3.2km	20.8km	IR
10週	80%	Q1	E 32km	32.0km	L
		Q2	ビルドアップ走19.2km(徐々にペースアップし、ラスト4.8kmをTペースで走る)+E 3.2km	22.4km	T
9週	100%	Q1	E 9.6km+M 9.6km+T 1.6km+M 9.6km+T 1.6km+E 3.2km	35.2km	M T
		Q2	E 3.2km+T 8km+E 5分+T 6.4km+E 4分+T 4.8km+E 3分+T 1.6km+E 3.2km	30.0km	Big T※
8週	90%	Q1	E 3.2km+T 6.4km+E 16km+T 6.4km+E 3.2km	35.2km	TLT
		Q2	E 3.2km+(I 1.6km・jg 4分)×3+(I 1km・jg 2分)×3+E 3.2km	16.0km	I
7週	70%	Q1	E 35.2km	35.2km	L
		Q2	E 12.8km+M 12.8km+T 1.6km+M 6.4km+T 1.6km+M 1.6km	36.8km	MT
6週	100%	Q1	ビルドアップ走16.0km(徐々にペースアップし、ラスト6.4kmをT ペースで走る)+E 3.2km	19.2km	T
		Q2	E 3.2km+T 8km+E 5分+T 6.4km+E 4分+T 4.8km+E 3分+T 3.2km+E 2分+T 1.6km+E 3.2km	33.6km	Big T※
5週	80%	Q1	E 3.2km+T 6.4km+E 16km+(T 3.2km・休2分)×2+E 3.2km	35.2km	TLT
		Q2	E 3.2km+(I 1km・jg 2分)×6+(R 400m・jg 400m)×4+E 3分	17.6km	IR
4週	70%	Q1	E 35.2km	35.2km	L
		Q2	E 3.2km+(T 1.6km・jg 1分)×3+(I 1km・jg 2分)×3+(R 400m・jg 400m)×3+E 3.2km	17.6km	TIR
3週	70%	Q1	E 9.6km+M 9.6km+T 1.6km+M 9.6km+T 1.6km+E 3.2km	35.2km	MT
		Q2	E 3.2km(T 3.2km・jg 2分)×4+E 3.2km	19.2km	T
2週	—	Q1	E 3.2km+[(T 3.2km・jg 2分)×3または(T 4.8km・jg 2分)×2]+E 16km	28.8km	TL
		Q2	E 3.2km+(T 3.2km・jg 2分)×3+E 3.2km	16.0km	T
1週	—		7日前(Q1):E 90分	20.8km	E
			6日前:E 60分	14.4km	E
			5日前(Q2):E 3.2km+(T 1.2km・jg 2分)×4+E 3.2km	11.2km	T
			4日前:E 50分	11.2km	E
			3日前:E 30〜40分	9.6km	E
			2日前:E 0〜20分	4.8km	E
			1日前(レース前日):E 20〜30分	4.8km	E

※訳者注：・距離は原著のマイル表示を1マイル=1.6kmとしてキロメートルに換算
・休は休息、jgはジョグを表す
・合計距離は時間ベースのランニングも含むため概算である
・Big Tとは、Tの量が多いことを意味する

Run SMART Project 設計のJack Daniels' Running Calculatorにより作成

10 第10章 1シーズンの構築
11 第11章 800mのトレーニング
12 第12章 1,500mから2マイルまでのトレーニング
13 第13章 5kmと10kmのトレーニング
14 第14章 クロスカントリーのトレーニング
15 第15章 15kmから30kmまでのトレーニング
16 第16章 マラソンのトレーニング
17 第17章 ウルトラトレイルのトレーニング
18 第18章 トライアスロンのトレーニング

ウルトラトレイルの
トレーニング

すべてをレースパフォーマンスにつなげよう。

ウルトラトレイルのレースは、今やすっかりポピュラーな存在となった。そのいっぽうで、私の知るかぎり、広範な研究がされていない種目でもある。長いという意味ではアイアンマンもウルトラトレイルも同じだが、アイアンマンは3つのスポーツから成る複合競技、ウルトラトレイルは、ひたすら走る（そして時おり歩く）競技である。

残念ながら、私にはウルトラトレイルの指導経験はない。しかし、トレイルに転向する前のマグダレナ・レヴィ・ブーレを指導できたことは、私の誇りである。この俊英が39歳にしていくつもの種目で自己ベストを更新する姿を、私はコーチとして目撃することができた。彼女が達成した素晴らしい記録（1,500m、5,000m、マラソン）はすべて、おおよそVDOT68に相当する。参考までに、第5章のVDOT一覧表（p.76）を見てもらいたい。事実、マラソンで2時間26分をマークした彼女は、アメリカ代表としてオリンピックの舞台を踏むことができた。そしてトレイルランナーとしても、アメリカのみならず、世界中のメジャーレースで勝利を重ねている。

その豊富な経験から貴重な情報を聞き出すため、私はウルトラトレイルのトレーニングとレースについて、彼女にインタビューを行った。以下はそのQ&Aである。

Q：レースに向けたトレーニングでは、どのくらい（時間または距離）のロング走が標準的？

A：それは目指すレースの距離によります。50マイルや100マイル程度（80〜160km）のレースなら、毎週行うロング走の長さは2時間半〜4時間半程度です。距離はその時の体力と走る場所で変わります。1ヵ月か2ヵ月に一度、レースやイベントという場を借りて、もっと長く（50kmまたは100km）走るのもいいと思います。また、時おり（1ヵ月に一度）、バックトゥバック（2日連続）でロング走をすることもあります。その場合、土曜日に3〜4時間走り、日曜日に2〜3時間走ります。

Part
II
フォーミュラを
応用する

10 11 12
13 14 15
16 **17** 18

10 第 10 章

1シーズンの
構築

11 第 11 章

800mの
トレーニング

12 第 12 章

1,500mから
2マイルまでの
トレーニング

13 第 13 章

5kmと10kmの
トレーニング

14 第 14 章

クロスカントリー
のトレーニング

15 第 15 章

15kmから
30kmまでの
トレーニング

16 第 16 章

マラソンの
トレーニング

17 第 17 章

ウルトラトレイル
のトレーニング

18 第 18 章

トライアスロン
のトレーニング

レースの終盤はブーレのようなウルトラランナーにとって、今までのトレーニングのすべてが報われるときだ。（写真は北京オリンピックマラソン代表選考レース）

Q：ロング走の頻度は？

A：回復の週でないかぎり、毎週1回です。たまに2回の週もあります。

Q：ロング走のペースは？

A：まったく速くありません。とにかくウルトラトレイルは、おそろしく長い時間、足を使う競技、それもできるだけ心地よい状態で足を使おうとする競技ですから。何時間ものあいだ、適切に燃料を使えるようになる（そう身体に覚え込ませる）こともポイントになりま

229

す。そもそもロング走の多くは起伏の激しいところで行っていますし、アップダウンのあるレースを控えていればなおさらです。急勾配で効率的なパワーハイクができるよう、じっくりと時間をかけて練習している、というわけです。

Q：1日のなかでロング走をするタイミングは？

A：ずっと朝いちばんにしています。それが自分の生活にも合っているので。でも、20時間以上かかるレースなら、夕方遅くか夜間にトレーニングをするのもいいと思います。1日起きていたあとだと、脳の働き方も違ってくるので、そういったときのメンタルの状態を経験するのもいいことなのです。それに、暗闇のなかでヘッドライトをつけて走るのに慣れておく、という意味もあります。私はよく通勤ランニングをします。1日中仕事をしたあとは、たいてい精神的に疲れていますが、脳が疲労している状態で走ると、後半ステージのいいシミュレーションにもなるんです。

Q：普段は1日に何回走る？

A：1日に1、2回、週6日走っていますが、週1日は休養日にして、十分回復するようにしています。毎日予定が詰まっているので、平日は通勤ランニングをよくしています。

Q：毎週だいたいどれくらいの時間、走っている？

A：週10〜14時間というのが標準的ですね。週末にバックトゥバックのロング走をするときは、1週間の練習時間の半分近くが週末に集中することになります。

Q：レペティション（200m、400m）はする？

A：はい、します。全般的な体力を向上させるために、レペティションは非常に重要な練習だと思っています。遅いペースで走っているときに、以前より強くなったと感じるのもレペティションのおかげだと思います。毎週、速い動きのランニングをすると、いい気分転換にもなります。たいていは短い距離（200m）で、8〜12本繰り返します。

Q：インターバルトレーニングやTトレーニングは？

A：Tトレーニングは大好きです。私のトレーニングの要です。トレッドミルに傾斜をつけてすることも、けっこうあります。これはどちらかというと、レースのタイプに特化したトレーニングです。

Q：Rトレーニング・Tトレーニングの頻度と量は？

A：Rトレーニングはほとんどが200mで、だいたい8〜12本、これを週1回行います。Tトレーニングも週1回。TペースつまりT強度でのランニングは合計30から60分です。5分、10分、15分といった時間に区切って走っています。

Q：目標レースよりも短い距離のレースは走る？

A：はい。50マイル（80km）や100マイル（160km）のレースのトレーニングとして、マラソンや50kmのレースに出ることは、よくあります。

Q：どのくらいの距離をウルトラとみなす？

A：定義としては、マラソンより少しでも長ければ、ウルトラです。ただ、実質50kmから先をウルトラとするのが、一般的です。

Q：レースの栄養補給として何か特別な準備をする？

A：もちろんします。ウルトラトレイルの成否を決めるのは食事です。適切な計画を立てて十

Part
II
フォーミュラを
応用する

10 11 12
13 14 15
16 17 18

10 第10章
1シーズンの
構築

11 第11章
800mの
トレーニング

12 第12章
1,500mから
2マイルまでの
トレーニング

13 第13章
5kmと10kmの
トレーニング

14 第14章
クロスカントリー
のトレーニング

15 第15章
15kmから
30kmまでの
トレーニング

16 第16章
マラソンの
トレーニング

17 第17章
ウルトラトレイル
のトレーニング

18 第18章
トライアスロン
のトレーニング

トレイルランナー、スカイランナー、長距離ランナーとして圧倒的な力を誇るキリアン・ジョルネは、ウルトラトレイルレースの記録をことごとく塗り替えてきた。競技への熱い想いと、新たな景色を発見したいという渇望が、トレーニングの原動力だ。

分に栄養・水分を補給することが必要です。これほど結果を左右するものはありません。トレーニングやレースに必要なものを戦略的に補給できるよう、ランナーが自分で計画を考えなければならないのです。そしてその計画は条件によって変わります。大きく影響するのは、レースの合計距離、地形、天候です。50kmと100kmとでは大違いですし、地形には標高の問題も関わってきます。暑さも難敵です。

Q：普段のトレーニングの栄養補給で特に気をつけることは？

A：栄養補給計画をどう実行するかが鍵です。適切な栄養素を、適切なタイミングで十分に摂ることで、トレーニングから最大限に回復し、身体の応答を促すことができます。食事もトレーニングのうち、ということです。そのほか、気をつけるポイントをまとめました。

- **栄養補給のタイミングは戦略的に**：タイミングがポイント！　脂肪、繊維質、タンパク質は練習の直前は減らしますが、そのほかの時間は増やしましょう。糖は、高強度の運動や超長時間の運動をするときの主役です。身体が何よりも燃料として欲するのです。1日に2回以上練習をする日は練習のあいだに必ずグリコーゲンの補充をしましょう。回復するための栄養素は、ヘビーな練習には欠かせません。筋肉の修復のために十分なタンパク質を摂ることは非常に重要です。
- **腸を鍛える**：主な栄養分（糖、電解質、水分）を摂りながら運動をすると、腸の吸収

能力が向上し、消化関係にトラブルが起きるリスクも減ります。

- **レース別の補給計画を**：レースでは何事も運任せにしないように！　レース前、レース中、レース後に食べるものが、きちんとわかっていること（計画を立てるということです）。ただし、計画を立てるだけでなく、練習もしましょう。身体がいちばん受けつけるものは何か、練習して確認するのです。食品の形状（固形物か、液状か、ジェルか）、フレーバーは何が自分に合うでしょうか。レースにできるだけ近い状況を作り出して練習すれば、肝心の本番でうまくいく可能性も高まります。

Q：同じウルトラトレイルのレースを何回もリピートするのは普通？

A：普通ですね。トレイルは運営の素晴らしいレースが多いんです。レース自体が小さなコミュニティです。トレイルランナーの多くが、毎年レースを開催しています。開催地は自分たちのコミュニティのなかであったり、どこか別のお気に入りの場所だったり。ときには開催できないこともありますが、その場合は他のレースのサポートにまわります。率先してエイドステーションを運営するなど、何らかの形で支援します。

Q：補助的トレーニング（ウエイトトレーニングやストレッチ）に関しては？

A：もちろん補助的トレーニングは行っています。コアエクササイズ、バランスエクササイズ、スタビリティエクササイズを、毎週少なくとも2回か3回はしています。ロング走のあとにウエイトベストを着けてハイキング、ということもよくやります。身体の可動域を広く保つことも重要です。そのために毎週3回は、アクティブ・アイソレーテッド・ストレッチ※をしています（※訳者注：ある筋肉を収縮させると反対側の筋肉[拮抗筋]が弛緩するというメカニズムを利用したストレッチ。例えばハムストリングスをストレッチしたい場合は、拮抗筋である大腿四頭筋を収縮させる。保持する時間は2〜3秒程度と短い。これを何回も繰り返す）。

Q：大きなレースの参加者数は？

A：私の知るかぎり、アメリカのメジャーレースでは200〜400名程度に絞られます。国立公園局、国有林局、土地管理局のいずれかの規制がかかるためです。これより参加人数の多いウルトラトレイルのレースはそう多くはありません。規模の大きい大会のほとんどは、エントリーは抽選によって決まりますが、ウェスタン・ステーツなどのレースはエントリーに何年もかかることがあります。その反対がウルトラトレイル・デュ・モンブラン（UTMB）。UTMBは、イタリア、フランス、スイスの有名なトレイルを巡る、世界でも指折りの難しいレースですが、2,500名の参加者数を誇る世界最大級のウルトラトレイルルースでもあります。フランス・シャモニーをベースに1週間開催されるランニングフェスティバルの一環として行われています。

Q：ウルトラトレイルのレースはほとんどが1日で終わる？　それとも2日以上が多い？

A：ほとんどは24時間かからずに終わります。カレンダーに載っているレースのほとんどは、50kmから100kmまでの大会です。とはいえ100マイルのレースも人気があり、完走に24時間以上かける人も大勢います。そのほか、何日にもわたって行われるレースもたくさんあります。実際、私自身もいくつか走りました。数日かかるレースの代表格はモロッ

コのサハラマラソンでしょう。参加者は1,000名にのぼります。個人的に気に入っているのは、コロラドのトランスロッキー・ラン。120マイルを走破する6日間のステージレースで、ロッキーのなかでも特に風光明媚なエリアをつなぐコースです。このタイプのレースでは珍しく食糧も寝る場所も用意されます。コースの美しさも相まって、人気の高いレースです。

Q：ウルトラトレイルランナーのバックグラウンドとは？ どんな人がウルトラトレイルに挑戦するのか？

A：普通、ウルトラトレイルからはランニングを始めません。トレイルランナーのほとんどは、高校のクロスカントリーから競技を始めた人か、大人になってからロードレースに出るようになった人です。最近多いのは、バケットリスト（人生でやっておきたいこと）の1つとしてマラソンの完走を目指し、その次のチャレンジとしてウルトラトレイルに移行する人たちです。他のどこにもないような場所を探検したり、途方もない距離に挑戦したり、誰かとではなく自分で自分に課したタイムと競ったり。トレイルランナーの大部分は、そういうことに惹かれるのです。体型、年齢、身体の大きさは、人によってさまざまです。

サハラマラソンは、モロッコのサハラ砂漠を7日間かけ横断する230～250kmのステージレースだ。参加者は、食べ物や寝具などを詰めたバックパックを背負いレースを進める。

Part
Ⅱ
フォーミュラを応用する

10 11 12
13 14 15
16 17 18

10 第10章
1シーズンの構築

11 第11章
800mのトレーニング

12 第12章
1,500mから2マイルまでのトレーニング

13 第13章
5kmと10kmのトレーニング

14 第14章
クロスカントリーのトレーニング

15 第15章
15kmから30kmまでのトレーニング

16 第16章
マラソンのトレーニング

17 第17章
ウルトラトレイルのトレーニング

18 第18章
トライアスロンのトレーニング

Part
II
フォーミュラを
応用する

10 11 12
13 14 15
16 17 18

第18章

トライアスロンの
トレーニング

少しペースを落としたほうが、
早くフィニッシュラインに
たどり着くこともある。

ト ライアスロンは、3つの独立した種目から成るスポーツである。スイム、バイク、ラン。通常はこの順番で競技を行う。3つの種目をこなさなければならないため、大会に向けたトレーニングでは、オールラウンドの体力が求められる。なかでもランのパートは最後だ。力強く走るためには、疲労度がかなり高まったあとでもおしていける体力が必要である。

トライアスリートには、たいてい得意な種目と苦手な種目の両方があるものだ。また、3つの種目のトレーニングには、どれも相当の時間がかかる。私自身も、かつては複合競技の選手だった。近代五種の選手として世界選手権には三度、オリンピックには二度、出場した経験がある。近代五種は、フェンシング、水泳、馬術、レーザーラン（射撃＋クロスカントリーランニング）を1人でこなす競技である。5つの種目を1つのトレーニングプログラムに組み込むベストの方法を編み出すには、かなり時間がかかった。

陸軍で兵役に就きながら近代五種の競技生活を送っていた4年間、私はさまざまなトレーニング方法を体験した。陸軍でのトレーニングには多くの時間がとられ、週6日、ほとんどの時間がトレーニングに消えた。我々の1日は、2時間（朝6時から8時まで）の馬術の練習から始まる。その後は朝食をとるための休憩時間が1時間あり、それが終わればフェンシングの練習が2時間。その後、水泳1時間半、昼食、休憩2時間、射撃と2回目のフェンシングまたは馬術の練習を数時間、夕食と続く。そして仕上げは就寝前の1時間のランニングだ。

陸軍所属の選手は、それぞれの得手不得手にかかわらず、全員同じスケジュールをこなすのが義務であった。誰もが同じことを行い、しかもランで1日を締めくくる。それがこの陸軍プログラムの悪い点だ。ランが苦手な者にとって、2時間馬術、2時間フェンシング、1時間以上の水泳をこなしてからのランニングは、特にこたえた。

私は陸軍での4年間を過ごしたあとも、トレーニングを続けた。外国（2ヵ国）を含む数か所の大学院で研究生活を送ったが、そのあいだも近代五種の選手として活動したのである。し

Part
II
フォーミュラを
応用する

10 11 12
13 14 15
16 17 18

Tom Pennington/Getty Images for IRONMAN

ティム・オドネル。2019年アイアンマン世界選手権(ハワイ、コナ)ではアメリカ人選手として史上最速のタイムでフィニッシュし、2位となった。その成功の鍵は、1年をとおして行うベーストレーニングにある。1日の練習時間は合計で5時間、休養日は週に1日(そのうち3週に1日は完全に休養)。レース前の1ヵ月間はそのベーストレーニングをさらに強化している。

かしスウェーデンに留学していたころは、毎日体操の授業があり、秋学期には毎週土曜日にオリエンテーリングの大会があったため、トレーニングに充てられる時間はほんのわずかしかなかった。1週間のスケジュールは、馬術と射撃が1日、フェンシングが2日、早朝水泳が5日。そしてランニングは、場合によっては毎日行い、昼食の時間を充てることも珍しくなかった。こうしてトレーニングの時間は減ったが、それでも馬術と射撃は以前のレベルを保ち、水泳とランニングは、むしろレベルアップした。おそらく、陸軍にいたころよりも休みを多くとり、練習と練習のあいだの回復の時間を増やしたからだろう。

　私が現役だったころ、近代五種の試合は1日1種目ずつ5日間という日程で行われていた。そのため、5種目のトレーニングを行う順番など気にする必要はなかった。しかしトライアスロンは違う。間違いなく、次の種目への移行を繰り返し経験することが鍵となる。スイムから

表18.1■トライアスロン6週間スケジュール

スケジュールA

曜日		セッション内容
日曜日	午前	スイム：E 30分
	午前後半	バイクE 60〜90分
	午後	ラン：E 60分
月曜日	午前	スイム：I ＋ ラン：E 30〜45分
	午後	補助的トレーニング（第9章参照）
火曜日	午前	バイク：快適なペースで90〜120分
	午後	ラン：60分（後半30分はT ペース）
水曜日	朝	ラン：E 60分＋ スイム：E 30〜60分
	午後	バイク：E 60〜90分
木曜日	午前	スイム：(H 2分＋ E 1分)×5
	午後	ラン：E 40分＋ R 1.6〜3.2km(200mを繰り返した合計)
金曜日	午前	バイク：120分＋ ラン： E 60分（ブリックトレーニング）※※
土曜日	午前	ラン：E 120分
	午前または午後	スイム：T 60分

スケジュールB

曜日		セッション内容
日曜日	午前	スイム：I (H とE を織り交ぜて約1.6km)
	午後	ラン：I：(H 800m・jg 2分)×6
月曜日	午前	スイム：E 60分
	午後	バイク：E 120分
火曜日	午前	バイク：E 90分
	午後	ラン：クルーズインターバル：(T 1.6km・休1分)×5
水曜日	午前	ラン：E 90分
	午後	スイム：I：(H 200m・E 100m)×5
木曜日	午前	スイム：E 60分＋ バイク：120分（ブリックトレーニング）
金曜日	午前	バイク：E120分＋ ラン：(T 20分・休3分)×2
土曜日	午前	ラン：E 120分
	午後	スイム：E 60分（あまり間を置かずに行う）

スケジュールC

曜日		セッション内容
日曜日	午前	スイム：I：(H 200m・E 100m)×5
	午後	ラン：クルーズインターバル：(T 1.6km・休1分)×5
月曜日	午前	スイム：(T 300m・リカバリー50m)×3
	午後	バイク：E 120分
火曜日	午前	バイク：E 120分（前の日の午後と合わせて240分）
	午後	ラン：I：(H 3分・jg 1分)×6
水曜日	午前	ラン：E 90分
	午後	スイム：I：(H 200m・E 100m)×5
木曜日	午前	スイム：(T 300m・リカバリー50m)×3
	午後	バイク：E 120分
金曜日	午前	バイク：E 90分
	午後	ラン：I：(H 3分・jg 1分)×6
土曜日	午前	ラン：E 60分
	午後	スイム：E 60分＋ バイク：E 60分（ブリックトレーニング）

※表中太字で示した英文字はトレーニングの強度またはタイプを表す
※※2種目のトレーニングを立て続けに行うこと

Gary Newkirk / Allsport / Getty Images

「クイーン・オブ・コナ」の称号を持つポーラ・ニュービー・フレイザーは、アイアンマン世界選手権で過去8回優勝したほか、21回、アイアンマンレースでタイトルを獲得している。彼女がトライアスリートに勧めるのは、現実の日常生活を考えてトレーニングプログラムを組むことだ。目標とする距離は毎週、効率的に、なおかつゆとりを持ってこなす。それは水のなか、バイクの上、ロードの上、どこでも同じだ、と彼女は言う。

Part
II
フォーミュラを
応用する

10 11 12
13 14 15
16 17 18

10 第10章
1シーズンの
構築

11 第11章
800mの
トレーニング

12 第12章
1,500mから
2マイルまでの
トレーニング

13 第13章
5kmと10kmの
トレーニング

14 第14章
クロスカントリー
のトレーニング

15 第15章
15kmから
30kmまでの
トレーニング

16 第16章
マラソンの
トレーニング

17 第17章
ウルトラトレイル
のトレーニング

18 第18章
トライアスロン
のトレーニング

バイク、そしてバイクからランへと種目が変われば、身体が受ける負担も変化する。その変化に対する身体の反応を感じ取る練習をするのである。

要するにトレーニングは、スイム、バイク、ランの順番で練習するように計画を立てれば、理にかなうというわけだ。ただし、ランは常に前の2種目で疲労した状態からスタートする。つまり、他の種目の練習から完全に回復しないうちに練習を開始してもよい、ということである。とはいえ、ときには身体が休まり疲労もとれた状態で練習をしたほうがいい。こうしたフレッシュな感覚で練習をするときに最適なのは、T強度の練習か、長いEランニングである。

トライアスロンのトレーニングには2つのタイプが要る。まずは、疲労がさほど残っていないフレッシュな状態で各種目の練習をすることが重要である。しかし、バイクやランがスタートするころにはすでに疲労していることを考えると、レースの状況をシミュレーションすることも求められる。よって、ランの練習は、バイクの練習の直後に入れる。

表18.1に6週間のトレーニングスケジュールを示したが、これは種目の移行を体感できるように作成したものである。例えばこのなかのスケジュールCを見ると、火曜日から土曜日の午前のセッションは、前日の午後のセッションと種目が同じであり、午後には別の種目に移行していることがわかる。

表18.1には、午前のセッション、午後のセッション、とさまざまな練習の組み合わせを示した。ざっと目を通したあと、同じ週のセッションのなかからいくつかエクササイズを抜き出して組み合わせてもいい。どのスケジュールも、午後のセッションのなかには、練習する種目を1つに絞り、それと同じ種目を翌日の午前に再び練習するように設定していることがある。その目的は、運動ストレスを同じ身体システムに与えるためである。翌日の午前のトレーニングは、非常にきついセッションの終盤のように感じるが、これは一晩休んでも前日の午後のセッションから完全には回復できないからだ。

トライアスロンのような複合競技のトレーニングには、何通りもの方法がある。したがって、ある選手にとってベストなトレーニングであっても、そのほかの選手にとってもベストとはかぎらない。本章でも異なるアプローチを示したので、何が自分にとってのベストか、自分自身で確認してほしい。

表A ■ タイム換算表

分：秒/400m	秒/400m	m/秒	m/分	秒/100m	分：秒/1,000m
7:00	420	0.95	57	105.0	17:30
6:45	405	0.99	59	101.3	16:52
6:30	390	1.03	62	97.5	16:15
6:15	375	1.07	64	93.8	15:37
6:00	360	1.11	67	90.0	15:00
5:50	350	1.14	69	87.5	14:35
5:40	340	1.18	71	85.0	14:10
5:30	330	1.21	73	82.5	13:45
5:20	320	1.25	75	80.0	13:20
5:10	310	1.29	77	77.5	12:55
5:00	300	1.33	80	75.0	12:30
4:50	290	1.38	82	72.5	12:05
4:40	280	1.43	85	70.0	11:40
4:30	270	1.48	88	67.5	11:15
4:20	260	1.54	92	65.0	10:50
4:10	250	1.60	96	62.5	10:25
4:00	240	1.67	100	60.0	10:00
3:50	230	1.74	104	57.5	9:35
3:40	220	1.82	109	55.0	9:10
3:30	210	1.90	114	52.5	8:45
3:20	200	2.00	120	50.0	8:20
3:10	190	2.11	126	47.5	7:55
3:00	180	2.22	133	45.0	7:30
2:50	170	2.35	141	42.5	7:05
2:40	160	2.50	151	40.0	6:40
2:30	150	2.67	160	37.5	6:15
2:20	140	2.86	171	35.0	5:50
2:10	130	3.08	185	32.5	5:25
2:00	120	3.33	200	30.0	5:00
1:50	110	3.64	218	27.5	4:35
1:45	105	3.81	229	26.3	4:22
1:40	100	4.00	240	25.0	4:10
1:35	95	4.21	253	23.8	3:57
1:30	90	4.44	267	22.5	3:45
1:25	85	4.71	282	21.3	3:32
1:20	80	5.00	300	20.0	3:20
1:15	75	5.33	320	18.8	3:07
1:10	70	5.71	342	17.5	2:55
1:05	65	6.15	369	16.3	2:42
1:00	60	6.67	400	15.0	2:30
0:58	58	6.90	414	14.5	2:25
0:56	56	7.14	429	14.0	2:20
0:54	54	7.41	444	13.5	2:15
0:53	53	7.55	453	13.2	2:12
0:52	52	7.69	462	13.0	2:10
0:51	51	7.84	471	12.8	2:07
0:50	50	8.00	480	12.5	2:05
0:49	49	8.16	490	12.2	2:02
0:48	48	8.33	500	12.0	2:00
0:47	47	8.51	511	11.7	1:57

表B ■ ペース換算表

マイル時速（mph）	時速（km/時）	分：秒/1,000m	分：秒/マイル	秒/400m
1.0	1.61	37:17	60:00	895
2.0	3.22	18:38	30:00	447
3.0	4.83	12:26	20:00	298
4.0	6.44	9:19	15:00	224
5.0	8.05	7:27	12:00	179
6.0	9.66	6:13	10:00	149
7.0	11.27	5:20	8:34	128
8.0	12.87	4:40	7:30	112
9.0	14.48	4:09	6:40	99
10.0	16.09	3:44	6:00	89
11.0	17.70	3:23	5:27	81
12.0	19.31	3:06	5:00	75
13.0	20.92	2:52	4:37	69
14.0	22.53	2:41	4:17	64
15.0	24.14	2:29	4:00	59.6
16.0	25.75	2:20	3:45	55.9
17.0	27.36	2:12	3:32	52.6
18.0	28.97	2:04	3:20	49.7
19.0	30.58	1:58	3:09	47.1
20.0	32.19	1:52	3:00	44.7
21.0	33.80	1:47	2:51	42.6
22.0	35.41	1:42	2:44	40.7
23.0	37.01	1:37	2:37	38.9
24.0	38.62	1:33	2:30	37.3
25.0	40.23	1:29	2:24	35.8
26.0	41.85	1:26	2:18	34.4
27.0	43.45	1:23	2:13	33.1
28.0	45.06	1:20	2:09	32.0
29.0	46.67	1:17	2:04	30.9
30.0	48.28	1:15	2:00	29.8
31.0	49.89	1:12	1:56	28.9
32.0	51.50	1:10	1:52	28.0
33.0	53.11	1:08	1:49	27.1
34.0	54.72	1:06	1:46	26.3
35.0	56.33	1:04	1:43	25.6
36.0	57.94	1:02	1:40	24.9
37.0	59.55	1:00	1:37	24.2
38.0	61.16	0:59	1:35	23.6
39.0	62.76	0:57	1:32	22.9
40.0	64.37	0:56	1:30	22.4
41.0	65.98	0:55	1:28	21.8
42.0	67.59	0:53	1:26	21.3
43.0	69.20	0:52	1:24	20.8
44.0	70.81	0:51	1:22	20.3
45.0	72.42	0:50	1:20	19.9
46.0	74.03	0:49	1:18	19.5
47.0	75.64	0:48	1:17	19.0
48.0	77.25	0:47	1:15	18.6
49.0	78.86	0:46	1:13	18.3
50.0	80.47	0:45	1:12	17.9

同じペースで走った場合の各距離のタイム

400m	1,000m	1マイル	3,000m	5,000m	10,000m	15km	10マイル	20km	ハーフ マラソン	マラソン
50	2:05	3:21	6:15	10:25	20:50	31:15	33:31	41:40	43:57	1:27:54
51	2:07	3:25	6:22	10:37	21:15	31:52	34:12	42:30	44:50	1:29:40
52	2:10	3:29	6:30	10:50	21:40	32:30	34:52	43:20	45:42	1:31:25
53	2:12	3:33	6:37	11:02	22:05	33:07	35:32	44:10	46:35	1:33:10
54	2:15	3:37	6:45	11:15	22:30	33:45	36:12	45:00	47:28	1:34:56
55	2:17	3:41	6:52	11:27	22:55	34:22	36:53	45:50	48:21	1:36:41
56	2:20	3:45	7:00	11:40	23:20	35:00	37:33	46:40	49:13	1:38:27
57	2:22	3:49	7:07	11:52	23:45	35:37	38:13	47:30	50:06	1:40:12
58	2:25	3:53	7:15	12:05	24:10	36:15	38:53	48:20	50:59	1:41:58
59	2:27	3:57	7:22	12:17	24:35	36:52	39:33	49:10	51:52	1:43:43
60	2:30	4:01	7:30	12:30	25:00	37:30	40:14	50:00	52:44	1:45:29
61	2:32	4:05	7:37	12:42	25:25	38:07	40:54	50:50	53:37	1:47:14
62	2:35	4:09	7:45	12:55	25:50	38:45	41:34	51:40	54:30	1:49:00
63	2:37	4:13	7:52	13:07	26:15	39:22	42:14	52:30	55:23	1:50:45
64	2:40	4:17	8:00	13:20	26:40	40:00	42:55	53:20	56:15	1:52:31
65	2:42	4:21	8:07	13:32	27:05	40:37	43:35	54:10	57:08	1:54:16
66	2:45	4:25	8:15	13:45	27:30	41:15	44:15	55:00	58:01	1:56:02
67	2:47	4:29	8:22	13:57	27:55	41:52	44:55	55:50	58:54	1:57:47
68	2:50	4:33	8:30	14:10	28:20	42:30	45:36	56:40	59:46	1:59:33
69	2:52	4:37	8:37	14:22	28:45	43:07	46:16	57:30	1:00:39	2:01:18
70	2:55	4:41	8:45	14:35	29:10	43:45	46:56	58:20	1:01:32	2:03:04
71	2:57	4:45	8:52	14:47	29:35	44:22	47:36	59:10	1:02:24	2:04:49
72	3:00	4:49	9:00	15:00	30:00	45:00	48:16	1:00:00	1:03:17	2:06:35
73	3:02	4:53	9:07	15:12	30:25	45:37	48:57	1:00:50	1:04:10	2:08:20
74	3:05	4:57	9:15	15:25	30:50	46:15	49:37	1:01:40	1:05:03	2:10:06
75	3:07	5:01	9:22	15:37	31:15	46:52	50:17	1:02:30	1:05:55	2:11:51
76	3:10	5:05	9:30	15:50	31:40	47:30	50:57	1:03:20	1:06:48	2:13:37
77	3:12	5:10	9:37	16:02	32:05	48:07	51:38	1:04:10	1:07:41	2:15:22
78	3:15	5:14	9:45	16:15	32:30	48:45	52:18	1:05:00	1:08:34	2:17:08
79	3:17	5:18	9:52	16:27	32:55	49:22	52:58	1:05:50	1:09:26	2:18:53
80	3:20	5:22	10:00	16:40	33:20	50:00	53:38	1:06:40	1:10:19	2:20:39
81	3:22	5:26	10:07	16:52	33:45	50:37	54:19	1:07:30	1:11:12	2:22:24
82	3:25	5:30	10:15	17:05	34:10	51:15	54:59	1:08:20	1:12:05	2:24:10
83	3:27	5:34	10:22	17:17	34:35	51:52	55:39	1:09:10	1:12:57	2:25:55
84	3:30	5:38	10:30	17:30	35:00	52:30	56:19	1:10:00	1:13:50	2:27:41
85	3:32	5:42	10:37	17:42	35:25	53:07	57:00	1:10:50	1:14:43	2:29:26
86	3:35	5:46	10:45	17:55	35:50	53:45	57:40	1:11:40	1:15:36	2:31:12
87	3:37	5:50	10:52	18:07	36:15	54:22	58:20	1:12:30	1:16:28	2:32:57
88	3:40	5:54	11:00	18:20	36:40	55:00	59:00	1:13:20	1:17:21	2:34:43
89	3:42	5:58	11:07	18:32	37:05	55:37	59:40	1:14:10	1:18:14	2:36:28
90	3:45	6:02	11:15	18:45	37:30	56:15	1:00:21	1:15:00	1:19:07	2:38:14
91	3:47	6:06	11:22	18:57	37:55	56:52	1:01:01	1:15:50	1:19:59	2:39:59
92	3:50	6:10	11:30	19:10	38:20	57:30	1:01:41	1:16:40	1:20:52	2:41:45
93	3:52	6:14	11:37	19:22	38:45	58:07	1:02:21	1:17:30	1:21:45	2:43:30
94	3:55	6:18	11:45	19:35	39:10	58:45	1:03:02	1:18:20	1:22:38	2:45:16
95	3:57	6:22	11:52	19:47	39:35	59:22	1:03:42	1:19:10	1:23:30	2:47:01
96	4:00	6:26	12:00	20:00	40:00	1:00:00	1:04:22	1:20:00	1:24:23	2:48:47
97	4:02	6:30	12:07	20:12	40:25	1:00:37	1:05:02	1:20:50	1:25:16	2:50:32

分：秒　　　　　　　　　　　　　　時：分：秒

400m	1,000m	1マイル	3,000m	5,000m	10,000m	15km	10マイル	20km	ハーフ マラソン	マラソン
98	4:05	6:34	12:15	20:25	40:50	1:01:15	1:05:43	1:21:40	1:26:09	2:52:18
99	4:07	6:38	12:22	20:37	41:15	1:01:52	1:06:23	1:22:30	1:27:01	2:54:03
1:40	4:10	6:42	12:30	20:50	41:40	1:02:30	1:07:03	1:23:20	1:27:54	2:55:48
1:41	4:12	6:46	12:37	21:02	42:05	1:03:07	1:07:43	1:24:10	1:28:47	2:57:34
1:42	4:15	6:50	12:45	21:15	42:30	1:03:45	1:08:23	1:25:00	1:29:40	2:59:20
1:43	4:17	6:54	12:52	21:27	42:55	1:04:22	1:09:04	1:25:50	1:30:32	3:01:05
1:44	4:20	6:58	13:00	21:40	43:20	1:05:00	1:09:44	1:26:40	1:31:25	3:02:50
1:45	4:22	7:02	13:07	21:52	43:45	1:05:37	1:10:24	1:27:30	1:32:18	3:04:36
1:46	4:25	7:06	13:15	22:05	44:10	1:06:15	1:11:04	1:28:20	1:33:11	3:06:22
1:47	4:27	7:10	13:22	22:17	44:35	1:06:52	1:11:45	1:29:10	1:34:03	3:08:07
1:48	4:30	7:14	13:30	22:30	45:00	1:07:30	1:12:25	1:30:00	1:34:56	3:09:52
1:49	4:32	7:18	13:37	22:42	45:25	1:08:07	1:13:05	1:30:50	1:35:49	3:11:38
1:50	4:35	7:22	13:45	22:55	45:50	1:08:45	1:13:45	1:31:40	1:36:42	3:13:24
1:51	4:37	7:26	13:52	23:07	46:15	1:09:22	1:14:26	1:32:30	1:37:34	3:15:09
1:52	4:40	7:30	14:00	23:20	46:40	1:10:00	1:15:06	1:33:20	1:38:27	3:16:54
1:53	4:42	7:34	14:07	23:32	47:05	1:10:37	1:15:46	1:34:10	1:39:20	3:18:40
1:54	4:45	7:38	14:15	23:45	47:30	1:11:15	1:16:26	1:35:00	1:40:12	3:20:25
1:55	4:47	7:42	14:22	23:57	47:55	1:11:52	1:17:07	1:35:50	1:41:05	3:22:11
1:56	4:50	7:46	14:30	24:10	48:20	1:12:30	1:17:47	1:36:40	1:41:58	3:23:56
1:57	4:52	7:50	14:37	24:22	48:45	1:13:07	1:18:27	1:37:30	1:42:51	3:25:42
1:58	4:55	7:54	14:45	24:35	49:10	1:13:45	1:19:07	1:38:20	1:43:43	3:27:27
1:59	4:57	7:58	14:52	24:47	49:35	1:14:22	1:19:48	1:39:10	1:44:36	3:29:13
2:00	5:00	8:02	15:00	25:00	50:00	1:15:00	1:20:28	1:40:00	1:45:29	3:30:58
2:01	5:02	8:06	15:07	25:12	50:25	1:15:37	1:21:08	1:40:50	1:46:22	3:32:44
2:02	5:05	8:10	15:15	25:25	50:50	1:16:15	1:21:48	1:41:40	1:47:14	3:34:29
2:03	5:07	8:14	15:22	25:37	51:15	1:16:52	1:22:28	1:42:30	1:48:07	3:36:15
2:04	5:10	8:19	15:30	25:50	51:40	1:17:30	1:23:09	1:43:20	1:49:00	3:38:00
2:05	5:12	8:23	15:37	26:02	52:05	1:18:07	1:23:49	1:44:10	1:49:53	3:39:46
2:06	5:15	8:27	15:45	26:15	52:30	1:18:45	1:24:29	1:45:00	1:50:45	3:41:31
2:07	5:17	8:31	15:52	26:27	52:55	1:19:22	1:25:09	1:45:50	1:51:38	3:43:17
2:08	5:20	8:35	16:00	26:40	53:20	1:20:00	1:25:50	1:46:40	1:52:31	3:45:02
2:09	5:22	8:39	16:07	26:52	53:45	1:20:37	1:26:30	1:47:30	1:53:24	3:46:48
2:10	5:25	8:43	16:15	27:05	54:10	1:21:15	1:27:10	1:48:20	1:54:16	3:48:33
2:11	5:27	8:47	16:22	27:17	54:35	1:21:52	1:27:50	1:49:10	1:55:09	3:50:19
2:12	5:30	8:51	16:30	27:30	55:00	1:22:30	1:28:31	1:50:00	1:56:02	3:52:04
2:13	5:32	8:55	16:37	27:42	55:25	1:23:07	1:29:11	1:50:50	1:56:55	3:53:50
2:14	5:35	8:59	16:45	27:55	55:50	1:23:45	1:29:51	1:51:40	1:57:47	3:55:35
2:15	5:37	9:03	16:52	28:07	56:15	1:24:23	1:30:31	1:52:30	1:58:40	3:57:20
2:16	5:40	9:07	17:00	28:20	56:40	1:25:00	1:31:11	1:53:20	1:59:33	3:59:06
2:17	5:42	9:11	17:07	28:32	57:05	1:25:37	1:31:52	1:54:10	2:00:26	4:00:52
2:18	5:45	9:15	17:15	28:45	57:30	1:26:15	1:32:32	1:55:00	2:01:18	4:02:37
2:19	5:47	9:19	17:22	28:57	57:55	1:26:52	1:33:12	1:55:50	2:02:11	4:04:22
2:20	5:50	9:23	17:30	29:10	58:20	1:27:30	1:33:52	1:56:40	2:03:04	4:06:08
2:21	5:52	9:27	17:37	29:22	58:45	1:28:07	1:34:33	1:57:30	2:03:57	4:07:54
2:22	5:55	9:31	17:45	29:35	59:10	1:28:45	1:35:13	1:58:20	2:04:49	4:09:39
2:23	5:57	9:35	17:52	29:47	59:35	1:29:22	1:35:53	1:59:10	2:05:42	4:11:24
2:24	6:00	9:39	18:00	30:00	1:00:00	1:30:00	1:36:33	2:00:00	2:06:35	4:13:10
2:25	6:02	9:43	18:07	30:12	1:00:25	1:30:37	1:37:14	2:00:50	2:07:27	4:14:55
2:26	6:05	9:47	18:15	30:25	1:00:50	1:31:15	1:37:54	2:01:40	2:08:20	4:16:41
2:27	6:07	9:51	18:22	30:37	1:01:15	1:31:52	1:38:34	2:02:30	2:09:13	4:18:26
2:28	6:10	9:55	18:30	30:50	1:01:40	1:32:30	1:39:14	2:03:20	2:10:06	4:20:12
2:29	6:12	9:59	18:37	31:02	1:02:05	1:33:07	1:39:55	2:04:10	2:10:58	4:21:57
2:30	6:15	10:03	18:45	31:15	1:02:30	1:33:45	1:40:35	2:05:00	2:11:51	4:23:43

Part I
フォーミュラを
理解する

Part II
フォーミュラを
応用する

Appendix

著者紹介

「世界最高のランニング・コーチ」と称されるジャック・ダニエルズは、学生を含む世界屈指の中長距離選手を、コーチとして、またメンターとして支えてきた。そのキャリアは55年を超える。ジム・ライアン、ペニー・ウェルスナー、ケン・マーチン、ジェリー・ローソン、アリシア・シェイ、ピーター・ギルモア、リサ・マーチン、マグダレナ・レヴィ・ブーレ、ジャネット・シェロボン・ボーカムといった選手たちが、ダニエルズの教えを受けた。また、自身は近代五種の競技者としてオリンピックで2度メダリストとなり、世界選手権では優勝を果たしている。

ダニエルズは長らくトラック種目・クロスカントリーの指導者として活躍した。オクラホマ・シティ大学、テキサス大学、ブルバード大学、ニューヨーク州立大学コートランド校などのコーチを歴任している。なかでもコートランド校は、ダニエルズの指導のもとNCAAディビジョンⅢの団体優勝を8回成し遂げ、30人の全米チャンピオンを輩出し、130人以上の選手を全米選手権に送り込んだ。なおダニエルズ自身は、NCAAディビジョンⅢにおいて、「女子クロスカントリー20世紀最高のコーチ」に選ばれている。

ダニエルズが指導を行ったのは大学だけではない。Leukemia and Lymphoma Society's Team in Training Program※のナショナルコーチアドバイザーとしても長年活動し、毎年何千人ものランナーを指導した。そのほか、ナイキファームチームや、ペルーのマラソンクラブ「チャスキ」※※でもコーチを務めた。

学術においては、アメリカとスウェーデンの大学院において長距離走に関する調査研究を長きにわたって行い、ウィスコンシン大学では運動生理学の博士号を取得している。また、スウェーデン王立中央体操学校においても、スポーツ科学の世界的権威であるペル・オロフ・オストランド博士の指導のもと、運動生理学を修めた。近年では、オリンピック代表選手の指導に加え、アリゾナ州A.T.スティル保健科学大学准教授の職務にも就いていた。

輝かしい業績を持つダニエルズだが、自身がいちばん誇りに思っているのは、2人の娘、そして、妻ナンシーである。

(※訳者注：Leukemia and Lymphoma Society's Team in Training Program [通称TNT] は、米国白血病・リンパ腫協会によるチャリティプログラムである。プロのコーチが持久系競技のトレーニングプログラムを有料で提供、支払われた料金の大半が同協会に寄付され白血病や悪性リンパ腫の研究・治療に活かされる)

(※※訳者注：チャスキとはインカ帝国時代の飛脚のことである)

翻訳

篠原美穂（しのはら・みほ）

スポーツ書籍を中心として翻訳に従事。主な訳書に『はじめてのウルトラ&トレイルランニング』、『アドバンスト・マラソントレーニング第3版』（以上、小社刊）、『トライアスリート・トレーニング・バイブル』、『50を過ぎても速く!』（以上、OVERLANDER刊）ほか。走歴23年。

翻訳監修

前河洋一（まえかわ・よういち）

国際武道大学教授。日本スポーツ協会公認陸上競技コーチ4（上級コーチ）、国際陸連レベルⅠ公認コーチ、健康運動指導士。筑波大学時代に箱根駅伝(5区)2回出場、筑波大学大学院(コーチ学専攻)修了。日本陸連ランニング普及部長として市民ランナー指導を長年牽引してきた。マラソンベストは2時間19分34秒。サロマ湖100kmや富士登山競走も完走。

ダニエルズの ランニング・フォーミュラ 第4版

2022年7月31日　第1版第1刷発行
2024年8月30日　第1版第4刷発行

著　　　者　ジャック・ダニエルズ
訳　　　者　篠原美穂
翻訳監修者　前河洋一
発　行　人　池田哲雄
発　行　所　株式会社ベースボール・マガジン社
　　　　　　〒103-8482東京都中央区日本橋浜町2-61-9 TIE浜町ビル
　　　　　　電話　03-5643-3930(販売部)
　　　　　　　　　03-5643-3885(出版部)
　　　　　　振替口座　00180-6-46620
　　　　　　https://www.bbm-japan.com/

印刷・製本　大日本印刷株式会社

デザイン　　チックス
編集協力　　山地真理子
写真(カバー) John Sibley - Pool/Getty Images